黃本驥 古誌石華 整理與研究

李静 著

陝西新華出版 三秦出版社
·西安·

圖書在版編目（CIP）數據

黃本驥《古誌石華》整理與研究 / 李静著 . -- 西安：
三秦出版社 , 2025. 6. -- ISBN 978-7-5518-3286-1

Ⅰ . K877.45

中國國家版本館 CIP 數據核字第 2025FK5272 號

黃本驥《古誌石華》整理與研究

李静　著

出版發行	三秦出版社
社　　址	西安市雁塔區曲江新區登高路 1388 號
電　　話	（029）81205236
郵政編碼	710061
印　　刷	西安市建明工貿有限責任公司
開　　本	787mm×1092mm　1/16
印　　張	26.75
字　　數	432 千字
版　　次	2025 年 6 月第 1 版
印　　次	2025 年 6 月第 1 次印刷
標準書號	ISBN 978-7-5518-3286-1
定　　價	98.00 圓

網　　址　http://www.sqcbs.cn

序　言

　　在中華上下五千年的歷史長河中，留下了浩如煙海的歷史文獻資料。在這些文獻中，碑刻作爲一種以石頭爲載體的特殊文獻，爲研究歷史、文學、文字學、書法、經學、宗教學都提供了豐富的資料，具有重要的參考價值。尤其是作爲碑刻文獻主要門類的墓誌，它一般記載墓主的名字郡望、家族世系、仕宦履歷、婚姻子息等情况，屬於墓主人的生平傳記，除了極少數人之外，這些資料大部分不見於正史記載，它們往往可以補史之闕，正史之誤，史料價值極高，故而爲歷代研究者所珍視。從北宋起，出現了以歐陽修《集古録》、趙明誠《金石録》爲代表的最早的石刻文字研究專著，而以青銅器銘文和石刻文字爲主要研究對象的金石學，也於此時正式發展爲一門獨立的學問。下及清代，金石學大盛，相關著述大量涌現，黄本驥的《古誌石華》就是其中重要的一部。

　　黄本驥，湖南鄉寧人，一生博學通覽，癡愛金石。他將平生所收集的自漢至元近三百方墓誌拓片彙總，依墓誌拓片原字録文，並對墓誌內容進行細緻考證，編纂而成《古誌石華》三十卷。此書內容豐富，收録詳備，爲研究查考古代墓誌提供了寶貴資料。他所開創的這種録文兼考證的模式，也對後來的金石學著作影響極大。但這麽一部極有分量的著作，却一直没有標點整理，也缺少全面深入的研究，不能不説是一個遺憾，故而李静下决心在此方面做些貢獻。

　　古籍整理絶非易事，包括很多工序，既需要整理者具備多種有關知識，還必須細緻耐心，認真嚴謹，才能保證品質。李静首先梳理了《古誌石華》版本脉絡，選取通行本爲底本，初刻本爲校本，進行標點與校勘。原書依拓片録文，保存了許多異體字和俗體字，她在整理時也儘量保留，以便學者參考。在文本整理的基礎之上，她又進一步展開對《古誌石華》的研究，考察作者黄本驥的生平、交遊等情況，探討《古誌石華》的成書過程；溯源墓誌的演變以及金石學的發展，審視《古誌石華》的歷史地位；對《古誌石華》一書所録存的墓誌資料進行深入分析，從喪葬風俗、婚姻觀念等方面挖掘其文化價值；將墓誌資料與史傳記載對照排比，考證其可補史證史之處，闡明其史料價值；對墓誌中所涉及的避諱字、異體字、俗體字以及北魏始光年間新造字與武周時期新造字等進行辨析，展現其文字學價值。李静的整理研究非常有意義，既填補了學術空白，使黄本驥的《古誌石華》一書得到了更多關注，也爲其他學者利用這些資料提供了方便。

　　李静曾是我的碩士研究生，後來又繼續讀博深造。她來自晋西南關公故里，深受家鄉風氣的熏陶，尊師好禮，敬業樂群，好學不倦，我們師生相處融洽，甚爲相得。讀研期間，她參加了我的陝西古代文獻集成項目子課題《金石備考》以及《關中民俗藝術博物院收藏碑誌集釋》一書的編寫，這些學術訓練爲她後來整理《古誌石華》打下了比較扎實的專業基礎。而她在研究《古誌石華》時，從選題、寫作、修改乃至最後完成，每一個環節我都很瞭解，深知她在其中的艱辛付出。可以說，這是李静在求學歷程中結出的第一顆果實，對她而言意義重大。故而在此成果即將出版之際，我應她所求，欣然作序，一則爲她高興，二則也是有望於她，期盼她在未來的學術之路上持之以恒、不斷進取，有更多的收穫與喜訊與老師分享。

何如月

乙巳初春於長安見山閣

前　言

　　墓誌，又稱"墓碣""墓記"，宋元時多稱"埋銘"或"壙誌"。由兩塊方形平坦的石板叠置，上石篆蓋，下石鎸銘，石板長寬各約二至三尺。墓誌的主要用意在於記載死者的事迹，埋於墓穴中，以防將來墓碑遭破壞，仍可識別。墓誌的起源時間衆説紛紜，其基本定型應在南北朝時期。這些墓誌文字由於其所記内容的特殊性具有豐富的歷史文化信息，是考證史傳、增補遺聞的珍貴文獻資料，也是了解人們價值觀念、生命觀念、婚姻觀念的重要材料。清代學者龔自珍《説碑》有云："仁人孝子，於幽宫則刻石而埋之，是又碑之别也。"墓誌作爲石刻文獻的大宗，其歷代整理研究狀況是處在金石學發展態勢之下的。

　　金石，金指青銅器，石指碑石，皆爲記録文獻之載體，在文獻研究史上常併稱。金石之學，興盛於兩宋，衰落於元明，復興於清。宋代學者歐陽修的《集古録》是現今流傳下來關於金石學的最早專著；趙明誠的《金石録》跋尾利用碑刻考證歷史，補正了兩《唐書》和《集古録》的不妥之處，是宋代金石研究的集大成之作；洪适的《隸釋》是現存對碑刻文獻進行初步整理的第一部專著，此後又集成《隸續》；鄭樵的《通志·金石略》將金石部分作爲一略單獨列出，對金石的史料價值和文物價值進行了説明，鄭樵的做法使得金石學成爲一科專門的學問。這一時期，對於墓誌的整理研究放在碑文類之下，還没有獨立研究墓誌的著作出現。元明兩代，由於學術風尚以及金石器物少有發現等原因，金石學呈現出衰落現象，著述較少，祇有元代學者潘昂霄的《金石例》爲現今流傳下來最早的金石義例方面的專著，其他還有潘迪的《石鼓文音訓考正》、虞集的《道園學古録》、劉仁本的《石鼓論》等。明代金石學亦發展遲緩，但較元代有成就。陶宗儀著《古刻叢鈔》，其所收大多石刻如今已不可得見，可補前代金石著録之闕，文獻價值較高，《四庫提要》稱其"所載諸碑，傳於世者甚罕……是書摭拾佚文，首尾完具，非惟補金石家之闕漏，即讀史談藝，亦均爲有所裨矣。"①除如上所列相關著作外，还有趙崡的《石墨鎸華》、都穆的《金薤琳琅》等。此時，出現了整理墓誌的專門著作，如都穆《吴下冢墓遺文》，該書絶大多數是墓誌文，没有題跋考證，也未附拓本圖版；又有王行《墓銘舉例》，取韓愈、李翱、歐陽修等十五位名家所作碑誌，録其目而歸納其體例，是對墓誌銘寫作方法進行分析的專書。到了清代，尤其至乾嘉時期，金石學呈現復興之勢，逐漸發展達到鼎盛，名家輩出，著述頗豐，其中王昶《金石萃編》金石兼收，而以石刻爲主，是清代最大的石刻總彙資料。還有顧炎武的《金石文字記》《求古録》、林侗的《來齋金石刻考略》、萬經的《分隸偶存》、王澍的《竹雲題跋》、錢大昕的《潛研堂金石文跋尾》等著作。在墓誌整理研究方面，清代前期沿襲前代，將墓誌放在碑類之下進行研究，到了中晚期才出現對墓誌録文進行專門整理，並附題跋考證的著作，其中湖南學者黄本驥所作《古誌石華》，被稱爲"中國第一部輯録古代墓誌碑文並加以考證之專著"②，清末還有顧燮光的《古誌新目初編》與《古誌彙目》，按朝代編排著録古代墓誌的碑目。民國時期，金石學發展勢頭不減，研究也更加細化。此時出土的墓誌逐漸增多，且保存較好，爲歷史文化研究提供了大量珍貴資料，羅振玉③等學者開始關注搜集研究出土墓誌，出版了許多著録墓誌的專書，使墓誌研究逐漸成爲近代金石研究的重要内容。

在宋代至清代的金石著録中，古代墓誌只占較少的比例，這主要是

---

① [清] 紀昀：《欽定四庫全書總目》，中華書局，1997 年，第 1144 頁。
② 尋霖、龔篤清：《湘人著述表》，嶽麓書社，2010 年，第 964 頁。
③ 學者羅振玉撰有《邙洛塚墓遺文》《六朝墓誌菁英》等墓誌相關著作。

因爲墓誌出土較少，可供研究的材料不多，難以形成獨立的、專門的研究。在由宋至清所見不多的專門研究墓誌的著述中，黄本驥所作《古誌石華》值得重視。

一、黄本驥與《古誌石華》的成書

黄本驥(1781—1855)，字仲良，號亞卿，別號虎癡，湖南寧鄉人。嘉慶十三年副貢，道光元年舉人，官黔陽教諭。博覽多通，好學嗜古，尤喜聚金石，有聲於道咸間。因藏秦漢以來金石文字數百種，亦藏有古琴一把及周秦刀幣數十品，故名其居爲三長物齋。黄本驥生平著述大多彙刻爲《三長物齋叢書》。晚清張之洞《書目答問》卷末附有“國朝著述諸家姓名略”，所列湘南學者八人：經學家王夫之、魏源、鄒漢勳，史學家王文清，算學家李錫蕃，古文家曾國藩，經濟學家嚴如熤及金石學家黄本驥。顯然，以金石學家冠名，表明張之洞對黄本驥在金石學方面的成就是肯定的。

《古誌石華》共三十卷，約 22.5 萬字。是黄本驥以自己所集志石拓本，增以友朋所藏及金石家著録之確而可徵者備録全文，附以考證説明彙録成帙。此書成於道光八年，初刻於道光九年，所收自漢至元，共二百八十二石，其中有石毁而拓本僅存者。石未出土，誌文僅見於選本者不録。全書以朝代劃分，先録墓誌，再附按語説明，或爲黄本驥之考證，或爲采摘前人所論。

關於書名，“古誌”爲古代墓誌之意。因書中所載爲自晉至元的志石拓本，故用一“古”字。關於用“誌”字而不用“志”，黄本驥在例言中提到，墓誌之“誌”，本與“志”通，金石書目録有作墓誌者，然石刻標題用墓誌銘三字，例皆加“言”，是編概從石作“誌”，以昭畫一，惟所引府縣志、金石志仍以去言示別。此兩字實際相通，金石著作上常用“志”字，但是墓誌石刻的標題上多用“誌”字，故從石刻之寫法，統一用“誌”字。“石華”是選用了劉勰《文心雕龍·誄碑》下的讚語“石墨鐫華，頹影豈戢"①一句，有意言明其所錄爲墓誌石刻拓本，而非文集選本。明代趙崡有《石墨鐫華》一書，同樣直取劉勰原句爲書名，趙氏該書分爲八卷，著錄各代碑刻253種，由碑目和跋尾組成，碑目下註明書撰者和存放地。黄本驥將自己的著作命名爲《古誌石華》，其實較爲明瞭地概括了整書内容，用"華"字，也表現出其所收錄彙集之墓誌爲撰作之精華，蘊含望其流傳之意。

從其書序言和例言分析，黄氏編纂本書的動機有四點。第一，墓誌以其記載内容的特殊性，具備"史之所有，可拾其遺，史之所無，可補其闕"的價值，編成此集可備後世學者研究采用。第二，傳誌主之名。金石在出土後，幾經輾轉易遭磨泐損毁，將其誌文收錄，可助其姓名事迹綿延於世，不失爲"闡幽之盛事"。第三，黄本驥於金石收藏頗富，擔心自己辛苦收藏的誌石拓片因故散佚，故撿校其所藏編書刻版，以傳之於後。第四，歷來金石學家收錄墓誌，多不能備錄原文而僅存題目，鑒於此種情形，黄本驥不惜腕力備錄原文，以在學術上有補於前。

關於《古誌石華》所收誌石材料的來源，黄本驥在例言中稱有三分之二源於自己所收藏之拓片，三分之一是增益友朋所藏及金石家著錄之確而可徵者。對於未見石本而僅見於文集中的誌文一概不收，確保了所錄墓誌材料的可靠性。朱劍心先生在《金石學》"金石學之復興創獲及整理"一章中提到："入清以後，百年之間，海内漸定，群治樸學，而斯學復興焉。於是三古遺物，應世而出，金石之出於邱陳窟穴者，既十數倍於往昔。"②金石器物的大量出土，促進了金石學者對金石碑版的尋訪和對拓片的收藏，爲金石研究提供了材料之便。結合黄本驥一生經歷，可知其所藏諸多墓誌拓片並非於一時一地收集而來。嘉慶二十三年（1818）湖南布政使翁元沂重修《湖南通志》，邀請黄本驥與其兄參與修撰。黄本驥負責地理、山川、古迹、陵墓、藝文、物産等門類的纂輯，

① [南朝梁] 劉勰撰，范文瀾注：《〈文心雕龍〉校注》，華東師範大學出版社，2020年，第178頁。
② 朱劍心：《金石學》，山東畫報出版社，2019年，第38頁。

當時同修通志的還有錢大昕之婿,金石學家瞿中溶,這次共修通志的際遇,對黃本驥的金石研究當頗有助益。此後,黃本驥在道光二年(1822)進京參加會試,落第後,他入陝拜訪父友唐仲冕,並在關中探訪搜集金石。長安爲隋唐舊都,隋唐墓誌資料較爲易見,此次搜訪之金石,黃本驥彙編成《隋唐石刻拾遺》一書,其中收錄的諸多墓誌[①],後來大多被本驥收入《古誌石華》當中。道光三年(1823)春,黃本驥再次赴京會試,又未能中。自此後十餘年間,除了曾在道光十五年(1835)一出應試以外,他基本上延續着從前的幕僚生活。吳榮光擔任湖南巡撫期間,黃本驥皆在其幕中。吳榮光同樣嗜好金石,富於收藏。在吳氏幕下,賓主同好金石,既可以接觸到更多吳氏所藏拓本,又可與吳氏相互切磋治學之法,《古誌石華》就是黃本驥在擔任吳氏幕僚期間完成編纂的。彙集墓誌材料,加之考證序跋,黃本驥編成此書積累了數年時間。

二、《古誌石華》的版本流傳

《古誌石華》自黃本驥道光八年(1828)編成以來,尚不足二百年,其版本流變情況並不複雜。據根據現存資料如《續修四庫全書提要》《書目答問》《販書偶記》《陝西古籍總目》等書目和作者序跋中對版本信息的記載,《古誌石華》目前共有四個版本:一、道光九年(1829)初刻本;二、道光二十七年(1847)湘陰蔣環刻本;三、道光間知敬學齋刻本;四、光緒四年(1878)古香閣刻本。後三種刻本較初刻本內容有所增加,但書卷數仍爲三十卷。

道光九年初刻本。此本罕見,現湖南省社會科學院圖書館和天津圖書館有藏,原新疆社會科學院圖書館亦有藏,但在遷館後失藏,不復得見。湖南社會科學院圖書館所藏之本較爲完好,計一函六冊,其版式爲半頁十行,每行二十一字,白口單黑魚尾,左右雙邊。此本爲黃本驥對所收

---

① 如《周顰賓墓誌》《夫人賀蘭氏墓誌》《程元景墓誌》《劉遵禮墓誌》等。[清]黃本驥:《隋唐石刻拾遺》,《聚學軒叢書》第四集,廣陵古籍刻印社,1982 年,目錄第 1 至第 5 頁。

所見墓誌的首次彙編，共分三十卷，收録墓誌152篇。在目録編排上，初刻本以朝代先後分卷，卷數下列本卷所録朝代名稱，志主姓名下有小字説明墓誌出土地、收藏地、墓誌書寫文體等信息。初刻本刻成於道光九年，有黄本驥自叙，之後增加墓誌重新刊印的幾種版本對此叙皆有保留。

道光二十七年湘陰蔣環刻本。此本流傳較廣，較爲易得，國家圖書館、天津圖書館、湖南圖書館、陝西省圖書館、北京師範大學圖書館、陝西師範大學圖書館等地皆有藏，一函六册，行款爲半頁十行，每行二十一字，白口單黑魚尾，四周雙邊。對比初刻本，這一版本多收入130篇墓誌，對目録也有所調整，每卷按時代排序，再繫連此時代所屬墓誌，誌主姓名下僅列墓誌所立時代，省略了初刻本寫在名下的説明信息。魯迅先生曾藏此本[①]。道光二十七年湘陰蔣環刻本與初刻本皆由黄本驥親自整理編排，據例言之後所記"是書刻於道光己丑，今複續采各誌，按年編入，共得二百八十二種，分爲三十卷，丙午長至日補識"，此本的形成，是在初刻本基礎上對墓誌内容有所增加，編排後仍分爲三十卷。

近代以來，臺灣新文豐出版的《石刻史料新編》（臺北新文豐出版社1982年版，第二輯第二册）、上海書店出版的《叢書集成續編》（上海書店出版社1994年，第七十三册）和北京圖書館出版的《歷代石刻史料彙編》（北京圖書館出版社2000年，第十一册）亦影印收録此書，皆據道光二十七年湘陰蔣環刻本影印。

道光間知敬學齋刻本，2010年由上海古籍出版社出版的《續修四庫全書叢書提要》稱《續修四庫全書叢書》收《三長物齋叢書》二十八種，二百六十八卷，其中第十八册至第二十三册爲《古誌石華》，且稱其所采版本爲清道光間知敬學齋刻本，未言明具體道光幾年所刻。目前《古誌石華》僅在叢書提要中有所著録，實際並未收入已於2002出版的《續修四庫全書叢書》中，不可得見其所録版本，亦不可知其與其他版本間

---

① 章力：《魯迅古籍藏書漫談》，福建教育出版社，2006年，第134頁。

的繼承關係，疑其提要信息不確，在未明見這一刻本前暫列其爲一種版本。

　　光緒四年古香閣刻本，此本較爲易得，國家圖書館、中國民族圖書館、湖南圖書館、紹興圖書館、嘉興市圖書館、復旦大學圖書館等有藏。道光二十七年，蔣環將《三長物齋叢書》刊刻印行完畢後，便將刻版留存在黃氏家中。光緒四年古香閣刻本即爲光緒四年，黃氏後人將蔣環當年刻書所用之舊版拿出，冠以"古香閣"名頭重新刊印[①]之本，兩種刻本版式相同。

　　本次整理點校以道光二十七年蔣環《三長物齋叢書》刻本爲底本，此本是黃本驥在道光九年初刻本基礎上補充部分墓誌後的首次刊刻本。整理時，另以道光九年初刻本爲參校本，以校對文字、展現版本差異。現爲直觀展示《古誌石華》的版本流變情況，列其源流圖表如下：

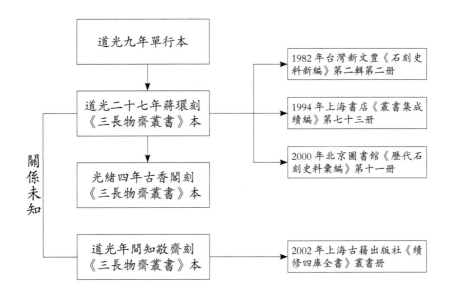

三、《古誌石華》的價值與影響

　　墓誌所記載的內容常常是研究歷史的第一手資料，具有重要的歷史文獻價值。黃本驥在自敘中說其"事實往往與國史相參，史之所有，可

---

① 尋霖、劉志盛：《湖南刻書史略》，嶽麓書社，2013年，第399頁。

拾其遺，史之所無，可補其闕"。真實的文獻材料，是開展研究的重要基礎，墓誌一般爲其親屬書寫，或親屬持行狀請名家書寫，雖不免有溢美諱墓之辭，但關鍵信息如姓名字號、履歷行迹、生卒年月等往往真實性較高。墓誌在記録其人其事時，又不自覺地記録下了一些歷史事件，反映出當時社會的風俗習慣，爲研究當時的社會文化提供了較爲可靠的材料。

正史傳記對歷史的記載是宏大的，限於篇幅和整體架構，往往記載帝王將相的突出政績、傑出歷史人物的重要事件，叙事立場較爲官方。相較於正史傳記，墓誌所記載的人物事件多不見於史書，或見於史書而記載較爲簡略，或見於史書而記載失真，那麼墓誌對於史書傳記的補充、糾繆作用是不言而喻的。

（一）史料價值

以誌正史。黃本驥編纂此書時，會將誌文與正史記載進行對照，對有出入的信息在按語中寫明，其中就有多處可補正史記載之誤。如卷十七《盧士瓊墓誌》，該墓誌由盧士瓊外孫歐陽溪所寫，記載盧氏"家世爲甲姓，祠部郎中融之長子，明經及第……有子三人，孺方、嗣宗、嗣業"，而《新唐書·宰相世系表》則稱盧士瓊爲融次子，且將盧士瓊長子名字誤寫爲孺芳。除因家族成員衆多，其長幼次序容易被史書記載者搞混外，正史傳記中對人物籍貫信息的記載也有失實的情況。

韓昶爲韓愈長子，通過卷二十《韓昶墓誌》中關於葬地的記載，可以糾正《新唐書》將韓愈記載爲鄧州南陽人的謬誤，當爲孟州河陽人。古時人去世後，大都埋葬或後期遷葬於祖塋之中，稱爲合禮。祖塋一般位於逝者祖輩生活的地方，即其籍貫地。《韓昶墓誌》記載稱："大中九年六月三日寢疾，八日終於任，年五十七。其年十二月十五日葬孟州河陽縣尹村。"按照禮法，韓愈之子韓昶埋葬的地方當與其父輩一致，則其葬地、籍貫地當爲孟州河陽，而《新唐書》卷一七六《韓愈傳》中記載："韓愈，字退之，鄧州南陽人。"針對兩種不同的記載，黃本驥在按語中稱："《新唐書》愈傳以爲鄧州南陽人。至朱子著《韓文考異》始以爲河內之南陽，更引董逌説，謂公爲河內之河陽人，又引公自言歸河陽省墳墓及《女挐壙銘》所云‘歸骨於河南之河陽者’以辨之。及得此誌，始知朱説甚確。士人所謂丞相墳者，即韓氏祖塋，文公所謂往河陽省墓者，即此地也。而文公之爲孟州河陽人，非鄧州南陽人，益信而有徵矣。”以此篇墓誌，結合朱熹的相關考論以及韓愈爲其女兒所作《女挐壙銘》中對祖塋地點的記録，可對《新唐書》中關於韓愈籍貫的記載進行辨正。此外，關於韓昶登進士第的時間，墓誌稱其“年至二十五及第”，用其墓誌中所載之卒年與壽年可推其及第之年當爲長慶三年癸卯，而《登科記》言其爲長慶四年登第，是有誤的。

以志补史。北魏僧惠猛在《魏書·釋老志》中並無記載，黃本驥此書卷二所收墓誌可以補史書不載之闕。據墓誌所載，惠猛法師在北魏時任都維那一職，卒時年僅二十餘歲。在古代，都維那是寺院中的綱領職事，掌理僧衆威儀、進退綱紀，實際上是寺院的監察官。都維那一職的設置，始於姚秦時中央僧官制中所設“悦衆”。北魏時也設置僧官管理域內與佛教相關的事務，於中央設置昭玄曹，沙門統爲最高僧官，維那爲副官。誌文中稱高祖孝文皇帝重用惠猛，“委以宏綱，仗之幾務”，應言指其擔任沙門都維那一事。從誌文中孝文皇帝“重其風流，宣顧至厚”“皇上聖明，道心遐尚，委以宏綱，仗之幾務”“天子親駕”等語句，也可見惠猛是皇帝十分看重的一位僧人。但是這樣一位寺院長官卻沒有在史書上留下過多痕迹，《魏書·釋老志》下記載有“世宗以來至武定末，沙門知名者，有惠猛、惠辨、惠深、僧暹、道欽、僧獻、道晞、僧深、惠光、惠顯、法榮、道長，並見重於當世”[1]，僅提到惠猛的姓名而無其他詳細介紹，那麼這篇誌文就是關於北魏沙門知名者惠猛的直接資料了。誌文由其弟子所寫，詳細記載了法師的俗姓、原籍及德行等情況。《漢魏南北朝墓誌彙編》無年月志及殘志下有收僧惠猛墓誌，但是誌殘泐甚無法斷句，黃本驥所收此篇誌文尚多文字，可對照補其殘缺。

---

① ［北齊］魏收：《魏書》卷一百一十四《釋老志》，中華書局，1974年，第3047頁。

（二）文化價值

墓誌作爲一種實用文體，所記録的内容反應了墓主當時的社會生活，尤其是喪葬文化的一些現象。黄本驥《古誌石華》中所録存的這些墓誌資料對於我們考察古代地理沿革、職官制度、平均壽命、婚姻觀念、喪葬習俗等頗有用處，具備較高的文化價值。

墓誌反映了古代貴族階層的喪葬情况。古代封建社會注重階級分化，貴族的喪葬流程與其他階級往往不同。以黄氏此書卷一所載梁《永陽敬太妃墓誌》爲例，其首題下寫有"尚書右僕射太子詹事臣勉奉敕撰"，言明撰寫人的身份和姓名。古時宗室家屬墓誌常由官方專人負責撰寫，這篇太妃墓誌即由太子詹事奉敕所撰，代表了皇室墓誌的寫作規範。墓誌在介紹太妃王氏家族情况時，只簡短地説明其先爲周靈王之後以及其祖其父的姓名與官職。剩餘篇幅皆是對其德行的記叙和對母儀風範的贊揚。值得注意的是，在墓誌序文中，記録了一封對太妃的策命文書和兩篇詔文，使我們得見當時皇室女性亡故後朝廷所下詔令的具體内容，這些文字代表了墓主人生前的功勞與榮譽。據志文所載，皇帝曾遣宗室員外散騎侍郎持節兼散騎常侍蕭敬寶策命永陽王母王氏爲國太妃，其嘉獎文書爲："於戲！惟爾茂德内湛，粹範外昭，國序凝芬，蕃庭仰訓，是用式遵舊典，載章徽服。往欽哉！"表彰其内在德行和外在典範，可以看出官方所宣揚的皇室女性品質。太妃殁後，朝廷所下詔文之一爲："永陽大太妃奄至薨逝，哀摧切割，不能自勝，便出叙哀，可給東園秘器。喪事所須，隨由官給，祖行有辰，式宏茂典。"詔令以四六爲式，言明其喪事所需可享用宫中供給，這自然是與其太妃身份有關。其二爲："故永陽大太妃，禮數有殊，德行惟光，訓範蕃嗣，式盛母儀。即遠戒期，悲懷抽割，可詳典故，以隆嘉謚，禮也。"這一詔書是下令查詢典故爲太妃加以謚號。詔文有"可詳典故"一句，一般墓誌書寫爲行文雅致，往往用典繁多，這是墓誌文體的普遍特點。墓誌的首題寫作永陽王敬太妃，可見經過專人考量，最終定其謚號爲"敬"。

墓誌反映了佛教影響下喪葬風俗。黄本驥所收多篇墓誌材料皆反映出濃厚的崇佛風氣。信衆去世後通常會傾向於埋葬在寺廟附近，尤其民間女性信衆，會選擇在去世後葬於寺廟附近的土地而非其家族葬地，收錄在卷八的《王美暢夫人長孫氏墓誌銘》中有這樣的記載："夫人宿植得本，深悟法門，捨離蓋纏，超出愛網。以爲合葬非古，何必同墳，乃遺令於洛川合宮縣界龍門山寺側，爲空以安神。"這位夫人在死後未與其夫王府君合葬於家族墓地，而是特立遺囑將其別葬於龍門寺側。唐代重佛風氣甚濃，而以武后在位期間尤甚，這位長孫夫人正亡於此時，可能受到當時風氣的影響。夫妻關係是儒家家庭倫理體系中的重要一環，往往以夫妻合葬爲禮，而墓誌中的記載反映出佛教的傳入在一定程度上打破了本土儒家所宣揚的傳統家庭倫理體系。卷九裴某妻賀蘭氏《大唐太常協律郎裴公故妻賀蘭氏墓誌銘並序》中記載："女也不憖，天胡降災？綿綴沉痾，三次其歲，洎大漸，移寢於濟法寺之方丈，蓋攘衰也。粵翌日，奄臻其凶，春秋卅有四，即開元四年十二月十日至十九日，遷殯於鵃鳴塢，實陪信行禪師之塔，禮也。"賀蘭氏在病重時，移居濟法寺方丈處，去世後又陪葬於信行禪師之塔，墓誌撰者不以之爲怪，反而以之爲禮。亦有僧尼出喪，信衆聚集送葬陣仗宏闊者。卷十六《唐故龍花寺內外臨壇大德韋和尚墓誌銘》記載稱其喪後"杖而會葬者數百千人，極釋氏之哀榮，難乎如此"。黃本驥在按語中稱："一尼之喪，杖而會葬者至數百千人，唐世佞佛成風，往往如此。"

　　關於唐代崇佛風氣，陳寅恪曾寫《武曌與佛教》一文（收入《金明館叢稿二編》，上海古籍出版社，1980年），對南北朝至隋唐佛教起落興衰的過程作了深入的論證，並對唐代崇尚佛教之緣由進行了分析，一則承接前代之宗教信仰，"南北朝諸王室中，與佛教關係最深切者，南朝則蕭梁，北朝則楊隋，兩家而已。兩家在唐初皆爲亡國遺裔。其昔時之政治地位，雖已喪失大半，然其世代遺傳之宗教信仰，固繼承不替，與梁、隋盛日無異也。"二則爲皇帝的注重和民間的流行宣導，"蓋佛教自經（北）周武帝廢滅以後，因隋文帝之革周命而復興。唐又代隋，以李氏爲唐國姓之故，本易爲道士所利用。而太宗英主，其對佛教，雖偶一襃揚，似亦崇奉者。"

墓誌反映了冥婚遷葬風俗。冥婚，又稱幽婚、冥配、鬼婚，是"男女生前未婚，死後由其親屬按婚嫁禮儀尋找配偶，舉行婚禮，然後將男女雙方的屍骨依夫婦禮儀合葬的一種婚俗"[1]。這種風俗起源於殷商時期，發展於魏晉南北朝時期，興盛於隋唐時期，至宋元明清繼續發展，長期存在於我國禮俗文化當中，是我國婚姻發展歷程中的一部分。雖然在早期社會就明文禁止這一行爲，如《周禮·地官·媒氏》記載"禁遷葬者與嫁殤者"[2]，但是這一現象在歷朝歷代都有發生，未能得到完全禁止。究其原因，《中國民俗通志·婚嫁志》稱"在於靈魂不滅和'無妻不繼子，無子不繼孫'等封建倫理觀念影響所致"[3]，而學者黃石將其原因歸結爲四點：出於迷信擔憂，怕夭殤的男女邪祟出來作惡；父母替子女完成終身大事的内心期願；借此來敦厚友誼或攀及富貴；使夭殤的子女可以進入祖墳安葬。[4]卷十一李璿《西郡李公墓石》記載了唐代遷葬以成冥婚的風俗。誌主年少，未婚而亡，其父母哀其魂孤而爲其娶同縣劉氏，"結幽契"以成冥婚，合葬於先塋之中。《周禮》認爲生時並非夫妻，死後遷葬使其相從，是混亂世道人倫的做法，故而禁止，但世俗並不以其爲不妥，反稱其合乎禮制，可見冥婚在民間的接受度是較廣泛的。此篇墓誌寫於唐天寶年間，是研究唐代冥婚現象的一例史料。

（三）文字學價值

我國古代墓誌發展流行的一千多年間，也是漢字書體逐漸定型的時期，漢字不僅經歷了文字書寫方式由隸定到楷書、行書、草書的多樣形體出現並存的過程，其字形也由俗體、異體摻雜多出逐漸向規範化、統一化的方向轉變。墓誌作爲文化載體之一，也充分展現了文字形體的演變過程以及文字本身發展的不同階段特徵。黃本驥注意到墓誌中具有時代特徵的異體字、俗體字，還有因避諱而改掉的字，一並在按語的末尾將其列出。從黃氏在按語中列舉

---

① 齊濤：《中國民俗通志·婚嫁志》，山東教育出版社，2005年，第429頁。
② ［漢］鄭玄注，［唐］賈公彥疏：《周禮注疏》，上海古籍出版社，1993年，第514頁。
③ 齊濤：《中國民俗通志·婚嫁志》，山東教育出版社，2005年，第430頁。
④ 高洪興：《黃石民俗學論集》，上海文藝出版社，1999年，第158頁。

異體字數量的變化能够明顯看出，南北朝和隋唐墓誌中異體字較多，唐後期以至宋代，墓誌中的異體字就比較少了。究其原因，趙超先生在《古代墓誌通論》①中分析道，一是由於民間自發產生的衆多分歧異體寫法與官方及社會生活要求統一文字形體的矛盾始終存在；二是受政治因素影響，政治分裂，文化處於低潮，異體寫法產生的機會就越充分。南北朝時期是一個朝代更替頻繁、外族入主中原的時期，文化教育受到相應影響，使這一時期的文字形體變化較大，異體字多出。

　　黄本驥《古誌石華》一書的文字學價值主要體現在對不同時期字形的存録和辨析上。每篇墓誌録文下，黄本驥都會將文中異於當時所流行的文字列出，並對某些字形的沿革變化及其成因加以説明。這主要體現在對歷史上新造字的存録和辨析上。在我國文字發展的歷史中，北魏時期和武周時期都曾有新造字頒布，黄本驥《古誌石華》所收録的這兩個時期的墓誌材料對其新造字體均有記録。《魏書》有記載稱，始光二年（425）三月，"造新字千餘，詔曰："昔在帝軒，創制造物，乃命倉頡因鳥獸之迹以立文字。自兹以降，隨時改作，故篆、隸、草、楷，並行於世。然經歷久遠，傳習多失其真，故令文體錯謬，會義不愜，非所以示軌則於來世也。孔子曰，名不正則事不成，此之謂矣。今製定文字，世所用者，頒下遠近，永爲楷式。'"②由此可知，北魏始光二年曾頒布過千餘新造字，以規範漢字的使用。由於缺乏相關記載，當時具體頒布了哪些新字，現已無法得知，但通過當時墓誌中出現的衆多的異體字，可以窺見一些新頒字的痕迹。以卷二《魏代楊州長史南梁郡太守宜陽子司馬景和妻墓誌銘》爲例來看，這篇僅 380 字的墓誌銘文中，就有 30 個與通行寫法不同的異體字，黄本驥在按語中進行了羅列説明。該墓誌寫於延昌二年（513），距離始光二年頒布新字，已經過 88 年，其墓誌書寫應當是按照當時的通用字來書寫的。黄本驥彙編墓誌時按拓片原樣騰録，未曾改易文字，使我們於今仍能窺見這些文字的面貌，對於研究官方造字對漢字發

① 趙超：《古代墓誌通論》，紫禁城出版社，2003 年，第 270 頁。
② ［北齊］魏收：《魏書》卷四《世祖紀》，中華書局，1974 年，第 70 頁。

展演變的影響提供了寶貴材料。

武周時期也曾下令頒布一些新造字。《新唐書》卷七六《后妃傳上·則天武皇后傳》曰："載初中，又享萬象神宮。……作'曌、天（兩）、地（埊）、日（乙）、月（囝）、星（〇）、君（莙）、臣（恖）、初（釐）、載（糸）、年（秊）、正（㞢）'十有二文，太后自名曌，改詔書爲制書。"黄本驥所收九篇大周墓誌中就使用了這些新字。如卷七程元景《大周故處士程先生墓誌銘并序》、卷八《袁氏墓誌》中"人、正、國、年、月、日"等字都使用了武周新制字。新字的制訂與施行並非一時而成，而是逐漸通行的。據史書所載，載初年間武后所頒新造字僅有十二個，但從不同時期墓誌所用文字可以看出，新造字在使用過程中逐漸增多，增添了如"授、證、聖、臣"等字。對於之前的多義字，在使用過程中也按其不同意義分別造字，如"月"字，表示自然星體月球的月時，多用"囝"，與日、星造字結構相同；表示計時單位的月，多用"囸"。有些新造字在流傳過程中出現了異體字，如"聖"，黄本驥此方墓誌作"墅"，亦有其他墓誌作"壄"，如同樣是聖歷年間所作的《武周孫君妻韋氏墓誌》與《武周長孫永妻鄭上行墓誌》①，在書寫"聖"字時，就用了後一種字形。

黄氏此書的文字學價值，還體現在對避諱字和異俗體字的存錄和辨析上。對於避諱字，黄本驥也在所錄墓誌按語中盡數列出並進行説明。在例言中，黄本驥有專門的一段，對唐朝和清朝避諱情況進行了概括總結。墓誌中的避諱字如卷一《劉韜墓誌》中"征東將軍軍司"中"軍師"避司馬師諱作"軍司"；卷五段儼妻文安縣主《大唐故文安縣主墓誌銘并序》中"澶水會盟，事踰昔禮"一句，"澶淵"避高祖諱作"澶水"；卷六《尼法願墓誌銘》中"戒行與松柏齊貞，慧解共冰泉等澈"一句，"冰淵"避高祖諱作"冰泉"等情況，黄氏也在按語中進行了説明。墓誌材料中涉及的異俗體字數量也不少，黄本驥在編纂此書時，皆依其字體原樣摹錄這些文字，保留了漢字字形在不同發展階段的樣貌，爲了解字形的演變提供了可資研究的基礎材料。

---

① 中國歷代墓誌資料庫，浙江大學圖書館古籍碑帖研究與保護中心：http://csid.zju.edu.cn。

清乾嘉年間，考據學大興，梁啓超在《中國近三百年學術史》中提到"乾、嘉間之考證學，幾乎獨占學界勢力"，而這一時期，金石學的發展也達到興盛。生於乾、嘉諸儒之後，黄本驥所撰三十卷《古誌石華》作爲兼具考證的金石學著作，自然承接了乾嘉學術風氣的影響。

獨具特點的是，黄本驥此書僅收録考證墓誌，時代從晋至元且人物身份多樣，其體例存目、録文、跋尾、摹録兼備，尤其跋尾之考證和對墓誌原字之摹録，爲後世相關研究提供了豐富的原始材料。相較於前代潘昂霄、王行等幾位學者，實開墓誌研究之新風。在黄本驥此書之後，有清代學者毛鳳枝①增益黄本驥所未收未録的墓誌文字，續寫成《古誌石華續編》，對其書有所補益，該書現收於由國家圖書館善本金石組編纂的《歷代石刻史料彙編》中。又有端方撰《陶齋藏石記》，書中多處引用黄本驥《古誌石華》的内容，可見黄氏此書在當時已受關注，而從此書現收藏於多省市圖書館的情況也能看出其流傳之廣、影響之遠、刊布之豐。

後世墓誌研究也有許多成果，特別是近代以來，與墓誌相關的著作層出不窮，録文方面有周紹良《唐代墓誌彙編》及《續編》、趙超《漢魏南北朝墓誌彙編》；地方或斷代性研究有賴非《齊魯碑刻墓誌研究》、劉連香《民族史視野下的北魏墓誌研究》、劉文《陝西新見隋朝墓誌》；考證有毛漢光《唐代墓誌銘彙編附考》、趙萬里《漢魏南北朝墓誌集釋》、王其禕《隋代墓誌銘匯考》；羅新、葉煒《新出魏晋南北朝墓誌疏證》；義例方面有楊向奎《中國古代墓誌義例研究》；通論方面有趙超《古代墓誌通論》、王連龍《中國古代墓誌研究》；文字詞彙方面有曾良《隋唐出土墓誌文字研究及整理》、羅維明《中古墓誌詞語研究》、姚美玲《唐代墓誌詞彙研究》，譜牒如陳爽《出土墓誌所見中古譜牒研究》，而從墓誌材料考證歷史地理、人物形象、政治制度、婚姻階級、中西交通等的研究書籍及論文更是數量豐富，墓誌研究之風方興，有成一家之

---

① 毛鳳枝，字子林，號蟬叟，江蘇甘泉人。少時隨父入陝，後流寓長安。有文名，長於經史、輿地、金石、小學。（袁明仁：《三秦歷史文化辭典》，陝西人民教育出版社，1992年，第111頁。）

學的勢頭。在墓誌研究成爲一科專門之學的歷程中，黃本驥《古誌石華》一書具有重要先導作用。作爲我國第一部輯録古代墓誌碑文並加以考證之專著，其所收墓誌時間跨度廣，不僅輯録原文，亦附作者説明與考證。它不僅是金石學的重要著作，更是墓誌研究歷程中的重要成果，故而將其整理點校出來具有一定的意義。

　　本書的主要内容是對黃本驥《古誌石華》一書的整理標校，並對《古誌石華》一書的相關情況和黃本驥的生平、交遊及著述進行研究説明。讀者可以通過閱讀整理本中不同時代的墓誌銘文，對感興趣的歷史人物、歷史事件及不同時代的社會文化現象、生命觀念、誌銘語詞等進行細讀了解。前言與附録二之後對《古誌石華》與黃本驥的相關研究，供諸位讀者進行參考。囿於學力，書中難免存在謬誤與不妥之處，懇請業界專家與廣大讀者不吝指教。

整理説明

一、目前所見《古誌石華》版本共有四種：道光九年（1829）初刻本；道光二十七年（1847）湘陰蔣環刻本；道光間知敬學齋刻本；光緒四年（1878）古香閣刻本。道光間知敬學齋刻本僅見於叢書著録，光緒四年刻本與道光二十七年所用印板相同，皆爲道光二十七年三長物齋藏板。本次點校以通行之道光二十七年本（簡稱二十七年本）爲底本，以道光九年初刻本（簡稱初刻本）爲參校本。

二、墓誌原文中的通假字、異體字、俗體字、避諱字統一録原樣謄録。篇末按語中，黃本驥對通假字、異體字、俗體字、避諱字進行特殊説明的部分，爲呈現其文字學價值，亦保持文字原樣。

三、黃本驥在《古誌石華》例言中稱相關墓志"字有原缺者，以■代；有石泐而字數可計格知者，以□代；不可知者旁注缺字"，此次整理一仍其舊。

四、整理過程中，墓誌原文部分録爲宋體，黃本驥按語部分録爲楷體，以示區別。墓誌題名加黑以標識，原文雙行小註改爲單行，字體較正文略小一號以示意。

五、二十七年本與初刻本的墓誌按語相校有出入者，一般以脚註形式出校記。二十七年本因刊印不清難以辨識的文字，若初刻本清晰可辨，一般以初刻本逕補，不復出校，個別不可補識之文字，以□進行替代。

六、此次整理多列附録一篇，附録二爲初刻本較二十七年本多出的一篇唐代墓誌《孫某妻林氏墓誌》，之後爲對黃本驥生平、交遊及著述的研究文字。

目　録

001　《古誌石華》叙

003　《古誌石華》例言

007　《古誌石華》目録

017　古誌石華　卷一

019　漢

020　晋

021　宋

024　齊

025　梁

027　古誌石華　卷二

029　北魏

041　古誌石華　卷三

043　東魏

045　北齊

048　北周

051　**古誌石華　卷四**

053　隋

065　**古誌石華　卷五**

067　唐一

075　**古誌石華　卷六**

077　唐二

087　**古誌石華　卷七**

089　唐三

099　**古誌石華　卷八**

101　唐四

111　**古誌石華　卷九**

113　唐五

123　**古誌石華　卷十**

125　唐六

135　**古誌石華　卷十一**

137　唐七

147　**古誌石華　卷十二**

149　唐八

159　**古誌石華　卷十三**

161　唐九

171　**古誌石華　卷十四**

173　唐十

183　**古誌石華　卷十五**

185　唐十一

195　　**古誌石華　卷十六**

197　　唐十二

207　　**古誌石華　卷十七**

209　　唐十三

219　　**古誌石華　卷十八**

221　　唐十四

231　　**古誌石華　卷十九**

233　　唐十五

243　　**古誌石華　卷二十**

245　　唐十六

253　　**古誌石華　卷二十一**

255　　唐十七

265　　**古誌石華　卷二十二**

267　　唐十八

277　　**古誌石華　卷二十三**

279　　唐十九

289　　**古誌石華　卷二十四**

291　　唐二十

301　　**古誌石華　卷二十五**

303　　唐二十一

306　　後唐

310　　後晉

315　　**古誌石華　卷二十六**

317　　後周

318　　宋一

329　　**古誌石華　卷二十七**

331　　宋二

341　　**古誌石華　卷二十八**

343　　宋三

355　　**古誌石華　卷二十九**

357　　宋四

369　　**古誌石華　卷三十**

371　　宋五

378　　金

379　　元

381　　**附録一**

383　　**附録二**

384　　**黃本驥的生平、交遊及著述**

398　　**參考文獻**

《古誌石華》叙

墓之有誌，未審所起。劉彦和與梁昭明同時，《雕龍》所載"飾終之作，曰誄曰碑，勒於石者，惟碑而已"，昭明選文則以墓誌摽目，是其時已有墓誌，而彦和遺之，何也？李善注《選》，引王儉語曰："石誌不出典禮，元嘉間顔延之爲王琳作石誌。"是謂墓誌始於劉宋時矣。而謝惠連亦元嘉間人，其《祭古冢文》云"銘誌堙滅"，則劉宋以前已有銘誌，不始於顔作矣。《汝帖》①載比干墓銅盤銘，頗似銘墓之辭，然以爲三代故物，則未敢信。《述異記》有闔閭墓中石銘，亦未足爲誌墓之據。惟《博物志》載西都時南宮寢殿内有醇儒王史威長葬銘，詞意簡質，確是漢文。又《西京雜記》載前漢杜子春臨終作文，刻石埋於墓前，東漢崔子玉嘗爲張衡書墓誌；《金石録》載有漢永建元年《窆室銘》②；《隸釋》載武陽石穴，間有漢建初二年刻字，洪氏以爲埋銘之椎輪；《三國吳志》孫權使張承爲淩統作銘誄；《水經注》臨沅縣有晋龔元之墓銘；《續博物志》有晋王戎及荀晞子婦墓銘；《夢溪筆談》有齊謝朓、海陵王墓銘；《昭明文選》有梁任昉劉瓛妻王氏墓誌，皆誌銘之最古者。然則墓誌實濫觴於兩漢，浸淫於六朝，而波靡於唐宋，不自劉宋始也。漢魏遠矣，石刻斷泐，文集無徵。晋代禁用碑誌，故所傳亦尟。南北二朝始見於集，唐宋

---

① 汝帖：宋大觀三年（1109）八月，汝州郡守王採集《淳化閣帖》《絳州帖》及"三代而下迄於五季字書百家"刻成，共12塊石碑，匯帖12卷，每卷首均刊目録，卷末刻帖的數目，共77家又23種，宋刻匯帖有目録者並不多見。因刻於汝州，故名《汝帖》。

② 《金石録》載有漢永建元年《窆室銘》：初刻本無此句。

以來則無集不登矣。其誌石之在土者，亦日出而不窮，凡所稱述不無諛詞，然其事實往往與國史相參，史之所有，可拾其遺，史之所無，可補其闕。故誌墓之文，爲讀史者所不廢。爲人子孫，必以是作屬之能文之士，善書之筆，冀其文入集中，可備史家採擇。即其集失傳，千百年後陵谷變遷，誌石出土，尚可托文字之工，爲後人所寶，而其姓名得以復顯。故陽有碑碣，幽有誌銘，即杜征南[①]峴首沉碑之意，亦仁人孝子無窮之思也。然石有時而泐，文字之工者不必皆傳，其傳者不必皆工。工且傳矣，或爲士人所毁，則有甃爲牆基，琢爲柱礎者矣。否則爲好事者移徙而去，以至顯而復湮，是蓋有幸有不幸焉。余於金石文字收藏頗富，偶檢誌石拓本，自晋至元，得百餘紙，其中已有石毁而此紙僅存者。恐其散佚，益以友朋所藏及金石家著録之確而可徵者，彙録成帙，分爲三十卷，取劉彦和"石墨鎸華"之義，題曰《古誌石華》，所以別於文集選本也。古墓爲田誌石出土，好古君子倘能踵而録之，以傳其人，其功德當與瘞骴[②]相等。

　　道光八年歲次戊子重九日，寧鄉黄本驥虎癡自叙。

---

① 杜征南，即杜預。杜預字元凱，官至鎮南大將軍都督荆州諸軍事，死後追贈征南大將軍，後世稱"杜征南"。杜預博學多通，尤長於史學，撰有《杜征南集》。

② 瘞：掩埋，埋葬。如：瘞埋、瘞藏。晋潘嶽山《西征賦》有："夭赤子於新安，坎路側而瘞之。"骴：《説文》："骴，鳥獸殘骨曰骴。"《周禮·蜡氏》："蜡氏掌除骴。"鄭鄭玄注："謂死人骨也。"

《古誌石華》例言

　　趙明誠《金石録》所收墓誌，凡一百七篇，其書例不録文，故所載各誌惟隋姚辯一誌，見歐書摹本；唐李無慮、馬紓二志，陶宗儀採入《古刻叢抄》；杜濟一誌，宋敏求採入《顏魯公集》，餘皆有録無文。余編是録，蓋有懲於既往，因不惜腕力，備録原文，使滄桑雖變，而陳人事蹟猶得附文以傳，亦闡幽之盛事也。^①

　　是編所采各誌^②，得於家藏搨本者三之二，得於友朋所藏及金石家著録者三之一。其石未出土見於文集選本者^③，文雖工不録。題曰石華，與選文之例別^④。

　　各誌標題詳略互異，編書體例與誌異，宜今暨不用原題，直書姓名以便尋檢：晋劉輯、宋劉襲之類；有姓字存而名缺者，書其姓字：隋元智、唐張^⑤希古之類；名缺而他志可互證者，仍據他志書其名：北魏司馬景和妻孟氏，據景和自誌“君諱昞”，書司馬昞，妻孟氏。宋鹿伯可據其子昌連誌“父何”，書鹿何之類；名缺而可意揣者，據所揣書其名：唐盧鍇、崔瑾^⑥，宋李僑之類；名字俱缺者，姓下繫以某字：唐杜某之類；字存而姓名俱缺者，書其字：唐令賓公都之類；姓名字俱缺者，書曰某君：五代某君之類；婦統於夫，冠以夫之姓名：司馬昞妻孟氏、唐段儼妻文安縣主之類；女統於父，冠以父之姓名：宋張濟女推兒、唐太宗女汝南公主、唐昭女端、宋盧鄲

---

① 初刻本無此段。
② 誌：初刻本作“墓誌”。
③ 此句初刻本作“其無拓本而見於文集選本者”。
④ 此句初刻本作“皆誌石之出於土者與選文之例別”。
⑤ 張：初刻本無。
⑥ 唐盧鍇、崔瑾：初刻本無。

女姚婆之類；夫婦合誌，書其夫：隋鞏賓暨妻陳氏、唐李文暨妻劉氏原係合誌，止書鞏賓、李文之類；婦人專誌，冠以夫之姓名，夫名缺者書其字：元智妻姬氏之類；名字俱缺者，以某字代：唐裴某妻賀蘭氏、折某妻曹氏之類；姓名字俱缺者，專書婦氏：唐袁氏、杜氏、周氏；誌稱夫人，詳其文義，非夫敵體①者，加"妾"字：唐王察妾范氏、楊籌妾王氏②之類；誌爲保母而作者，冠以所保之子姓名：晉王獻之保母李氏、宋蘇軾乳母任氏之類③。僧尼居士塔誌：唐僧法藏尼法澄二塔誌、王居士磚塔銘之類；亦墓誌類也。唐世佞佛存者甚夥，以其無關儒生考据，今概不録，惟以墓誌銘標題者録之：僧思恒、尼法願墓誌之類，從其類也。

北魏诸誌字多別體，沿及隋唐尚仍其習，是編點畫悉照原本，有正有俗，有通有借、有省有僞，正於各誌之後。

字有原缺者，以■代；有石泐而字數可计格知者，以□代；不可知者旁注缺字。

唐代最重國諱，高祖之祖諱虎，其父諱昞，誌中省虎作虍，或作帍、虎，或以武字代：龐德威誌"拉虎"作"拉武"、吳達誌"白虎"作"白武"；有省"號"字作"号""号"者，號、虦字左傍有作虒、虎、糸、希、厈、馬者；丙字避昞嫌名，以景字代：丙子作景子之類；又避睿宗旦字，改作景。高祖諱省作淵、淐；或以泉水字代：尼法願誌"冰淵"作"冰泉"，鄭恒誌"淵藪"作"泉藪"，文安縣主誌"澶淵"作"澶水"。太宗諱世，省作卋，又作丗，或以代字、葉字代："當世"作"當代"，"七世"作"七葉"之類。又省棄作弃，換泄紲作洩緤，改葉作茮。凡從葉之字，如諜媟牒渫緤蝶，右旁皆改作枼。民省作𠃵，或作㞶，有以人字代者。𤞤以㞶代，泯、岷、珉、睧等字，改作泜、㟁、玊、珤、睧。珉高宗諱以理代治，有省作治者。睿宗諱旦，改作旦，又改但、量、晝、亶、曁作佢、量、晝、亶、曁。元宗諱基，省作基。肅宗諱亨，省作亨。代宗諱豫，省作豫，有改作豫者，或以裕、預字代：霍氏誌"違豫"作"違裕"。憲宗諱純，省作紝，或作紝。穆宗諱恒，省作恒，或以常字代，皆分見各誌，概照原文。間有不避者：

---

① 敵體：指彼此地位相等，無上下尊卑之分。此處指正妻地位。

② 楊籌妾王氏：初刻本無此例。

③ 宋蘇軾乳母任氏之類：初刻本無此句。

文安縣主令狐氏、張安生等誌，不避世字之類。亦仍其舊。

國①朝廟諱以元允等字代，御名缺筆，有文義可通如應以允字代者，竟以嗣、裔等字換之；其不可通者，仍以允字代。孔子名加阝作邱，以昭敬謹，改鼠之嫌所不敢避。

各誌後附録案語，有前人已經論及者，擇其精審語録之，不復注明某家書目，以撮綴成文，不能專主一説也。惟據管見指撥處，則先主其人之説，而後加以辨正。

墓誌之誌，本與志通，金石書目録有作墓志者，然石刻標題，用墓誌銘三字，例皆加言，是編概從石作誌，以昭畫一，惟所引府縣志、金石志仍以去②言示別。

是書刻於道光己丑，今復續採各誌，按年編入，共得二百八十二種，分爲三十卷，丙午長至日補識。③

---

① 國：初刻本作“我”。
② 初刻本亦作“去”，疑爲“志”字誤，道光二十七年本襲初刻本之誤。
③ 初刻本無此段。

《古誌石華》目錄①

寧鄉黃本驥仲良編

湘陰蔣瓛維揚校

卷一②

漢　王威長　杜鄴

晉　無名氏元康二年　王獻之保母李氏興寧三年二月　劉韜

宋　謝濤大明七年十一月　劉襲泰始六年五月　張濟女推兒元徽元年十月

齊　海陵王昭文

梁　永陽敬太妃王氏普通元年十一月

卷二③

北魏　僧惠猛原缺年月，今定爲景明時　司馬紹永平四年十月　司馬昞妻孟氏延

---

① 初刻本目録將每卷所收墓誌的朝代統一記載後再列誌主姓名，誌主姓名下有小字説明墓誌出土地、收藏地、墓誌書寫文體等信息。道光二十七年刻本對目録有所調整，每卷先寫時代，再列該時代所屬墓誌，誌主姓名下僅單列墓誌所立時代。道光二十七年刻本較初刻本所收墓誌多 130 篇。

② 此卷較初刻本多收入漢王威長、杜鄴、晋無名氏、宋謝濤、齊海陵王昭文 5 篇墓誌。初刻本王獻之保母李氏下記"此墓甎也，興寧三年，行書。宋嘉泰二年山陰縣出土，摹入戲鴻堂帖"；劉韜姓名下記"晋無年月，隸書，乾隆間出土，在偃師武家"；劉襲姓名下記"宋泰始六年，正書，在沂州"；張濟女推兒下記"元徽元年，正書，見《古刻叢抄》，未詳所在"；永陽敬太妃王氏下記"梁普通元年徐勉撰，正書，在沂州"。

③ 此卷較初刻本多收入僧惠猛墓誌 1 篇，高植、司馬昞、鄭道忠、陸希道、李超、張元六人墓誌在卷三。因二十七年本與初刻本所録墓誌數量不一而卷數相同，故初刻每卷所載墓誌數量較少，兩本順序不一。在這裡，僅記録初刻所無，二十七年本所增多之墓誌篇目，以示其版本變化。初刻本司馬昞妻孟氏下記"延昌三年，正書。以上二誌（另一誌指司馬紹志）皆乾隆二十年出土在孟縣"；刁遵下多"正書，在南皮縣"一句。崔敬邕下多"正書，在安平縣以上，二誌（另一誌指刁遵志）皆康熙間出土"；高植下記"神龜三年，正書。康熙間出土，在德州田家"；司馬昞下記"正光元年，正書，乾隆二十年出土，在孟縣"；初刻本鄭道忠下記"（正光）三年，正書，近出，在洛陽縣"；陸希道下記"無年號，孟縣志定爲正光四年。正書，篆蓋在縣學忠義祠"；李超下記"六年，正書，在偃師學明倫堂"；張元下記"名避廟諱，改普泰元年正書，近出在蒲州"。

昌三年正月　刁遵熙平二年十月　崔敬邕二年十一月　高植神龜缺年，今定爲三年　司馬昞正光元年十二月　鄭道忠三年十二月　陸希道無年月，今定爲四年　李超六年正月　張元普泰元年十月

卷三[①]

東魏　司馬昇天平二年十一月　高湛元象二年十月

北齊　崔頠天保四年二月　朱岱林武平二年二月

北周　王通天和二年十月

卷四[②]

隋　王某妻張氏開皇四年十月　張景略十一年正月　鞏賓十五年十月　尼脩梵十五年十月　蜀王美人董氏十七年十月　陳詡二十年十二月　姚辯大業七年十月　元智　元智妻姬氏二誌皆十一年八月

卷五[③]

唐一　太宗女汝南公主貞觀十年十一月　段儼妻文安縣主二十二年三月　漢司馬遷妾隨氏永徽二年九月　顧升妻莊氏顯慶二年八月　豆盧遜四年八月　令賓六年正月　張興龍朔元年十月

---

① 此卷較初刻本多崔頠墓誌1篇。司馬昇下記"魏天平二年，正書，乾隆二十年出土在孟縣"；高湛下記"元象二年，正書，乾隆十四年出土，在德州封家"；朱岱林下記"齊武平二年，子敬脩撰，從子敬範銘，正書，在樂陵縣"；王通下記"周天和二年，正書，康熙九年出土，在河間縣"。
② 此卷較初刻本多王某妻張氏、尼脩梵、蜀王美人董氏、陳詡4篇墓誌。張景略下記"開皇十一年，隸書，在安陽縣"；鞏賓下記"十五年，正書，嘉慶二十四年，出土在武功縣大堂"；姚辯下記"大業七年，虞世基撰，歐陽詢正書，原石久佚，今行者臨摹本也"；元智下記"闕名，智其字也，十一年八月廿四日正書"；智妻姬氏下記"全日正書，以上二誌（元智及妻）皆近出，在長安縣"。
③ 此卷較初刻本多漢司馬遷妾隨氏、顧升妻莊氏、張興3篇墓誌。初刻本太宗汝南公主下記"貞觀十年，虞世南行書，誌石未出，此其草稿也，有二本，並見《玉煙堂帖》"；段儼妻文安縣主下記"（貞觀）二十一年，正書，在乾州"；豆盧遜下記"顯慶四年，正書，近出，在長安縣"；令賓下記"姓名俱佚，令賓其字也，（顯慶）六年，正書，在孟縣鄉賢祠"。

卷六①

唐二　李汪龍朔元年十一月　尼法願三年十月　李文麟德元年二月　梁某妻成氏元年十二月　張對乾封三年正月　司馬興咸亨元年四月　韓寶才四年十一月　杜某儀鳳二年五月　許洛仁妻宋氏　曹因以上二誌無年號，附高宗時

卷七②

唐三　田宏敏無年月，今定爲嗣聖元年　王元宗垂拱二年　龐德威三年十一月　陳護四年正月　梁寺四年十一月　雷某誌泐蓋全，永昌元年　程元景長壽三年正月　梁師亮萬歲通天二年三月　杳冥君神功元年十月

卷八③

唐四　袁氏聖歷三年正月　薛剛久視元年五月　馮慶元年十月　王美暢妻長孫氏長安三年　尚真三年八月　楊某妻杜氏三年十月　顏瑤景龍二年二月　梁嘉運三年十月　蕭思亮景雲二年二月　陸元感二年三月　郭思訓二年十二月　馮貞祐妻孟氏開元三年四月

---

① 此卷較初刻本多李汪、梁某妻成氏、張對、司馬興、曹因5篇墓誌。初刻本尼法願下記"龍朔三年，正書，在長安縣"；李文下記"麟德元年，正書，在同州金塔寺"；韓寶下記"咸亨四年，正書，近出，在長安縣"；杜某下記"佚其名，儀鳳二年書，在魯山縣"；許洛仁妻宋氏下記"無年號，今附高宗末年，近出，在長安縣"。

② 此卷較初刻本多陳護、雷某誌2篇。初刻本田宏敏下記"無葬年，今定爲嗣聖元年，正書，在任邱縣"；王元宗下記"名上一字，避廟諱改。垂拱二年，元宗自撰，從其弟紹宗所撰墓碑採出，正書，在登封老君洞"；龐德威下記"（垂拱）三年，正書，近出"；梁寺下記"（垂拱）四年，朱賓撰，鄭莊正書。以上二誌（另一誌指龐德威墓誌），皆在長安縣"；程元景下記"名上一字避周。長壽三年，正書。近出"；梁師亮下記"周萬歲通天元年正書，以上二誌（另一誌指程元景），皆在長安縣"；杳冥君下記"周神功元年，薛稷撰，正書，見《戲鴻堂帖》"。

③ 此卷較初刻本多馮慶、王美暢妻長孫氏、楊某妻杜氏、顏瑤、陸元感、郭思訓6篇。初刻本袁氏下記"佚其夫姓，周聖歷三年，正書"；薛剛下記"周久視元年，元一撰，正書，以上二誌（另一誌指袁氏）皆近出，在長安縣"；尚真下記"周長安三年七月，正書，近出在郃縣"；梁嘉運下記"景龍三年，正書篆額，道光元年出土，在襄陽鹿門書院"；蕭思亮下記"景雲二年九月，顏惟貞撰，正書，在長安縣"；郭思訓下記"（景雲）二年十月，正書，在洛陽王家"；馮貞祐妻孟氏下記"開元三年四月，正書，乾隆二十四年出土，在寶雞縣丞署"。

卷九①

唐五　胡佺開元三年十月　裴某妻賀蘭氏四年十二月　馬懷素六年十月　郭思

謨九年十一月　崔湘十年三月　茹守福十一年八月　突厥降王女賢力毗伽公主十一年

十月

卷十②

唐六　折某妻曹氏開元十一年十一月　高福十二年正月　唐昭女端十二年六

月　王無競十二年十月　薛某妻裴氏十四年二月　陳憲十四年十一月　僧思恒十四年

十二月　于士恭十五年七月　鄭溫球十五年七月　李無慮十七年六月　智元二十年十

一月

卷十一③

唐七　張昕開元二十四年十月　尼惠源二十五年十一月　裴積二十九年二月　張

嘉祐天寶元年二月　某氏三載春　王察妾范氏三載四月　趙思廉四載十月　李璿四載

十二月

---

① 此卷較初刻本多崔湘、茹守福墓誌2篇。初刻本胡佺下記"（開元）三年十月，行書，在介休縣"；
裴某妻賀蘭氏下記"（開元）四年，正書，在長安縣"；馬懷素下記"（開元）六年，正書，在洛陽縣"；
郭思謨下記"開元九年，孫翌撰，正書。在洛陽董家"；突厥降王女賢力毗伽公主下記"十一年十月，
正書"。
② 此卷較初刻本多王無競、鄭溫球、李無慮3篇。初刻本折某妻曹氏下記"（開元）十一年十一月，
正書，以上二誌（另一指上卷突厥公主志）皆近出，在長安縣"；高福下記"（開元）十二年正月，
孫翌撰，行書，向在長安。乾隆四十六年，畢尚書移至吳縣"；唐昭女端下記"（開元）十二年六
月，行書，篆蓋，近出，在長安縣"；薛某妻裴氏下記"開元十四年二月，族孫良撰，正書，近出，
在洛陽縣"；陳憲下記"（開元）十四年十一月，隸書。在偃師縣學明倫堂"；僧思恒下記"（開元）
十四年十二月，常某撰，正書篆蓋"；于士恭下記"（開元）十五年，正書篆蓋，近出，以上二誌（另
一爲僧思恒）皆在長安縣"；智元下記"名避廟諱改，（開元）二十年草書，近出，在洛陽縣"。
③ 此卷較初刻本多張嘉祐、某氏、李璿墓誌3篇。初刻本張昕下記"二十四年，正書，向在長安。
乾隆四十六年移至吳縣"；尼惠源下記"開元二十五年，楊休烈撰，蕭定正書"；裴積下記"（開元）
二十九年，族叔胐撰，正書，以上二誌（另一爲尼惠源）皆在長安縣"；王察妾范氏下記"天寶三載，
正書篆額，近出，在河內紫陵鎮"；趙思廉下記"在南陽縣"四字。

卷十二 ①

唐八　衛某妻劉氏天寶六載七月　成某六載十月　王静信妻周氏六載十月　潘智昭七載四月　王某九載三月　劉感十二載十月　張元忠妻令狐氏十二載十二月　韋某誌泐蓋全，十二載　孫志廉十三載六月　劉元尚十三載十一月　張安生十四載二月

卷十三 ②

唐九　張希古天寶十五載四月　僧思道乾元元年十二月　新平郡王儼永泰元年五月　王訓大歷二年八月　僧義琬三年八月　元鏡遠妻鄭氏四年十一月　尼如願十年七月　盧濤十一年十一月　杜濟十二年十一月　涇王妃韋氏建中二年二月　李某妻賈氏三年三月

卷十四 ③

唐十　彭涗建中三年十一月　張希超貞元元年十月　李丕三年十一月　韋端妻王氏六年二月　閻某妻張氏八年五月　王庭瓖妻馮氏八年十月　梁思九年十月　張敬詵十年九月　于昌嶠十一年七月　瞿令珪十二年十月　王仲堪十三年四月　李宗卿十三年五月

---

① 此卷較初刻本多成某、王某、韋某墓誌3篇。初刻本衛某妻劉氏下多記"乾隆二十二年出土，在河内縣"；王静信妻周氏下多記"正書，向在長安，乾隆間爲汾陽人移去"；潘智昭下多記"正書篆蓋，在長安縣"；劉感下多記"李震撰，席彬正書"；張元忠妻令狐氏下多記"行書，近出，以上二誌（另一爲劉感誌）皆在長安縣"；孫志廉下多記"申堂構撰，韓獻之正書，向在長安，乾隆四十六年移至吳縣"；劉元尚下多記"竇忻撰，田穎行書，在長安縣"；張安生下多記"正書，向在長安，今在寧武楊家"。

② 此卷較初刻本多新平郡王儼、元鏡遠妻鄭氏、盧濤、杜濟、李某妻賈氏墓誌5篇。初刻本張希古下多記"田穎行書，在長安劉家"；僧思道下多記"行書，在夏縣"；王訓下多記"嗣澤王漵撰，正書，在長安縣"；僧義琬下多記"正書，在洛陽乾元寺"；尼如願下多記"僧飛錫撰，秦昊正書，有蓋，亦正書"。涇王妃韋氏下記爲"建中三年"，當爲志主下葬時間。另記"張周撰，正書，近出，以上二誌（另一指尼如願）皆在長安縣"。

③ 此卷較初刻本多彭涗、張希超、王庭瓖妻馮氏、梁思、于昌嶠、瞿令珪、王仲堪、李宗卿8篇。初刻本李丕下多記"正書，近出，在北通州"；韋端妻王氏下多記"子鎮撰，正書，近出，在長安縣"；閻某妻張氏下多記"楊暄撰，劉釓正書，近出，在長安縣"；張敬詵下多記"薛長儒撰，正書，在洛陽縣"。

卷十五①

唐十一 劉某妻卞氏貞元十五年七月　周氏十七年十一月　畢游江十九年六月　鄭玉十九年十一月　張曾二十年十一月　許某妻祈氏二十一年正月　張銑妻樊氏永貞元年十月　萬仁泰元和二年二月　裴復三年四月　王叔雅四年十月　施昭四年十二月

卷十六②

唐十二 解進元和五年十一月　馬廿三娘八年八月　李術九年正月　盧某妻崔氏九年十月　魏邈十年四月　李輔光十年四月　員某十一年十二月　臧某妻周氏十三年三月　西門珍十三年七月　尼契義十三年七月

卷十七③

唐十三 崔載元和十四年十一月　裴昌十五年八月　司馬宗妻孫氏十五年十一月　盧士瓊大和元年九月　杜某三年四月　鄭準四年八月　吳達四年十月　劉渶潤妻楊氏四年十月　李某妻杜氏六年十一月　胡某妻朱氏七年二月

卷十八④

唐十四 崔蕃太和七年十一月　杜行方七年十一月　環某妻程氏八年六月　劉鋬

---

① 此卷較初刻本多劉某妻卞氏、畢游江、許某妻祈氏、萬仁泰、王叔雅、施昭墓誌6篇。初刻本周氏下記"佚其夫姓，（貞元）十七年王紳撰，正書"；鄭玉下多記"正書"；張曾下多記"柳宗元撰，正書。此文柳集未載，以上三誌（另二爲周氏、鄭玉）皆在任邱縣"；張銑妻樊氏下多記"僧至咸撰，正書，在洛陽縣"；裴復下多記"正書，近出，在洛陽縣"。

② 此卷較初刻本多馬廿三娘、李術、員某、臧某妻周氏墓誌4篇。初刻本解進下多記"正書，乾隆間出土，在盂縣"；盧某妻崔氏下多記"竇從直撰，公燮正書，在洛陽縣"；魏邈下多記"四月八日，子匡贊撰，行書，近出，在長安縣"；李輔光下多記"四月廿五日，崔元略撰，崔巨雅正書，明萬曆間出土，在高陵縣"；西門珍下多記"從姪元佐撰，正書，近出"；尼契義本下多記"韋同翊撰，正書"。

③ 此卷較初刻本多崔載、裴昌、盧士瓊、杜某、劉渶潤妻楊氏、李某妻杜氏、胡某妻朱氏墓誌7篇。初刻本司馬宗妻孫氏下多記"貫中立撰，正書，近出，以上三誌（另二爲西門珍、尼契義）皆在長安縣"；鄭準下多記"陳齋之撰，正書，近出，在宜興縣"；吳達下多記"寇同撰，正書篆蓋，向在長安，嘉慶二十二年移至武功縣署"。

④ 此卷較初刻本多崔蕃、杜行方、環某妻程氏、劉鋬、安某妻吳氏、王仕倫、劉某妻辛氏、馮倫、劉源、陳輼、劉元質妻姜氏、鄭宏禮妻李氏、僧常俊墓誌13篇。初刻本趙某妻夏侯氏下多記"唐正辭撰，正書，道光元年出土，在襄陽鹿門書院"；馬恒下多記"行書篆額，在永濟縣"。

八年十一月　安某妻吳氏九年五月　王仕倫九年八月　劉某妻辛氏九年十月　馮倫十

年十月　劉源開成元年十二月　陳韞三年四月　劉元質妻姜氏三年十二月　鄭宏禮妻

李氏四年四月　趙某妻夏侯氏五年十一月　馬恒六年正月　僧常俊會昌元年五月

卷十九①

唐十五　趙某妻張氏會昌三年五月　包某妻張氏三年十二月　馬紓四年七

月　王文幹四年十月　尹澄四年十月　陸某妻何氏五年九月　魏邈妻趙氏五年十一

月　周文遂大中二年十月　王守琦四年正月　陸瑛妻孫氏四年九月　朱某妻樊氏四年

十月

卷二十②

唐十六　劉某妻郭氏大中六年閏七月　閻某妻萬氏六年十二月　盧鄩女姚婆七

年十月　張君平七年十月　陸某妻劉氏九年十二月　韓昶九年十二月　劉某妻霍氏十

年正月　盧鍇十年四月　康叔卿十年十一月

卷二十一③

唐十七　鄭恒　鄭遇大中十二年二月，一誌二石　湯華十二年十一月　馮湍妻金

氏十二年十二月　袁某妻王氏十四年四月　程修己咸通四年四月　王公晟妻張氏四年

七月　楊籌妾王氏五年五月　陳直五年八月　王仲建無年號，今定爲六年十月

---

① 此卷較初刻本多趙某妻張氏、馬紓、陸某妻何氏、朱某妻樊氏墓誌4篇。初刻本包某妻張氏下
多記"正書，乾隆五十八年出土，在仁和趙家"；尹澄下多記"正書，乾隆間出土，在孟縣"；魏
邈妻趙氏下記"王儔撰，正書，近出，在長安縣"；周文遂下記"正書，在海寧周家"；王守琦下
記"劉景夫撰，正書，近出，在長安縣"；陸瑛妻孫氏下記"正書，錢塘出土，仍瘞原處"。
② 此卷較初刻本多劉某妻郭氏、閻某妻萬氏、張君平、陸某妻劉氏、盧鍇、康叔卿墓誌6篇。少"孫
某妻林氏"一篇，見附録。初刻本盧鄩女姚婆下記"鄩撰，正書，在榮澤縣"；韓昶下多記"昶自撰，
子綰正書，在孟縣韓文公祠"；劉某妻霍氏下多記"周遇撰，正書，在長安縣，《萃編》誤作孟縣"。
③ 此卷較初刻本多馮湍妻金氏、袁某妻王氏、王公晟妻張氏、楊籌妾王氏、陳直墓誌5篇。初刻
本鄭恒、鄭遇下多記"泰貫撰，正書，誌有二石，皆在濬縣"；湯華下多記"林珽撰，行書，在鄆縣"；
程修己下多記"溫憲撰，男進思正書，再思篆蓋，近出，在長安縣"；王仲建下多記"張魏賓撰，
正書篆蓋，乾隆五十四年出土，在孟縣"。

卷二十二 ①

唐十八 過訥咸通六年十一月　何俛七年十一月　劉仕倩八年正月　劉遵禮九年十一月　王公晟十一年八月　公都十一年十二月　來佐十四年　李纓妻楊氏十四年十一月　顧謙十四年十一月

卷二十三 ②

唐十九 孔紓咸通十五年　馬某妻張氏咸通缺年　強瓊妻王氏乾符三年二月　趙琮三年七月　趙虔章三年九月　成君信五年十一月　張中立六年四月　黄公俊六年十月　戴昭中和二年十二月

卷二十四 ③

唐二十 敬廷祚中和三年二月　戚高三年十月　戴芳三年十二月　崔瑾誌佚蓋存，附廣明中和時　王氏缺年月，附大順時　孫珦妻張氏景福元年十二月　吳承泌乾寧二年十一月　杜雄四年十一月　陳環　鄔某　尒朱達以上三誌缺年月，附唐末

卷二十五 ④

唐二十一 尼韋提缺年月，附唐末　賈某　劉某　路某　姜氏以上四種皆誌佚蓋存，無年月

後梁 梁重立原書唐天祐十年十月，今編入乾化三年　樂某妻徐氏四年八月　王彦回五年閏二月

---

① 此卷較初刻本多過訥、何俛、王公晟、來佐、李纓妻楊氏、顧謙墓誌 6 篇。初刻本劉仕倩下多記"張元勿撰，正書，近出，在長安縣"；劉遵禮下多記"劉瞻撰，崔筠正書並篆蓋，在長安縣"；公都下記"姓名俱佚，公都其字也，十一年正書，在蕭山王家"。

② 此卷較初刻本多馬某妻張氏、趙琮、趙虔章、成君信、張中立、黄公俊、戴昭墓誌 7 篇。初刻本孫紓下多記"鄭仁表撰，正書，在滎澤縣"；強瓊妻王氏下多記"行書，近出，在醴泉縣"。

③ 此卷較初刻本多敬廷祚、戴芳、崔瑾、王氏、陳環、鄔某墓誌 6 篇。初刻本戚高下多記"趙玭撰，正書，在諸暨縣"；孫珦妻張氏下多記"珦撰，正書，在益都縣雲門山"；吳承泌下多記"裴廷裕撰，閻湘行書，在長安田家灣"；杜雄下多記"魯洵撰，正書，在臨海縣"；尒朱達下多記"程彦矩撰，正書，在郃陽朱家河"。

④ 此卷較初刻本多尼韋提、賈某、劉某、路某、姜氏、梁重立、朱行先、劉某妻楊氏墓誌 8 篇。初刻本樂某妻徐氏下多記"正書"；王彦回下多記"蔣元鑒撰，正書，以上二誌（另一爲樂某妻徐氏）皆近出，在鄞縣"；羅周敬下多記"殷鵬撰，正書，乾隆五十五年出土，在洛陽縣"。

後唐　朱行先原書吳越寶大元年十一月，今編入同光二年　劉某妻楊氏原書吳乾貞三年三月，今編入天成四年

後晉　羅周敬天福二年十月

卷二十六①

後周　某君顯德元年十二月　李訶妻徐氏三年十月

宋一　邊敏無年號，今定爲建隆元年　石暎無年號，今定爲乾德二年　衛廷諤　衛廷諤妻徐氏二誌皆寶元二年八月　韓愷嘉祐七年十一月　李僑無年號，今定爲熙寧二年　韓恬熙寧四年四月　蘇軾乳母任氏元豐三年十月

卷二十七②

宋二　仇公著紹聖三年十月　韓宗厚四年九月　游師雄四年十月　趙揚妻蘇氏四年十月

卷二十八③

宋三　韓宗道元符二年七月　楚通叔妾朱氏崇寧二年十月　孫覿大觀四年十月　范莊政和三年六月　孟邦雄建炎八年七月　王景道妻賈氏紹興六年十月　李集妻楊氏二十一年二月　趙之才妻牟氏乾道元年十月

---

① 此卷較初刻本多李訶妻徐氏、韓恬、蘇軾乳母任氏墓誌3篇。初刻本某君下多記"姓名俱佚，正書，近出，在河內縣"；邊敏下多記"姪魯撰，正書，在任邱縣"；石暎下多記"著仲武撰，行書，近出，在長安縣"；衛廷諤下多記"正書"；衛廷諤妻徐氏下多記"全日李之才撰，正書，以上二誌皆乾隆間出土，在盂縣"；韓愷下多記"叔琦撰，正書，在安陽縣"；李僑下多記"周惇頤正書，李恬篆書。康熙十二年在邵陽出土，仍瘞原處"。

② 此卷較初刻本多仇公著、韓宗厚墓誌2篇。初刻本游師雄下記"紹聖四年十月丁酉，張舜民撰，邵魰正書，章粢篆蓋，在長安縣"；趙揚妻蘇氏下多記"十月十四日，劉次莊正書，在江寧縣"。

③ 此卷較初刻本多楚通叔妾朱氏、孫覿、李集妻楊氏墓誌3篇。初刻本韓宗道下多記"曾肇撰，趙挺之正書，吳安持篆蓋，以上二誌（另一爲韓宗厚誌）皆在徐州"；范莊下多記"張今撰，權維正書，王沃篆蓋，在寶雞縣"；孟邦雄下記"齊阜昌二年，李果卿撰，李肅正書篆蓋，在偃師縣"；初刻本據金人所立僞齊年號記載時間，二十七年本改爲南宋紀年。王景道妻賈氏下多記"隸書，在犍爲縣"；趙之才妻牟氏下多記"范器撰，正書。嘉慶初年，綦江縣墓內抄出"。

卷二十九[①]

宋四　楊從儀乾道五年三月　張謙五年九月　鹿何淳熙十一年

卷三十[②]

宋五　李瑞修妻周氏慶元五年十二月　黃裳嘉定三年十二月　鹿昌運八年二月　王洤嘉熙三年十一月　張塤寶祐元年十一月　韓悦道誌佚蓋存，無年月

金　鄭居澄正大六年三月

元　郭瑞至正二十一年八月

附録　勸勿徙關中古誌石文

① 初刻本楊從儀下多記“袁勃撰，李昌諤正書，王椿篆蓋，在城固縣”；張謙下多記“陸九齡撰，沈焕正書，在東陽縣”；鹿何下多記“樓鑰撰，正書，邱宻篆蓋，在臨海白竹隩”。

② 此卷較初刻本多黃裳、韓悦道、鄭居澄墓誌3篇。初刻本李瑞修妻周氏下多記“謝深甫撰，王及正書，商飛卿篆蓋，在臨海金仙寺”；鹿昌運下多記“黃序撰，黃宜正書，何剡題蓋，在父何墓側”；王洤下多記“江朝宗正書，在臨海縣”；張塤下多記“子來孫撰，正書，在蕭山縣”；郭瑞下多記“張元撰，正書，在河内紫陵鎮”。卷末黃本驥總結記載：“右記一百五十二誌，凡註‘近出’，及嘉慶道光年出土者，皆據石本録入，爲王氏《萃編》、孫氏《續苑》、畢氏《關中中州》、阮氏《山左兩浙》諸金石志所未載。”

惟茲夫人閒瞱挺莖翹翹褰楚灼灼雲介

河窴窴墳龔依依丘墓曾悲尋柱多傷其東

十一月辛巳朔四日甲申窆於湮湄之

日

之化典以延昌二年歲次癸己袬於

之搭終始若一易稱家人美夫婦於意

好仇歲以加焉言告師氏内式閒夫

譾沖圄四德連瓊后妃内

孫陽秉王弟九飀

訓陰軌尒明作配魏宗

周王異之引氏秩之興

中郎將九飀妻王夫人

漢

王威長

明明哲士，知存知亡[①]。崇隴原壘，非寧非康。不封不樹，作靈乘光。厥銘何依，王史威長。

張華《博物志》云"漢西都時，南宮寢殿内有醇儒王史威長葬銘"云云。

杜鄴[②]

魏郡杜鄴，立志忠欵。犬馬未陳，奄先草露。骨肉歸於后土，魂氣無所不之，何必故邱然後即化。封於長安北郭，此焉宴息。

葛洪《西京雜記》云"前漢杜子春[③]，臨終作文，命刻石埋於墓前"云云。杜鄴有集五卷，見《唐書·藝文志》。

[①]　知存知亡：典故源於劉向《説苑》卷十二《奉使》："楚莊王欲伐晋，使豚尹察。經月而返，曰：'不可伐也。其憂在上，其樂在下。賢臣尚在懷國，正民尤多勤業。'二年，又使豚尹觀。返曰：'可矣。賢人已亡，庭多諂諛。上好責下，下多怨上。今已見上下離心，興師伐之，其民必有反。'莊王信從，即揮師征伐。果如其言。"
[②]　杜鄴：字子夏，西漢茂陵（今陝西興平）人，張吉外甥。少以孝廉爲郎。爲王商心腹，官至涼州刺史。他曾上言抨擊外戚丁氏、傅氏專權。（秦榆編著：《賢士的答辯文書》，京華出版社，2006年，第34頁。）杜鄴留有文集五卷，有《元壽元年舉方正直言對》一文。另有《灾異對》《説王商》《漢書本傳》《書斷》等文，均受當時人的讚譽。子杜林，清静好古，有才華，東漢光武帝建武中曆位列卿，官至大司空。（武威通志編委會編纂：《武威通志·人物卷》，甘肅人民出版社，2007年，第3頁。）
[③]　杜子春（約前30—約後58），東漢經學家。河南緱氏（今河南偃師東南）人。曾傳《周禮》，以授鄭衆、賈逵。所注《周禮》，鄭玄曾采用，今佚。清馬國翰《玉函山房輯佚書》輯有《周禮杜氏注》二卷。（張岱年：《中國哲學大辭典》，上海辭書出版社，2010年，第627頁。）

晋

無名氏

惟晋元康二年，太歲在子，承開造斯，甯窕丙户。□出西左參師，罱合宫商是位。龜筮易□，咸□同吾。鐙爵除殯，邪惡奔走。千禄百福，永施後焉。

余於孫觀察星衍所輯《續古文苑》中採得宋劉襲、張濟女推兒、梁永陽敬太妃三誌，蓋自明陶南村宗儀《古刻叢鈔》中録出者。今於胡竹安大令鈞處得孫觀察校刻陶氏《叢鈔》，其書凡録漢至宋碑七十二種，而墓誌乃居其半。因檢前刻三種及唐鄭準誌，從石本採過外，計《叢鈔》所收尚有三十三種，今繫編入《石華》卷内。第《叢鈔》係傳寫之本，其中頗多僞誤，無由得南村真本而訂正之，有文義易明確知其誤者竟爲改之，其不可知者仍闕之，不復逐條瑣註而發其例於此云。

王獻之保母李氏

郎耶王獻之保母，姓李名意如，廣漢人也。在母家志行高秀，歸王氏柔順恭懃。善屬文，能草書，解釋、老旨趣，年七十。興寧三年，歲在乙丑，二月六日，無疾而終。仲冬既望，葬會稽山陰之黄閔岡下，殉以曲水小硯，交螭方壺，樹雙松於墓上，立貞石而志之。悲夫，後八百餘載，知獻之保母宫于兹土者，尚□□焉。

此墓甎也，長廣各一尺一寸。宋嘉泰二年，山陰農人闢土得之，歸錢清王巚。甎本斷爲四，歸巚後又斷爲五。會稽守豫章李大性爲之跋，或有疑其僞者，姜堯章夔作十跋力辨之，遂見重於世。今甎已亡，即舊拓本亦不可得矣，其文摹入《戲鴻堂帖》，又有專刻者。誌中琅邪通作郎耶，後司馬昇誌作瑯琊，則別體字也，懃即勤之別體。

劉韜

晋故使持節、都督青徐諸軍事、征東將軍軍司、關中侯劉府君之墓。君諱韜，字泰伯。叔考處士，君之元子也，夫人沛國蔡氏。

是誌乾隆間偃師人掘井出之，爲武授堂億所得。誌中軍師避司馬師諱作軍司，晋制禁用碑誌，故所叙甚簡。授堂謂劉君官不爲卑，然於功狀無所鋪叙，以古人之不溢美爲可愛，恐未必然。東漢諸墓碑在晋之先，又何詳盡乃爾耶？墓之有誌，不始於此，特以誌石之存，當無先於此者。①

宋

謝濤　宋故散騎常侍揚州丹楊郡秣陵縣謝公墓誌

祖瑶，字球，度琅邪缺十餘字夫人琅邪王氏，祖頤之，字脩年，振威將軍東海内史。父璜，字景山，給事黄門侍郎、散騎常侍、光禄勳；夫人太原王氏，父坦之，字文度，持節都督平北將軍、□□□刺史、藍田獻侯。

宋故散騎常侍揚州丹楊郡秣陵縣西鄉顯安里，領豫州陳缺陽夏縣都鄉吉遷里。謝濤，字明遠，春秋卅有九。元嘉十八年，歲次屠維，月依林鍾，十七日卒，其年九月卅日，窆歹揚州丹楊郡建康縣東鄉土山里。夫人琅邪王氏，七十有二。大明七年歲次單閼，月□□□，十五日卒，其年十一月十四日合祔。父静之，字□壽，司徒缺長史、義興太守。祖獻之，字子敬，中書令，嗣曾孫綽。

下缺

王謝皆典午②舊族，謝濤三世娶於王，名見《晋書》者。惟坦之附《湛傳》，獻之附《羲之傳》，餘皆無徵。

劉襲

曾祖宋孝皇帝。祖諱道鄰，字道鄰，侍中太傅、長沙景王；妃高平平陽檀氏，字憲子，謚曰景定妃，父暢道淵永寧令，祖貔稚熊，琅邪太守。合葬琅邪臨沂莫府山。父諱義融，字義融，領軍、車騎、桂陽恭侯；夫人琅邪臨沂王氏，字韶風，父簡長仁，東陽太守，祖穆伯遠，臨海太守。合葬丹徒練壁雺

---

① 初刻本卷一首篇爲劉韜墓，按語最末多載“故以爲是編之冠”一句。

② 典午：“司馬”的隱語，《三國志·蜀書·譙周傳》：“周語次，因書版示立曰：‘典午忽兮，月酉没兮。’典午者，謂司馬也；月酉者，謂八月也。至八月而文王（司馬昭）果崩。”《資治通鑑》卷171胡三省注曰：典，司也；午，馬也。晋帝姓司馬氏，後因以“典午”指晋朝。

山所。生母湯氏，宣城人，葬練壁雩山。兄顗茂道，散騎常侍，桂陽孝侯；夫人盧江灊何氏憲英，父愉之彥和，通直常侍，祖叔度，金紫光禄大夫。合葬練壁雩山。第三弟彪茂蔚，秘書郎，葬江乘白山；夫人河南翟褚氏成班，父方回，太傅功曹，祖叔度，雍州刺史。第四弟寔茂軌，太子舍人；夫人琅邪臨沂王氏淑婉，父津景源，中書郎，祖虞休仲，左衛將軍。合葬江乘白山。第五弟季茂通，海陵太守，葬練壁雩山；夫人陳郡陽夏袁氏妙□，父淑陽源，太尉忠憲公，祖豹士蔚，丹陽尹。第一姊茂徽，適陳郡長平殷臧憲郎，父元素，南康太守，祖曠思泰，□軍功曹。重適琅邪臨沂王閔之希損，鎮西主簿，父昇之休道，都官尚書，祖敬宏，左光禄儀同。第二姊茂華，適盧江灊何求子有，秘書郎，父鎮長宏，宜都太守，祖尚之彥德，司空簡穆公。第三姊茂姬，適平昌安邱孟詡元亮，中軍參軍，離父靈休，太尉長史，祖昶彥遠，丹楊尹。第四姊茂姜，適蘭陵蕭惠徹，中書郎，父思話，征西將軍，儀同三司。祖源之君流，前將軍。第五妹茂容，適蘭陵蕭贍叔文，父斌伯蒨，青、冀二州刺史，祖摹之仲緒，丹陽尹。重適濟陽圉蔡康之景仁，通直郎，父熙元明，散騎郎，祖廓子度，太常卿。第六妹茂嬿，適濟陽考城江遜孝言，父湛徽淵，左光禄儀同忠簡公，祖夷茂遠，前將軍湘州刺史。重適琅邪臨沂王法興，驃騎參軍，父翼之季弼，廣州刺史，祖楨之公幹，侍中。夫人濟陽考城江氏景嬈，父淳徽源，太子洗馬，祖夷茂遠，前將軍湘州刺史。第一男晃長暉，出後兄紹，封桂陽侯。第二男文淵高，拜臨澧侯世子。第三男冔淵華。第四男瞳淵邃，出後第四弟寔。第五男□淵頵。第六男晏淵平。第一女麗昭，第二女麗明，第三女小字僧歸，亡葬□□。

宋故散騎常侍護軍將軍臨澧侯劉使君墓誌

　　君諱襲，字茂德，南彭城人，宋高皇帝弟景王之穆也。神姿韶雅，風譽夙懋。弱冠拜秘書郎。逮二凶肆禍，人倫道消，君身離幽執，僅免虎口。事清還復舊職，以母憂去官。既除，又拜秘書郎，轉太子舍人。自升□二宮，令望允緝。出爲鎮蠻護軍、盧江太守，莅政平簡，聲績兼著。遷明威將軍、安成太守。屬中流構釁，四表迷逆。君英議獨發，招會如神，故能以一□之旅，剋濟忠節，義超終古，誠冠當今。皇朝欽嘉，爵賞取榮，除輔國將軍、郢州刺史，封建陵縣開國侯。俄徵太子右衛率，加給事中，未拜，遷侍中冠軍將軍，改封臨澧縣開國侯。鎮肅石頭，實當關要之寄。遷左衛將軍，未拜，仍除中護軍。春秋卅有八，泰始六年三月十日薨於位。聖主嗟悼，朝野傷悲。有詔：故中護軍臨澧縣開國侯，志行貞純，才用理濟，忠勳著於艱時，懃績倡乎泰運。年志始壯，奄焉凶折，悲傷惻割，實兼常懷。思嘉寵數，以申哀榮。可贈護軍將軍，加散騎常侍，餘如故，謐曰忠侯。粵五月廿七日庚寅，將葬於琅邪之乘武岡。以悲幽明之殊隔，傷一訣而永分，仰清徽而攬淚，儷元石而裁文。其辭曰：

　　峩峩□□，山岳效靈。允矣君子，誕膺休禎。支蔭帝宇，締慶文明。德以行高，仁與□□。□華二宮，官政兩服。國步時屯，艱難斯屬。忠則忘家，義實光族。朝廼欽庸，以□□□。□望既歸，□寵惟□。或侍帝言，或司蕃戎，方宏卬美，□□家邦。如何不□，□□□躬。□芳稍述，日月有時，考辰筮吉，元堂啓基。深泉永夕，□□長悲。□□□□，□□□□。

　　誌首叙曾祖以下銜名，列在題前，與北魏崔敬邕誌同例，叙祖父母兄弟并及其葬地，祖母嫡母兄嫂弟婦姊妹夫之祖，若父名字官位一一備載，而姊妹之離婚重嫁者，其所適之族亦備載無遺，爲誌例罕見。曾祖道鄰，《宋書》宗室有傳，"鄰"史作"憐"，當以誌爲正，其第五弟"季"史作"奭"，則當以史爲正也。銘云"方宏卬美"，卬即互字。

張濟女推兒　宋張氏墓誌

宋故臨渭侯湘東太守張府君諱濟，夫人邱氏，諱靜姬。第三女推兒，春秋卅有一，亡於偏愛。元徽元年十月甲辰十七日庚申，權假窆夕於西鄉。

　　遠葉蘭飛，浚源琁潔。履順早辰，含章妙葳。選史圖容，循詩範節。皎鏡冬泉，優容春蕙。澝北忸行，營東懃藝。冥昧慶善，睿翳壽仁。泣血賁性，團憂殞身。罷景方旦，摧華載春。壠木已藹，墓草行陳。朱火幾爝，元夜無晨。

　　誌曰"春秋卅有一，亡於偏愛"，而不及其所適何族，蓋以待字過期而殁也，澝字乃淄之別寫。

齊

海陵王昭文　齊海陵王墓誌銘[①]

中樞誕聖，膺歷受命，於穆二祖，天臨海鏡。顯允世宗，溫恭著性，三善有聲，四國無競。嗣德方蹇，時惟介弟，景祚云及，多難攸啓。載騙載獵，高闈代邸，庶辟欣欣，威儀濟濟。亦既負扆，言觀帝則，正位恭已，臨朝淵嘿。虔思寶締，負荷非克，敬順天人，高遜明德。西光以謝，東旭又良，龍轜夕僶，寶挽晨鏘。風搖草色，日照松光，春秋非我，曉夜何長。

長兼中書侍郎臣謝朓立

沈括《夢溪筆談》云："慶歷中，予在金陵，有饗人以一方石鎮肉，視之若有鑱刻，試取洗濯，乃宋海陵王墓銘，謝朓撰并書，其字如鍾繇，極可愛，予攜之十餘年，文思副使夏元昭借去，遂託以墜水，今不知落何處，此銘朓集不載，今録於此。"

王闢之《澠水燕談録》云："慶歷中洪州江岸崩，得謝朓撰并書《宋海陵王墓銘石》。朓文固奇，而書亦有法，類鍾繇書。石入沈括家十餘年，爲夏元昭匿之，不知所在。"

黃伯思《東觀餘論》云："海陵志在沈翰林括家，慶歷中在金陵，厨人以方石鎮肉，視之有文，乃此志也，後爲人借去不還，遂亡所在。此本今世殊難得，然海陵乃齊世而沈云宋海陵王，非也。又云謝朓撰并書，而志但云朓立耳。然元暉自以草隸名當時，後人目以'飛華滿月，殘霞照人'，此志結字高雅，必朓書也，沈載此文於其書，亦小異，如'溫文著性'，石本云'溫恭著性'；'嗣德方衰'，石本云'方蹇'；'晚夜何長'，石本云'曉夜'。當以石本爲是。"

歐陽修《集古録》云："右海陵王墓銘，南齊謝朓撰。海陵王者，齊文惠太子之次子也，名昭文。初，明帝鸞既廢鬱林王昭業而立昭文，又廢爲海陵王而殺之，鸞立，是爲明帝。按《朓傳》，朓當海陵王時，爲驃騎諮議領記室，又掌中書郎，後遷尚書吏部郎，此誌題云"長兼中書侍郎臣謝朓立"，而傳不

---

① 海陵王昭文，《南齊書》卷五有傳。

書胱爲侍郎也。按《齊書》劉悛爲長兼侍中、魏臨淮王或爲長兼御史中尉，南北史多有，蓋長兼似當時兼官之稱，如唐檢校官也。"

　　是銘見宋人説部者凡四家，《燕談録》似未見石本，僅據《筆談》載記者，故不若黃長睿所記之詳。然《筆談》云得之金陵，《燕談》乃謂出於洪州江岸，齊世諸陵皆在丹陽，不應此銘獨出洪州，蓋闕之誤也。海陵王昭謚曰恭，文惠太子第二子也，延興元年七月即帝位，十月降封海陵。銘中二祖，謂高帝、武帝，世宗謂鬱林太子，高遜明德謂文惠太子，嗣德方衰謂明帝也。

梁

永陽敬太妃王氏　梁故永陽敬太妃墓誌銘

尚書右僕射太子詹事臣勉奉敕撰。

　　永陽大太妃王氏，琅邪臨沂人也。其先周靈王之後，自秦漢逮於晉宋，世載光□，羽儀相屬。既以備于前志，故可得而略焉。祖粹，給事黃門侍郎。父儼，左將軍司馬、尋陽内史，並見稱時輩。太妃體中和之氣，稟華宗之烈，蹈此温恭，表茲淑慎。孝敬資於冥發，仁愛□於自然。至於四教六訓之閑，工言貞婉之德，無待教成，岡不該備，故景行著於中□，淑問顯乎言歸。作嬪盛德，實光輔佐，親縫幕之用，躬服澣之勤。及早世釐居，遺孤載藐，提携撫育，逮乎成備。斷織之訓既明，闈門之禮斯洽，劬勞必盡，曾不移志。用能緝睦於中外，亦以宏濟乎艱難，雖魯姜之勤節，曹妃之敬讓，方之蔑如也。皇業有造，殷憂啓聖，追惟魯衛，建國永陽。恭王纂嗣，蕃號式顯，迺拜爲太妃。策曰：維天監二年六月甲午朔十日癸卯，皇帝遣宗室員外散騎侍郎持節兼散騎常侍蕭敬寶策命永陽王母王氏爲國太妃，曰：於戲！惟爾茂德内湛，粹範外昭，國序凝芬，蕃庭仰訓，是用式遵舊典，載章徽服。往欽哉！肅茲休烈，可不慎歟。備褕瑱之華，而降心彌約；居千乘之貴，而處物愈厚。既而恭王不永，禮從□□，訓導嗣孫，載光榮祉。年高事重，志義方隆，宜永綏福履，而奄奪鴻慶。以普通元年十月廿三日遘疾，十一月九日乙卯薨於第，春秋五十有九。詔曰：永陽大太妃奄至薨逝，哀摧切割，不能自勝，便出叙哀，可給東園秘器。喪事所須，隨由官給，祖行有辰，式宏茂典。又詔曰：故永陽大太妃，禮數有殊，德行惟光，訓范蕃嗣，式盛母儀。即遠戒期，悲懷抽割，可詳典故，以隆嘉謚，禮也。粵其月廿八日戊戌祔瘞于琅邪臨沂縣長千里黃鵠山，用宣風烈，以昭弗朽，迺爲銘曰：清瀾悠邈，其儀尚矣，龍光疊照，風流世祀。猗歟岡匱，於昭不已，誕資仁淑，作嬪君子。幽閑表操，明德自躬，推厚處薄，秉默居冲。參差採芼，撝暎言工，鑒昭彤管，識戀佪風。凝芬載湛，芳猷允塞，徙舍爲訓，止閨成則。曹號母儀，豈伊婦德，穆茲閨闈，形于邦國。龍飛集運，禮數攸鐘，憲章盛典，車服有容。泰而愈約，貴則彌恭，蕃祉方茂，纂嗣克重。巾帚差池，朝夕咸事，雖曰任傳，永請斯備。是惟仁姑，厥德可庇，恂恂濟濟，蘭芬瓊秘。光陰易晚，祺福難留，閨儀罷暎，褕華奄收。奠遷朱邸，駕詣行楸，芳□是勒，大□方攸。

是誌爲徐勉撰文。永陽王蕭伯游，武帝姪也，《梁書》有傳。誌中"明發"作"冥發"，"嫠居"作"釐居"。

左中郎将兀龋妻王夫人松

周王冀之引氏秩之興

陽乎王弟六弟兀龋宗之妻

訓陰軹尒明作配龋宗之妻開睢

之孫陽乎王弟

諡沖圆四德連瓊后妃氏内

好仇歳□□易稱家人美夫婦夫

之作樣以延昌二年歳次癸已喪於渥湎之東

典終始昌二年甲申藝於渥湎之東京其

本二月辛已朔四日甲申藝尋

河宷宷墳依依丘墓曾悲尋桂多楊其

惟兹夫人開睢挺箄起超蕢楚灼灼雲介

北魏

僧惠猛　魏故照元沙門都維那法師惠猛之墓誌銘①

法師緣姓陰氏，燉煌人也。靈源遐□，衿帶西州，才彥世華，儒釋相襲。法師承禮讓之基，蹈風教之胄天情孤邈，靈性高騫，視塵世而不居，慕鹿薗之聖迹。抽簪適道，豎佛栖禪，且近徵梵卜，神想千雲，窮理拾幽，泮若冰拆，故撞鐘之韻彌長，振錫之風日遠。若乃昇坐法莚，闡揚妙蘊，元關一起，有象斯光，久韻再揚，無言清穆，矯焉若神龍之起軒□，煥矣如翔鳳之降堯陛。高祖孝文皇帝重其風流，宣顧至厚，清談動日，交想移辰，雖有德之讚四依，維摩之談二□，殆將届之矣。皇上聖明，道心遐尚，委以宏綱，仗之幾務，而神鑒一炳，玉石自分，惠識垂臨，蘭艾斯拜。至如昇帝牀、入紫幕，言微而孤上，理絶而音垂，朝英莫之預，唯師獨之矣。□□□□□天子親駕【闕十二字】之魂以悲長夜【闕七字】慕其【闕八字】年十二月□□□日□□□□年廿【闕九字】。弟子□□等述其遺芳，勒之貞石，其辝曰：德降自天，憬然獨悟。脱略世塵，超迹覺路。耽彼精禪，習之如素。鬱起清風，遐邇同慕。元宗既闡，厥聲正希。荆榛盡闢，斯理愈微，龍象大暢，梵嚮攸歸。

是誌年號殘泐，《北魏書·釋老傳》無惠猛名。惠猛爲孝文帝所重，年止廿餘歲，其卒當在宣武帝改元景明時。孝文自雲中遷都洛陽，法師在朝爲都維那，其葬地當在今洛陽縣，誌中缺字可意會者補之，不可通者闕之。

---

① 《漢魏南北朝墓誌彙編》有收録。

司馬紹　魏故寧朔將軍固州鎮將鎮東將軍漁陽太守宜陽子司馬元興墓誌銘[①]

君諱紹，字元興，河內溫人也。晋河間王右衛將軍遷取騎常侍、中護軍使持節、侍中、太尉公，贈車騎大將軍儀同三司，諡曰武王欽之玄孫。晋河間侍中左衛將軍，贈使持節、鎮西將軍、荊州刺史，諡曰景王曇之之曾孫。晋淮南王秘書監、遷使持節鎮北將軍徐兖二州刺史，晋祚流移，姚授冠軍將軍、殿中尚書，大魏蒙授安遠將軍丹陽侯，贈平西將軍、雍州刺史，諡曰萬公叔璠之孫。寧朔將軍、宜陽子、驃騎府從事中郎、鎮西將軍、略陽王府長史道壽之子。君夙稟明頹，纂承徽烈，洪業方隆，生志未遂，以魏大和十七年歲次戊申七月庚辰朔十二日壬子薨於第，以永平四年歲次辛卯十月癸亥朔十一日癸酉遷葬在溫城西北廿里。記之：遙哉遠裛，緬矣鴻冑，承苻紹夏，作賓於周。貞明代襲，弈世宣流，誕生夫子，剋纂徽猷。崇基方構，嘉業始脩，蘭推始夏，桂折未秋。感戀景行，式述遺烋。

是誌與其子昞、昞妻孟氏、族人昇四石，乾隆二十年同時出土，在孟縣東北八里葛村，蓋司馬氏族葬所也。誌中所叙歷世官履，潛研、授堂二跋考據甚詳。惟姚授冠軍將軍謂後秦姚興所授職也，潛研謂爲遙授之異文，不若授堂爲精審爾，誌中朔作朔、散作殼、使作使、簡作簡、驃作驃、稟作稟、規作頹，纂作纂、以作从、第作弟、冑作裒、符作苻、克作剋、脩作脩、休作烋，皆別體字。《魏書·世祖紀》，始光二年初造新字千餘，頒下遠近，永爲楷式，故其時碑刻別字最多，沿及隋唐，尚有仍其習者。

司馬昞妻孟氏　魏代楊州長史南梁郡太守宜陽子司馬景和妻墓誌銘

夫人姓孟，字敬訓，清河人也。蓋中散大夫之幼女，陳郡府君之季妹。夫人資含章之淑氣，廩懷殼之奇風，芬芳特出，英華秀生，婉問河洲，鼓鍾千里。年十有七而作嬪於司馬氏。自笄髮從人，檢無違度，四德孔脩，婦宜純佑，奉朗姑以恭孝興名，接娣姒以謙慈作稱，恒寬心靜質，舉成物軌，謹言慎行，動爲人範，斯所謂三宗屬矩，九筮承規者矣。又夫人性烹婌娖，多於容納，敦桃夭之宜上，篤小星之逯下，故能慶顯蠡斯，五男三女，出入閨闈，諷誦崇

① 全文亦可見於清嚴可均輯《全後魏文》，商務印書館，1999年，第559頁。

禮，義方之誨既形，幽閑之教亦著。然盡力事上，夫人之懃；夫婦有別，夫人之識；捨惡從善，夫人之志；内宗加密，夫人之愜；姻于外親，夫人之仁。夫人有五器，而加之以躬撿節用。豈悟天道無知，與善徒言，享年不永，凶咎横集。春秋卅有二，以延昌二年夏六月甲申朔廿日癸卯遘疾奄忽，薨于壽春。嗚呼哀哉，翌三年正月庚戌朔十二日辛酉歸葖於鄉墳河内温縣温城之西。寔以營原興壟，竆野成邱，故式述清高，而爲頌云：穆穆夫人，乘和誕生，蘭蕚蕙樑，玉潤金聲。令問在室，徽音事庭，方孚洪烈，範古流名。如何不淑，早世徂傾，思聞後葉，刊石題誠。

誌志首稱魏代，非朝代之代，魏始封於代，故以魏代兼稱。景和，乃司馬紹長子晎之字。志叙孟氏父兄之官而不著其名，生有五男三女，亦不載男何名位，女適何族。誌中妻作妻，稟作稟，睿作叡，笄作笄、修作脩、備作俻、舅作舅、娣作娣、舉作舉、範作範、矩作短、族作族、規作規、寡作寡、妬作妬、郭作毂、夭作夭、逮作逮、盉作盉、勤作懃、從作位、恂作恂、儉作撿、徒作徒、圖作圖、粵作粵、葬作葦、徽作徽、俎作俎、業作蘂。

刁遵　魏故使持節都督洛兖州諸軍事東平將軍□□惠公刁府君墓誌銘

高祖協元亮，晋侍中尚書左僕射【闕二十字】夫人彭城曹氏。父義，晋梁國中【闕十八字】曾祖彝，太倫，晋侍中徐州牧司空□[①]陽【闕十七字】。祖暢，仲遠，晋中書令，金紫左光禄大夫□[②]平【闕十五字】。父雍，淑和，皇魏使持節侍中都督，揚豫兖徐四州【闕十四字】徐豫冀三州刺史，東安菌公。夫人琅耶王氏【闕十一字】。

公諱遵，字奉國，勃海饒安人也。姓氏之興，録於帝嚳，中葉【闕十一字】廣淵，謨明有晋。祖父以忠肅恭懿，聯輝建□□[③]見者世往傳開【闕十字】之外，不復銘於幽泉也。公稟惟岳之靈，挺其仁之德，忠孝本於立【闕八字】以小節而求名，無虛譽以眩世，少能和俗，於人無□[④]，但昂然愕然者，【闕七

---

① 據北京圖書館藏拓可補此闕字，爲“義”。
② 據北京圖書館藏拓可補此闕字，爲“建”。
③ 據北京圖書館藏拓可補此闕字，爲“侯所”。
④ 據北京圖書館藏拓可補此闕字，爲“際”。

字】侍中中書監司空文公高允，皇代之儒宗，見而異之，便以女妻焉。太和中【闕五字】尋拜魏郡太守。寬明臨下，而德洽于民。正始中，徵爲太尉高□□①諮議参軍事□□□有古人之風，器而禮焉。俄而轉大司農少卿，均九賦，以豐邦用。莅事未莘，遷使持節都督洛州諸軍事龍驤將軍洛州刺史。公之立攻，惠流兩壇，平陽慕化，辟地二百，方一江汙，成功告老。上天不吊，忽焉降疾。熙平元年秋七月廿六日，春秋七十有六，薨於位。朝廷痛悼，百寮追惜，贈使持節都督兗州諸軍事平東將軍兗州刺史，餘如故，加諡曰惠，禮也。惟公爲子也孝，爲父也慈，在臣也忠，居蕃也治。兄弟穆常棣之親，朋友著必然之信，尊賢容衆，博施無窮，戴仁抱義，行藏閉滯，温恭好善，桑榆彌篤。小子墅等，泣徂年之箭駿，痛龜莅之告祥，奉靈輀②而號慟，遷神柩於故鄉。以二年歲次丁酉冬十月己丑，朔九日丁酉窆於饒安城之西南孝義里皇考簡公神塋之左。松門永閟，深扃長鍵，庶鐫石於下壤，仰誌德於幽泉。其辭曰：彼彼縣冑，帝僮之允，驛代貞賢，自唐及晋。明哲迭興，忠能繼僑，在洛雲居，徂楊岳鎮。長鯨興虐，金歷道亡，於昭我祖，違難來翔。位班鼎列，朝望斯光，顯顯懿考，奉構腰璜。依仁挺信，據德檽明，紐龜出守，入讚台衡。惠露千里，道懋槐庭，清風遙被，徽音遠盈。曰登農畝，播稼是司，巍巍高廩，禮教將怡。邊城俟捍，戎氓佇治，秉袨肅命，董牧宣威。方叔克莊，燕奠遐齡，庶乘和其必壽，泣信順而徂傾。攀號分罔訴，摧裂分崩聲，銘遺德分心曰糜，刊泉石分慟深扃。

夫人同郡高氏。父允，侍中中書監司空咸陽文公。

按刁氏誌銘鐫於元魏熙平間，歷隋唐五代宋元明以迄今日，蓋千餘年矣。里人自廢寺趾掘出，又四五十年，余始從石景僕孝廉訪而得之，但字多殘壞，一角闕如。質之洛南薩尺庵先生，先生曰："石鼓剝蝕，薦福雷轟，古物之不完，由來舊矣，況晋帖盡是摹臨，唐碑率多鉤勒，茲誌端楷古秀，蓋去晋未遠而風格猶存。且今之書法，自唐而溯晋，此誌書法，則由晋以闚唐。希世之寶，顯

---

① 據北京圖書館藏拓可補此闕字，爲"陽王"。
② 靈輀：喪車，三國魏曹植《王仲宣誄》："喪柩既臻，將及魏京靈輀回軌，白驥悲鳴。"《相和歌辭·挽歌》："晨光照閭巷，輀車儼欲行。"

晦有時，其公諸世。”余唯唯搗之，以質當代之嗜古者。乾隆二十七年歲次壬午，渤海劉克掄五雲氏識。

　　誌叙先世官階，刁協傳見《晋書》，子彝附焉，暢乃彝之次子。雍傳見《魏書》及《北史》，遵即附見雍傳。協爲王敦所殺，彝復其讐；暢爲宋高祖所誅，雍歸於魏。遵有子十三人，楷尚長而早卒，故誌稱小子整奉喪。整字景智，仕至征東大將軍，滄冀瀛三州刺史，諡曰文獻。銘述刁氏之先曰“帝僵之允”，僵字音義未詳，不知在古爲何帝。文内“挺其仁之德”，用《論語》“如其仁”語。《金石萃編》誤“其”作“基”。《文選》任昉《求立太宰碑表》云“道被如仁，功參微管”，沈約《安陸昭王碑》云“如仁夕惕之志”，皆用《論語》句也。他如，兖作㳂、簡作蕳、邦作邗、疆作壃、汙作汚、藩作蕃、棟作楝、囷作囘、整作塾、龜筮作龜蓍、攸作攸、弈作驛、揚作楊、標作橚、貳作貳、遷作逷、壯作疨、奭作奭，皆別體字。訴作訴，則《説文》正字也。

崔敬邕

　　祖秀才，諱殊，字敬異。夫人從事中郎趙國李㑘女，父雙，護中書侍郎、冠軍將軍、豫州刺史、安平敬侯，夫人中書趙國李銑女。

魏故持節龍驤將軍督營州諸軍事營州刺史征虜將軍大中大夫臨青崔公之墓誌銘

　　君諱敬邕，博陵安平人也。夫其殖姓之始，蓋炎帝之裔。其在隆周，遠祖尚父，實作太師，秉旄鷹揚，剋佐撝殷。若乃遠源之富，弈世之美，故以備之前册，不待詳録。君即豫州刺史安平敬侯之子，冑積仁之基，累榮構之峻，特稟清貞，少播令譽。然諾之信，著於童孺，瑶音玉震，聞於弱冠。年廿八而僬華茂實，以響流於京夏矣。被旨起家，召爲司徒府主簿，納贊槐衡，能和鼎味。俄而轉尚書都官郎中。時高祖孝文皇帝將改制創物，大崇革正，復以君兼吏部郎，詮叙彝倫，九流斯順。太和廿二年春，宣文①皇帝副光崇正，妙藺宫衛，復以君爲東朝步兵。景明初，丁母憂還家，居喪致毀，幾於滅性。服終，

────────────
① 據《漢魏南北朝墓誌集釋》，此處文字誤，應爲“武”。

朝廷以君膽量①凝果，善謀好成，臨事發奇，前略無滯，徵君拜爲左中郎將大都督中山王刺史。出圍偪義陽，城拔凱旋。君有協規之效，功績隆盛，授龍驤將軍太府少卿臨淄男，忠懇之稱，實顯於兹。永平初，聖主以遼海戎夷，宣化佇賢，肅慎契丹，必也綏接，於是除君持節營州刺史，將軍如故。君軒鑣始邁，聲猷以先，麾盖踐壇，而温膏均被，於是殊俗知仁，荒嵎識澤，惠液達於逷遐，德潤潭於邊服。延昌四年，以君清政懷柔，宣風自遠，徵君爲征虜將軍太中大夫。方授美任，而君嬰疾連歲，遂以熙平二年十一月廿一日卒於位。縉紳痛惜，姻舊咸酸，依君績行，蒙贈左將軍濟州刺史，加諡曰貞，禮也。孤息伯茂，銜哀在疚，摧號冈訴②，泣庭訓之崩沉，淚松楊之以樹，洞抽絕其何言，刊遺德於泉路。其辭曰：縣哉遐冑，帝炎之緒，爰歷姬初，祖惟尚父。曰周曰漢，榮光繼武，邁德傳輝，儒賢代舉。於穆叡考，誕質含靈，秉仁岳峻，動智淵明。育善以和，獎幹以貞，響發邦邱，翼起槐庭。慶鍾盛世，皇澤遠融，入參彝叙，出佐邊戎。謀成轅幕，績著軍功，偪城飈偃，蠢境懷風。王恩流賞，作捍東荒，惠沾海服，爰洽遼鄉。天情方渥，茵爵惟良，如何蒼昊，國寶淪光。白楊晦以籠雲，松區杳而烟邃，貌孤叫其崩慫，親賓颭而垂淚，仰層穹而摧號，痛尊靈之長秘，誌遺德兮何陳，篆幽石兮深□。嗚呼哀哉。

王士禎《居易録》云：陳崇石爲安平令，掘田隴間得此誌，其祖父名爵，列於題銜之前，與宋《劉襲誌》同。誌中蒻作撊、疆作壇、邊作逷、怨作慫。

高植　魏故濟青相涼朔恒六州刺史下缺

君諱植，字子建，勃海蓨人也。缺茂烈，皆備之國籍家傳，不復更録。缺不幸君□靈原之缺者顧暘缺求□道於□衿始此缺宣武皇缺皇帝已缺衛缺理况缺絕□□之缺我以□方約我以缺心始□詐之輩缺君在缺神翻然缺泉缺至德□虛麇缺名山□衢缺龍飛鳳舞缺賾兮缺豪痛，彼蒼者天，奄此明公，奠矣哲人，惟義是依。每見我君，終始許師。大魏神龜缺。

誌出景州城東十八里六屯村，康熙間雨圻河岸，土人得之，後歸田山蘊雯家。

---

① 據《漢魏南北朝墓誌集釋》，此處文字誤，應爲“思”。
② 據《漢魏南北朝墓誌集釋》，此處兩字爲“冈斷”。

字泐過甚，十不存一，《魏書·外戚傳》高肇之子植，爲濟州刺史，歷青相朔恒四州刺史，以清能著，卒贈冀州刺史。此云六州，蓋史遺涼州，而誌亦泐其終贈冀州也。《金石萃編》以神龜下第五字泐痕似庚字左旁，定爲三年庚子，正光七月改元以前所刻。誌中渤作勃、蓚作篠、喪作喪、夐作奠。

司馬暅　魏故持節左將軍平州刺史宜陽子司馬使君墓誌銘

君諱暅，字景和，河內溫人也。晋武帝之八世孫，淮南王播之曾孫，魏平北將軍固州鎮大將魚陽郡宜陽子興之子。先室乇離，宗裔介否，乃祖歸國，賞以今爵，弈世承華，休榮彌著。君有拔群之奇，挺世之用，神風魁崖，機悟高絶。少被朝命，爲奉朝請、牧王主簿、員外散騎侍郎、給事中，從驪驤府上佐，遷揚州車騎大將軍府長史，帶梁郡太守。在邊有暐略之稱，轉授清河內史。此郡名重，特以人舉。不幸遇疾，以正光元年七月廿五日薨於河內城。朝廷追美，詔贈持節左將軍平州刺史。非至行感時，熟能若此？以庚子之年元[①]枏之月廿六日丙申，葬於本鄉溫城西十五都鄉孝義之里。刊石誌文，而爲辭曰：
君侯烈烈，玉揀金聲，高風愕愕，屢歷徽榮。奄然辭住，没有餘馨，鎸兹泉石，用銘休貞。

是誌有蓋，正書“墓誌銘”三字，在孟縣監生李洵家。誌石則在張大士家，爲縣令周洵攜去，失所在。暅爲司馬叔璠之曾孫，道壽之孫，紹之子也。紹字元興，誌書“叔璠”作“播”，“元興”作興，而遺其祖之名位。《魏書》則云元興子景和而不著其父子之名，均藉史誌參觀而得。“暅”字《説文》所無，而唐高祖父亦以此命名，字曰叔和，則和乃暅義也。又漁陽作魚陽、屯作乇、奕作弅、散作敃、龍驤作驪驤、邊作邉、執作熟、往作住。

鄭道忠　大魏正光三年歲次壬寅十二月己未朔十六日壬申故鎮遠將軍統軍將軍鄭君墓誌銘

君諱道忠，字周子，滎陽開封人。周文王之褒，鄭桓公之後，魏將作大匠渾之十世孫也。本枝碩茂，跗萼重輝，冠冕相仍，風流繼及。祖以清静爲治，

---

① 據北京圖書館拓本，此處原爲“元”，避諱改爲“玄”。

化洽汾榆。考以德禮鑄民，愛留海曲。君剋厝純粹，載挺珪璋，美行著於髫年，嘉譽盛於冠日。太和在運，江海斯歸，理翰來儀，擇木以處。始爲高陽王國常侍，所奉之主即承相其人，雖義在策名，而遇同置醴，邈循任重，咸職惟才。轉衛尉丞，加明威將軍，抑而爲之，非所好也。會五營有缺，俄意在焉，事等嗣宗，聊以寄息。從步兵校尉本邑中正，遷鎮遠將軍統軍將軍。君氣韻恬和，姿望温雅，不以盛否滑心，榮辱改慮，俳佪周孔之門，放暢老莊之域，澹然簡退，弗競當塗。天道茫茫，仁壽無證，春秋卅有七，以正光三年十月十七日卒於洛陽之安豐里宅。知時識順，臨化靡傷，啓予在言，素儉爲令，古之君子，何以尚兹。越十二月廿六日窆於熒陽山嶁石澗北，乃銘石泉陰，式昭不朽。其辭曰：河潁之鄉，史伯稱祥，竭來骨宇，大啓封壃。國風巳□，家業嗣昌，或潛或躍，令問令望。於穆不巳，實生夫子，皎皎百練，昂昂千里。棲息典經，騁鶩文史，潤彼璠璵，馥兹蘭芷。間平出世，玉帛求人，薄言委贄，義等師臣。帝居崇祕，警衛惟寅，既參開鍵，仍奉鉤陳。雖則鉤陳，亦孔之賤，我有一尊，心無兩戰。風催夜燭，弦馳曉箭，奄就北京，遂同南面。荒茫宿草，森沉宰木，迴絕人群，朋囉羽族。形歸泉壤，聲留藺牘，麋畏樵蘇，寧悲陵谷。

　　是誌近日出土，爲金石家所未見，熒陽之鄭在北魏巳爲望族，所謂將作大匠渾者，傳見三國《魏志》。墓誌標題以朝號及年月日冠於銜名之上，蓋創見也。誌中熒作熒，裒作裒，策作策，貳作弍，缺作歁，俳佪作俳佪。莊作疰，骨作骨，關作開，驅作駈，簡作蕑。溯鄭氏先世，遠及周文而乃近遺祖父之諱，曰爲治，曰鑄民，其祖父亦非無爵位可書者。

陸希道　魏故涇州刺史淮陽男陸使君墓誌之銘篆蓋

　　魏故使節缺諸軍事缺涇州刺史淮陽男陸使君墓誌銘上缺鉅鹿郡開國公子也下缺前涼州刺史兼吏部郎中陳郡袁飜，字景翔制銘。

　　誌在盂縣張河村出土，村民用以捶布，故字甚磨滅，惟次行"鉅鹿郡開國公子也"九字可辨，餘行上下或一二字而已，側面別刻袁飜制銘一行，尚無剝損。乾隆五十四年移置縣學忠義祠內。陸君名字生卒年號俱無存。《盂縣志》據《魏書·陸俟傳》載其子孫，有名希道，字洪度者，以克義陽功，賜爵淮陽男，歷官至平西將軍、涇州刺史，正光四年卒官，與誌銜正合；又希道父叡，曾封鉅鹿郡開國公，見於《叡傳》，亦與誌合，遂定其人爲陸希道。《傳》云正光四年卒官，正光止五年，制銘之袁黼，《魏書》有傳，其拜吏部郎中實正光末事，故知此誌爲正光間造也。

李超　魏故懷令李君墓誌銘

君諱超，字景昇，本字景宗，後承始族叔在江左者懸同，故避改云。秦州隴西郡狄道縣都鄉華風里人也。雅著高節，敦襲世風，言行足師，興作成准，循情孝友，因心名義。安貧樂道，息詭遇之襟；介然駿特，標礭焉之操。弱冠舉司州秀才，拜奉朝請，除恒農郡冠軍府錄事參軍事，宰沁水縣，巨政崇治，綽居尤最。爲受罪者所誑章，憲臺誤聽，被茲深劾，除名爲民。於是廿季中浮沉閭巷，玉潔金志，卓爾無悶。到熙平二年，甫更從窨，補荆州前將軍騎兵參軍事，復作懷令。已受拜垂垂，述職遭疾，正光五年八月十八⊙卒于洛陽之永年里宅，時季六十一。孤貞華首，訖於二邑，門從無兩，遠邇酸恨，懷之百姓，長慕喪氣，雖陳留之哀望胡季叡，不是過也。越六年正月丙午朔十六日辛酉，葬洛陽縣覆舟山之東南。

原壤難窮，陵谷時異，刻茲陰石，照序光塵。泱泱顯族，蕨葛西垂，代襲清則，沓炳羽儀。道妙之門，緒風屬斯，惟祖惟孝，倜儻瓌奇。昌謨迭駕，高雙明規，杳量無隄，元契不貲。惣脩異貫，員應紛枝，灼灼伊君，山立淵渟。棲真宅正，寢繩履程，懿鑠爲質，醇素用情。均冶禮世，氣重財輕，亦既從招，旁溢鴻聲。隨牒出入，密勿力誠，爰蒞近邑，先邁儀形。絕交獨坐，化動陰寰，尚德貽咎，衆實巨蓋。枎祛歸來，餙輗褫帶，恂恂鄉閭，萬殊一會。優柔善成，無小無大，垂白再仕，泛爾沿流。階倫稍降，盛業愈違，逯作後城，士女承休。鸞頓方馳，盡土悲愁，剋節炯言，引賞靡徵。端恭妄砳，家俗虛膺，權彼圮跡，事罔篇繒。長源未輸，深嵒作卷，薀此逸機，空生徒返。茲窆易削，疇毒難遣，楨栵疏疏，泉房寒遠。嫡孤内孀，妹弟摧哣，式鏤沉石，託注幽篆。

妻恒農楊氏，父談，爲郟州主簿。息女孟宜，年卅六，適恒農王始僬，郡中正。息女媛姿，適遼西常彪，侍御史。息女仲妃，適武威賈子謐，涼州治中。息道冲。息女婉華。息女怵顏。息女四輝。息道逸，年十六。息道栖，年十三。

誌出偃師喬家村，今在縣學明倫堂。其曰“葬於洛陽縣覆舟山”者，覆舟山今在縣境，與洛陽接境，其地舊屬洛陽也。超爲懷令，懷今河內縣。是誌《金石萃編》列於永安二年，孫氏《續古文苑》據《通鑑》長曆推之，所謂越六年正月丙午朔者，即正光六年正月也。誌中狄作狋，準作准，確作礭，誣作誙，臺作臺，年做秊，宣作宜，日作⊙，覆作霞，蔓作薎，考作考，總作捴，寢作寔，質作貭，儀作儀，冥作冥，咎作咎，拂作梻，飭作餝，逮作逮，彎作彎，砥作砥，俗作俗，摧作摧，罔作罔，蘊作薀，冤作冤，泉作泉，爛作爛，休作怵。

張元　魏故南陽張府君墓誌

君諱元，字黑女，南陽白水人也。出自皇帝之苗裔，昔在中葉，作牧周、閔；爰及漢、魏，司徒、司空。不因舉燭，便自高明；無假置水，故已清潔。遠祖和，吏部尚書、并州刺史。祖具，中堅將軍、新平太守。父，盪寇將軍、蒲阪令。所謂華蓋相暉，容光照世。君稟陰陽之純精，含五行之秀氣。雅性高奇，識量冲遠。解褐中書侍郎，除南陽太守。嚴威既被，其猶草上加風，民之悅化，若魚之樂水。方欲羽翼天朝，抓乐帝室。何甚幽靈無薾，殲此名哲。春秋卅有二，太和十七年，薨于蒲阪城建中鄉孝義里。妻，河北進壽女。壽爲巨祿太守。便是瓌寶相映，瓊玉參差。俱以普泰元年，歲次辛亥，十月丁酉，朔一日丁酉，窆于蒲阪城東原之上。君臨終清悟，神誚端肅，動言成軌，泯然去世。于時兆人同悲，遐方悽長泣。故刊石傳光，以作誦曰：欝矣蘭胄，茂乎芳幹，葉暎宵衢，根通海翰。然氣貫岳，榮光接漢，德與風翔，澤叢雨散。運謝星馳，時流迅速，既凋桐枝，複催良木。三河奄曜，巛堀罣爥，廄感毛群，悲傷羽袟。扃堂無曉，墳宇唯昏，咸輀松户，共窴泉門。追風永邁，式銘幽傳。

張元字黑女，元，黑色，女即爾汝之汝，南陽白水人。白水鄉，漢光武故里，在新野縣。漢張遷表叙先世甚詳，僅及周張仲、漢張良、張釋之、張騫四人。

此誌乃云出自皇帝之後，未詳其爲何皇何帝，《唐書·宰相世系表》張氏出自黃帝子少昊，則皇帝當作黃帝。“昔在中葉作牧周殷”，殷無以張爲氏者，周自張仲外，見於《左傳》《國策》者，無位至牧伯之人。“爰及漢魏，司徒司空”，世系表清河之祖有漢司徒歆、馮翊之祖，有漢司空晧，此外未嘗以司徒司空著名。惟晋有司空張華，誌以舉燭喻其高明，似指華之《博物》而言，然所徵引，殊未確也。遠祖和、祖具史皆無傳，父溫寇將軍未著其名，妻父陳進壽，官巨禄太守，下著“便是”二字，通俗之文，始見於此。又進壽雙名，複述稱壽，今人以爲常，於古則罕見。“十月丁酉，朔一日丁酉”，書朔書日，不嫌其重。唐《張希古誌》云“四月甲申朔一日”，“甲申”亦如此，蓋古法也。元南陽人，爲本郡太守，其卒葬者皆在蒲坂，豈以父爲蒲坂令，遂家其地耶？“幽靈無蕑”“神誚端肅”，蕑、誚二字未詳其義。裔作裒、殷作㲉、寇作寇、槀作槀、魚作魚、爪牙作抓牙、建作建、雙作瑋、朔作朔、葬作㐀、胄作胄、幹作幹、映作暎、霄作宵、翰作翰、休作然、坤作巛、區作塸、喪作㘸、痛作應、族作㣍、堂作堂、韜作鞱、寢作寱、泉作泉、式作弎，皆別體字。“遐方悽泣”句多長字，旁加三點書石，滅字用旁點始見於此。是誌未知何時出土，於友人何子貞處見拓本，録之。

中郎將元鼂妻王夫人墓

同王顗之引氏祿之興

訓陰軏杰明作配魏宗之

孫陽平王第六弟元鼂的若式開睇

誌沖國四德連瓊后妃氏的

好爽以加為言告師氏的

仇巖以

終始若二年歲次癸己喪於京

典以延昌二年

河篆之

二月辛己朔四日甲申塋於滙涠之東其

河篆篆墳蘂依依丘墓增悲尋挂多傷其

惟茲夫人開睇挺萃翹翹蔓楚灼灼雲介

日

東魏

司馬昇　魏故南秦州刺史司馬使君之墓誌銘

君諱昇，字進宗，河内温縣孝敬里人也。其先晋□帝之苗裔。曾祖彭城王，禮金聲於晋閣，作蕃牧於家邦。祖荆州，才地孤雄，震玉譽於江左；來賓大魏，爲白駒之客。始踐北都，進授侍中使持節征南大將軍開府儀同三司十州諸軍事，封琅琊王，後遷司徒公。父□□□鎮剖隴西，開右著唯良之績。君墓帝王之資，憑萬乘之裔，夙慧早成，絶於郡輩。君志性貞明，稟捺鯁直，又能孝敬閨門，肅雍九族，鴻才峻邁，聲溢洛中。以孝昌二年釋褐太尉府衛參軍，又除懷令。雖牛刀恥雞，且錦游邦里，茝政未幾，禮教大行，君臨兹百里，承流敷化，故能申述典謨，奉遵皇猷，使盜息如奸藏，令行如禁止，懷邑之民，咸稱良翰。方靡好爵而窮仕路，極纓宄以官王寮，如天道無徵，弔善徒言，遘疾一朝，哲人云亡。以天平二年歲次乙卯，二月廿一日春秋卌有一，薨於懷縣。贈使持節冠軍將軍都督南秦州諸軍事南秦州刺史。以其年十一月七日塗於温縣。但以日月不停，遷窆有期，墓門刊誌，勒銘泉扉。其詞曰：盛矣彤源，發業晋軒，隴西之子，琅琊之孫。如冰斯潔，如玉之温，往賢謝美，今儔何言。纂武彭城，承流全晋，萬乘之胄，龍德之允。辰極方高，蒼海比潤，崇基卓立，鬱矣孤峻。少播令問，弱冠飛聲，克在集譽，讚彼槐庭。帝嘉明德，作邑懷城，義風煙舒，道化雲行。才明不壽，自古在先，顏生二九，萎哲殲賢。之子之亡，如仕之年，永辭白日，莨歸黃泉。遠送平原，塗於温縣，隴樹冬寒，夏凝霜霰。勒銘德埏，誌其鄉縣，萬歲千齡，誰聞誰見。①

誌叙先世，但書官爵而不書其諱，《盂縣志》據《魏書》《北史》及《庾開府集》考證甚詳，定其曾祖彭城王爲司馬榮期，祖瑯琊王爲司馬楚之父，□□□爲司馬寶光，又以楚之諸孫延宗、茂宗、悦宗，皆以宗爲名字，與昇字進宗相合，特史無昇傳，藉是誌以著耳。文中"盗息如釬藏，令行如禁止"，"如天道無徵"及銘詞"如仕之年"四"如"字，如《左傳》"星隕如雨"之"如"，皆當作"而"字讀。"顏生二九"，當是四八之誤。又裔作裔、造作迏、使作使、儀作儀、遷作遷、關作開、篡作簒、夙作夙、稟操作稟捺、禍作禍、奸作奸、翰作翰、爵作爵、冤作寃、徵作徵、督作督、葬作塋、遷作遜、修作佟、全作全、矣作矣、峻作峻、聲作聲、莊作在、讚作讃、長作萇。

高湛　魏故假節督齊州諸軍事輔國將軍瘠州刺史高公墓誌銘

君諱湛，字子澄，勃海滺人也。靈根遠秀，啓慶氶於渭川；芳德遐流，宣大風於東海。作範百王，垂聲萬古者矣。故清公勢重，鄭伯捐師；元卿位尊，管仲辭禮，皆所以讓哲推賢，遠明風軌。祖，冀州刺史勃海公，文照武烈，望樹中夏，惠治朝野，愛結周行。考，侍中尚書令司佐公，英風秀遖，儻氣雲馳，廼顧帝鄉，威流宇縣。君稟慶緒於綿基，挹餘瀾於海澳，幼尚端凝，長好文雅，非道弗親，唯德是與。逍遥儒素之間，纂申穆之遺風；徘徊文史之際，追牧馬之逸藻。至於憑春灑翰，暱月抽琴，邁昔哲以孤游，超時流而獨遠。熙平啓運，起家爲司空參軍事，轉揚烈將軍羽林監。天平之始，襄城阻命，君文武兩兼，忠義奮發，還城斬將，蠻左同歸。朝廷嘉其能，縉紳服其義，做驪驤將軍，行襄城郡事。君著績既崇，賞勞未允，尋除使持節都督南荆州諸軍事鎮軍將軍南荆州刺史。於時儇賊陳慶，率袱攻圍，孤城獨守，載離寒暑，終能剋保邊隍，全怗民境。復除大都督行廣州事。享年不永，春秋卅三，元象元年正月廿四日終於家。皇上動哀，能言灑淚，迺有詔曰：故持節都督南荆州諸軍事做鎮軍將軍揚烈將軍員外羽林監行南荆州諸軍事南荆州刺史當州大都督高子□，識用開敏，氣幹英發，擁攝蕃翰，誠效尅宣，臨難殉軀，奄從非命。言命

---

① 據北京圖書館藏拓，墓誌左下角刻有"乾隆己酉馮敏昌觀"。

044

遺績，有悼於懷。宜申追寵，或光往烈，可贈使節督齊州諸軍事輔國將軍齊州刺史。元象二年十月十七日遷窆于故鄉司徒公之塋。千秋易往，萬古難留，故鐫石泉門，以彰永久。其詞曰：丹虯降祉，姜水載清，大人應期，命世挺生。垂竿起譽，罷釣流聲，經綸宇宙，莫之與京。允司下蕃，公衡上宰，既顯營邱，復樹東海。四履流芳，五城降綵，繁柯茂葉，傳華無改。伊宗作輔，忠義是依，清盪昏霧，橫掃塵飛。日月再朗，六合更暈，玉帛斯集，福祿攸歸。仁壽無遠，積善空施，風酸夏草，霜結春池。崐山墜玉，桂樹摧枝，悲哉永慕，痛矣離長。

是誌乾隆己巳德州衛第三屯運河決東岸得之，今在州人封氏家，文字完全，惟詔語高子澄缺一澄字。高湛之名既不見於《魏書》，文叙先世，復不著其祖父之諱，潛研跋以《外戚傳》，高肇官階及肇父颺贈官，校之頗合，特肇子無名湛者，未敢遽定。《山左金石誌》謂湛字子澄，孝靜詔字而不名，尊之之意，余謂不然。前錄司馬紹及其子晒，二誌元興紹字、景和晒字，《魏書》但稱元興景和，亦不及紹晒之名，疑當時誌墓家傳則書其名，當官則以字行，不獨子澄為然也，子澄之名，與齊文襄武成名同，或史官避齊諱，追改亦未可知。制詔中歷書拜贈階爵，而以稱字示尊，無此例也。湛終於家，詔語謂"臨難捐軀，奮從非命"，殆以守城時受傷，歸殁耳。銘末"離長"二字，誤倒用。誌中齊作𪗊、又作齊、渤作㪍、滌作滌、兆作𠓚、遐作遐、軌作軓、標作橾、洽作治、徒作𡴝、虬作虯、槀作槀、瀾作瀾、儒作儑、逸作迯、灕翰作灕翰、席作席、假作假、龍作𧋜、旅作𣄧、邊作邊、全帖作全帖、象作𧰼、幹作幹、攝作撮、式作式、衡作衡、橫作橫、攸作終，皆別體字。以文昭作文照、枚馬作牧馬，則誤字也。"六合更暉"之"暉"，誌作暈，與德州近出之高貞碑以"清暉"作"清暈"正同，蓋亦當時有此寫法。

北齊

崔頠　魏開府參君事崔府君墓誌銘

君諱頠，清河東武城人。尚書僕射、貞烈公之孫，涇州使君第二子也。冠冕世德，福慶餘緒。曜車爲寶，荆玉成珍。文慧之志，著自弱年，孝友之情，表於冠歲。藻翰與春華比英，景跡共秋菊均榮，而窐止開府參軍事，輔仁之道更虚。年廿六，武定六年七月遘疾。七日，卒於□①都寝舍。粤天保四年二月甲午朔廿九日，歸窆本鄉齊城南五十里之神塋。日月不居，感臨川之歎；有德無位，致殞秀之悲。其銘曰：

於穆不已，世載其英。朝端岳牧，衮紱瑢珩。休芳必嗣，有英誕生。黄中闡譽，敏内標名。膺斯府檄，稱是才實。器懷明悟，文情委逸。方此□②期，宜從厚秩。命也不融，朝驂遽日。故□□□③，塵書廢笥。一辭華屋，言歸蒿里。原隰□□，□④風鬱矣。刊石泉陰，永傳蘭芷。

尚書僕射貞烈公崔亮也，《魏書》有傳，涇州使君名士和亮次子。

朱岱林　齊彭城王府主簿朱府君墓誌銘并序

第四子敬脩撰　從子敬範銘

君諱岱林，字君山，樂陵濕沃人也。自辛朝喪曆，昌户銜書，親以建社，賢亦啟國，扶封於郑，公加茅土，媲魯稱雄。别有由諡立姓，因字爲氏，斯即去邑從朱，蓋是殊方共致。卯金則司空佐命，當塗即領軍贊業，整在晋嗣美，表於趙垂名，所謂杞梓繼生，公侯間起，哲人世挺，衣冠代襲。曾祖霸，儒該邱素，術盡從横，魏使持節平州諸軍事、安遠將軍、平州刺史。俗鄰壇場，布以威恩，酹酒空陳，夜金不受。於後謗言及樂，讒巧亂鄒，儵尒鷹揚，飈然鵲起，擁鄉里三千餘户，來逝河南。值元嘉之末，朝多散亂，不獲其賞，仍居青州之樂陵郡。祖法宏，下帷耽藝，間静自得，舉秀才，釋褐南平王府行參軍，遷尚書祠部郎中，禮閣有聲，含香擅美。後遷司徒府諮議參軍事，亡贈鴻臚卿。父孝祖，清規勝範，地美才高。俄而魏高祖孝文皇帝熊羆竟騁，蒼兕争先，化洽江湘，令行天下。録奇異於岩藪，訪隱逸于閭閴，起家除槃陽縣令，轉北海太守。流涕孟侯，歌謡稚子，從今劘古，並駕分馳。君膺兹秀

---

① 據故宫博物院藏《崔頠墓志拓本》，此處當爲“鄴”。
② 據故宫博物院藏《崔頠墓志拓本》，此處當爲“怨”。
③ 據故宫博物院藏《崔頠墓志拓本》，此處三字當爲“簞舊衣”。
④ 據故宫博物院藏《崔頠墓志拓本》，此處三字當爲“哀矣民”。

氣，稟是淳和，三棘六里，方珠比玉，左智右賢，擬龍齊鳳，得嗟蔡子，見重侯相。聿始十餘，身離艱苦，晨號夕踊，柴毁骨立。遂使鳩來栖集，馬愵薤草，精通飛走，操貫幽明。魏廣陵王愛善如蒼，好書比德，俾侯南服，妙選英佐，託以金蘭，徵爲國常侍。辭不獲已，俛僶從職，而侯嬴荷盼，難交公子；介推逃賞，終遠晉文。未逾十旬，還以病解。後彭城王又以皇枝之貴作牧東秦，召爲主簿，久而從命。王藉甚有素，不苦抑遣，終遂干木之心，乃申安道之志。君雅量之地，無際可尋，元昆季弟，推之京宦。同於得喪，等椉榮枯，含章韜綵，藏明晦用。兄元旭，散騎常侍，出除南兗州刺史。弟叔業，通直散騎常侍、左光禄大夫。高冠暎日，長戟陵風，譽滿京華，聲馳寓縣。縱趙孝之讓禮食，曾何足云；魯恭之就平名，詎堪方此！魏廷慰卿崔光韶，侍中賈思伯，並聰敏當世，器局樠時，結四子七賢之交，飲醨投水之密，留連宴熹，付寫衿期。黃門郎徐紇，與君意言之暇，聊申微旨。君答云："昔人有以術忏帝，或道質□王，譬之鱗羽，本乖飛伏，而平生庸短，未希簪紱，如斯之覘，乞不加己。"紇愛人以禮，兼相欽尚，從其所好，不敢縶維。普泰之季，水德不競，蒼雲蓋野，紫日生天。烏合蟻徒，聚三齊之地；竪牙鳴角，憑十二之險。不異井中，虛言聖出；何殊轍□，妄号神人。拔本塞源，摧蘭夭桂，春秋五十有四，遒邅悲噎，聞見涕零。惟君大度不群，峻□孤上，託宿假道，唯仁與義。規矩成則，物我兼忘，非夷非惠，不石不玉。惻隱同於子魚，友悌侔於伯雅。何忽儋山石折，智士遽傾。以大齊武平二年歲次辛卯二月乙卯朔六日甲申，葬於百尺里東五里。第四子敬脩，自惟羅此荼毒，耿然咳幼，離奇以生，龍鍾而立，窮而匡子，溫惉閔騫，岵山難涉，過庭無訓。携鋤而感，言下集冠之禽;攀松弗昭，寧降成墳之鳥。空追士季瞻像，載興傷痛；日碑觀狀，益增酸哽。罄兹鄙拙，式序徽猷，思與泣俱，文兼涕落，先言多不備述，往行盡是闕如，良由才非作者，情隈蕪次。從父兄敬範，史君伯第三子，脱略榮華，不應徵聘，沉深好古，尤工摛屬，勒銘黃壤，以播清風。辭曰：

本自高門，世資陰德，從來位重，人兼才識。運海鱗奇，搏遥翅力，繁枝不已，清瀾焉息。其一

唯祖英毅，唯父深沉，飛纓鳴玉，作範垂音。仍生東箭，逐挺南金，素榮

俱美，出處分心。其二

有應純和，□望餘耀，嵇風阮德，梁游大釣。揔於君子，藝才何劭，闕里儒英，瀨鄉元妙。其三

道王天崖，志輕人爵，菊藂危坐，□裘採藥。楚漢見戲，仁雄寥廓，我如曾閔，何論許郭。其四

虛言輔善，實驗無親，石□既落，儋山亦淪。少微之應，遂屬高人，悲王難序，痛霍何陳。其五

仁厚鍾慶，育斯才彥，歷階武目，過庭鯉盼。似鳳方鳴，如龍比絢，遺孤在笈，貌焉誰見。其六

誰見伊何，慈顏弗覿，□朝不食，鄰人罷祖。比學西河，擬文東魯，述彪者固，情深陟岵。其七

魚山本志，門豹遺風，丹青已寫，元穸方崇。思人下淚，瞻蓋悲空，山川不易，規猷詎終。其八

嗟嗟猶子，瞻儀在昔，荷恩惟訓，依希如覯。頌雅因詩，宏文託易，追思素道，敬鐫元石。

誌出樂陵縣，録入《山左金石志》，撰文者爲岱林之子敬脩，撰銘者爲其從子敬範。一誌以二人爲之，亦僅見也。碑例稱君自漢已然，此誌以子稱父亦曰君，則前此所未見，誌中閣作搁、廷尉作廷慰、羅作羅、棘作㦡、報作愲、劇作劇、標作榡，喜作憙、孩作咳、磬作磬、瀾作㶚。劉本音僅，《玉篇》云割也。誌曰"從今劉古"，其義未詳。

北周

王通 大周處士王君墓誌銘

公諱通，其先太原人也。粤乃仙嶽含靈，毓禎圖而錫爵；誓淮分淑，應寶籙以開宗。是以三公列而更榮，五侯封而載錫。自兹厥後，英髦不墜。祖明濟，郡中喉舌，識度冲敏，志業詳確。父增，隨州主簿，鑒履清致，器量貞邃。公養志中和，資靈上德，趨庭學禮，立身之道自宏；步月開襟，讓客之風

已遠。中爲令德，游藝依仁，賞逸閒居，不希榮禄。既而門巢結羃，百年之運已催，楹夢起祥，九泉之路俄涉。春秋六十有三，遘疾終於私第。嫡子脩文、脩禮，衰絰露節，痛結寒泉。粤以大周天和二年冬十月窆於束城縣東五十里崇德鄉平原，禮也。東漸巨壑，波濤溰瀁，西望層山，煙霞出没。頌德音而不朽，感生靈之倐忽。其詞曰：

惟鎬建官，惟唐命職，允文允武，克岐克嶷。開國承家，禮儀不忒，皇天無親，誕生哲人。摳衣問道，好古日新，如何不淑，奄喪斯文。前臨叢薄，後眺荒邱，風搏素盖，日慘丹旒，庶銘明德，永播芳猷。

康熙九年秋，河間縣束城鎮大水，決古墓得此誌，蓋文中子之前另一王通也。

左中郎將元颭妻王夫人

周王冀之引氏祿之興

陰軒尔明作配魏宗之妻

訓平王苐六弟元颭之若開睢

孫陽平王茅后妃氏内式閑

識沖圓四德連璚言告師氏夫婦夫

好俻蔵以加焉易稱家人美夫婦

之作探終始若一易二年歲次癸巳喪於京

典以延昌二年甲申蟄於湮潤之東

十二月羊己朔四日甲

河淼淼墳壟依俵丘墓增悲尋性多傷其

惟茲夫人開睜挺節翹翹蔓楚灼灼雲介

曰

隋

王某妻張氏　隋故王府君夫人張氏墓誌銘

夫人張氏，□州人也，散騎侍郎暉之長女，世承官閥，時謂盛門。年十九，適王氏，貞姿雅操，爲閨門之表，誠宜天相□□□以永年，何理之不明，喪此良善。開皇四年九月五日不禄，春秋五十。有子二人，長浮次渭，皆夫人鞠育成立。其年十月三日，素車飾終，儉而得禮，敢述生平，勒於貞石，辭曰。銘闕。

張景略　大隋車騎秘書郎張君之銘篆蓋

君諱景略，燕州上谷人，漢司徒華之後也。帝皇布護。將相蟬聯，儉諸圖史，其可伊述。祖驃騎大將軍、第一領民酋長、文城公，又遷燕州諸軍事、燕州刺史。考龍驤將軍、諫議大夫、奉車都尉，行濟安郡太守、金鄉侯。君質如披錦，文彩焕然，器若珪璋，尤輝朗潤，於是弱齡表異，聲振朝野，欲止不能，遂被徵辟。起家爲魏帝內侍左右，尋遷秘書郎，優游鳳沼，去來麟閣。時稱獨步，寔曰無雙，又加車騎大將軍。開皇十一年正月六日，冥不蠲德，奄從運往，春秋六十有八，以其月二十六日遷窆於相州安陽河北白素曲，未極丞相之季，俄掩將軍之墓。嗚呼哀哉。乃爲銘曰：符季慷慨，拖紫垂青。崐山漢※，玉潤珠明。何誾大運，混我賢貞。一辭身㐀，百代千齡。

《授堂跋》謂誌云"漢張華之後"，"漢"宜作"晋"；《金石萃編》謂《三國·魏志》有兩張華，《北魏書》張讜父亦名張華，皆非其人。晋張華爲司空，亦未嘗爲司徒，不獨誤晋爲漢矣；授堂又謂“正月六日冥”，書卒爲冥也；《安陽縣志》謂冥與卒不通用，此冥字屬下文，非句絶處，蓋授堂誤爾。誌叙祖父不著其名，《萃編》推其年數當在北魏之世，徧考《魏書》《北史》，不得其人。景略爲秘書郎當在魏朝，其加車騎大將軍則在隋代，故誌蓋題曰“大隋車騎”云云。誌中漢作漠，徒作徔，聯作聡，備作偹，實作寔，冥作冥，丞作丞，俄作䖸，水作巛，世作㔺。

鞏賓　周驃騎將軍右光禄大夫雲陽縣開國郎鞏君墓誌銘

公諱賓，字客卿，張掖永平人也。自壽邱之山，卿雲照三星之色；襄城之野，童子爲七聖之師。繼喆傳賢，肇終古而長懋；垂陰擢本，歷寒暑而流芳。曾祖澄，西河鼎望，行滿鄉閭，後凉詔拜中書侍郎、建威將軍、玉門太守。属凉王無諱，擁户北遷，士女波流，生民塗炭，乃与燉煌公李保立義歸誠。魏太武皇帝深嘉礼辟，授使持節、大鴻臚、散騎常侍、高昌張掖二郡太守，封永平侯贈凉州刺史。祖幼文，西平鎮將。考天塵，汝南太守，政脩奇績，世襲茅土，州閭畏憚，豪右敬推。家享孝子之名，朝揖良臣之譽，門稱通德，里號歸仁。公惟岳惟神，克岐克嶷，幼而卓尔，爽慧生知，長則風雲，英聲自遠。永安二年，從隴西王尔朱天光入關，任中兵叅軍，内决攙籌，外捴軍要，除平東將軍、太中大夫。周太祖龕定關河，公則功叅草創，沙苑苦戰，勳冠三軍，封雲陽縣男，邑五百户。大統十七年，除岐州陳倉令。周二年除敷州中部郡守。歷居宰莅，民慶來蘇，野有三異之祥，朝承九里之潤。保定二年，授司土上士。四年遷下大夫，濟濟鏘鏘，允具瞻之望；兢兢謇謇，見匪躬之節。天和二年，授驃騎將軍、右光禄大夫。四年，任豫州長史别駕，騣騣驥足，起千里之清塵；鬱鬱鳳林，灑三春之憓澤。君子仰其風猷，小人懲其威化，諒人物之指南，寔明君之魚水。俄以其年十二月遘疾，薨於京第，春秋五十有五。夫人許昌陳氏，開府儀同、金紫光禄大夫、岐州使君、西都公豊德之長女也。繇翔飛鳳，則四世其昌；天聚德星，則三君顯号；清音麗響，与金石而鎗鏘；秀嶺奇峯，隨風雲而縈鬱。夫人資光婺采，稟教嚴闈，淑慎内和，容言外皎，高門儷德，君子好逑。保定九年，先從朝露，春秋卌五。爲仁難恃，天無斣善之徵；樹德遂孤，神闕聡明之鑒；唱隨俄頃，相繼云亡，逝者如斯，嗚乎何已。公夫人之即世也，時鍾金革，齊秦交爭，車軌未并，主祭幼冲，且隨權瘞。今世子營州揔管司馬、武陽男志、次子右勳衛大都督、上洪男寧，運屬昌期，宦成名立，思起蓼莪，心纏霜露。攀風枝而永慟，哀二親之不待，陟岵屺而長號，痛百身之冈贖。乃以今開皇十五年歲次乙卯十月丙戌朔廿四日己酉，奉厝於雍州始平縣孝義鄉永豐里。高岸爲谷，愚公啓王屋之山；深谷爲陵，三州塞長河之水。懼此貿遷，故以陳諸石鏡。銘曰：白帝朱宣，寔粵金天，西河良將，張掖開邊。永暉接響，世挺英賢，賢哉上喆，時人之傑。夏雨春風，松心竹節，肅等霜嚴，清同冰潔。司戎幕府，作守敷陽，蝗歸河朔，珤見陳倉。大夫濟濟，士實鏘鏘，文龜玉印，紫綬金章。首僚驥足，曜此龍光，必齊之姜，必宋之子。儷德高門，家榮桃李，行滿婦蔵，聲揚女史。春秋代序，春非昔春，閱人成世，世不常人。精華已矣，空想芳塵，疇日怛逝，時屬屯窮。蒿里尚隔，黃泉未通，孝于惟孝，追遠追終。卜兹元宅，穴此幽宮，山浮苦霧，樹勯悲風。流冰噎水，上月凝空，悠悠自古，冥寞皆塵。

　　嘉慶己卯四月偃師段嘉謨訪出此石，於武功縣之南鄉移至縣署大堂，南海吳榮光觀并記。銘詞末句"塵"字與上東韻不叶，當是同字之偽，文中歷作歷、捐作捐、參作衆、機作機、總作揔、勘作龕，苑作苑、敷作敷、騣作騣、惠作憓、豐作豐、瘞作瘞、纏作纏、攀作攀、岡作冈、朔作朔、貿作貿、傑作傑、寶作珤、蔵作蔵。銘中"樹勯悲風"，勯當作動。《論語》書云"孝乎惟孝，友于兄弟"，漢石經及皇侃本，"孝乎"並作"孝于"，此銘曰"孝于惟孝"，亦用古本，可見"乎"字改在隋後矣。

尼脩梵　故比邱尼釋脩梵石室誌銘并序

比邱尼諱脩梵，俗姓張氏，清河東武城人，瀛州刺史烈之第三女，幼而爽晤，規範閑明。有同縣崔居士，南青使君之第五子，以德義故歸焉，未獲偕老而君子先逝，遂發菩提心，出家入道。不意法水長流，劫火將滅，目開皇十三年八月廿三日，終于俗宅，春秋九十有一。十五年十月廿四日，窆于石室。兄弟相撫，貫截肝心，鳥鳥之心，終天莫報。先王制禮，抑不敢過，馮翊吉子，才高學博，請掞其詞，式昭元壤。留城祚土，趙都建國，代有喆人，門多通德。王祖王父，有文有則，駐馬期童，褰裳述職。載挺淑質，天資柔惠，梁婦辭榮，菜妻避世，心遊正覺，行依真諦，超彼勝津，馮茲善誓。電多急影，泡是虛緣，形歸掩石，神往開蓮。春鶯朝喚，秋螢夜燃，徒令孺泣，匍匐空山。

蜀王美人董氏　美人董氏墓誌銘

美人姓董，汴州恤宜縣人也。祖佛子，齊涼州刺史，敦仁博洽，摽譽鄉閭。父後進，俶儻英雄，聲馳河浣。美人體質閑華，天情婉嫟，恭以接上，順以乘親，含華吐艷，龍章鳳采，砌炳瑾瑜，庭芳蘭蕙。既而來儀魯殿，出事梁臺，搖環珮於芳林，袨綺繢於春景，投壺工鶴飛之巧，彈棊窮巾角之妙。妖容傾國，冶咲千金，妝映池蓮，鏡澄窗月，態轉迴眸之艷，香飄曳裾之風，颯灑委迤，吹花迴雪。以開皇十七年二月感疾，至七月十四日戊子終於仁壽宮山第，春秋一十有九。農皇上藥，竟無救於秦醫；老君靈醮，徒有望於山土。怨此瑤華，忽焉彫悴，傷茲桂藥，摧芳上年。以其年十月十二日葬于龍首原。寂寂幽夜，茫茫荒隴，埋故愛於重泉，沉餘嬌於元壙。惟鐙設而神見，空想文成之術；弦管奏而泉漬，弥念姑舒之魂。觸感興悲，乃爲銘曰：

高唐獨絕，陽臺可怜，花耀芳圃，霞綺遥天。波驚洛浦，芝茂瓊田，嗟乎頮日，還隨溇川。比翼孤栖，同心隻寢，風捲愁慔，冰寒淚枕。悠悠長暝，杳杳無春，落鬢摧櫬，故黛凝塵。昔新悲故，今故悲新，餘心留想，有念無人。去歲花台，臨歡陪踐，今茲秋夜，思人潛泣。迂神真宅，歸骨元房，依依泉路，蕭蕭白楊。墳孤山靜，松疎月凉，瘞茲玉匣，傳此餘芳。

惟開皇十七年歲次丁巳十月甲辰朔十二日乙卯，上柱國益州捴管蜀王製。

蜀王，文帝第四子秀也，初封越王，開皇十二年徙封於蜀。

陳詡　前陳伏波將軍驃騎府諮議參軍陳府君墓誌序

儀同三司周彪撰

君諱詡，字孟和，潁川許昌人也。鴻基浚序，有虞之苗裔。若夫姚墟誕聖，媯汭降神，四門穆穆，八表光禪。商均不嗣，周聲胡公，封建于陳，因而命氏。鴻臚元方，榮書魏册；徵士季方，高著先賢，自下蟬聯，並聲繡言史。

祖僧亮，神情淡遠，素風高奇，齊輔國府行佐。父敭風儀峻愁，雅有綱格，歷至前梁儀同。君幼而聰敏，長而好學，博覽百家，漁獵九部，懸梁刺股，手不釋書，天才俊拔，思若有神，文章□□，動成部帙。景純五色之筆，江淹用之麗藻；王充五行俱下，都市稱爲□□。有集廿卷，爲世所重。起家爲岳陽王雍州西曹，轉府記室。梁國蕃周，將佐送款，武成元年，授帥都督。衞州東征，王師失律，軍潰陷陳，同旅督將七十二人，並因俘檻。屬陳相王曇頊初秉朝政，虐示國威，縱情好煞，於望國門並害諸士。君於刑所，附啓自陳，蒙答賫死，漏刃獲生。俄而釋禁，策名預宦，授招遠將軍，加伏波將軍，俄遷驃騎府諮議。□國云亡，總管秦王招賢慕士，迎還并州，客禮厚遇，辭老還鄉。第二息孝騫昆季男女，久違膝下，忽奉慈顏，悲喜不勝，如從天落。相率盡養，日膳常珍，則儀狄九醞，何曾百品，恣□釋心，意恬如也。同畢卓之酣歌，慕阮孚之任放，達無遺有，釋假歸真。所製終制，非秦始之高墳，是王孫之羸葬，乃遺命送終，唯令儉薄，不許立銘。開皇廿年九月廿四日，卒於檀溪里，時年七十有六。五男五女，男則孝悌著聞，居喪過禮；女則柔和顯稱，婉娩聽從。以其年十二月丙辰朔十八日癸酉歸葬高陽鄉之舊山，式鐫序誌，用傳不朽。

誌陰

君第二叔爽字寶，明州祭酒從事，妻太原王氏；第三叔子暢字彥舒，法曹從事，妻熒陽吳氏；第五叔孝遠字祥敷，梁鎮北府法曹參軍使持節，驃騎大將軍，開府儀同三司□江□□□，妻故章施氏，並未入此山。第二弟圓字仲厚，第三弟譯字季辯，未入此山。孝騫所生李夫人，長息孝柴早亡，未入此山。第二息孝騫字裕閔，第三息君卿字閻護，第四息曜□字宏奐，第五息五敏字稚文，第六息思岵字幼集。長女禮閨，適梁故儀同郭仲方息元預；第二女藏閨，適陽平郡守大都西門忠息瑱；第三女敏閨，適明威將軍文昇；第四女四閨，適江東長沙王府法曹參軍王不嚴；第五女善才，心願出家，安居大嚴净寺。君妻琅邪諸葛氏。

姚辯　隨故左屯衛大將軍左光禄大夫姚恭公墓誌銘并序

廩軍内史侍郎虞世基撰文　太常博士歐陽詢書丹

公姓姚，諱辯，字思辯，武威①人也。稟清源於嬀汭，肇崇搆於軒邱。世隸斯土，五世祖泓爲晋所滅，子孫播越，居於武威。曾祖讚，撫軍左軍將軍、武威太守，以碩量偉才，佐時匡國。父寶，散騎常侍。鐘孕山川，降神象緯，幼而風韻開爽，志節通亮，弓殫百步之奇，劍敵萬人之氣，馳名，遂以才官入選。周保定四年，起家宗侍下士。天和二年，伐敵虜勝，群帥見囚，公頻進奇謀，竟弗能用，乃以舟師先濟。朝廷攸賴統營校。公撫養士卒，勸課農桑，莫不家實食，人知禮節。保定五年，從周武平定晋州，摧殄高壁。十二月，進屠并州，既陷，公獨爲後距，轉戰不衰，皇輿獲安，公之力也，頻蒙優賞，以累□□。六年，從定相州。以前後功授大都督，封安養縣開國子，邑四百户，撿挍武侯兵事。又命公隨上柱國既拔崇於武陟合戰，又於野馬□□相濟，寔繁有徒。公建旆邁征，攝弓言邁，摧鋒接戰，充著奇功，大象□□户。開皇元年，授上開府儀同三司，進爵爲公，增邑爲一千户，自治所届，即事戎車。公誠勇奮發，義同闉外，屢出奇兵，頻摧醜虜，建勛天府。凡厥賞賜，散之士卒。三年，匈奴復入凉州，詔以公爲行軍都督，前後衝擊，晝夜攻圍。挍尉之井既枯，將之泉又竭。空有思梅之鞅，以亡爲存，策勳命賞，理在不次。五年，授右武侯驃騎將軍，霍去病之功蔑如也。六年，授雲州道水軍揔管。戈舩掩渚，巨艦浮川，河淯蕭整，匪曰崇埠，基峙聳堞相望，邊柝弗驚，控弦遠逝。其年，授使持節，河中化若神明。十年，撿挍疊州揔管、河州刺史，行疊州刺史事。公才略俊敏，寬宏政教，安民和衆，於是乎在十二年，轉授左武侯將軍，尋爲凉州揔管凉州牧，邊烽寢候，麀幰旆裘，望風斂蹟。十六年，使持節靈州揔管諸軍事。公頃俗易風，移政成旬月。十八年，授原州道行軍揔管。十九年，授環州道行軍揔管。公屢揔戎律，特精邊事，每秋風起塞，胡騎揚塵，折衝之任，非公莫能。大業二年，授左武侯大將軍，進爵蔡陽郡開國公，食邑一千五百户。大啓皇邱，欽明禦籙，睿聖纂圖，特荷天眷，恩遇隆重，密勿禁衛，知無不爲。乃與子□威等同進位大將軍、左武侯大將軍如故。三年，以母

---

① 武威：今甘肅境内。

憂去官。其年有警，公孝性自天，幾於毀滅，僶俛王事，□□杖而後起。四年，以官方草創，授金紫光禄大夫，上光禄大夫如故。車駕北巡，諸蕃朝朔，以舊典糾察，整肅軍容，乃令公建節，旌門洞張，内外肅然，事嚴細柳。吐谷渾大保五期尼樂周等率衆歸附，使鑾蹕西幸，底定渾國。乃以公爲鬱卑道將軍，旗鼓所振，莫不摧殄俘獻，授右光禄大夫、左屯衛大將軍如故。乃獻凱朝廷，禮崇備物，六軍之長。車駕南巡江都，以公京師留守，職居爪牙，任惟心膂，出處崇重，朝野榮之。大業七年三月遘疾，十九日薨於京兆郡，春秋六十有六。惟公體量宏達，倡仁興義，造次弗違，虛己推賢，始終同致，加以雄圖恢廓，奇略宏遠，氣有餘勇，莫之與抗。善於御撫，得士卒之心，長於政術，致廉平之美。自入統禁旅，出捴戎所，夙夜匪懈，簡在帝心。至於敬友穆親，輕財貴義，家稟誠孝，奉以周旋，訓與不善。遽此歸全，知與不知，莫不流涕。粵以其年十月癸丑朔二十一日葬，有詔：故左屯衛大將軍、右光大夫姚思辯，性理和謹，秉心恭慎，歷仕無玷，式表哀榮，可贈左光禄大夫。又蒙賜物八百段，粟麥一千石，謚曰恭公。乃爲之銘，銘曰：長瀾若水，遠馥薰風。時賢繼及，世德斯隆。勤王成務，啓霸垂功。炳靈不已，玄宮冥照。落鴈窮能，通猨盡妙。蹶張選勇，期門待詔。職分七萃，官聯五營。入登陪衛，出擁高旌。氾水兵略，常山陳勢。卓犖明謀，沉深節制。功有必取，筭無遺計。累膺恩寵，顯赤身名。埶恭履守，滿持盈方。陪紀岳遽，佳城遊魂。不歸逝川，何既春秋。代遞徵猷，永遠祀掩。萬文詔刻字。

　　是誌趙氏載入《金石録》，原石久佚，今行拓本，皆近人重刻字句，頗多脱誤。文中“馳名”下脱二字，“統營校”上脱一字，“莫不家寶食”多一“食”字，“克著奇功”克誤作充，“晝夜攻圍”晝誤作畫，“將軍之泉又竭”將下脱軍字，“匪曰”下脱二字，“右光禄大夫”光下脱禄字；銘詞“埶恭”下脱一字，“方陪紀岳遽佳城”遽下脱一字，其旁別有祀掩二字，蓋“紀岳”之紀當作祀，而“遽”下脱掩字也[①]。銘皆三韻一換，惟營旌係二韻，“既”“遠”二字不叶韻，其中亦有脱句，疑係重刻者，芟棄殘字併湊而成，非原誤也。“隋文帝”改隨爲隋，隋人書碑或別作隋、隋，亦有加辵旁者，如此誌及上王夫人誌

① 依照按語，銘文此句爲“方陪祀岳，遽掩佳城”。

是也。撰文之虞世基，《隋書》本傳謂煬帝即位遷內史侍郎銜，與志合。《隋志》無虣軍之官，或謂虣當作領，然世基本傳亦未言其曾居左右領軍之職，疑撰誌時，世基適有犒軍之名，虣即鎭虣之虣，偶充是使，故本傳未載而《百官志》亦未詳及使職也。姚辯之卒，書於《煬帝本紀》，其武功則託是誌以顯。誌叙先世，有曾祖讚而缺其祖，讚爲武威太守，所謂姚秦之後，徙居武威，實自讚始也。誌中導作纞，量作量，攸作攸，斾作斾，戶作戶，柝作柝，黽勉作僶俛，糾作糾，旌作旌，珍作珎，贅作賸，赫作赤，執作埶。《金石萃編》第四十一卷謂書丹二字，始見于蔡襄書，《書錦堂記》不知率更，此誌已用之矣。又唐大曆八年，《文宣王廟新門記》云"裴平下丹"，下丹即書丹也。又薛稷撰《杳冥君銘》亦曰"爲文并書丹"，皆在蔡記之先。

元智　大隋故朝請大夫夷陵郡太守太僕鄉元公之墓誌銘

君諱■字■智，河南洛陽人，魏昭成皇帝之後也，軒邱肇其得姓，卜洛啓其興王，道盛中原，業光四表。其後，國華民譽，瓊萼瑤枝，源派流分，奮乎百世，具諸史冊，可略言焉。六世祖遵，假節侍中、撫軍大將軍、尚書左僕射、冀青兗豫徐州諸軍事、冀州牧、常山王。高祖素，假節征西大將軍、內都大官、常山康王。曾祖忠，使持節、驍騎常侍、鎮西大將軍、相太二州刺史、侍中、尚書左僕射、城陽宣王。祖旵，使持節、驍騎常侍、都督徐州諸軍事、平東將軍、徐州刺使、宗正卿。父最，使持節、侍中、驃騎大將軍、開府儀同三司、尚書左僕射、華敷南秦并幽晉六州諸軍事、六州刺史、司徒公、樂平慎王。維君幼挺奇資，早飛令譽，識鎮表於觀虎，風流見於乘羊。落落高標，排青松而獨聳；亭亭峻節，映綠竹而俱貞。吐納美風規，雍容善辭令。通人仰其好仁，僚友稱其孝友。於是聲譽流洽，孟嘗迠群。周保定四年，詔擢爲左給事中士。禁內清切，王事便繁，許史之親，乃膺斯授；金張之寵，方降此榮。陳力效官，獨高前代。天和四年，遷爲給事上士。貴遊子弟，實符束晳之辭；名士俊才，不忿苟綽之記。望袁准而高視，顧蘇林而載馳。建德元年，入爲主寢上士。粵自居中，遷于內侯，自非不言如子夏，至慎若嗣宗，豈能淑慎於否臧，無言於溫木，三年二月，轉爲掌式中士。君清脩疾惡，正色讜言，簪筆自肅於權豪，霜簡不吐於強衡，故已聲齊乳虎，号擬蒼鷹，官得其人，斯之謂矣。五年四月，以君婞正幹躰，遷爲司御上士。時三方鼎足，務在并兼，既物色賢人，且資須良馬，五監三令，未易其人。宣政元年，以軍功封豫州之建寧縣男，邑二百户。其年八月，又録晉陽之役，加使持節、儀同大將軍。大象二年，又仍舊封，進爵爲子，擁兹絳節，擬上將之儀；苴以白茅，開建國之社。尋遷少駕部下大夫。替金日磾以謹養致肥，武帝擢之中監；百里傒以時使不暴，穆公授以上卿，望古儔今，於兹爲美。開皇元年，出爲益州武康郡太守。公導之以德，齊之以禮，田餘滯穗，路有遺金。又進爵爲伯，轉儀同三司，從格例也。秉彼躬珪，輝煥五等，服兹袞冕，照映三台。九年授使持節，狀州諸軍事，狀州刺史，十六年改授渝州諸軍事，渝州刺史。公頻刺二州，申威千里，抑強而惠鰥寡，舉善而矜不能，猾吏無所竄其情，奸盜不能匿其跡。聖士纂承洪緒，螯改刺州，選任能官，更授夷陵太守。公肇膺嘉舉，彌屬清勤，巴祗暗居，不■官燭，王閎獨坐，不發私書。由是徵入爲太僕卿，朝請大夫如故。時達遽令，式贊弓矢，揔駒騄之監，長統昆■之令丞，駬駿加銳於軍容，犧牲備腯於紫望，方當控兹八駿，御彼六龍，登柏梁而賦詩，出上林而奉樂。而晦明之疾既湊，膏肓之堅先侵。大業九年，扈從遼碣。□月□日，遘疾云亡，薨于懷遠之鎮，春秋六十有四。嗚呼哀哉，迺以十□年太歲乙亥八月辛酉朔廿四日□□窆于大興鄉□□縣□□里，禮也。維公器局疏通，神情秀上。虛心以待物，直己以明義，不吐不茹，正色正言，面刺有汲黯之風，■争見王陵之節。既而出宰牧守，入作卿士，奸吏憚其擿伏，朝彥挹其能官。重以知止知足，維清維慎，家餘海陵之粟，既自足於餘梁，室傳夏后之璜，羗無乏於珍玩。至於殯錢月給，必均之於下吏；禄俸歲受，皆斅之於親知。斯乃公孫宏之高風，晏平仲之清規矣。仁乎不愁，嗚呼惜哉。當龜筮協從，房腸行掩，式鐫貞石，用作銘云：巖巖其趾，浩浩其源，極天比峻，浴日同奔。鳳生鳳穴，龍陟龍門，焕爛珪壁，郁馥蘭蓀。爰啓常山，迺建王爵，振振趾定，韡韡附尊。隸法南宮，建期東岳，袞黻委他，蟬珥照灼。太僕瑤枝，人之表儀，六德孔備，百行無虧。邱陵難越，牆似莫窺，仁爲己任，清畏人知。執法主寑，牧州典郡，謇謇讜言，洋洋淑問。虎去雉馴，風和雨順，政号廉平，民稱惠訓。靈旗東指，巡海稜①威，秉巒作僕，方倣乘機。忽悲徹瑟，俄驚復綏，龜謀空襲，魚躍虛歸。飄颻反埜，眇冥陽魄，永愴君蒿，長悲宅歹。盖偃伍松，鑪攢拱栢，茂德洪名，永宣金石。

誌墓而缺其名，使後人無考，何也？誌中"聖主"誤作聖士，"餘梁"誤作餘梁，"熹蒿"誤作君蒿，不■官燭，統昆■之令，■爭見王陵之節，每句空一字。卒之年月及葬日甲子與所葬之鄉里皆空格不填，盖上石察書者，無其人也。其別體字則：瓊作瓊、散作斂、標作摽、遷作遷、寢作寢、簪作簪、禦作禦、號作号、婢作婷、端作躭、邑作邑、役作役、昔作昝、肥作肥、扶作扶、鰥寡作鰥寡、矜作矜、巒作巒又作巒、侵作侵、葬作羿又作塋、局作局、牆作墻、機作機、偃作偃、低作伍。"房腸行掩"用《漢書·霍光傳》語"光薨，賜便房，黃腸、題湊各具"注便房，壙中室也。黃腸，栢棺也。謝惠連《祭古冢文》"黃腸既毀，便房已積"此云房腸二者，合言也。古人有以一字爲字者，元君字智，亦其類也。唐代各誌，如李文字緯，郭思訓字逸，智元字慶，潘智昭字洛，皆一字字。而王訓字訓，解進字進，則又以名之一字爲字。趙思廉字思廉，劉元尚字元尚，以名之二字爲字。其見於史傳者，此類甚多，茲就是編所載者彙錄於此。

元智妻姬氏　大隋故太僕卿夫人姬氏之誌

夫人姓姬，■■也，圖開赤雀，文德暢於三分；瑞躍白魚，武功宣於五伐。大封四十，維城於是；克昌長享，七百本枝。以之蕃衍，蟬連史策，可略而言。曾祖懿，魏使持節驃騎大將軍東郡■公；祖亮，魏使持節、大將軍開府儀同三司，燕州諸軍事、燕州刺史、東郡敬公；父肇，周使持節、侍中、驃騎大將軍、開府儀同三司、光祿大夫、東秦州諸軍事、東秦州刺史、勳晉降建四州諸軍事、勳州捴管、神水郡開國公。夫人幼挺聰慧，早摽婉淑，瑤資外照，蕙姓內芳，既閑習於詩書，且留連於筆研。馬家高行，終降志於袁門；曹氏淑姿，且悅己於荀氏。年十有八，歸于元氏焉。太僕弱冠登朝，盛播名德，夫人

---

① 稜：神靈之威。《康熙字典》引《前漢李廣傳》"威稜憺乎鄰國"，其下李奇《注》曰："神靈之威曰稜。"

亦虔供内職，憂在進賢，穆琴瑟之和，展如賓之敬，天和四年六月，筹拜建寧國夫人，褕狄委他，光膺典策，衡佩昭晰，肅拜朝榮。於是輔佐以審官，自防以典禮，送迎未嘗逾閾，保傅然後下堂。既而五福先虧，六氣多爽，青要素序，奄搖落於穠華；玉露金風，竟摧殘於蘭蕙。建德六年六月九日，遘疾云亡，時年廿有九。嗚呼哀哉！今以大業十一年太歲乙亥八月辛酉朔廿四日甲申，合葬於大興縣□□鄉之□□里，禮也。昔三春之俱秀，獨掩翠而先訣；今百年而偕謝，始同歸於共穴。襲金縷而長埋，掩銅窓而永閟，嗚呼痛矣，乃作銘云：

帝嚳肇祖，君稷分枝，上觀星象，下相土宜。業隆在鎬，仁盛遷岐，三讓志德，九錫光施。驃騎誠烈，早飛聲問，擁茲絳節，大啓東郡。開府堂堂，忘情愷悌，神水恂恂，劬勞惠訓。有淑其德，言容不迴，星光束楚，春芳摽梅。六珈照日，百兩驚雷，鳳飛金帳，龍翔玉臺。典筹綏臨，瑟琴方睦，猶垂翠帳，忽辭華屋。楎椸留挂，巾匲餘馥，志沮旦疰，神傷畫哭。昔日體齊，早別春闈，今茲合窆，還共塵泥。雙劬轉隻，兩劍終齊，千秋萬歲，永誌貞妻。

夫人先太僕卒三十九年，至是始得合葬，誌不言其有無子息，何也？誌中“蕙性”誤作蕙姓，“畫哭”誤作畫哭，其別體字則：隋作陏、姬作姖、賓作賔，冊作筹、狄作狄、佩作佩、閒作閒、喜作憙、盒作盒、馥作覆、妝作庄、梟作勛。

左中郎將九鱷妻王夫
同王王異之引氏秩宗之興
訓陰軌□明作配飄宗之妻
孫陽乎王第六第九鱷之若開睢閑
□圓四德連瓊后妃氏乃式閑夫
作好仇戢以加焉言告師氏乃式
□之搽典以延昌二年歲次癸己喪於京
河□墳塋依□丘墓增悲尋□多傷其東
十二月辛己朔四日甲申葬於灅渭之東
惟茲夫人開睢挺其翹翹婁楚灼灼雲介
曰

唐一

太宗女汝南公主　大唐故汝南公主墓誌銘并序

公主諱字，隴西狄道人，皇帝之第三女也。天潢疏潤，圓折浮夜光之采；若木分暉，穠華□朝陽之色。故能聰穎外發，閑明内暎，訓範生知，尚觀篋於女史；言容成則，猶習禮於公宮。至如怡色就養，佩帉晨省，敬愛兼及，左右無方。加以學殫綈素，藝兼磬絑，令問芳猷，儀形閨閫。□年□月，有詔封汝南郡公主。錫重珪瑞，禮崇湯沐，車服徽章，事優前典。屬九地絕維，四星潛曜，毀瘠載形，哀號過礼，繭纊不襲，塩酪無嗞。灰琯亟移，陵塋浸遠，雖容服外變，而沉憂内結，不勝孺慕之哀，遂戉傷生之性。天道祐仁，奚其冥漠。以今貞觀十年十一月丁亥朔十六日。下缺

汝南公主墓在陝西，誌石未出，此其草稿也，無書撰人姓名。《宣和書譜》、《海岳書史》皆謂是虞永興書，則亦永興奉敕撰也。米元章嘗見墨迹，因別臨一本，好事者至以爲真，明刻《玉烟堂帖》内兩本並摹，其第二本頗類米筆，疑即海岳所臨。《唐書·公主傳》太宗二十一女，汝南第二，此云第三，或長次中有早殤者，史不具爾。長孫皇后薨於貞觀十年六月，葬以十月庚申，蓋月之四日也，誌中“九地絕維”等語，即指其事。其曰“貞觀十年十一月丁亥朔十六日”，則公主卒日也，公主之卒，距皇后之葬止十二日，蓋以毀終。誌既不全，銘詞亦佚。海岳見本十六日下，有旁注小字云“赫赫高門”，在裴丞相家，即其銘也。然則誌銘在宋時已分藏二處，而《金石録》補謂近於常熟錢遵王處見宋搨銘文皆全，不知所見又爲何本？“塩酪無嗞”，《金石萃編》云塩即鹽字之訛，嗞乃滋之別

體，"遂戊傷生之性"戊當是滅，謂以毀滅性也。《玉煙堂》第二本以戊作成，非是。又"十一月"，月字不全，"丁亥朔十六日"六字並缺。

段儼妻文安縣主　大唐故文安縣主墓誌銘并序

主諱□字□，隴西成紀人也。夫天靈啓聖，跡被崑崙之墟；皇雄命氏，道光華夷之土。至於補元立極之功，駕羽乘雲之業，握瑶圖於景宿，懸寶祚於貞閏，其唯大唐者歟？曾祖元皇帝，被風化於壝枚，始艱難於邠籥。祖武皇帝，升陑誓牧之旅，汾水襄城之駕，卷懷列辟，財成群有。父巢剌王，劼珪疏奥壤，戚茂維城，靄楚澤之雕雲，聚淮南之仙氣。遂使苕華孕美，結緑開珎，景溢星潢，輝聯珠婺。晨栖阿閣，聲調丹穴之禽；夕指瑶池，色麗青田之羽。及其趨□蘭掖，漸□椒庭，水移銀箭，尚敷袛於師氏；燈滅金羊，已鏘環於内傳。栖志圖史，遊心幾律，盻萋葉而興勤，聽喈音而遺誠，意匠言泉之旨，飛雲垂露之端。柳密疰窓，乍起流鸎之賦；月含花簟，因裁擣衣之篇。採擷纂組之規，澄漠紘綖之務，靡不思窮妍麗，慮歸閑謐。貞觀十五年正月五日，封文安縣主。脂賦開榮，公宫徥訓，乃以其月十四日，降姻於工部尚書駙馬都尉紀公之世子段儼，華舒穠圃，秀發夭蹊，迓雨生暈，副笄增飾。尸芳牖下，既奉宣平之奠；私媚諸姑，還侍河陽之箒。嬪儀載穆，閨饋惟馨，循淑性於珩璜，韻柔情於琴瑟，瞻霧霂而霞鶩，歌悦懌而長懷。朝露溘晞，詎留光於瑶草；秋風忽起，空滅彩於瓊林。弄玉乘煙，怨吹簫之伎巧；常娥飛月，痛仙丸之不追。以貞觀廿二年二月三日，卆于長安頒政里之第，春秋廿六。

嗚呼哀哉！惟主心資淑慎，體茂清明。碧霜絳雪，不能渝其操；秋菊春松，有以方其質。香名遠集，尚申弍於芳禴；咎言斯屏，每含辭於蘭氣。信以黼藻中閨，抑揚内範，淑人不永，傷哉如何？怨家道之無庇，痛蕣是之何託，戚里兼酸，宸襟凝歎。即以其年三月廿二日，陪葬于昭陵。窀穸所由，恩旨隨給，周京歸賵，寵切於前哀；澶水會盟，事踰於昔禮。湘川之下，還見舒姑之泉；鮒魚之陰，方傳貞女之硤。採彤管之遺詠，彫芳塵於不朽。其詞曰：

帝降元圃，宸居紫微。金柯疊秀，琁蕚分暉。桂輪澄彩，星津結霏。誕兹才淑，克嗣音徽。延慈丹禁，稟訓彤闈。綴珠爲服，雕玉成衣。拂景孤唳，凌霞獨飛。婉娩其性，逶迤其質。春緒含雲，秋情儷日。降嬪君子，來宜家室。李伾初華，梅林未實。絜資芳錡，心調友瑟。鳥變祺祥，熊虢夢吉。顧菟俄掩，奔駒遽逸。卜遠將及，靈驂已巾。音儀遂泯，褕翟空陳。平原改色，清渭迷津。埋龍毀劍，碎璧侵塵。佳城日黯，隧路泉新。帷傷奉倩，簟恨安仁。一生何有？萬里銷春。

縣主爲駙馬都尉段綸之子婦，綸尚高密公主，夫婦陪葬昭陵，志云縣主亦陪葬其地。《唐書》載昭陵陪葬公主十八人而不及縣主，從來金石家亦不載此誌，誌中霭作𩃬、禽作𩾔、盼作盻、妝作疣、鸞作鸎、徙作徔、帛作帛、窈窕作霩窱、徒作伩、卒作卆、戒作𢧵、黼作黼、抑作抑、蔖作𦯀、在作𢓊、駒作駒，"澶淵"避高祖諱作澶水、世字直書，不避太宗御名。終唐之世，世字皆缺畫作卋，太宗時尚無是令也。

漢司馬遷妾隨氏　故漢太史司馬公侍妾隨清娛墓誌銘

永徽二年九月，予刺同州，夜靜坐於西廳。若有若無，猶夢猶醒，見一女子，高髻盛妝，泣謂余曰："妾漢太史司馬遷之侍妾也，趙之平原人，姓隨，名清娛。年十七事遷，因遷周遊名山，携妾於此。會遷有事去京，妾僑居於同。後遷故，妾亦憂傷尋故，瘞于長樂亭之西。天帝閔妾未盡天年，遂司此土。代異時移，誰爲我知血食何所？君亦將主其地，不揣人神之隔，乞一言諸墓，以垂不朽。"余感癠銘之，銘曰：嗟爾淑女，不世之姿，事彼君子，弗終厥志，百千億年，血食于斯。褚遂良撰文并書。

此蓋小説家因同州有褚書《聖教序記》，遂託爲此事，而好事者遂爲撰志，用褚法書石以實之，其真偽無足深辨，然其書特工，石本傳流已非一日。湘鄉令胡君鈞既摹《聖教序記》，置於褚公祠，因并摹此誌。夫文人才鬼，千古冥遇，亦事之所有，如係褚公真筆，應爲作雜文記其事，不應爲作墓誌，夢言髣髴，墓於何存，誌中亦未言及招魂設冢事，則誌將安納，唐人書墓誌銘，誌或作志，銘字間有作諮者。清娛之姓，或因士會受邑於晉，則隨之族裔，應爲平原所有；其以清娛命名，則雅而不古矣。清娛侍妾，褚公後賢，應稱太史，誌中稱遷者，似非體也。姑與薛稷《杳冥君誌》並存之，以備誌墓別體。又"僑居"之僑，唐人書有作傰者，此書作傰，當係傳刻所誤，傰與鄘通，地名也，或以喬、高音近，故假借用之歟？ 誌云"永徽二年九月，予刺同州"，又曰"君亦將主其地"，言將則未上之詞也，於義亦不相應，惟銘詞三韻以支寘通用，差爲近古耳。

顧升妻莊氏　瘞琴銘有序

嗚呼琴兮，鼓者人亡，則留爲虛器；友之樂盡，將顧而生悲。莊氏，字清卿，明姿燿玉，慧性旋珠，垂鬌而貞度山安，待笄而麗辭泉涌，鼉萊之暇，癖嗜絲桐，家有美材，命工精斫，音律既協，性命相依，年廿四歸予，琴即爲媵。春花芬而奏薰風，秋月皎而操流水，寢食與並，好合彌徵。纔及十年，遽罹娩難，春秋卅有四。惜哉一息靡憑，豈謂九原可作？ 七絃無恙，誰禁五内併傷？ 乃以服御之具，閟實高閣，瘞琴於山巔，殉所自也。唯埋軫弛弦，希聲於太古；濡翰勒石，飲恨以千秋。銘曰：生不逢辰兮人物棄捐，音徽不遠兮南山之巔，銘幽表淑兮有待他年。顧升撰書。

般若波羅密多心經經文不錄　顯慶二年八月一日，莊寧爲夫資福書。撿遺篋，感深意，福無靈，人先棄，勒貞珉，還資施，升載記。

此石近日出土，未知所在，前爲顧升所撰《瘞琴銘》，後爲其妻莊氏所書《心經》，雖非墓誌，亦壙中物也，而莊氏生平亦略具矣，殆即莊氏之墓誌也，故錄之。顯慶至今千有餘年，夫婦合璧，文字完好，余有支琴古甎，其記爲亡婦陳梅仙篆書，而梅仙又嘗篆有《心經》一册，余亦將瘞甎墓側而刻其《心經》於石，特不知身後之傳能及莊氏否也，按顧氏爲吳郡望族，則升當爲吳人，而銘亦當出吳縣也。

豆盧遜　大唐故駙馬都尉衛尉少卿息豆盧君墓誌銘并序 [1]

君諱遜，字貞順，河南洛陽人也。太祖武皇帝之外孫、太宗文皇帝之甥也。原夫星儀北鎮，氣雄□柳之鄉，日域東臨威震□□之□□□分玉板運圯金行盛王業雀臺，肇霸圖於龍塞，辭燕入魏既待□於□□□□□□□成功於翼主，故得門傳戈鼎業擅緗圖□宏散於孤征□□□□□□□□□□□焉。曾祖通，洪州揔管沃野公□□安道濟風雲□□□□□□□□□□□□□鹿於朱轑，落

---

① 《金石續編》卷五、《金石萃編補略》卷一有載。

鳴烏於玉輦百□既□□□□□□□□□□□□□□□□□祖寬，禮部尚書、左衛大將軍、光祿大夫，行岐州□□□□□□□□□□□□□□□□□海岳□靈辰象提氣□搖沉□凝映金□□□□□□□□□□□□□而並馳。榮數極於生前，縟禮繁於身後。父懷讓□□□□□□□□□駙馬都尉、衛尉少卿，地望高華，音容韶令，家□□□室茂□□□□□□□獨□□□之□君即衛尉第三子也，親長沙長公主□□□於□□分玉種於藍田□□□□□□光以動，色彩澄飛，月凝夜景。以含□□□□稱奇，髫初□□□□戲馬□□□□□材肇自□羊方亢河東之美□□□□早歲獨茂重元□鳳□□□□□□□悲纏茹蓼痛切匪莪標氣就淪□□之□□年代浸遠，風枝之根罔渝□□□□□□情尤切。至若教成斷緯，業就離經，筆海浮天鏡琁波於抃岳□□麗日□□□於□□加以族茂燕垂氣凌河右弓懸明月穿蜜棻於楊枝騎轉浮雲散□□於□□□□薦紳屬望披薜馳心，猶決羽之仰。丹烏若涓滴之歸滄海□□寒□□□□□於初華，繁霜夜零剪庭芝於芳秀。嗚呼哀哉，粵以大唐顯慶四年四月十六日卒於雍州萬年縣之常樂里第，春秋二十有七。即以其年太歲己未八月己丑朔十八日壬申遷窆於萬年縣少陵原，禮也。君□□□□□戚慶□生年□□之□□□簪裾之會，天資溫雅，性與謙恭□□□□□之心，自得風塵之表。□其英□□□□於明時盛德芳華已淪於□□長沙主□□□之□沉□□□之永碎□□牛眠□葬薄謝鷦鳶馬鬣開封□□□□故□□□□□□□□□□□□□□□□□□見滕公之白日泉飛□□□□□□□□□□□□□□必轉□□□而嘶馬風驚□□□□□□□□□方□□□□□□□□□□□□□□□□□之永扇其詞曰：

地隔紫□，星分柳塞。山川盼響，風雲晻曖。□□□□，□□□□。□石辭燕，中山入代。二公垂□，一□前載。就日摽華，浮霄引概。衛尉□□，芳□開□。□移丹棘，花飛穠李。門慶斯來，駕生君子。玉瑛方潤，壁山齊美。筆海鱗分，詞林鳳跱。日烏空落，蕃羊甄擬。謙恭神授，孝友天成。煙霞自重，戈鼎攸輕。方游星閣，奄閟泉扃。將華落蒂，方秀摧榮。百身何贖，千祀徒名。帳引秋蟲，檜飛暗翼。畫柳朝列，素驥夕急。荒隴沉暉，寒郊寡色。□□遽返，歸魂何極。空餘素範，方摽懿植。

誌凡九百七十字，中有土羣圓大如盤，文字剝蝕所可辨者"豆盧遜，字貞順，

河南洛陽人，太祖武皇帝之外孫、太宗文皇帝之甥也。曾祖通，洪州摠管。祖寬，
禮部尚書、左衛大將軍、光祿大夫。父懷讓，駙馬都尉、衛尉少卿，遜即衛尉
第三子也。其母爲長沙長公主，以顯慶四年四月十六日卒於雍州萬年縣之常樂里，
第春秋二十有七，即以其年八月十八日遷窆于萬年縣少陵原"等語。按豆盧爲
代北著姓，寬乃隋文帝之外孫，入唐歷禮部尚書，封芮國公，謚曰定，陪葬昭陵，
有碑存焉。其子懷讓，尚高祖女長沙公主，遜即公主之子也。《唐書·宰相世
系表》載懷讓子名貞松，官宗正卿，封中山公，無遜名。誌載遜爲懷讓第三子，
貞松當是遜之兄，遜以早歿，故不列於表誌中。儀作儀、總作總、族作族、滴作
適、寫作寫、葉避太宗世字諱作某。終唐之世，從葉之字如諜、牒、媟、蝶、渫、
鰈，右旁皆作某。泄緤或作洩絏。

令賓　大唐故□君墓誌

　　君諱□，字令賓，南陽人也。帝顓頊之苗裔，曾祖□□，魏征西大將軍；
祖伯，齊北銀州刺史；父□，隋歷停縣，並緼山岳之高節，苞河漢之□□，奕
葉光華，名流千載也。君德懷邈遠，志尚清居，恠張議之憤□，□□□之貞
粹，行齊三涇，情欣五柳，隱不遂□，痼由斯起，灾風濫及，先拂高花，忽於
顯慶五年十二月廿六日，卒於家第，春秋八十有一。但以死生契闊，幽明有
殊，即以辛酉之年月己酉之日，葬河陽西北九里。冥冥有分腸之痛，永永有莫
覿之悲，酸哽不紀其切，刊石題之不朽。嗚呼哀哉！乃爲銘曰：峩峩高德，森
森懷深。志尚冲寂，榮位無心。神情亮遠，清居可尋。道於時外，名利何侵。
舒散□候，放□情沉。痼疾因動，大漸相臨。死生□闇，運往無禁。形雖忽
謝，永播芳愔。

　　誌石缺一角，不得其姓名，曰令賓者，其字也。其曾祖及父之名亦適當泐
處，祖名伯齊，北銀州刺史，《北齊書》無其人。令賓南陽人，《孟縣志》謂
此南陽非鄧州之南陽，孟縣在唐曰河陽，南陽乃其別稱，故曰卒於家。許敬宗《小
池賦》有"通三涇之洋泌"句，此云"行齊三涇"，狀其清也，非指關中濁涇而言。
誌中裔作裹、冥作冥。

張興　大唐故處士張君墓誌銘 [①]

君諱興，字文起，南陽西鄂人也，漢太史衡之允胄。昔靈表西豐，留侯建帷幄之策；星移東井，常山興締構之功。或師範萬乘，照彰圖藉，光臨千里，煥炳縑緗。異動三台，識司空之忠烈；吟謠兩穗，表太守之仁明。奕葉簪裾，蟬聯珪組，規矩重疊，代有人焉。緬究遺編，可略而言矣。曾祖瓘，魏冀州信都縣令，絃歌不奏，美化洽於一同；鳴琴詎張，仁風清於百里。祖皮，周太僕寺主簿，才能幹濟，智略强明，尋□辟除，轉授瀛州河間縣令。父才，隋楊州江都縣承，輔弼風規，俗流清化，贊導名教，邑致歌謠。君裔系高華，等琨珸之良劍；箕裘纂組，若青邱之祥鸞。義烈因心，未資於典籍；忠良天縱，不假於規模。崇有道之林宗，慕無為之李耳，名利之所不拘，榮辱之期混一，弓旌不應，羔鴈無移，道契虛元，性符高尚。縱寂寥而賞趣，持澹泊而怡神，志道研精，非邀鼎食，窮微盡要，詎徇輕肥。得性琴書，吟嘯煙霞之表；時談物義，進退木雁之間。妙款榮期，高苻黃綺，時游三徑，乍撫一絃，以道義而為尊，輕蟬冕而非貴。探賾幽隱，迴邁莊惠之機；致遠鉤深，遙鉗黃老之趣。想秦晋之有迅，見潘楊之代親，遂婚於辰州辰溪縣令漢陽趙徽之女，幽閑婉嬺，中饋聿脩，懿淑溫和，母儀庭宇。君綦業成勞，遇楊雄之痼疾；淫書作瘵，遭皇甫之沉痾。氣擁膏肓，疾纏腠理，屬華佗而不瘳，見扁鵲而無瘳。以貞觀廿二年七月廿二日卒於私第，春秋六十有二。夫人趙氏，卒於永徽四年，春秋六十。粵以龍朔元年歲次辛酉十月癸亥朔廿三日乙酉，合葬於故鄴城西八里，禮也。面平原，背漳浦，左帶蕪城，右連林麓。刊茲元石，紀以清徽，勒彼鴻名，光斯泉户，庶使青山為礪，表盛德而弥芳；碧海成田，闡家聲而不泯。嗚呼哀哉！乃為銘曰：

規矩重疊，珪璋代暎。三台表異，兩歧興詠。人倫楷模，搢紳龜鏡。百代逾芳，千齡弥兢。道合幽元，性符林壑。迹齒滄波，名流臺閣。貴不充詘，賤不殞鑊。思巧雕龍，光逾刻鵠。有謂昇堂，相期入室。帷薄猶空，繁華未實。儵忽不幸，咄嗟已失。一棺既閟，萬事長畢。茗蕠壟首，麗□山足。露銷草翠，風飛樹綠。元門一掩，寒燈無旭。私壤式題，貞芳載燭。

---

① 《全唐文》卷八四一有載。

祖皮，當是虔字，因諱缺筆，銘內"隕穫"作殞鑊，"岧嶤"作苕蕘，則誤字也。誌中匹作迺、揚州揚雄之"揚"作楊，則別體字也。

左中郎將尤飍妻主夫人莊

周王冀之引氏秩之興

家訓陰軌尔明作配醮宗之妻

孫陽平王第六弟九飍配醮宗之妻開睢閨

謚圖四德連瓊后妃之若開睢開

好仇藏以加焉言告姉氏內式閨

之作揉終始若一易稱家人美夫婦夫

典以延昌二年歲次癸己喪於運湄之東京

廿二月辛己朔四日甲申塋於運湄之

河灥灥墳壟依依丘墓曾悲尋柱多傷其東

日

惟茲夫人開睢挺萌超起蔓楚灼灼雲介

唐二

李汪　唐故上柱國果毅都尉李府君墓誌銘

君諱汪，字光明，隴西狄道人也。昔樞電降祥，允軒臺之遠構；瑤光薦祉，派若水之長瀾。由是瓊萼敷華，靄寰中而披葉；覽條振穎，疏海内以分柯。亦有貳師將軍，功來汗馬；護羌校尉，績著□□。□□猨臂稱工，聲高西漢；龍門表峻，譽滿東京。烏奕於簪裾，蟬聯於纓緋而已。曾祖冲明，魏本州主簿金城郡守，元猷素範，月亘霞軒，綱紀百城，威恩千里。祖爽，周黃門侍郎、使持節洮州諸軍事、洮州刺史，高情罩日，逸氣凌雲，司鵷緋以馳芳，建鳥旗而振馥。父樂淵，周原州平高縣令肅州長史，器局宏遠，識量韶華，政弭中牟之蝗，風振南康之鶴。君承芳蕙畹，疊映冰壺，綺歲標奇，韶年構嶷，敏參元道，理照黃中，魚鈐豹略之謨，海牒山經之記，靡不精窮玉帳，奧極書臺矣！然渥水騰姿，必超千里，東岑照彩，自蘊十城。大業中，起家授鷹揚郎，職司陛戟，勤效周廬，用簡帝心，更遷右職。大業十年，改鷹揚郎將。既而俗反商【闕七字】材爲晋用。於時長鯨未戮，封豕尚殷，魏公李密，擁□庾以稱雄，據成皋而高視，令君輕輶遠鶩，宣我國恩。纔出宜陽，便爲世充所獲。君方思報主，且託偽庭，引拜左龍驤大將軍，遂受世充驅策。既而本圖不果，函洛載清，武皇特以宋盟，宥君殊死，尋授左親衛校尉、北門長上，既司中壘之營，兼掌北門之重，考績酬庸，用光戎秩。貞觀二年，授右武衛九嵕府別將，十七年改任寧州、蒲州府果毅都尉，隨班例也。俄而體非筋力，挂冠之志獲申；豈謂景落嵰峰，□□^①之辰斯及。以顯慶五年九月二十三日，薨於隴西里第，春秋八十有三。夫人安定梁氏，隋鷹揚郎寵之女，高門鼎冑，輝映一時；懿德柔風，儀型百代。福騫偕老，夙丁偏罰，以大唐龍朔元年十一月二十九日，合葬於隴西郡曲陽陜安都之原，禮也。孤子等痛過庭而殞淚，念風樹而銜酸，白楊悽兮雲日曉，青山黯兮原野寒，恐緹緗之有蠹，憑貞珉而不刊。

銘曰：

冑軒延緒，翊夏分柯。功懸日月，賞懋山河。扶疏賢葉，森漫鴻波。遺風六【闕五字】。運逢戎馬，時屬煙塵。忠能奉主，謀足解紛。挾纊綏衆，蹈軍搏風。始激落景，俄下缺

是誌宋時出土，趙氏載入《金石錄》。

尼法願　大唐濟度寺大比丘尼墓誌銘并序

法師諱法願，俗姓蕭氏，蘭陵蘭陵人，梁武帝之六葉孫，唐故司空宋國公之第三女也。原夫微子去殷，昭茂勳於抱樂；文終起沛，地峻伐于收圖，瓊構鬱而臨雲，珠緣森而浴日。延禎錫祚，開鳳歷於朱方，疊慶聯規，纂龍荷於紫蓋。逮鼎遷南服，冑徙徒東周，英靈冠上國之先，軒冕宅中州之半。法師乘因復劫，植本遐生，孕月仙姿，稟清規於帝渚；儀星寶態，降淑範於台門。襁褓之辰，先摽婉質；髫齔之歲，遽挺柔情。聰晤發於生知，孝友基乎天縱，中外姻族，莫不異焉。加以骨相無儔，韶妍獨立，鉛華不御，彩絢春桃，玉顏含澤，光韜朝蕣。年將十歲，頗自矜莊，整飾持容，端懷撿捗。每留神於鞶帨，特紆情於紝組，瓊環金翠之珎，茵簞衾幬之飾，必殫華妙，取翫閨闈，麗而不奢，盈而不溢。既而疏襟學府，繹慮詞條，一覽而隔陕咸該，再覿而英華畢挈。豪飛八體，宄軒史之奇文；法兼二妙，符衛姬之逸迹。群藝式甄，女儀逾邵，宋公特深撫異，將求嘉匹，載佇孫龍，以光宋鯉。而嚴庭垂訓，早沐慈波；鼎室承規，幼明真諦。飄花凟雪，初陪太傅之歡；摘葉爲香，遽警息慈之念。爰發宏誓，思證菩提，懼情塵於六禮，乃翹誠於十誦，承間薦謁，請離俗緣。宋公論道槐端，丹青神化，虔襟奈菀，棟梁正法，重違雅意，許以出家。

---

① 據《全唐文》，此處二字爲"易簀"。

甫及笄年，爰披法服，乃于濟度伽藍，别營禪次，庭摽鴈塔，遠葠娀臺，寫藏龍宫，遥嗤魯館。于是沿空寂念，襲慧薰心，悦彼□衣，俄捐綺縠，甘兹疏膳，遽斥膻腥。戒行與松柏齊貞，慧解共冰泉等澈，超焉拔類，恬然晏坐。若乃弟兄辨供，親屬設齋，九乳流香，六銖含馥。瓶錫咸萃，冠蓋畢臻，惟是瞻仰屏帷，遥申禮謁，自非至戚，罕有覿其形儀者焉。加以討尋經論，探窮閫域，覈妬路之微言，括毗尼之邃旨，至于《法華》《般若》，《攝論》《維摩》，晨夕披誦，兼之講説。持戒弟子，近數十人，莫不仰味真乘，競趍丹枕，傍窺净室，争詣元扉，肅肅焉，濟濟焉。七衆之仰曇彌，何以尚也？重以深明九次，閲想禪枝；洞曉三空，澄襟定水。厭此纏盖，忽現身疾，大漸之晨，謂諸親屬曰："是身無我，取譬水萍。是身有累，同乎風葉。生死循環，實均晝夜。然則净名申誡，本乎速朽。能仁垂則，期于早化。金棺乃示滅之機，玉匣豈栖神之宅！誠宜捐軀摯鳥，委形噬獸。"斂衿正念，奄然無言，粤以龍朔三年八月廿六日，捨壽於濟度寺之别院，春秋六十三。姊弟永懷沉痛，不忍依承遺約，乃以其年十月十七日，營空於少陵原之側，儉以從事。律也。

法師夙盥禪池，資慶源而毓彩；□□道樹，託華宗而降靈。藴地義於閑和，苞天情於婉嫕，覩一善則怡然自悦，聞一惡則惄尔疚懷，激仁義於談端，明色空於慮表。故能辭台閫，託禪門，捨七珍，袪八膳，精苦之行，□映緇徒；誡律之儀，鏳銖法侣。佇津梁於苦海，奄滅度於仁祠。棣蕚分華，悲素秋之改色；荆株析幹，望青枝而增感。所懼塵飛海帶，將迷渭涘之塋；石盡仙衣，不辨檀溪之隧。重宣此義，乃爲頌曰：道有殊稱，法無異源。争驅意馬，俱制心猿。志擾情紊，神凝理存。展如淑範，獨趣元門。琁彩星分，瑶姿月舉。含芳槐路，疏貞桂序。雲吐荆臺，霞霏洛渚。學優班媛，詞彬蔡女。奠禽匪志，□□昭仁。捐華台室，沐道元津。法開門揵，心衢屏塵。九流遣累，八定栖真。忍藥分滋，戒香□烈。傳燈不倦，寫瓶無竭。奄愴神遷，空悲眼滅。式鎸柔範，終天靡絶。

《雍州金石記》云：石近出土，移置西安府學，余客西安時訪之，無有矣。法願爲宋國公蕭瑀之女，梁武帝之後，二世曰昭明太子統，三世曰宣帝詧，四世曰明帝巋，五世曰瑀，至法願而爲六世，其曰六葉，避世字也。瑀好浮屠法，嘗請於太宗，欲捨家爲桑門，自度不能爲，乃止。法願及瑀子釴之女惠源相繼爲尼於濟度寺，蓋瑀志也。誌中“辦供”作“辨供”。《考工記》“以辨民器”注云辨猶具也。“營窆”作營空，後《惠源墓誌》其標題亦作“神空”，蓋窆與空義同耳。又徙作從、莊作疘、亳作豪、貌作皃、苑作菀、蔑作蔑、戒作戒、冰淵避高祖諱作冰泉，緇錙作緇鏅、關作開、瀉瓶之瀉作寫。

李文　大唐故騎都尉李君墓誌銘

君諱文，字緯，隴西成紀人，周柱史躰之後也。原夫元鳥含靈，□□克誕，聖跡爰履，莘女載生，命氏開家，其來尚矣。至如□□樹姓焉。自紫氣西浮，瑶源已濬，仙舟東泛，玉葉□□，可略言矣。曾祖■，齊金郡太守，恤人求瘼，雨逐車來，□政□風，鸞隨馬去。祖突，周任定州録事參軍，鉤深索隱，懍風格以繩違；頤要探機，肅霜毫糺繆。父■，幼承詩禮，早奉金籯，綺歳談天，齠年對月，務舉晋王府參軍事。君克劭菑堂，載揚弓冶，昭明令緒，淑郁家風，時屬末隨，不遑儒業，所以學未優贍，志在前鋒，應接義旗，忠誠可紀，錫以戎律，實紀寵章，授騎都尉。方當矯翼雲路，騁足長衢，豈知天不慭遺，殲良奄及，藏舟易往，隟馬難留，薤露一朝，生平萬古。以永徽二年十月廿九日殀於私第，春秋七十有一。夫人彭城劉氏，閫門徙訓，斷織流慈，既勗魚官，還嗤馬跡，實相君子，簪扙蒿藜。何啚眉壽不終，頹曦遽謝，以麟德元年二月二日殀，春秋八十有二。曰以麟德元年歳次甲子二月己卯朔十八日丙申合葬於同州馮翊縣武城鄉之平原，禮也。孤子武仁等追惟岵屺，載想蓼莪，面風樹以銜悲，仰高堂而灑泣，痛深曾閔，酷甚柴田，永薦冰魚，長荖雪竹。恐陵谷更貿，来海于遷，敢勒遺塵，式銘玄石云尒。

履跡孕靈，指樹含生。躰浮氣紫，膺帆舟輕。達人知足，至理無名。分枝迺聖，弈葉惟英。

天長地久，人事推遷。鸖書易促，鵬譏難延。既騫山壽，終奄瓊年。風停郢斵，波輟牙絃。

一從蒿里，四野蒼芒。春雲結霿，秋月凝光。塋寒吹急，壟晦煙長。聊旌琬炎，式紀遺芳。

誌在同州府金塔寺。《金石萃編》引《金石評考》云："碑曰公諱文而不言其姓，蓋石斷而亡其半爾，文休承題，其幟曰：李將軍碑，考《唐書》及《集古錄》《金石錄》碑目皆無李姓名文者，碑又曰夫人李氏，禮不娶同姓，則文似非李也。碑敘官閥曰開國承祉，得非先娶李氏而後文亦賜國姓爲李者，與休承博洽不妄，是以疑之。"《萃編》曰："今觀此石未斷，字亦未亡，標題已著李君之姓，其夫人爲彭城劉氏，不知評考何以有不娶同姓之疑，疏忽甚矣。"余按：文休承所題及評考所論乃僧大雅集王右軍書之吳文半截碑，非李文志也，吳文碑有"開國承祉"語，爲此志所無。若是此誌，其姓雖缺，名字之下曰隴西成紀人，周柱聊之後，評考亦何待休承之博洽而後知爲李姓耶！《萃編》議其疏忽，正以疏忽自居矣，然而評考亦不能辭疏忽之責也。吳文碑曰惟大將軍吳公諱文，吳字並未殘缺。考古而不求信於古物，乃惟博洽者之言是從，此其陋也，此其所以爲疏忽也。文之祖突，《周書》無傳，父舉晋王府參軍事而缺其名，武授堂以爲晋王即高宗未爲太子時封號。《萃編》以爲隋煬帝封號。由永徽二年文卒時逆溯而上，以《萃編》爲確。王虛舟謂其書類《王居士磚塔銘》，疑其文爲上官靈芝撰，而決其書爲敬客作。今按其筆跡與《磚塔銘》異，虛舟之論亦未可據。誌中聊作䏁、舟作丹、突作宊、簫作簫、隙作隟、卒作䘚、杖作扙、藜作藜、羞作𦍌、隕作貟、桑作𣗳、爾作尒、汎作忛、鶴作鶮、斷作斲。"肅霜毫而糺繆句"脫"而"字，唐代避高祖父諱，昞字改丙作景，惟此誌丙申字不避。"曰以麟德元年"句，"曰"當作"粵"，發端之辭也。後魏《太公呂望碑》其詞粵唐房彥謙碑迺爲銘粵皆以粵作曰，粵、曰雖皆語辭，然用各有當，惟《尚書》"粵若"借作曰，此外無借曰作粵，借粵作曰者皆書石者，好奇之過也。

梁某妻成氏　大唐功曹參軍梁君故夫人成氏墓誌

夫人諱淑，雍州渭南縣主簿第三女，成肅公之後也。原夫激瀾姬水，駕瑤瀅於崇宗兮組漢京晰銀章於華棘。曾祖璨隋，任濟州東阿縣長。祖貴唐，任幽州永壽縣令。咸以芳浹五陵，飛雲柯以切漢；聲雄百里，曳花綬以交軒。夫人承姿洛月，誕魄巫雲，溫淑凝懷，幽嫺協操，室善中積，交百兩而妻高陽；宮鏽外昭，騰六行而嬪通德。熟謂奄捐潘簟，隨寶婺而冞星；溘謝秦樓，伴金娥而上月。春秋廿有二，以麟德元年十二月二日卒於隆政里第。嗚呼哀哉，即以其月十一日殯於終南山楩梓谷之阿，乃爲銘曰：賢條吐秀，冕路楊聲，三綱絢美，四德凝貞。嬪則凝闈，閨序克明，降年不永，頽日遽傾。秦樓黲昭，蔡宇沉形，風摧曉蔓，霧巷晨旌。路遷松野，地没泉扃，斯令勒石，終古芳名。

誌内沉作冗、照作昭，皆刻者之誤，孰作熟，則書者誤也。

張對　大唐故張君之銘

君諱對，字懷玉，南陽白水人也。祖貴，朝散大夫。父素，身有勳官，潛居白屋。惟君積善餘慶，始驗無徵，搆疾一宵，遂殞和弟。粤以大唐乾封三年歲次戊正月乙酉朔十七日辛丑，春秋一十有七，即以其月二十五日殯於龍門西平原，禮也。恐陵谷遷變，滄海成田，勒石泉扃，傳芳永久。

司馬興　隋故騎都尉司馬君墓誌銘

君諱興，字文達，河内人也。自隆周御歷，大漢膺期，或公或侯，鬱映於圖史；允文允武，紛綸於簡牒。祖□譽，齊上儀同務，舉韓王府參軍事，託乘梁蕃，聯裾魏邸，聲塵洽來葉，光價鶩當年。父□，隋任澤州濩澤縣丞，弼宰絃歌，嘉猷遠播，翼綏黎庶，令勳遐彰。以貞觀二十年五月一日，殂於私第，春秋卅有五。夫人南陽張氏，門風演慶，載誕榮華，四德洽於母師，六義光乎女則。豈期天道冥昧，賦命循環，薤露溘晞，燭風俄逝，以總章三年七月二十三日，歸於蒿里，春秋七十有二。粤以咸亨元年歲次庚午四月癸酉，同葬於河陽縣東北一十七里平原，禮也。俄摧千丈，徒懷肅肅之音；奄閟三泉，空軫冥冥之歎。懼桑田有變，陵谷尚移，故勒碑銘，乃爲詞曰：荒源蒿里，寂寞佳城，泉門永閟，地户長扃，松風警燧，霜月凝塋，生平已矣，空餘頌聲。其一八火焚軀，忽然歸故，先墨盡鼃，卜居安厝，神靈具飛，遊魂還墓，既返輀車，寂然無怖。其二九泉寂寂，幽壙冥冥，分辭周户，永別英聲，翔鴻作伴，狐兔盈庭。下缺

韓寶才　大庫故韓君之墓誌

君諱寶才，長安人也。君德行著於鄉間，物義芳於鄰里，不謂天降痾疾，漸加困劣，名醫頻療，曾不見療，忽以咸亨四年歲次己酉十月朔廿九日，卒於京城懷德之第，春秋七十有三，遂以其年十一月九日殯於京城西布政之原，小嚴村之北。恐年代遷移，移墳將彫落，勒茲玉琬，以記其處，乃爲銘曰：然君孝□，莫不恭順，生前著芳，没後留潤。

唐人字多別體，此誌唐作庫，則別體之尤者也。咸亨四年歲次癸酉，誌誤作己酉。

杜某　周豫州剌史淮南公杜君之墓誌篆額

君諱■，字■【原闕十一字】之後矣，締構層華，望仙雲而連若木，□□□□浮潤海而接霄潢公。天挺英靈，神資朗愆，髫年吐秀，綺歲含芳，初舉茂才，爲許州■■■令懿德裁風，美青鸞之儷化；嘉猷儌俗，光彩翟之依仁，政舉薰風，譽流天宸。又詔遷■■刺史諸軍事、淮南公。被雲雨之膏液，降霜霰之輕威，區群荷子育之恩，廢彙抱陶均之德，褰帷千里，衢歡何暮之謠；露冕百城，門嗟來晚之詠。遇周杜之傾覆，會鼎祚之流移，鹿散中原，梟鳴宇縣，高班厚秩，屬瞀亂而傾淪；墨綬金章，偶崩離而失主。嗣子洪貴六人及孫恒周三人等，蓄耀珠泉，潛華玉岫，光逾月彩，影爛星暉，玉樹分榮聲，亭亭於迴薄；金柯引翠■鬱鬱於長林，或則學贍文豐，兵韜武略，或則風雲在議，金石斯懷。珱謝玉而咸珱，貴韋珠而並貴，嘅崇基之失緒，咨峻趾之湮沉，徘徊木鴈之間，仿佯語默之致。於是懷五慎，佩九箴，孝二尊，篤三益，咸以塈舟夜徙，殣露朝晞，天不愁遺，溘然長謝，以周天統二年終乎私第，春秋八十有二。以隨開皇元年十月一日，與夫人馮氏合葬於龍山■■■原里之，禮也。其地東窺邵埭伐楚之迹猶存；西迄滆城，避狄之隍如在。南鄰滆水，神龜游括地之瀾；北瞰龍山，仰鶴懇聳天之岫。爾其珱木葱翠，嘉樹紛披，是汝□之形勝，荊楚之□□者焉。曾孫善達義節八人，痛風枝而結思，悼霜露以摧心，遠謝箕裘，遐慙落構。恐桑田變海，陵谷變遷，耿介長淪，芳菲永歇，勒茲貞石，迺爲詞曰：

承芳惠苑，誕秀清流。□□開屏，懿德臨州。夙虧風槑，早歇英猷。爰有嘉嗣，遠謝箕裘。敬雕鏐乎貞石，庶永播兮清修。

大唐儀鳳二年歲次丁丑五月壬戌朔七日戊辰雕塋功訖。

是誌未詳所在，《金石萃編》以龍山溳水考之，在今河南魯山縣。楚屈完盟于召陵，在許州郾城縣，實爲魯山東境，則杜君之葬在魯山，志亦當出其地。《萃編》謂誌中訛者二處，一曰"周天統二年，終乎私第"，天統是齊後主年號，非周也。據碑前云"遇周社之傾覆，會鼎祚之流移"，則杜君實仕於周，所謂二年者，當是周武帝天和二年；一曰"合葬於龍山某原里之，禮也"，據文當是"某里之原，禮也"，文倒互矣。余謂杜君之卒，尚非天和二年，其曰周社傾覆，鼎祚流移，蓋指周之末造而言，其二年則靜帝大象二年，庚子歲明年即爲隋開皇元年，則杜君夫婦合葬之歲也。至云某原里之禮也，疑其倒互，不爲無見，然以余所見唐人誌石，似此者甚多，如折某妻曹氏誌云"遷窆於金光坊龍首原之禮也"；張昕誌云"窆葬於京城南杜城東二百步舊塋之禮也"；王静信妻周氏誌云"以兹吉辰赴任杜城東郊之禮也"；孫志廉誌云"合葬我府君夫人於長樂原之禮也"；張安生誌云"葬於龍首原之禮也"；王訓誌云"遷厝萬年縣滻川鄉川原之禮也"；尼如願誌云"奉敕法葬於長安城南，畢原塔之禮也"；閭某妻張氏誌云"擇兆吉辰，葬于長安城西龍首原之禮也"；汝南周氏誌云"卜兆于鄭城東南二十五里，世業平原之禮也"；解進誌云"權厝于私弟北二里原之禮也"；戚高誌云"將窆於石解，皇父之塋右壬首之墳原之禮也"；皆是如此，必無皆倒互之理，自是當時有此文法習俗相沿，一倡百和，故操筆者未暇細審爾。杜君卒於大象二年，時年八十有二，逆推而上，其生當在北魏孝文帝太和二十三年，至周武帝保定元年，杜君年六十三矣，則其初舉茂才、爲縣令皆在北魏時，至周而遷刺史，爵淮南，故誌以周豫州刺史淮南公標題也。誌中諱字里貫，及爲縣令刺史之地名，皆空格不書，當是撰文者缺以俟填。其曾孫善達等漫不加察，遂仍其缺，摹勒上石致使數百年後誌石出土，名字莫傳，可爲子孫不學者戒。《萃編》謂杜君葬在魯山是已，謂其居於魯山則非也。杜君嘗爲許州某縣令，又遷豫州刺史，其宦蹟皆附近魯山，迨至周社傾覆，無家可歸，遂卜葬其地，非本貫也，本貫在首行空格處未及填刻耳。誌中刺作剌、偃作偓、庶作庶、喪作喪、薤作<unk>、爾作爾、隕作<unk>、雕營之營作塋。

許洛仁妻宋氏

大唐故冠軍將軍代州都督上柱國許洛仁妻襄邑縣君宋氏夫人墓誌并序

夫人諱善主[①]，字令儀，定州安喜人也。原夫元禽翙羽，□[②]有商之祚；白翰騰驪，肇承殷之杞。洎乎分邦錫社，凝茂實於睢陽；列國會盟，秀芳華於官度。祖逸，周開府儀同三司、江州刺史，永寧縣開國公。父濤，隋左千牛備身、永州長史、柱國，襲爵如故。並位光列宰，名參上將，襄帷楚甸，副軫衡吳。夫人名藹蘭閨，聲縣閫壼，標梅覯止，樛木承恩，捧案申恭，敬深饁野。年過蒲柳，歲迫桑榆，遭疾彌流，遊魂岱録，春秋九十有九，薨于金城坊里第。即以其年五月廿四日窆于龍首原，禮也。嗚呼哀哉！松風悽愴，薤露蒼茫，悲夜臺之永暮，痛佳城之未光。乃爲銘曰：天開賓祚，地啓靈源，瑶華蔭蔚，玉葉便繁。偉哉先哲，猗與後昆，襄帷下邑，露冕上蕃。其一四德標舉，三從惠養，淑慎居貞，聲名屬響。頹景西傾，逝川東往，瘞玉質兮重泉，遂埋魂兮幽壤。其二

許洛仁以龍朔二年十一月陪葬昭陵，有碑在醴泉縣儀門村。洛仁卒年八十有五，夫人年九十有九，當卒在洛仁之後，誌僅載窆之月日而不書卒葬之年，今附編高宗末年。誌首誌作銕，《曝書亭集》載唐貞元十五年，濮陽下夫人墓誌，書誌作銕，正與此同。又督作晢、邑作邑、儀作<unk>、壼作壺、捧作棒、蒲作蒱、彌留作弥流、瘞作瘱。

曹因

君姓曹，名因，字鄙夫，世爲番陽人。祖、父皆仕於唐高祖之朝，惟公三舉不第，居家以禮義自守，及卒於長安之道，朝廷公卿鄉鄰耆舊無不太息。惟予獨不然，謂其母曰：家有南畝，足以養其親，室有遺文，足以訓其子，肖形天地間，範圍陰陽內，死生聚散特世態耳，何憂喜之有哉。予姓周氏，公之妻

---

① 據周紹良藏拓，此處應爲"至"，即夫人諱善至。
② 據周紹良藏拓，此處應爲"開"。

室也，歸公八載，恩義有奪。故贈之銘曰：其生也天，其死也天，苟達此理，哀復何言。

　宋洪景盧邁《容齋五筆》云，慶元三年，信州上饒尉陳莊發土得唐碑，乃婦人爲夫所作，其文曰云云。予案唐世上饒本隸饒州，其後分爲信，故曹君爲鄱陽人，婦人能文達理如此，惜其不傳，故書之以禪圖志之缺。

　案是誌無年月，其祖父仕高祖時，則因亦唐初人也，今編附高宗之末。

惟茲夫人開睢挺斈趄趄篓楚的的雲介

河罙罙墳壟依依丘墓增悲尋杜多傷其

十二月辛己朔四日甲辰於潩湄之東

搽終始若上易稱家人美夫婦夫

之化典以延昌二年歲次癸巳喪於京

好佽蒙以加為言告師氏的式開睢

識沖固四德連瓊后妃之若開睢

孫陽乎王茅六弟九颺之

訓陰軒忝明作配魏宗之妻

周王異之引氏秩之興

左中郎將尤颺妻王夫人

日

唐三

田宏敏　唐宋州司法田君墓誌銘

君諱宏敏，其先北平人也。自虞帝承録，派嬀汭之神宗；陳恒制齊，遂開國而爲姓。若乃錫土隆家之美，贊玉帛於湘圖；陳規獻策之謀，著英猷於寶牒。祖由，玉山齊暎，瓊萼流芳，器纍珪璋，質懷杞梓，韞劉龍之英美，躍管驥之高衢，彩匣韜輝，金章絶韻，詞林振穎，筆海浮瀾，秀氣烟高，靈規聳見，貞風㯹俗，勁節澄襟。被揚歷而見徵，應翹車而入聘，隨章武郡功曹。父恭，藍田孕質，驪穴騰輝，志岸冲清，器該博物。雄材隽狀，亘孔伋以逾高，雅度汪深，湛黄陂而弥浚。名馳刈楚，德洽重筵，隨高陽縣尉。君英靈迥秀，壯志遐騫，玉韞雄圖，蘭風特振，貞明絶俗。雅道淹通，藻駕雕龍，聲充振鷟，清辭雄辯。陵酈子之鄉脣，逸氣高談；鄙蘇張之緩頰，洞該物務。統六遂於周邦，備曉公方；館四人於鄉邑，既而奠楹。構蘦夢，竪延凶，寢疾弥留，俄頃薤露。以永淳元年九月十二日歿於私第，春秋六十有四。豈謂睄豁掩耀，悲隙影之無留；積玉沉輝，泣晴川之永謝。以□□元年正月二十二日遷窆於任邱縣西南五里本鄉，禮也。其地東連博陵，西叩金堤，膏腴控其前，平林亘其後。嗣子務仙、嗣孫神傑、神冲、承族等攖蓼莪之巨痛，陟霧岵而長號，扳罔極之衰荒，抱霜荼而永泣，恐以炎飛岱嶺，庶梓械之長存；岸谷遠遷，冀松區之尚在，其詞曰：

承芳軒冑，分襲陳成。建邦啓土，代襲英聲。降生明哲，隽又馳名。高軌運流，景命乃傾。誄生前之茂績，刻嘉號於泉肩。

誌出任邱縣，採入《河間府志》。宏敏卒於永淳元年九月，葬於原缺二字。元年正月。高宗以壬午二月改元永淳，癸未十二月改元宏道，無正月改元之事，其葬當在中宗嗣聖元年矣。宏敏之孫有曰神傑、神冲者，大歷七年宋州刺史田神功，冀州南宮人，當即宏敏之族孫。誌中裔作裛，《續古文苑》載此文曰"分裳陳成"，誤裛爲裳。

王元宗　大唐中岳隱居太和先生琅邪王徵君臨終口授銘并序

季弟正議大夫行秘書少監、東宮侍讀兼侍書紹宗甄録并書

於戲！有唐氏作，吾中遇而生，姓王，名元宗，字承真，本琅耶臨沂人，晉丞相文獻公十代孫，陳亡過江，先居馮翊中，徙江都，其肇錫考系，則國史家諜具矣。降年五十有五，直垂拱二年四月四日，順大衍之數，奄忽而終，終後可歸我于中頂舊居之石室，斯亦墓而不墳，神無不在耳。且伊洛之間，迺昔者周南之域，吾祖上賓之地，吾家得姓之鄉，反葬中岳，幾不忘本也。舉手長謝，亦復何言？示人有終，乃爲銘曰：

馮馮太清，悠悠太寧，混沌無我，其中有精。忽焉爲人，時哉乃形，理通寂感，陰聚陽并。知常得性，絶待忘情，道無不在，神無不經。幽傳秘訣，默往仙京，万物其盡，吾何以停。歸于真宅，此室冥冥，不封不樹，無狀無名。託體嵩石，言追洛笙，去來十洞，駈馳八靈。風雲聚散，山水虛盈，谷神不死，我本長生。

此王元宗自爲墓誌銘也，臨終口授其弟紹宗，紹宗別爲序文二百餘字，加於元宗自序之首，書爲墓外之碑，刻於登封老君洞南。今節去紹宗所加之序，編入墓誌，從元宗本志也。紹宗字承烈，見兩《唐書·儒學傳》，以能書名，見張懷瓘《書斷》竇泉述書賦《儒學傳》云"紹宗兄元宗，隱嵩山號太和先生，傳黃白術"與此誌標題正合。誌云晉丞相文獻公，謂王導也，大衍別作大衍。"吾祖上賓之地，吾家得姓之鄉"謂周靈王太子晉升仙緱嶺，其地在偃師，去嵩岳爲近，晉之子孫以爲王子之後，遂姓王氏，故唐之王氏多以晉爲得姓之祖。是編所録王訓、王仲建等誌皆及之，而是誌銘詞所謂"言追洛笙"，亦指晉事也。"無狀無名"，名當作銘，既曰無銘矣，而又自銘，何爲也？銘作名，後解進誌同。

“直垂拱二年”，直即值字。

龐德威　大唐故上護軍龐府君墓誌銘

君諱德威，字二哥，南安人也。昔三方鼎峙，王道申其爪牙；六國權衡，霸圖重其謀略。泉源濬極，遠沠靈長，擢幹扶疏，脩條菀茂，公即其後也。曾祖隆，周任益州司倉參軍事，贊分符於五壘，佐剖竹於銅梁，仁教以之傍融，政化因而遠被。祖慶，随任潞州上黨縣丞，德宇奇廓，器量奄深，百里仰其成規，一同資其美政。父師，随任廣州司馬，嘉謨自蘊，妙善非因，灑落風煙，超攄雲漢，輔分珪於五嶺，道洽泣珠之鄉；揚別扇於三湘，恩浹落星之境。公則器惟瑚璉，性乃珪璋，岐嶷表其齓年，魁岸章其冠歲，英姿桂秀，天骨標奇，立行可模，出言成範。明明令德，莫測其淺深；滔滔雅量，詎知其遠近。神機獨運，吞鎮北於胸間；智略兼人，搣征南於度内。深衷海濬，壯志山高，學盡五車，書工八體，控雕弓而屈右，落鴈啼猨；張空拳而啓行，批熊拉武。任以三韓未附，鯤壑驚波，九種猶迷，鼇津駭浪。公荷霜戈而奮武，揮星劍以臨戎，勇若鱄諸，捷如慶忌，遂授公勳官上護軍，酬勞效也。昔叔敖知覆尾之懼，不受楚國之封；仲連怯觸鱗之威，竟謝齊君之禄。公深明止足之誠，遠識無厭之譏，乃謝廟辭朝，自樂馬游之乘；追鏕宴友，方欣陸賈之田。怡怡弟兄，恂恂鄉黨。不謂輔人虛説，天道無徵，二豎纒痾，兩楹興歎。名香何在？唯增啓足之悲；神竈空傳，詎免遊魂之怨。以乾封元年十二月十七日，寢疾弥留，卒乎私第，春秋六十有八。琴臺月上，永息陽春之音；金埒風生，誰控桃花之騎？夫人王氏，其先太原人也。侍中遊覽，驚魏閣以流芳；將軍臥病，開秦基而演慶。祖尚，随任銀青光禄大夫，相州長史。父暉，随任潞州司倉。並珪璋其質，松柏其心，處涅不緇，凌寒轉翠。夫人騰姿月魄，稟質坤靈，道冠三從，行該四德，品摇空之舞雪，特妙因風；辨絶響之哥絃，懸明第次。承巾奉食，重德輕鷰，禮逾晉缺之帷，義越楚莊之室，雖良人塵質，弥軫畫眉之情，而剋己明心，以表輕身之詠。豈謂百年難續，千月易窮，倏奄夜臺，俄辭白日，以垂拱三年歲次丁亥十月六日卒乎私第，春秋七十有六。單鳧獨逝，已悽潘子之懷；兩劒雙沉，遽切丁君之盧。即以其年十一月辛酉朔廿二日壬午，含葬于四池之側，禮也。青鳥獻兆，寧惟千載之墳？白鶴占原，自應三台之氣，孤子行基等仰蒼穹而無色，擗黃壤以崩心，痛結夢菱，哀纏陟岵。恐山迴牝壑，海變桑田，爰紀芳猷，式刊貞石，其詞曰：

惟岳降靈，惟天降昂，誕兹明哲，信邦之寶。式贊皇基，爰扶帝造，功成名遂，身退天道。其一

昂昂挺秀，鏘鏘雅士，脫略公卿，跌宕文史。盛德推賢，謙撝剋己，妙閑韜略，尤明宮徵。世曰琳瑯，時稱杞梓。其二

易美家人，詩光女則，登機成素，之田奉食。海曲和鳴，河洲比翼，孝該籠水，慎深攀棘。月牖媚帷，含貞抱直。其三

匣中雙劍，先後俱沉，泉中瘞玉，地下埋金。荒郊引霧，寒壟凝陰，佳城鬱鬱，逝日駸駸。一歸窮壤，誰明恨心。其四

德威字二哥，以下文辨"絕響之哥絃"，證之歌絃通作哥絃，則二哥之字亦二歌所通也，非哥弟之哥。《後漢書》引"哥永言"；《唐書》注引屈原《九哥》，其見於碑版者如北周《華嶽頌》云"清哥緩節"；唐《孔子廟堂碑》云"猶鎸哥頌"；《張琮碑》云"哥兩岐于全吳"；《蓋文達碑》云"仁風表于弦哥"；《杜夫人誌》云"而短哥之可作"，皆哥、歌通用也。又誌中拚作拚、鴈作鴈。"批熊拉虎"避高祖祖諱改虎作武、尾作尾、歡作驩、纏痾作縲痾、寢作寑、涅作涅、瘞作瘗。誌叙德威之父曰"揚別扇於三湘，恩浹落星之境"，長沙布政司治後有落星石湖，《南通志》及府縣志皆未及載，始見於此。

陳護　唐故朝請大夫陳府君墓誌銘 并序

君諱護，潁川人也。昔鼇降二女，唐堯安洪水之灾；運策六奇，漢祖免白登之敗。其後太邱之長，道貫衆星；河朔之才，文光倚馬。地靈相繼，時英不絕。曾祖並，絕幹千尋，斷山萬仞，一簣發纛金之彩，五車覽群玉之書。君姿靈秀氣，誕粹冲和，澄雅操以霜明，照清規而月舉。踐義爲勇，履孝成忠，漸礼義之膏腴，嗣箕裘之聲訓，藏器而逢亂代，進德以及明時。爰屬義師，暫披誠欵，拒鋒後殿，擐甲先登，雕弓挂滿月之輝，雄劍亘長天之色，蒙授朝請大夫，賞有功也。既而輕忽簪組，踞傲泉石，魚出騁望，懷子建終焉之心；鵬海

驚濤，養孟軻浩然之氣。惜乎浮生易夭，七百之壽未階；飄忽難留，千月之期
行盡，以上元元年終于私第，春秋一百有一。夫人蔡氏，即以垂拱四年正月廿
三日合葬於上畤鄉，禮也。子文德，仰高天而垂吊，跨厚地以纏哀。恐舟壑潛
移，莫辨滕公之室；海田斯變，不曉原氏之阡，式誌陰溝，迺爲銘曰：

至矣夫君，超然不群。事君以敬，在家必聞。信者朋執，義兼仁恩。早霑
舜雨，夙奉堯雲。提戈杖劍，掃祲除氛。謀□□略，功□大勳。脩路頓阻，昭
代俄昏。落徂光之□□，□長夜之歸魂。起寒煙於櫃壏，下白骨於松門。
□□□□百代後，寧知埋玉此邱墳。

梁寺　大唐故朝議郎行澤王府主薄上柱國梁府君并夫人唐氏墓誌銘并序

四品孫義陽朱賓撰文　五品孫滎陽鄭莊書

君諱寺，字師倲，雍州藍田人也。丕承帝緒，自雍墟而逮夏陽；克勤王
家，由安定而宅京兆。其如葛氏昆季，列於三方；有類林家昭穆，光乎十德。
至若衣冠禮樂之盛烈，廉孝賢良之儀表，固已爲弈當代，昭彰季葉者乎！曾祖
遵，周秦州清水縣令。邇賒相用，勞逸兼資，重泉之磬載昌，單父之琴斯洽。
祖殊，隋監門錄事參軍。德以潤身，學以從政，八屯由其式序，五校於是克
隆。父柱，皇朝奉義郎騎都尉。識量夷雅，風神耿介，青田表秀，丹穴摘祥。
進而不榮，安乎散列；退而不野，鄰乎湫隘。

君承積善之餘祉，挺生人之上姿，因心而好孔、墨，抗跡而齊曾、閔。
縱王佐之奇表，揚于王庭；屈公輔之宏量，薄游公府。咸亨四年授文林郎，班
例也。日者東風爽候，西旅不庭，三軍乏坐甲之資，七萃興懸磬之歎。君散陶
凝慮，指困推誠，躬親饋餹之勞。式周儲峙之務，恕己及物，下布人謠；憂國
忘家，上紆帝念。永隆二年恩詔授上柱國。道光西漢，已極武功之尊；名冠南
荊，竟保昭陽之貴。既而上僊興慕，下代纏哀，梁山降白鶴之祥，畢陌啓青烏
之兆。君悲深考逝，義切子來，茂績顯於園塋，豐功徹乎旒扆。垂拱元年授朝
議郎，行澤王府主簿。以枚馬之英規，偶間平之上邸，英風扇乎蘭坂，茂躅隆
乎桂山，東閣由是希聲，西園以之藉甚。豈期攝生謬理，與善失常，西山何
高，未接仙童之羽；南溟尚遠，翻墜化鵬之翼。以垂拱四年十月五日，終於長

安懷德里第，春秋卅有一。

夫人晋昌唐氏，名惠兒，後魏驍騎將軍本郡守契之七葉孫，即故司農寺長樂監敏之第二女也。巫山降祉，巽位摘精，挺琬炎以成姿，懷冰霰以清慮。摹組織紝之務，早擅女工；幽閑婉嬺之規，夙彰婦德。恭謙娣姒，宗族所以推先；肅事舅姑，閨門由其作訓。將以鸂鶒並鷟，常接影於仙樓；不意龍劒雙沉，竟連形於寶匣。以垂拱四年九月廿七日，終於長壽里第，春秋卅有六。粵以其年十一月十七日，合葬于終南山梗梓谷口隋信行禪師林側，倍大父録事參軍之舊塋，由夙志也。惟君器周大雅，德備中和，敏殫衆藝，好兼靈跡。牟子博之異録，動息會其情；虞孝敬之奇記，俯仰明其術。黄金積釜，鎮寫真容；白玉成田，併開精舍。夫人亦凝心貝葉，屬思曇花，幼彰龍女之功，長契勝鬘之德。婉兹嘉耦，咸借慶於一乘；悼彼好仇，並歸神於八正。其子景先等，以爲形資業起，業立則形存；化以緣生，緣亡則化息。履霜增感，豈若奉於遺音？聞雷驚慕，固可説於真侶。式崇寶構，虔考勝因，寄篆刻於幽埏，庶飛芳於奪里。其詞曰：

霸秦支子，始國于梁。帝堯景胄，必復其唐。易代載德，繼軌傳芳。雅符秦晋，信葉潘楊。其一

於惟君子，夙承家慶。顯允夫人，早標門令。笙簧其德，黼藻其性。問望備隆，容工兼盛。其二

身由業立，果乃因成。共資有相，並證無生。八正凝想，七覺馳情。德踰善德，名蓋凈名。其三

積善方融，輔仁無准。始驚炭折，俄看薪盡。悲哉則豹騎連翔，痛矣則螭軒接軫。門庭兮蕭索，墟落兮凄緊。其四

哀哀鞠子，感感遺孤。共許勝地，式奉先菩。構曾臺於翠阜，刻貞石於黄壚。山山兮□[①]塔，往往兮真徒。其五

撰誌者爲義陽朱賓而題曰四品孫，書誌者爲滎陽鄭莊而題曰五品孫，未詳其故。孫氏《續古文苑》曰：梁朱賓撰，誤以朱賓爲梁寺之孫矣。寺卒於垂拱四年十月，其年方四十一歲，此誌撰於是年之十一月，安得即有能文之孫？且

① 據《全唐文》卷二三四，此處應爲“靈”。

朱賓自署義陽鄭莊，自署滎陽，與藍田之梁寺隸籍亦各別矣。誌中藝作蓺、蕭作簫。"庶飛芳於奪里"當是"舊里"之僞。

雷某　大唐故朝請大夫雷府君墓誌篆盖

是誌二石，惟篆盖一石完好，其誌石磨泐，僅存數十字，不能成誦，可辨者"春秋六十有五，以永昌元年十☑"十三字。夫人以總章二年十☑廿三⊙十二字盖。雷君卒於武后永昌元年，其夫人則先卒二十年，至是始合葬也。

程元景　大周故處士程先生墓誌銘并序

先生諱元景，字師朗，京兆長安人也。若夫道契儒林，秀升騰芳於漢☑；才光俊藪，延休播美於晋時，故贈絹傷離，夫子仰先生之德；橫威絶漠，將軍獲武帝之□①。由是冠蓋蟬聯，風徽不絶，長波括埜，高搆凌而②，涣圖史以銘功，故可略而言矣。祖恭，隋朝議郎，行涇州平梁縣令，邊蝗感德，蹈卓茂之高風；屬馬流仁，酌羅含之懿範。父敬逸，唐大丞相府朝散大夫，義旗肇建，率土咸賓，褒德錫功，稽斯散職。惟先生風神警悟，器宇虛明，清⑮露於秋而，擢風雲於冬☑，仁能接物，孝以安親。三思後行，季文子之高志；去食存信，孔宣父之清規。嵇叔夜許其雅琴，阮嗣宗推其清嘯，優游自得，放曠無爲。所冀雲翳孤松，傲霜巖而挺節；豈謂風摧六樻，瘗泉戶以收榮。氣掩如蘭，既摧秡於晞露；光沉若木，俄促節於驚飆。以長壽三秊歲次甲午正⑮景戌朔九☑甲午，遘疾終于群賢里，春秋五十有一。嗚呼哀哉！先生夙崇三業，妙洞一乘，然智炬於心田，則迷途自朗；泛慈航於慾海，則彼岸攸登。粵以其⑮廿二☑景午葬於龍首原，禮也。有子彥先等趨庭闕訓，陟岵無依，踐霜露以崩心，庶題珉而紀德。其詞曰：

崇基磊落，清洭浤汪。贈縑傷別，捧☑承光。寒松比操，秋桂同芳。即色非色，筌忘蹄忘。川舟易往，隙駟難停。雲愁偃蓋，電激流旌。啓黄泉於卜宅，掩白☑於佳城。歎松門之一閟，痛蒿里之長扃。

---

① 據《八瓊室金石補正》四十四卷，此處應爲"勳"。
② 此文"天"多刻爲"而"字形，應爲篆書，與其他字形不同。

誌中日作⟋、地作坒、天作⽽、授作稬、月作㋍、年作秊、正作㞢。用武后新製字，其別體字則程作稆、聯作聮、遷作遻、稬作稬、粤作甹、閒作閒，丙午避高祖父昞諱作景午，㳽避太宗民字諱改作㺱。

梁師亮　大周故珍州榮德縣丞梁君墓誌銘并序

君諱師亮，字永徽，安定烏氏人也。若夫河汾潯涘，大啓濫觴之源；幽雍林坰，勃興拳石之址。則有武威太守，軒冕赫奕於鄉亭；并州刺史，旌榮駢闐於門巷。大父殊，隨任右監門録事；顯考金柱，唐奉義郎，並行高州壤，道蔑王侯，揚雄非壆之書，我家時習；方朔易農之仕，吾人所尚。君珠藪夜光，玉田朝彩，張仲孝友，早爲立身之具；夫子温良，特①作揚名之本。未嘗欺於闇室，何謝古人；颼不忓於虛舟，自符先達。棲遲禮讓，擯落驕奢，弋釣邱墳，耕耘道藝。詞包吐鳳，傲三變而英峙；字抱迴鸞，雄一臺而介立。聲馳⟋下，辯振雲間。後進欽其領袖，時輩宗其瑚璉。起家任唐朝左春坊別教醫生。摳衣鶴禁，函丈龍樓，究農皇之草經，研葛洪之藥録。術兼元化，可以滌疲痾；學該仲景，因而昇上第。屬龍庭㋍滿，鹿塞塵驚，命將出師，千金之費逾廣；飛蒭挽粟，萬里之粮宜繼。君户庭不出，鞍甲匪疲，遥同轉 輸之勤，遂獲茂功之賞。永隆二秊，以運糧勲蒙稬上柱囻。既而欽明屭代，宮車晏出，守文承歷，園陵繕修，紀市功成，實憑子來之力；穀林務畢，仍覃發衷之旨。垂拱二秊，以乾陵當作功別敕放選，釋褐調補隱陵署丞。解巾從宦，智效聿宣；結綬當官，幹能斯著。秩滿，俄而上延朝譴，稬珍州榮德縣丞。貳職千石，贊務一同，蠻陬乂寧，平人是賴。終使悠悠墨綬，方宏上乂之風；泛泛銅章，行闡中牟之化。隨牒云滿，解印言歸，吹蠱餘灾，纏迫少城之坒；遊魂永逝，崩摧武山之石。以萬歲通天元秊七㋍二⟋終於益州蜀縣，春秋卅有七。嗚呼哀哉！即以萬歲通天二秊三㋍六⟋葬於雍州城南終南山至相寺楩梓谷信行禪師塔院之東，陪先塋也。嗣子齊望，嬰號越㋍，孺慕彌秊，悲懷袖之靡依，慨舟壑之潛運。黄壚九坒，始殷荒戀之情；元②夜三泉，終藉鐫題之事。乃爲銘曰：東京后

---

① 特：據北京圖書館藏周紹良所藏拓片，應爲“持”。
② 避康熙帝諱，書中“玄”字一應作“元”。

族，北埜邦君，七侯馳譽，三主揚芬。瑞掩金册，榮繁寶鏄，覈諸隆盛，曾何足云。祖考餘慶，英髦間出，嘯傲參玄，乘凌喻⊿。温恭宅性，廉白成質，譚思漆書，儲精緑秩。鴻陸寱漸，龍門早昇，聲敷寢廟，智效園陵。亓朝我黜，縣道爲丞，勣凝邊徼，化協黎蒸。還塗未極，生涯遽已，瞑目他鄉，歸骸故里。新封暫啓，賓御愯而野雲愁；舊壠長扃，松檟昏而山霧起。碑闕兮交暎，陵谷兮潛徙，所悲螻蟻之蜓，銷淪亓埜之紀。

誌在長安百塔寺，官階郡縣《潛研》《授堂》二跋考證極詳。《金石萃編》云：武威太守謂漢梁統，并州刺史謂漢末梁習，乾陵高祖之陵，隱陵太子建成之陵也。父金柱，官奉義郎，《萃編》謂《唐書‧百官志》有奉議郎，疑奉義爲奉議之偽。前《梁寺誌》載父柱官奉義郎，與此誌同，必無皆偽之理。又《寺誌》載祖殊父柱，此誌載祖殊父金柱，名位並同，師亮與寺蓋兄弟也，特《寺誌》，父名脱金字耳。寺字師暕，師亮字永徽，師亮之名蓋以字行者。師亮卒於武后萬歲通天元年，春秋四十有七，推其生在高宗永徽元年，改字爲名，即以朝號爲字，以識所生之歲。其時武后改唐爲周矣，字曰永徽，亦所以思唐也。如後《袁氏誌》，其父大業仕唐，而用隋號爲名，亦不忘本之意，然古人之無忌諱乃如此。祖殊葬隋僧信行塔側，故師亮及兄寺皆祔葬其地，唐世佞佛如裴行儉妻庫狄氏，裴協律妻賀蘭氏皆以婦人而陪葬信行之塔，則當時陪葬塔側者，不獨梁氏一族矣，誌中聖作墅、初作𡔈、國作囩，用武后新製字，餘見前誌。

杳冥君　杳冥君銘

鳳閣舍人河東薛稷爲文并書丹

悠悠洛邑，眇眇伊堧，屢移寒暑，頻經歲秊。丹壑幾變，陵谷俄遷，不覩碑碣，空悼蘿煙。其一

時代攸徙，寧窮姓氏，匪辨□□，誰分朱紫。翠墳全缺，元扃亦毁，久歇火風，爰歸埜水。其二

靈跡難訪，莫知其狀，彷彿岑臺，依稀泉帳。草積邱壠，松高巖嶂，乃眷幽途，弥增悲愴。其三

于彼兆域，是生荆棘，松劒猶存，榆錢可識。覽物流□，□□太息，欲致

禮於營魂，聊寄言於翰墨。其四

　　大周神功元秊丁酉歲拾囬壹②。

　　右銘摹入董氏《戲鴻堂帖》。武后登緱山，欲開石室營壽宮，發得古藏，內有古劍、銅椀、五株錢等物，不知誰氏之墓，命以名曰冥漠君，事見《陳子昂集》，稷蓋奉詔銘之也。《陳集》作"冥漠"，此曰"杳冥"，名異而義同。其曰"松劍榆錢"，即謂古劍及五銖錢也。武后以萬曆歲通天二年九月壬寅改元神功，其年十月甲午朔壬寅是初九日，是銘作于改元後二十三日，新舊《唐書》稷傳皆云爲中書舍人，光宅元年，改中書爲鳳閣，稷爲舍人時正當作鳳閣，史傳誤仍舊名也。

中郎將元勰妻王夫人墓

周王其之引氏之興

訓陰軌尔明作配魏宗

孫陽于王茅六弟元勰之式閑

沖固四德連璚后妃之若開睢

識之若以加焉言告師氏功式閑

好仇蔵若二易稱家人美夫婦夫

典終始昌二年歲次癸己喪於渾涓之東京

以延昌二年四月甲申基於渾涓其

十二月辛己朔四日甲申基增悲尋牲多傷其

河窴窴壙壟依依丘墓增悲尋牲多傷

日

惟兹夫人開睢挺其翹翹襲楚灼灼雲介

唐四

袁氏

夫𡉏袁氏，洛州永昌縣𡉏。曾祖君㿖，梁秘書監、太子詹事。祖□，隋秘書監、贈上柱囝、陽夏縣開囝公。父大業，唐海州郈縣令，以𡉏歷二𡉏十囬四⑦□□，卒於乾封縣太平里第，以聖歷三𡉏𡉏囬十五⑦，權殯於長安縣龍首鄉龍首原。

是誌不書袁氏之夫爲何人，亦不詳其年壽子息，僅載母家三代及卒殯日期，蓋權殯急就之作，非誌體也。《唐書·宰相世系表》袁氏有名，君正字世忠者，仕梁爲吳郡太守，當即夫人曾祖，秘監其贈官也。誌缺祖名，表載君正三子，長憲，字憲章，隋開府儀同三司，謚曰簡，誌書祖爲隋官，當即憲也。表載憲子，一曰承序，一曰承家，無名大業而令郈山者。承序兄弟皆仕于隋，或有入唐而改名者，表僅其原名，故互異耳。然大業係隋年號，入唐改名，而用隋號，亦謬甚矣。誌中人作𡉏，月作囬，用武后新製字，人之作𡉏，自此志始，前程元景誌，長安人也，梁師亮誌，烏氏人也，其時尚未改作𡉏字，前二誌月皆作㘴，其改作囬，亦自此誌始，蓋𡉏、囬二字聖歷初始改耳，囝、𡉏、𡉏、⑦四字見前誌。

薛剛　大周故薛府君墓誌銘并序　□元一詞

公諱剾，字■，河東𡉏也。炎精爽馭，土瑞摽基，山海沸騰，𡉏靈蕩覆。君遊弱喪，遂爲京兆𡉏焉。公之先祖，光華史冊。公氣襲冲和，姿摽孤秀，陸沉𡉏隱，捐利忘名。而積善無徵，俄驚怛化。■𡉏■囬■⑦，終於龍首里第，春

秋■■旐以其䡐■匭■⊘葬于長安龍首原，禮也。夫至戴氏，早喪而夫，位居
媋婦，孤育稚子卅餘䡐，内不愧心，外無慚影，衛姜陳婦，謝德攀賢。尋以
■䡐■匭■⊘終于懷遠里第，春秋■■即以■䡐■匭■⊘攅殯此原也。子爾譔^①
等，行高曾閔，孝答劬勞，式遵異室之儀，聿奉同衾之禮。粵以久視元䡐歲次
庚子五匭己酉朔廿四⊘壬午，乃遷墳合葬，即其原也。蒼山激溜，碧海楊塵，
勒兹貞石，永播良薰。其銘曰：

於穆幽靈，生爲隱逸。聘于戴氏，宜其家室。齊體合歡，交臂相失。今櫬
雖兩，其墳是一。永趍元夜，長辭皎⊘。勒夫玟璁，傳乎英實。

此薛剛夫婦合葬誌，夫婦卒年月日皆空格未填，剛卒於妻戴之前三十餘年，
戴卒數年，始遷墳合葬，則剛乃唐初人也。誌中薛作薜，剛作剠、兆作兆、旋作
旐、册作冊、攀作攀、權作攉、譔作譔、揚作楊、穆作穆、聘作聘、雖作雖、英
作英、玟避太宗民字諱缺作玟、其圭、䡐、匭、⊘，爾用武后字，見前誌。

馮慶　大周文林郎馮府君墓誌銘　王博撰

君諱慶，字貞葓，冀州下博縣人也。其源出自長樂郡，北燕文成帝跋之苗
裔，曾祖于，齊威檀二州刺史；祖長，隨平州盧龍縣令；父才，唐初深州録事參
軍。惟君⊘景凝祥，雲光委曜，望隆燕圙，久標奇士之名；家枕業臺，夙業將軍
之氣。飛聲下邑，竊布鴻漸之由；矯制上蕃，無失□□之用。乃稔文林郎。屬桂
枝秋落，俄鍾犯⊕之妖；薤草晨晞，方嬰墜露之慘。唐咸亨四年五月■■終於莊
第。嗚呼哀哉！時權殯於下博北三十里祖父塋内。大周久視元䡐，歲在庚子十⊕
二十⊘，改葬於冀州城西，與夫人馮氏合葬於平原，禮也。其銘曰：

青鳥卜塋，元鶴孕兆，南北神壇，東西露沼，揚貞高於玉山，播芳猷於
筆杪。

王美暢妻長孫氏　□□□□□□王美暢夫至長孫氏墓誌銘并序

夫人長孫氏，河南郡至也，七族疏派，十姓分源。茂緒洪宗，光輝與圖
史；通槐烈棘，昭絢於縑緗。曾祖敞，随金紫光禄大夫、宗壺卿、平原郡開圙

---

① 《集韻》（入聲，一，屋韻，普木切）釋此字爲"以言蔽也"。

公。祖義常，通議大夫、華容郡公。或名高去病，或聲重隱之，乍酌貪泉，□論兵法。父朝散大夫、懷州河內令、瀛州司馬，貳職十城，道光於展驥；絃歌百里，化乎於馴翟。夫人蘭畹傳芳，玉田瀉潤，稟三靈之淳粹，挺四德之英姿，敬慎禮儀，允恭箴訓。薗篿之秊，適于太原王氏，三周既御，百兩言歸，琴瑟既諧，條枚是則。菊銘椒頌，燭耀於心田；鴘綺鶴紋，發揮於意匠。通閨仰其柔範，列閫挹其清猷。薗則敕拜成安郡君，尋除懷德郡君，以德昇榮，從夫錫袟，既同石窌，更似延鄉。暈曆元秊，王府君止坐挺災，奠楹俄及。夫莝柏舟靡託，葛藟無依，志殞形存景心誓。既而浮休迴薄，幹運推遷，與善徒欺，俄嬰沉痼。瓊田靈草，重遇無期；西域胡香，再逢無⬚。嗚呼哀哉！以大足元秊六囶廿六⬚薨于汝州私第，春秋五十有四。夫莝宿植得本，深悟法門，捨離蓋纏，超出愛網。以爲合葬非古，何必同墳，乃遺令於洛川合宮縣界龍門山寺側，爲空以安神。長子昕等，孝窮坌義，禮極祘經，思切風枝，哀纏霜露。從命則情所未忍，違教則心用荒然，乃詢訪通莝，敬遵遺訓，遂以長安三秊，原空四字梯山鑿道，架險穿空，構石崇其基，斬絮陳其隙，與祘坌而長固，等靈光而歸然。乃爲銘曰：

□矣洪緒，悠哉霸圖。遼河建囩，靈武開都。山川演既，人物英謨。其一

誕斯令德，作嬪君子。聲茂葛覃，道超江氾。調諧琴瑟，譽芳蘭芷。有光淑慎，無刑慍喜。其二

良莝捐臂，樛枝靡託。遺象窈實，堂隅蕭索。閱水波逝，虞泉景薄。風勁蘭摧，霜霏桂落。其三

寒驚嶺北，⬚慘山西。靈輀動駕，哀輓凝悽。松帷露泣，柏帳風啼。芳徽無泯，祘坌俱齊。其四

《宰相世系表》長孫敞，宗正卿平原安男，其子無虎，右監門將軍。是誌云曾祖敞，與表同，祖義常，与表異。"薗篿之年"，薗即初字，武后所製，篿當作笄。

尚真　大周故居士廬州巢縣令息尚君之銘

惟君諱真，字仁爽，清河郡莝，呂望之後也。春秋七十有七，奄從風化，

目調露元埊八囬十九㇒，逝於鄠縣循德之里。即以其囬廿五㇒遷柩於終南山雲居寺，屍陀林捨身血肉，又收骸骨，今於禪師林所起塼墳焉，表生從善友之心，殞不離勝緣之境，建崇銘記，希傳不朽。長安三埊歲次癸卯庚申朔伐辰㇒，外孫宏福寺僧定持建。

是亦墻誌之類，而題曰尚君之銘，蓋誤以誌爲銘也，並不及其生平行實，亦不書其父巢縣令爲何名，僅載其捨骨禪林，即可希傳不朽。唐人佞佛，往往如是，然其生平亦可想見矣。誌中奭作奐，柩作柩，戊作伐，人、年等字見前誌。

楊某妻杜氏　大周故杜夫人墓誌銘篆蓋[①]
故司稼寺卿上柱圀楊府君杜夫埊墓誌銘

夫埊杜氏，京兆杜陵埊也。原夫就㇒望雲，降丹陵而毓慶；朱冠白馬，御冥道而標靈。赫參羅鳥之謀，周列神羊之位，備於方策，可略言焉。七代祖預，晋征南將軍，武庫靈姿，智囊神用，通其變，則□虵表異；微而顯，則麟至知歸。曾祖績，左監門將軍。善寶，唐潮州海陽縣令。父嘉猷，唐婺州參軍。體道居貞，含章挺秀，瓊山嶽峙，爰開抵鵲之珎；碧浪川淳，必亘採龍之寶。夫埊姿靈婉淑，操履貞凝，風舉苕榮，川流蕙問。名爲不朽，聞杜氏之春秋；埊則有行，見楊家之輪轂。承莖景覘，征南之緒允克隆；斷緯沉機，關西[②]之主饋斯在。驚逝川兮龍劍没，乘上囬兮鳳臺孤。樹德徙鄰，孟里以之爲美；欽刑輟饋，雋獄於是勝殘，委霜霰而無改，冒雷霆而不懼，信可傳芳史管，著象甘泉者哉！豈意拾翠氶津，与舒泉而共沁；薦桃仙樹，將暮槿而同期。呼嗚哀哉，以長安三埊五囬廿八㇒終於幽州之官第，春秋六十有三。粵以長安三埊十囬

---

① 此篇墓誌較初刻文字有所填補與更改，更加完整。初刻本此篇下之按語爲：“誌石在長安碑估許家，首件泐其夫姓，題故司稼寺卿，上柱國其大銜也，司稼寺卿，即司農寺卿，龍朔三年所更。”誌中塍別作□，人國年月日天皆用武后新製字，惟地不作埊，或長安初地字仍用舊文耳。短歌之歌作哥，見前龐德威誌，《金石萃編》謂七代祖征西，將軍泐其名，疑征西爲征南將軍，“預南”二字，尚可辨，原不誤也，《萃編》於五月廿八下多日字，石本所無，又“靈、參、可、預、晋、縣、嶽、風、苕、蕙、聞、閒、内、主、饋、没、孤、孟、里、雋、霆、与、沁、口、陵、徑、宅、寥寥、不”三十字皆就石本摩挲而得，爲《萃編》所無。惟銘詞今已剝落，不及《萃編》所見，在先猶爲完善，今照錄之，增“冬雪”二字，亦從石本審出也，誌云善寶，其祖名也，善上脱“祖”字，“嗚呼”二字倒置。
② 初刻本“關西”作“閒内”，《金石萃編》（160卷，清王昶撰，清嘉慶十年刻同治錢寶傳等補修本，卷六十五第二十一頁）此處爲代表無法識別文字的兩個空格。

十五㋬葬於雍州長安縣高陽之原，有子朝議郎行幽州司功參軍事履行，以膝下之恩無逮，口澤之戀空存，緬永慕於蘭陔，結深悲於蓼莖。茲夕何夕，春非我春，鬱鬱佳城，無復長安之匝；翩翩舞鶴，不聞京兆之天。何脩夜之不暘，而短哥之可作。其銘曰：

則天垂象，就㋬重輝。在夏龍御，居殷豕韋。靈源濬啓，慶緒斯徽。禮樂攸往，衣冠大歸。其一

鳳簫寥亮，霜紈皎潔。頌發春椒，韻浮冬雪。丹霞濯錦，素塵生梲。琴瑟不流，松蘿罷匝。其二

曰仁者壽，彼蒼者而。無聞静樹，空想寒泉。蕪城閴景，松架來煙。未辨何日，誰論幾秊。其三

誌石曾見於長安碑估許家，磨泐已甚，茲就《全唐文》及《金石萃編》各釋本參以意會，得成全文。其夫姓楊氏，則胡竹安大令鈞所定也。惟“蚰表”上缺一字，似用杜預爲蛇精事，下文“麟”字則指預註《春秋》而言。然蚰在上聯第六字，麟在下聯第五字，微有參錯，仍缺蚰上一字，以存其疑。誌內“就日望雲”，銘內“則天垂象”皆言杜爲堯後，“朱冠白馬”，用杜伯射宣王事。赫謂杜赫，周謂杜周，武庫、智囊皆用杜預事。“善實”上脱“祖”字，“陽縣”上《全唐文》作“海”字，今廣東海陽縣，在唐隸潮州，今山東海陽縣，則唐所無也。首行原泐夫姓，題“故司稼寺卿上柱國”，其夫衘也。司稼寺卿即司農寺卿，龍朔三年所更，誌中杜氏春秋指母家言，楊家輪轂指夫家言。“征南緒允”承上杜氏句，“關西主饋”承上楊家句，則其夫爲楊姓無疑也。“短歌”之“歌”作“哥”，見前《龐德威誌》。“嗚呼”二字倒置，誌中滕作䏤、㘴、圀、秊、匝、㋬、而皆用武后新製字，惟地不作埊，或長安初地字仍用舊文耳。

顏瑤　大唐故秦州都督府士曹參軍顏君墓誌銘

君諱瑤，字瑤，河南洛陽人也。其先自隨以上載在史册，皇朝鄭州刺史振之孫，秦州都督府長史思貞之子。幼不好弄，甚有名節，以門功解褐右千牛，尋以秦州都督府士曹參軍事。天喪顏子，人也其亡。以景龍二年二月三日，終成紀縣，春秋卅有二。其年四月四日，歸葬於雍州萬年縣四池坊之北一百步

焉，禮也。惟後遷換，紀其年月。銘曰：日夜不息東逝水，今古同聲歎顏子，琰琬題芳無極已。

是誌磨泐過甚，就誌中"天喪顏子"，銘中"今古同聲歎顏子"二語，定其人爲顏姓，而以殘缺之字可揣度而知者，計格旁書，以成完誌。唐有《龐德威誌》云"合葬于四池之側"，未詳其縣，以此誌證之，四池坊名在萬年縣。唐萬年今併入咸寧，則龐誌亦出其地也。

梁嘉運　梁君墓誌 篆額　大唐故朝散大夫金州西城縣令息梁君墓誌

公諱嘉運，字子，安定人也。温潤怡儀，恭懃令譽，隨尊巡翟，從父亨鮮，騁思文場，遊神學圃。不意生災，鬭蟻，禍及巢鶬；積善無徵，乃纓沉痾。至惣章三年歲次庚午三月乙亥朔廿一日乙酉遘疾，終于襄陽縣之私第，春秋卌四。夫人潁川陳氏，隆州長史之女也。芳儀春芷，質茂寒松，六行莫儔，四德無爽。既而奔駒易往，浮箭不留，春秋七十有五，以長安四年八月十五日卒於安養縣之私第，以景龍三年歲次己酉十月甲申朔二日乙酉合葬於襄州安養縣昇平鄉懷德里之原，礼也。有恐桑海遷變，蓮峯化壙，乃崇纂胃，遂銘其石。詞曰：隱隱遥源，坦坦平趾。矯矯廬陵，含章傑起，道有虛盈，人非金石，秋去墳孤，春來草積。白日徒照，元扉詎闢。

道光元年秋，襄水北坼，坼壞古墓甚夥，碑石率散佚，僅訪得此誌及夏侯夫人墓誌。有唐碑碣荆湖存者蓋寡，茲得二石，是可寶也，因請移置鹿門書院，庶其傳之久遠，亦以告後之好古者隨時採訪焉。海豐吳世芬記。

誌中儀作儀、勤作懃、定作定、騁作騁、纓作纓、總作惣、朔作朔、潁川之潁作潁、慾作慾、駒作駒、易作易、禮作礼、質作壙、纂葺作纂胃、傑作傑、烹鮮之烹本作亨，唐石經避肅宗諱，省元亨、大亨之亨，皆作亨，此誌在肅宗前，蓋俗字也。

蕭思亮　唐故朝議郎行雍州長安縣丞上柱國蕭府君墓誌銘 并序

中大夫行薛王友顏惟貞撰

君諱思亮，字孔明，蘭陵人也。公侯慶緒，鐘鼎華宗，遠則文終翼漢，功侔於二八；近則武皇佐梁，業光乎三五。英賢繼踵，簪紱駢輝，詳乎史諜，可略言矣。曾祖翹，梁貞毅將軍、郢州刺史、新興侯。祖季，行皇朝尚食奉御員外、散騎常侍、贈光禄卿、洪鄂等八州諸軍事、洪州刺史、武昌縣開國公。竝才兼文武，秩榮中外，郢中歌雪，畫隼翻旗，騎省連雲，豊貂曜冕。象河咨嶽，禮備於飾終；列爵疏封，寵隆於樹建。父温，恭修文館學生、渝州司功參軍事，譽光黌序，位屈巴賓，未騁高衢，先摧逸足。君資靈上善，稟粹中和，言爲士則，行成物範。張華雅思，採奇藻於鶬鶊；終軍洽聞，摽敏識於鼮鼠。好學不倦，綜涉群言，手自繕寫，盈於簡素。解褐補益州金堂縣尉，歷雍州同官縣尉、武功主簿、乾封縣尉、長安主簿，歲滿爲丞，再歷幾旬，三遷京邑。職事填委，剖之如決流；爭訟紛挐，鑒之若懸鏡。嗟乎道長運促，時亨命屯，未施構廈之材，俄軫奠楹之夢，以景雲二年歲次丁亥正月卅日終於京崇化里第，春秋六十有七。嗚呼哀哉！即以其年二月景子朔十五日庚寅遷窆于神和原，禮也。夫人譙郡能氏，左金吾將軍元逸之女，柔婉成性，言容具美，以景龍二年九月十三日，寢疾而終。嗚呼哀哉！龍門之桐，始半生而半死，襄城之劍，竟先沉而後沉。同穴有歸，雙魂是祔。嗣子逖，孔門之鯉，幼即聞詩；楊氏之鳥，童而擬易。求極庭闈之養，遽纏屺岵之悲，擗厚地而崩心，訴高穹而泣血，期我以先執，託我以斯文。僕也不才，義深僚舊，追感平昔，承睠無從，敬述芳猷，誌于幽隧。銘曰：元鳥降祥，克生于商。枝分葉散，源濬流長。載誕明哲，如珪如璋。夷險共貌，寵辱齊忘。文含綺繢，學富縑緗。褐來居位，其道彌光。孰云與善，奄歎殲良。馬鬣開隧，龜謀允臧。松門蒿里兮，銘雙魂於此地；春蘭秋菊兮，歷萬古而逾芳。

　　誌云"遷窆於神和原"，其地在咸寧縣南三十里，亦曰神禾原，和、禾語之轉也。《西安府志》引《劇談録》云："晋天福六年，産禾一莖六穗，重六斤，故名神禾。"其説殊謬。神禾之名，唐已有之，見《僧思恒誌》，安得云石晋時始以神禾得名？思亮卒於景雲二年歲次辛亥，此云丁亥，書者誤也。誌爲薛王友顏惟貞撰，當即惟貞所書。惟貞字叔堅，魯國公真卿之父，嘗從其舅殷仲容受筆法，以能書名。薛王者，睿宗第五子惠宣太子業，始王趙，進王薛，以好學聞，惟貞爲之友，蓋東宮屬官也。夫人熊氏，誌作"能氏"，《左氏春秋》

晋侯夢黄能，《釋文》云："熊亦作能。"瞼，眼弦也，志云"承瞼"，猶言
承盼也。

陸元感　大唐故朝散大夫護軍行黄州司馬陸府君墓誌銘[①]

朝議郎行右拾遺靳翰撰

君諱元感，字達禮，吳郡吳人也。昔者舜嗣堯曆，協帝初以闡門，田育
姜姓，賓王終而有國。其後俾侯於陸，開錫氏之源；作相於吳，纂承家之秘。
元德之緒，莫京於代。曾祖慶，梁官至婁令，入陳，三辟通直散騎侍郎，皆不
就。祖士季，陳桂陽王府左常侍，隋越王府記室，皇朝太學博士、宏文館學
士。父謀道，皇朝周王府文學詳正學士，並茂稱奕代，餘慶資身，擢慧蕖而
增芳，飛靈波而益濬，去官辭辟，語默稱賢。函席曳裾，文儒繼美。君生而
敏慧，長而温良，識清朗而惟深，體矜重而不野，宗族愛而加敬，鄉黨狎而愈
恭。始以資宿衛，解褐韓王府參軍事，以丁憂去職。服闋，值國討狄，軍出定
襄，戎幕擇材，君爲從事，文武吉甫，斯人之謂歟？尋爲婺州龍邱丞，贊貳有
能，風俗時變。遷睦州建德、和州歷陽二縣令。育人去殺，訓物齊禮，子游絃
歌，武城欸其焉用；仲康鳥獸，中牟稱其胥及。尋加朝散大夫，除黄州司馬。
到官未幾，以神龍三年七月二十日遘疾而卒，春秋七十有五。天不與善，神無
福謙，不其悲哉！粵景雲二年三月初一日，葬於昆山，禮也。初文學府君以善
班固《漢書》，敕授舒王侍讀，君少傳其學，老而無倦，此《易》所謂"幹父
之蠱"、《詩》所謂"聿修厥德"者也。嗣子南金等，哀號罔極，孝思率至，
卜兆是營，封樹特永，憂陵谷之變，託詞頌休，銘曰：

簫韶儀鳳，觀國賓王。我祚光兮，東有齊土。南入吳鄉，我族昌兮。自君
嗣業，履素含章。我譽臧兮，内遊藩邸。外掃戎場，我才揚兮。爲丞與令，化
洽三方。我人康兮，天子命我。我朱孔陽，佐乎□兮。美志未極，盛圖雲亡，
訴穹蒼兮。碩德休問，地久天長，永無疆兮。

---

① 《全唐文》第三部卷二百七十九有載。

郭思訓　唐故孝子朝議郎行大理司直上柱國郭府君墓誌銘并序

公諱思訓，字逸，太原平陽人也，昔姬文作周，運璿璣而一宇宙；號叔
命氏，錫介珪而列山河。鬱爲國師，燕臺竭起，誕降人母，金穴擴開，世緒蟬
聯，公侯克復。曾祖興，周上黨郡守、平東將軍，青綬登朝，朱旗絳野，執
霜戈而問罪，方薤水而澄心。祖則，隨淮陵郡守、度支郎、銀青光禄大夫，
□金貂而伏奏，鳬烏將飛；齊亂繩以臨人，牛刀自解。父敬同，徙居洛陽，
今爲洛陽人也。幽素舉及第，以孝不仕。弄鳥承顏，恥毛生之捧檄；懸雞就
養，式茅容之致餐。不屈道而期榮，穆真風而自逸。公乾綱之精，融密泉潔，
學以天授，言以行成，襲門緒，解褐睦州建德縣主簿。應吏職清白舉及第，轉
滄州樂陵縣丞，南郡地狹，屈仇香而佐時；六安路遥，坐桓譚而不樂。敕除温
王府兵曹參軍事，轉太子典膳監。芙蓉暎水，攀桂樹而逢仙；蓮莆□□，坐搖
山而和鼎。應孝悌廉讓舉及第，敕授大理司直，灼□□方，間孚其正。哀敬折
獄，對霜練而論刑；上帝弗蠲，泣丹毫而書罪。彼蒼不吊，殲我良圖，以景雲
二年九月十三日寢疾，終於長安醴泉里之私第。公孝友温恭，文行忠信，哀昊
天之図極，式閭巷以光時，蔭棠棣而聚星，肅閨門之有禮。奄棄於代，與善何
徵？辭北寺之榮班，蒨車長謝；望東周之故里，旅櫬空歸。夫人清河張氏、平
陽柴氏，並穠華賁春，輕雲蔽月，結縭作儷，乘旭鴈以移天；采蘋是羞，應鵲
巢而主饋。昔時南斗兩劍分輝，今日西階雙魂共穴。以景雲二年歲次辛亥十二
月辛丑朔十五日乙卯，遷合于洛陽北部鄉之原，陪葬先塋之壬地，禮也。青鳥
卜地，白鶴摽墳，桂酒蘭肴，無復平生之賞；佳城總帳，空餘冥漠之悲。嗣子
審之，弟雍州武功縣尉思謨，並攀號擗踴，瀝泣摧心，長懷陟岵之哀，永結在
原之思。嗚呼哀哉，迺爲銘曰：榮宷之緒，累代重昌。其人如玉，邦家有光。
道全忠孝，德裕巖廊。士林蕭索，人之云亡。寒郊慘兮山門險，松扃閟兮宿
草荒。

　　誌在洛陽史家灣王宅，其弟思謨亦有墓誌，兄弟俱應孝悌廉讓舉，可想見
其家風之美。《金石萃編》載有大中十二年《湯華墓誌》，文云“葬於龍山鄉
江上里庚向之原”。《萃編》云葬用某向，是今堪輿家羅經之術始見於此。郭
氏此誌在湯誌前一百四十五年，其曰“陪葬先塋之壬地”，即羅經法不始於湯

誌矣。其後《咸高志》云"壬首之墳原"，宋《韓愷誌》云"用丙穴以葬愷"，趙之才妻牟氏誌云"遷孺人於經難壩艮山下"，皆此類也。誌中"淵潔"避高祖諱作"泉潔"，罔別作囵。

馮貞祐妻孟氏　唐將作監主簿孟友直女墓誌并序

女十一娘，字心，河間人也。年十九，適馮貞祐，敬極如賓，禮優侍櫛，雖靡他之誓，將固於同心；而与善之徵，竟虧於異物。嗚呼哀哉！春秋廿，以開元一年七月廿日終于洋州興道縣廨舍，開元三年四月九日葬于陳倉縣之新平原，禮也。惟父与母，恩深骨肉，痛切哀憐，方備儀於幽隧，用留念于終天，迺爲銘曰：天道懸遠，神理難明。嗟彼淑譽，淪乎此生，荒誕月照，古樹風驚。人誰不死，尔獨傷情。

誌在寶雞縣丞署，乾隆己卯年出土，舊有篆額題"唐故馮氏婦墓誌之銘"九字，今佚矣。書有晋人筆意，文即其父孟友直所爲。卒以開元一年，稱元年爲一年，始見於此。

左中郎將元顥妻主夫人

周王異之引氏秩之興

陰軌然明作配魏宗之妻

孫陽乎王弟六弟元顥之若開睢

東訓德連瓊后妃師氏

圖四德連瓊后妃師氏

好仇蕍以加焉言告

典撫終始若二易稱家人美夫婦於東京

十二月辛己朔四日甲申蟄於湮湄之癸己卷於東京

河崇崇墳壟依依丘墓曾悲尋桂多傷其

惟茲夫人開睢挺節翹翹褰褰楚灼灼雲介

曰

唐五

胡佺　大唐處士故君胡君墓誌并序

君諱佺，字尚真，定安人也。遠祖因宦，遂厎介休。夫槵橡是優，鑑胡綜之文章；清白知名，見胡威之父子。光尧懿烈，不替先風，簡諜詳諸，可略言矣。祖買，隋孝廉，舉文林郎，幼洽詩書，長崇禮樂，太初玉樹，夙擅家聲，韋氏金籙，遽昇高第。父端，養素不仕，情貪野薛，志蔑裘裳，道王業琴，跡存山水。君濯濯儀形，汪汪軌度，珠胎孕月，光彩絶倫，蘭若衝風，幽芳自遠。鄉里稱善，喻彼少游，文籍自娛，同夫孟陋。遺累踟淬，傲性煙霄，簪軒不冐於懷，寵辱不驚其慮。歲臨艮已，鄭康成於是云亡；月犯少微，謝慶緒俄而致殯。春秋七十，卒于私第。夫人石氏穠荷比秀，美箭齊貞，宜其室家，和如琴瑟。翰林之鳥，始雙飛而隻飛；龍門之桐，俄半生而半死。嗣子懷爽、懷玉，岵屺長違，霜露增感，筶以開元三年歲次乙卯，龍集單閼十月已西朔廿五日癸酉，遷窆於介休縣東廿里平原，禮也。縣上山旁，昭餘澤右，懼陵谷而驟易，思封樹而永懷，乃爲銘曰：盤根安定，散葉汾墳。乃祖乃父，光後光前。惟君節礫，業尚虛元。鬼瞰庭宇，鳥鳴座筵。不逢石髓，俄歸玉泉。一閟邱隴，長嗟逝川。

誌首標題不曰故處士而曰"處士故君"。叙先世曰"胡綜"者，見三國《吳書》，綜字偉則，爲吳主權典文誥，策命鄰符皆綜所造。史論曰："綜以文采見信，任辟之廣廈，其槵橡之佐乎？"曰"胡威"者，見《晉書》，字伯武，與父質俱以清慎聞。前《蕭思亮誌》有"龍門之桐始半生而半死"句，此文亦有是句，蓋唐人作文已有活套轉相剿襲，要知此語尚不始於《思亮誌》也。誌中居作尻、錯作鐪、胎作胎、孕作孕、粤作粤，"道王业琴"，王即旺字，业即邱字，言修道而鼓琴於邱壑也，夰即介字。

裴某妻賀蘭氏　大唐太常協律郎裴公故妻賀蘭氏墓誌銘并序

夫人賀蘭氏，曾祖虔，随上柱國。祖静，皇朝左千牛。父元悊，潞州司士。並宏翰深識，布聲於代。夫人即協律之姑女也，童姿粉妍，笄態瓊淑，惟德是与，乃嬪我裴公，宜其鏘鏘和鳴，晏晏偕老。女也不愿，天胡降灾？綿聰沉痼，三次其歲，洎大漸，移寢於濟法寺之方丈，蓋攘衰也。粤翌日，奄臻其凶，春秋卅有四，即開元四年十二月十日至十九日，遷殯於鴟鳴塸，實陪信行禪師之塔，禮也。夫坦化妙域，歸真香墍，斯之冥果，則已無量。有子太元等，或孩提而孤，擗摽以泣。嗚呼！生人之至艱也，裴公傷奉倩之神，痛安仁之簟，圖範貞石，俾光泉門，銘曰：芙蓉劍兮蛟龍質，梧桐枝兮鳳凰匹，天何爲兮斯降斯疾，俾雄雌兮歡不卒，延津女牀奄相失，千年萬古哀白日。

夫人卒年四十四，其夫裴公尚在，誌不言與寺僧有何瓜葛，而病則移寢於方丈，歿則陪葬於禪墻，恬不爲怪且以爲禮也，唐世士大夫之佞佛而不謹於家政如此。明趙崡《游城南記》云：百墖寺本信行禪師墻院山畔，唐裴行儉妻庫狄氏葬墻尚存，《唐書》行儉爲安西都護，在麟德二年，是誌作於開元四年，相距五十載矣。協律未詳其名，當是行儉子姪，以行儉妻庫狄氏先葬信行墻側而賀蘭氏因而祔之也。誌中鴟作鴟、匹作区、攘災作攘衰、襪作攘，説見後裴積誌。

馬懷素　故銀青光禄大夫秘書監兼昭文館學士侍讀上柱國常山縣開國公贈潤州刺史馬公墓誌銘并序

公諱懷素，字貞規，本原扶風。其先自伯翳馬服，具諸史載，暨漢南郡太守融，命代大儒，公即其後也。十一代祖機，抗直不撓，晋御史中丞，扈元帝渡江，家南徐州丹徒，故今爲郡人也。代以學聞，高祖涓，博綜墳典，仕陳爲奉朝請。曾祖法雄，慷慨倜儻，好孫吳，不事筆研，陳橫埜將軍。祖果願，願學禮經，不隕素業，即學士搊之從父兄也。少爲《尚書》毛喜所知，陳本州文

學從事。父文超，果行毓德，精意易道及《洪範》，頗曉氣候。貞觀中以有事
遼淇，策名勳府，龍朔初黜陟使舉撿校江州尋陽丞，棄官從好，遂寓居廣陵，
與學士孟文意、魏令謨專爲討論，具有撰著。公即尋陽府君第三子也。幼聰
穎，六歲能誦書，一見不忘，氣韻和雅，鄉黨以爲必興此宗。十五徧誦詩禮騷
雅，能屬文，有史力，長史魚承瞱特見器異，舉孝廉，引同載入洛。□尚書倉
部郎，河東裴炎之博學深識，見名知人，音旨儀形，海内籍甚。公年甫弱冠，
便蒙引汲，令與子□研羃，遂博遊史籍，無不畢綜，以文學優贍，對策乙科，
乃尉郿。無何丁太夫人□□憂，即陳學士宏直曾孫女也，本自名家，貞高博
識。公在艱疚，骨立柴毁，殆不勝喪，服闋，授麟臺正字少監。京兆韋方直，
好學愛士，善飛白書，以公既及冠禮，未嘗立字，遂大署飛白云"懷素，字貞
規，扶風之學士也"，封以相遺，其爲時賢所重如此。以忠鯁舉左鷹楊衛兵曹
參軍，轉咸陽尉。時則天太后大崇諫職，授左拾遺，深盡規諷。尋改左臺監察
御史，歷殿中，彈糺不避強禦。加朝散大夫，轉詹尹丞，朝論稱屈。遷禮部員
外郎，與范陽盧懷慎、隴西李傑俱以清白嚴明分爲十道按察。以公詞學贍洽，
精覈文章，轉授考功員外郎、修文館直學士，遷中書舍人。與李乂同掌黃書。
踰年，撿校吏部侍郎，實允僉屬。朝廷以刑政所急，改授大理少卿。關畿佇
材，除鿁州刺史，惠實在人。入爲太子少詹事，判刑部侍郎，加銀青光禄大夫
兼判禮部，尋而正除刑部，時稱慎恤。轉户部侍郎。上以河南蝗旱，令公馳驛
賑給，宣布聖澤，所至甘雨。使迴，拜光禄卿，遷左散騎常侍，轉秘書監。四
部舛雜，頗多殘蠹，公備加校定，廣内充積。加兼昭文館學士。與右散騎常侍
褚无量更日入内侍讀，每至宮門，恩敕令□小輦上殿，自車丞相已來，殆將千
載，始見此禮。公疇日自序云："慕善嫉惡，好學潔己，自謂不慝，古人無負
幽明矣。"直哉是言，不騫厥信，以開元六年三月十日遘疾，中旨遣御醫賜
藥，相望道路。以開元六年七月廿七日終于河南之毓財里第，春秌六十。皇上
輟朝二日，舉哀□次。乃下制曰：存樹高烈，君子所以立身；没垂令名，古人
所以貽範，銀青光禄大夫故秘書監兼昭文館學士、侍讀、上柱國、常山縣開國
公馬懷素，越箭含貞，楚材登用，清芬獨暎，至德可師。自服勤典籍，納訓帷
扆，輔政以媺道，弼予以正言，允資惠廸，實表泉懿，而曾不慭留，歉焉彫

落。思甘盤之舊學，臨宣朙以增歎，興言感愴，用悼震于厥懷，可贈使持節、潤州諸軍事、潤州刺史，贈物三百廿段，米粟三百廿碩，喪葬所須，並令官給。京官六品，一人撿挍，公雖累登臺閣，率身儉素，俸祿之資，賙贍親友，及啟手歸，全家無貲產，唯有書數千卷，以爲燕翼。以其年十月十三日窆於洛陽古城之北原，禮也。有子巽等，雖年在童齔，禮過成人，棘心樂樂，感于鄰巷，敬勒行事，以旌泉戶。銘曰：

益佐理水，功施生人，羨于馬服，守趙却秦。東京戚賢，南郡儒珍，德先惟永，弈弈振振。其一

朝請風素，橫埜矛戟，從事顓禮，尋陽洞易。公自名家，伏膺經籍，鼓鐘外遠，純涂內積。其二

用材南楚，待問東堂，持斧作憲，含香拜郎。再飛禁掖，七踐文昌，國傳茅土，巷擁旗常。其三

井春紛綸，桓榮稽古，行儒師逸，高跡誰伍。公實蹠之，堂奧斯覩，匪徒外潤，爰歸內補。其四

惟昔殷后，學于甘盤，一期千載，遇君則難。充堂何那，其昊如蘭，懿哉夫子，斯言不刊。其五

仁謂必壽，神期式穀，生寄雖浮，夜趍何速。寵錫韓賜，恩深衛哭，徒望邢山，豈忘喬木。其六

崝嶸徂歲，寂歷空岑，白日無影，寒雲半陰。燕城表滅，漢水碑沉，貞臣之墓，樵牧誰侵。其七

馬懷素，《新唐書》與殷踐猷同列《儒學傳》，誌在洛陽，《中州金石記》遺之。誌中橫野作橫埜、願作顓、樞作摳、揚作楊、輿作轝、醫作毉、秋作秌、迪作迪、孺作孺，淵懿避高祖諱作泉懿，"命代大儒""代以學聞功施生人"避太宗諱改世爲代、改民爲人，"益佐治水"避高宗諱作理水，虢字避高祖祖諱，虎字改作䖒；涂字音義未詳，溴水名出遼東塞外，故曰有事遼溴。

郭思謨　大唐故蘇州常熟縣令孝子太原郭府君墓誌銘并序

進士吳郡孫翌文

　　夫孝者百行之本，故詩美張仲，傳稱穎叔，所以軌物而前乎人用也。悠悠千古，誰其似之？實我府君能錫類矣。公諱思謨，太原平陽人，其先出自有周彌叔之裔，史諜詳之矣。尔其隗以奇策立，丹以志業聞，泰以人倫稱，象以文學著，隤祉積慶，世不隕德。曾王父昇，周朝東平將軍，上黨郡守。太父則，隨銀青光禄大夫、尚書度支郎中、淮陵郡守、隴右巡農使，邊鄙不聳，實資介胄之雄；儲待已均，方知會計之力，專城無警，奉使有光矣。嚴考敬同，皇幽素舉高第，養親不仕，易曰"幽人貞吉"，又曰"素履無咎"。幽素之義，其大矣哉。幽素府君有三子，其季曰我公，俱仁孝絶倫，感通天地。太夫人嘗有疾，思羊肉，時禁屠宰，犯者加刑，日號泣於穹天而不知所出，忽有慈鳥，銜宍置之階上，故得以馨潔其膳，猶疑其儻然。他時憶菴蘆菓，屬膚發之辰，有類求芙蓉於木末，不可得也，兄弟仰天而歎，庭樹爲之犯雪霜，華而實矣，公取以充養，且獻之北闕。于時天后造周，驚歎者久矣，命史臣褒贊，特加旌表。無幾何，憶新笋，復如向時之菀結，又無告焉，後園業篁忽苞而出，所居從善里，其竹樹存焉，異乎哉。書傳所闕，今見之矣。公始以孝子徵，解褐拜定州安平縣丞。下車未幾，而東湖作孽，虔劉我士卒，擾亂我邊陲，恒代之間，亭侯無守。河決非覆簣能制，原燎豈負甕可加？而公之小邑，亦受屠矣，身被囚虜，命懸鋒鏑。出入萬死之中，興其一切之計，大殺寇盜，載完郛郭，雖田單之復齊城，曹沫之歸魯地，蔑以過也。招慰使奏加公朱紱，撝讓不受。屬内憂服闋，轉江陽縣丞，又應廉讓舉擢武功尉，秩滿遷常熟令。凡佐三邑而宰一縣，所居必化，所在必理，專務於德，夫何不臧？公之二昆，長曰思誨，易州司馬；次曰思訓，大理司直。不永介福，俱已先世，遺孤凡十有三人，或在髫齔，或居褓褓，公撫之育之，出入腹之子，漸乎義方，女嬪於他族，不知其諸父，蓋孝弟志至也。稟命不融，春秋五十九，開元九年正月二日，寢疾終於官舍，以其年十一月甲辰朔十七日庚申祔葬洛陽東門平川，禮也。公初娶於彭城劉氏，無子而卒；再娶河南元氏，有二女，亦先朝露矣。琴瑟不可以終徹，享祀不可以無繼，又婚清河張氏，故江州刺史嘉言之孫，奉禮郎慎思之女，作配君子，休有列光。彼蒼如何，殲我良人！有子曰宪曰寀，伶俜幼沖，未知飾終追遠之禮。易州府君冢嫡宇，採他山之石，昭銘景行，其詞曰：偺陁

117

者子兮行通神明，家邦必達兮休矣清聲，天難忱斯兮胡不永齡，哀哀群稚兮泣盡孤塋。

誌在洛陽董金甌家，思謨與思訓，昆弟也，皆以孝子徵。誌載思訓事，慈烏銜肉、菴蘿冬實及叢篁忽苞，而竹樹尚存其里，且嘗以孝感邀武后之旌，孫翌所書，可謂信而有徵矣。《新書·孝友傳》不附其名，史之失也。授堂武氏因史之失而遂疑其飾爲之，非善善從長之論矣。思謨誌載曾祖興，此誌作昪，豈興故有二名，或一書其名，一書其字耶？其父敬同皇幽素舉，謂舉皇朝幽素科也。唐設制科例有名目，詳見《唐會要》及《文獻通考》中。《通考》載乾封元年以幽素科及第者有蘇環等七人，無敬通名，前後亦無是科之舉。以思謨年壽推之，其父舉幽素，亦應在乾封之初，既曰舉幽素高第矣，則非舉而未赴者，蓋《通考》失載也。東平將軍當作平東將軍。菴蘿果，《本草》云："實似林檎而大，一名菴摩羅伽果。"見於《法苑珠林》，蓋竺産也。《中州金石記》云肉字作宍，見《吳越春秋》及漢史晨後碑，一作宎，又作宊，皆肉字之變文也；蔑字作羨，見《漢書》表；上黨作上黨，《金石記》黨即黨字之俗改，《漢書》倘黨只作倘黨。余按黨乃倘之正文，《揚雄傳》曰"黨鬼神可也"，及此誌猶疑其黨然是也。《漢書》倘黨，借黨作黨，此誌上黨借黨作黨，黨黨皆正，非俗字也；又大父作太父、潁叔作穎叔、虢叔作鯱叔、寇作寇；秩作袟；循作循。

崔湘　大唐故陪戎校尉崔府君墓誌銘并序

君諱湘，清河人也，神農之苗胄，太公之允諸原。夫魚吞呂釣，應同載以歸周；龍躍崔津，表嘉名以誕慶。曾祖瓊，隋任鄭州司馬。祖囘父觀，隨任豪州録事參軍。或六條布政，揚至德以宣風；或千里輔仁，翊公平以闡化。君高門華緒，閭氣清姿，椅桐吸日月之光，松柏挺風霜之節。方冀南山錫壽，永駐頹齡；北帝遊魂，先悲過隙。嗚呼哀哉！以開元十年二月廿一日，終於私第，春秋六十有八。夫人丁氏、蘇氏、李氏，並母儀婉順，婦德惠和，移鄰之慶早彰，舉案之驪夙備，庶期千月，壽保百齡，冀椿鶴而齊年，奄菌蜉而等謝。越開元十年三月八日，合祔於村西北平原，禮也。左滎澤，右成皋，峨峨飛嶠鎮其前，滔滔黃河灌其後。嗟呼！玉樹雙埋，金聲兩絶。白日杳而三千歲，黃泉深而幾萬重，悲風起而松柏哀，凄露泫而蓬蒿泣。嗣子待賓等，瞻天靡訴，扣地無追，長縈銜索之悲，永結殤荼之苦。銘曰：

東光不駐，西影彌催。崑山玉碎，蘭苑香摧。元宵易掩，白日難開。母儀夙備，婦德早彰。匣中劍折，鏡裏鸞亡。乾坤載合，琴瑟重張。森森翠柏，騷騷白楊。千秋播馥，萬代流芳。

茹守福　大唐故朝散大夫京苑揔監上柱國茹府君墓誌并序

君諱守福，京兆人也。蓋周之遺苗，鄭之遠裔也。昔六國分峙，茹姬爲魏后之妃；七雄並爭，茹耳爲韓王之相。自周歷漢，洎晉迄隨，朱轂華轂，金章紫綬，代有人矣。曾祖譽、祖宏善，並耿介清素，遹欽儒風，高蹈邱園，不仕於世。父行本，上柱國。魁岸長者，風神駿拔，載疇符爵，克著勳庸。君自始成人，預展心力，出入扃禁，宿衛先朝。武太后時，選補右領軍衛長上，考滿，授坊州仁里府別將，仍於定陵柙當畢，授隴州大侯府果毅。君職雖戎武，而學重儒文，清慎自出於本心，廉讓寔由其天性，書則尤工草隸，籌算乃妙洞章程。伯英慙其筆力，宏羊服其心計，藝術超邁，聲華日聞。屬開元祚興，選舉尤慎，特進王毛仲聞而重之，召爲監牧都使判官。於是隴右巡撿，頻爲稱職，遷懷州吳澤府果毅，考滿，擢授京苑揔監。雜掌農衡，考課元□，頻歷數職，判官如故，前後十餘歲焉。豈非碩人令德，善始善終者也。

君幼而聰敏，內崇正覺，行六波羅蜜，遵不二法門。性之自然，薰羶不咀於口；天之所授，經戒克銘於心。爰在吏途，雅操亦篤，雖王事鞅掌，劇務紛綸，而顛沛必依於仁，造次不諐於義。嗚虖行之難矣，斯人謂歟？粤以開元十一年四月廿九日，奉使隴右，道巡監牧，六月二日還至京，六日己亥遘疾，至八日辛丑，卒于長安休祥里第，享年三百三甲子四旬有二日矣。嗚呼！降年不永，穹蒼靡遺，鳴玉未擊而自摧，芳蘭不秋而先落。君初遘疾之時，呼集家人，告其死日，子女環泣，小大咸驚。君乃止之曰：“生者物之始，死者物之終，終始循環，天之常道，又何足悲也？”於是自爲沐浴，衣以新衣，迺請諸名僧造廬念誦。君端坐寢牀，精爽不亂，言話如故，誠囑無遺。果如期不諐於驗，辛丑夜刻至子，奄然而逝，趺坐不動。左右無驚異哉乎！所謂知命君子，代之奇人。河東薛氏，四德聯華，九儀克著，貞賢外播，温孝内融，和鳳雖則先飛，神蛟終當重合。即以其年八月有九日，合葬于城南香積寺□原，禮也。嗚呼！爰靈發引，白馬悲而不前；宅兆攸安，青烏卜而云吉。冀龍山一變，知令德之猶□；龜海三□，振清徽而不朽。迺爲銘曰：

洪□大造，厥初生民。仕以行義，義以贊神。□德可據，惟道是鄰。取則不遠，在乎伊人。伊人爲何？生唐之域。筮仕明時，束髮從職。温恭淑慎，濟濟翼翼。孝乎其家，忠乎其國。馳思元冥，樂道之精。匪由壯冠，發自弱齡。松筠勵節，冰鏡弥清。心歸正覺，口誦真經。捧戒珠兮不失，傳慧炬兮逾明。達人知命，吏隱王庭。有知於死，無愧厥生。猿坐入定，神遷不驚。倬哉若人，閱此哀榮。丹旐翻兮慘引，白駒跼而悲鳴。悠悠宕宕歸窀穸，千秋萬古閟松扃。

守福卒於開元十一年六月八日辛丑，誌不書其春秋，而曰享年三百三甲子四旬有二日，以歷推之當是庚申日生，年五十有一。據《左傳》，絳縣老人曰：臣生之歲正月甲子朔，蓋老人即以是日生，故曰四百有四十五甲子矣，其季於今三之一也。今守福以庚申日生而曰享年如此，蓋好奇而不究於義者所爲也。

突厥降王女賢力毗伽公主

唐故三十姓可汗貴女賢力毗伽公主雲中郡夫人阿那氏之墓誌并序

駙馬都尉故特進兼左衛大將軍，雲中郡開國公踏没施達千阿史德覓覓，漠北大國有三十姓可汗，愛女建冉賢力毗伽公主，比漢公主焉。自入漢，封雲中郡夫人。父天上得果報天男突厥聖天骨咄禄默啜大可汗，天授奇姿，靈降英德，君臨右地，九姓畏其神明；霸居左衽，十二部忻承美化。貴主斯誕，天垂織女之星；雄渠作配，日在牽牛之野。須屬家國喪亂，蕃落分崩，委命南奔，歸誠北闕。家聟犯法，身入官闈。聖渥曲流，齒妃嬪之倖女；住天恩載被，禮秦晋於家兄。家兄即三十姓天上得毗伽煞可汗也。因承叡澤，特許歸親兄右賢王墨特勤私第，兼錫絹帛衣服，以充廩用。荆枝再合，望花蕚之相輝；堂棣未華，遽風霜之凋墜。春秋廿有五，以大唐開元十一年歲次癸亥六月十一日，薨於右賢王京師懷德坊之第。以其年十月癸巳朔十日壬寅，葬於長安縣龍首原，禮也。天漢月銷，無復粧樓之影；星河娑散，空餘錦帳之魂。男懷恩、兄右賢王，手足斯斷，鴈行之痛于深；膝下長違，烏哺之情永絕。雖送終之禮，已啓松塋；而推改之俗，慮爲蕪没。撫貞石以作固，鑿斯文以爲憑，庶海變可知，田移物或，其詞曰：倏辭畫閣，永卧荒墳。人生至此，天道寧論。日催薤露，風及松門。千秋萬古，寂寞孤魂。

　　史稱突厥之先爲阿史那氏，匈奴别種也。唐初降蕃有阿史那咄苾、阿史那什苾、阿史那你介，皆刻其象於昭陵。又昭陵陪葬功臣有阿史那忠，皆公主之族，誌稱阿那氏者，省文也。默啜，《唐書》突厥部有傳，載其兄曰骨咄禄，誌稱公主父曰骨咄禄，默啜似合兄弟之稱爲一人，而傳稱默啜子毗伽之妻曰骨咄禄婆匐可敦，則骨咄禄又似是突厥通稱矣。開元初，突厥亡國歸附中朝，公主之壻覓覓以犯法伏誅，朝命改嫁伽然，故誌云家國喪亂，委命南奔，家鼂犯法，身入宫闈。鼂即壻字，家壻謂覓覓也。又云被禮秦晋於家兄，謂其改嫁伽然也。其稱伽然爲家兄者，撰文者爲伽然之弟而公主之小叔也。公主之子曰懷恩，《唐書·叛臣傳》有僕固懷恩鐵勒部人，《舊唐書》載其父曰乙李啜拔，《新書》曰乙李啜。顔魯公撰《臧懷恪碑》載其父曰設支，皆無伽然之稱，未知此誌懷恩即僕固懷恩否？僕固懷恩，肅宗時舉兵欲叛，其母拔刃逐之曰："吾爲國家殺此賊。"若是公主之子，則拔刃者乃其後母矣。誌中棠棣作堂棣、忽惑作物或，花萼上有脱字。

中郎將元颺妻王夫人墓誌

周王異之興，引氏秩之
陰軌然明，作配魏宗之
訓，陽乔王苐六弟元颺
沖圍四德，連瓊后妃內
之孫
好仇歲以加焉，言告師氏
仡，一易稱家人美夫婦夫
終始若二年歲次癸己喪於
掭以延昌二年
典，四日甲盤
己朔
二月辛
河斓斓墳壟依依，丘墓曾增悲，尋桂多楊其
惟兹夫人開睢挺，翹翹蔞楚灼灼雲介
日

唐六

折某妻曹氏 曹氏譙郡君夫人墓誌銘并序

夫嚴霜瘁草，獨歎蘭摧；驚飈拂林，偏傷桂折。人誰不死，嗟在奢賢，伊賢者何？譙郡君夫人是也。夫人曹氏，諱明照。曾祖繼代，金河貴族。父兄歸化，恭維玉階。惟孝惟忠，允文允武。夫人柔馨在性，婉淑呈姿，妙紃組於閨門，潔蘋蘩於沼沚。年十有八，適左驍衛將軍折府君爲命婦，六禮歆備，四德凝姿。孟氏母儀，宗姻酌其訓；曹家婦禮，里閭捐其風。豈謂石破山崩，奄從傾逝，以開元十一年十月八日終於居德里之私第。夫人春秋不或，即以其年十一月廿三日遷窆於金光坊龍首原，之禮也。慮樹偃千年，人移百代，式刊方石，乃爲銘曰：天街既形，髦頭有經。經緯相汁，夫人誕靈。如何孤應，危露先傾。悼逝川之不返，敢平生而著銘。

誌中喪作㐀、儀作儀、捐作捐，"春秋不或"，年四十也，惑作或，與前《賢力毗伽公主志》、後《戚高志》並同。又《聖教序》集王字本"能無疑或者哉"，亦以惑作或。蓋或本域字，後人加土作邦域，又加心借作疑惑，而或之本字遂專爲或人、或曰之用。在經史中，惟《孟子》"無或乎王之不智也"，及《前漢書》賈誼《服鳥賦》"衆人或或"之類，尚未加心，餘皆作惑矣。銘曰"經緯相汁"，汁即叶字，用張衡《西京賦》，"五緯相汁"語。又《史記》曆書"太歲在末曰汁洽"，《周禮》注"黑曰汁光紀，顓頊食焉。"皆以汁爲協叶字。左思《吳都賦》"謠俗汁協律呂相應"亦以汁爲叶也。"禮也"上衍"之"字，說見前杜某誌文。曰"恭惟玉階"，玉階當是曹氏父兄之名號。

高福　大唐故中大夫守內侍上柱國渤海高府君墓誌銘并序

麗正殿修撰學士校書郎孫翌字季良撰

夫勞息之理，達人一之，然時當大明，職近皇位，父子併肩而事主，君臣同體而多歡，而万石之慶一朝無怗，可不悲矣。府君諱福，字延福，渤海人也。啓土受氏，明諸典籍。曾祖權、祖祖父護並砥如石焉，厥有全揉，安時處順，憂患不能入懲忿窒慾，軒冕莫之榮。且彖貴隨時，雅明尊祖。我府君始議，從政有光，前烈傳曰："九變復貫，知言之選。"此之謂矣。府君幼而晦名，長而藏用，禮敬仲之慎，兼伯楚之忠，解褐拜文林郎，守奚官丞，秩滿遷本局令，稍轉宮闈令，兼謁者監。竊以聖人之教，父因子貴，府君之寵嗣曰力士，我大君之信臣也。頃國步多艱，而守謀立順，以功拜右監門大將軍，兼食本邑，盡力王室，志存匡輔，元勳爛然，天眷攸屬。府君以大將軍之故，特拜朝議大夫，守內侍員外置，尋遷中大夫正，除本官出入四代，凡更六職，行不違仁，言必合禮，由是無黜擯，無怨尤，恭而能和，簡而且肅，德著於宮掖，名成乎寮友。而稟命不融，識者歔欷。以開元十一年十二月廿五日終于來庭里之私第，春秋六十有三，大斂之日，天王遣中使臨弔，賵絹三百匹。明年太歲在甲子，正月壬戌朔廿一日壬午，遷窆於京兆府白鹿原之西隅，禮也。緣喪事儀衛，並皆官給，可謂哀榮始終，禮洎泉壤。初府君旁通物情，德往造極，以爲生者神之主，死者神之歸，歸乎本真，曷足懷也。乃謀龜筮，相川原，經兆域，崙封隧，自爲安神之所，而松檟蒼然矣，君子謂高公於是乎知命。府君自公之餘，存乎上善，每持專一之行，深入不二之門，範聖容，寫真偈，雖衣食所資，此心不易，斯又迴嚮之能事也。將軍茹荼長號，哀述舊德，竊慙不敏，敢讓其詞，銘曰：佳城一閉兮三千年，棘人樂樂兮訴窮泉，出郭門而一望兮，見隴樹之生煙。君寧見賓御之惻默，皆撫墳而涕漣。

是誌向在長安，爲畢弇山尚書移至靈巖山館，今所行者長安木本也。福，武后時中人高力士之父，《新書・力士傳》云："本馮盎曾孫中人，高延福養爲己子，遂冒其姓。"延福，即福字也。撰文之孫翌，《中州金石記》謂爲偃師人，前《郭思謨誌》亦翌所撰，自署云進士吳郡孫翌，蓋孫氏爲三國吳之後，吳郡其族望，偃師其寄籍也。誌中並肩作併肩、萬作万、延作逛、冊作笧、介作砾、冤作冕、訴作訴，守内侍員外置下，當有"同正員"三字。

唐昭女端大　唐女子唐端墓誌銘篆蓋

女子字端，蓋殿中少監唐昭之第三女也，母曰王氏。夫其體俑幽閑，門傳禮則，克柔其性，有婉其客，春秋十有六焉，不幸夭没。以大唐開元十二年六月廿三日，終於京兆静安里之第。以其月廿六日，攉殯於萬年縣義善鄉之原。悲歟！天乎不臧，曾靡降福。神道何昧，忽貽其殃！諒何有違，遂獲此戾。悼以長往，終天無期。嗚呼哀哉！乃爲銘曰：猗歟慶靈兮錫嘉祉，婉而從訓兮善可紀。宜其享福兮極遐祀，奈何俑齡兮中道止。白楊蕭蕭兮隴路悲，丹旒搖搖兮相送歸。相送歸兮永別離，天情地義兮長相違。

誌中俑别作俑。"有婉其容"，容誤作客。《唐書·宰相世系表》，莒國公唐儉曾孫有名昭者，官河南尹，此誌云"殿中少監"，未知即其人否。

王無競

缺上昭軌物不道不恭，不昭不從，其可□□□，莫不□然就列矣。□□舉劲大臣庸可冀也。嗚呼，□□□□□□[1]不朽，公則□舉，其誰乎甫。公生於齊，長於魏，及□吾常，□操士風。嗣子日新等□卜遠日，奉成先志，以開元十二年歲次甲子十月丁亥朔廿三日□□[2]徙殯于魏國，□□葬於東莱之正□□[3]，禮也。夫人范陽盧氏祔焉從周也。窀穸之事，可無紀乎，其銘曰：□靈秀，百夫特，□多才，它弗克。詩可興，筆餘力，人之望，邦之□。□□□，□□棘，厄炎属，喪明德。卜佳城，于舊國，□□□，□□□[4]。

此唐太子舍人王無競墓誌銘也，孫邈撰文。誌凡二石，其前一石佚，此石亦磨泐矣，在莱州府掖縣西門外，其全文見《文苑英華》。

薛某妻裴氏　唐故尚舍直長薛府君夫人裴氏墓誌銘并序

夫人裴氏，河東聞喜人。高陽肇褏，非子受封；漢寵侍中，晋稱吏部。問

---

① 《（乾隆）掖縣志》卷八所録《王無競墓誌銘》，此處六字應爲"人各有能，且猶"。
② 據《王無競墓誌銘》，此處兩字應爲"己酉"。
③ 據《王無競墓誌銘》，此處兩字應爲"西原"。
④ 據《王無競墓誌銘》，此處六字應爲"企景行，聚英火"。

諸縫事，大達斯分。曾祖思質，汾州刺史，太平縣開國公。祖行顗，魏州頓邱縣令。父貞國，楚州淮陰縣令。或擁旆千里，或紆綬一同，訓理窺於古人，香政飄於後嗣。夫人即淮陰之仲女也。夫孝以居室，恭順穠於己族；義以奉外，執誼歸于我家。其初迓也，璨珠玉以和禮容；其爲婦也，諧琴瑟而偶君子。浮榮不幸，移天早歿。哀女蘿之無施，泣夢蘭之不兆，夭夭華歲，煢煢誓居。卅餘年，志不我忒。音律之事，爲性工乎直長，府君云亡，竟不聽絃管，貞節也。以季母之親，撫猶子之類，示以典禮，導以謙和。豈□斯門流，式他壺慈訓也。馭下以肅，教而後罰，左右敬愛，内外嚴恭，正範也。聿備三善，騰心八解，金仙聖道，味之及真，外身等物，不競以禮，放迹遠俗，謂爲全生，凝神寂寞，塊然而往。春秋五十有九，以開元十三年五月廿三日考終於通利之里第，子予明魂，寥寥歸宇，無三年之服者，唯數繇而號，慕人代可哀元門允樂，先是遺付，不許從於直長之塋，以其受誡律也，今奉所志，以明年景寅二月廿三日，葬於河南龍門山菩提寺之後崗，明去塵也。族孫良備覽休跡，敢叙而爲銘曰：塵飆爲刧，不可年兮？塋櫳無像，知幾遷兮？有德斯紀，跡必宣乎？神道昭著，福謂傳兮？貞静悌睦，存没真兮？君子之謂，賢婦人兮？

開元十四年二月廿三日葬。

誌中薛作薜、裔作裵、規作窺、濃作穠、璨作璨、隸作擝、岡作崗、丙寅避晒字諱作景寅。

陳憲　唐銀青光禄大【闕十九字】銘并序

公諱憲，字令將，平陽臨汾人也。【闕十四字】爲氏泊七葉，有漢大□軍棘蒲侯武。又【闕十字】平陽侯子孫家焉。祖遠，雄武多大略，徵晋昌令，不就。【闕五字】高量累辭辟命，没諡真隱先生。積德未享，是用有後。公【闕四字】氣降虚明之神，清暢條理，夷雅閑秀，詞學優深，操行無玷。【闕四字】不徇速達。年卅鄉貢進士，對策上第。其年解褐滎澤主簿，□□師尉明堂尉閿鄉令。秩滿，受詔關内覆囚，旋拜右臺殿中侍御史，轉庫部、吏部二員外郎。丁内艱，哀毁過禮，服闋，除禮部考功二郎中，遷給事中中書舍人，策勳上柱國，除大理少卿，出爲虢州刺史，復大理少卿，遷工部侍郎。又出爲兗州都督，入拜衛尉少卿，復工部侍郎。又出爲蒲州刺史，入拜太子右庶子，遷太子賓客，累加封嶽陽縣開國伯，食邑五百户。凡所歷官，咸著成績，皆任實以佑物，不激譽而干進，休名自著，僉舉允諧。喪仲弟，哀感成疾，以開元十三年九月廿五日，薨於東都審教里第，春秋七十八。粵以開元十四年歲次景寅十一月乙亥朔十六日庚寅，葬於偃師縣龍池鄉之北原，祔先塋，禮也。惟公宅乎中庸，樂在名教，體忘悔吝，德全終始者，朝廷一人而已。又嘗著《中道》《通教》二論，注《周易》，撰《三傳通誌》廿卷，集《内經藥類》四卷，合新舊《本草》十卷，並行於代。噫！可謂立德立言，歿而不朽者矣！嗣子長安縣尉少儀等，孝思純至，永懷揚名，乃刊石勒銘，以誌幽宅。其辭曰：

感嘻之後兮寔生哲人，文義博暢兮志業清純。孚政光國兮懋寵榮親，立言不朽兮全通歸真。

誌在偃師縣學明倫堂，石缺一角，泐其姓。《關中金石記》據其先世有漢大將軍棘蒲侯武，見《漢書·文帝紀》云：“三年，以棘蒲侯柴武爲大將軍。”臣瓚曰：漢帝年紀爲陳武，此云柴武，爲有二姓，《功臣表》作陳武，故知憲爲陳姓。漢大將軍，將字空格刻者，漏也。書墓誌用真行者多，用草隸者少，是編草書惟智元一誌，隸書惟此誌及晋劉韜、宋王景道妻賈氏三誌而已。

僧思恒　大唐故大德思恒律師墓誌文篆蓋

唐大薦福寺故大德思恒律師誌文并序　鄠縣尉常□□撰文

道不虛行，必將有授，受聖教者，非律師而誰？律師諱思恒，俗姓顧氏，吳郡人也。曾祖明，周左監門大將軍。祖元，隨門下士儀同三司、葓蕪郡開國公、使持節洪州諸軍事行洪州刺史。父藝，皇上恒州録事參軍。並東南之美，江海之靈，係丞相之端嚴，散騎之仁厚。以積善之慶，是甪誕我律師焉。律師稟正真之氣，含太和之粹，生而有志，出乎其類。越在幼冲，性與道合，兒戲則聚沙爲塔，冥感而然指誓心。乃受業於持世法師。咸亨中，敕召大德入太原寺，而持世與薄塵法師皆預焉。律師深爲塵公所重，每歎曰：“興聖教者，其在兹乎”，遂承制而度。

年廿而登具戒，經八夏即預臨壇。參修素律師新疏講八十餘遍，弟子五千餘人。以爲一切諸經，所以通覺路也，如來金口之言，靡不該涉；菩薩寶坊之論，皆研研精。天下靈境，所以示聖跡也，乃陟方山五臺，聞空聲異氣，幽巖勝寺，無不經行。感而遂通，所以昭靈應也。嘗致舍利七粒，後自增多，移在新瓶，潛歸舊所。有爲之福，所以濟群品也。造菩提像一鋪，施者不能愛其寶；建塗山寺一所，仁者於是子而來。洗僧乞食，以生爲限；寫經設齋，惟財所極。忘形杜口，所以歸定門也。詣秀禪師受微妙理，一悟真諦，果符宿心。寂爾無生，而法身常在；湛然不動，而至化滂流。於是能事畢矣，福德具矣。以見身爲過去，則棄愛易明；以遺形爲息言，則證理斯切。乃脫落人世，示歸其真。開元十四年十一月二十六日，終於京大薦福寺，年七十有六。初和帝代召入内道場，命爲菩薩戒師，充十大德，統知天下佛法僧事，圖像於林光殿，御製贊云云，律師固辭恩命，屢請歸閑，歲餘方見許焉，其進退皆此類也。屬纊之夜，靈香滿室，空樂臨門，悠爾而逝，若有迎者。蓋應世斯來，自天宮而暫降；終事則往，非人寰之可留。弟子智舟等，彼岸仍遥，津梁中奪。心猨未去，龍象先歸。禪座何依，但追墳塔；法侶悲送，且傾都鄙。其年十二月十五日，葬神禾原塗山寺東谷，願託勝因，思陳盛美。法教常轉，自等於圓珠；雕斷斯文，有懇於方石，銘曰：聖立萬法，法無二門。以身觀化，從流討源。有爲捨柷，無生定猨。律師盡妙，像教斯存。我有至静，永用息言。示以形逝，留乎道尊。有緣有福，求我祇園。

誌云"祖元，蓨蕪郡開國公"，《集韻》云"蓨，草名"。地理書無蓨蕪郡名。又云"和帝代召入内道場"，和帝即中宗，其謚號有太和字，長安有《僧法澄塔銘》，亦云中宗和帝，可證是誌。與後《王守琦誌》用字皆闕筆作用，未詳避何人之諱。唐碑中如契苾明碑、石臺孝經華岳精享碑、無憂王塔銘用皆作用，《説文》云"角本作角，從力從肉"，則用乃肉字之變。《東郡事略》載崔偓佺云刀下用爲角，疑六朝以來別體字用本有作用者，故偓佺云爾。亦以刀下用爲角也，則此誌非因避諱缺筆矣。

于士恭 **大唐故于府君之誌銘**篆蓋 **唐故定州膚施縣令上柱國于公墓誌銘**并序

公諱士恭，字履揖，其先東海人也，漢太守定國之裔，洎五代祖謹仕魏，遂居河南，今即河南人也。續著前史，慶貽後裔。曾祖宜道，随左衛率、皇凉甘肅瓜沙五州諸軍使、凉州刺史、成安子。祖永寧，皇商州刺史，增建平公。父元祚，皇益州九隴縣令，襲建平爵，尚德静縣主。公即王之次子也。公言行周密，風儀閑雅，弱冠以諸親出身，解褐授好畤縣尉。初大周御宇，分邦制邑，劃爾畿甸，隷爲稷州，選部甄才，擢授斯轍，亦當時之榮選也。自兹已降，累遷郡邑，尋贊臨潁，復典膚施，關右馳聲，許邦思惠，非此能備也。開元十四年春天子若曰：縣令在任清白者選曰作用，公即随調選，方俟遷陟，命何不融，疾成不治。以其年秋九月戊戌卒于私第，春秋六十有六，時來不偶，其如之何？夫人譙郡戴氏，妍妙凝華，貞順勉行，自承饋盥，克諧琴瑟，降年不允，雖恨偏沉，同穴相期，果然終合。開元十五年七月乙酉攢祔於京兆神和原，禮也。拱樹蕭蕭，坐看成古；佳城杳杳，空見微月。嗣子弼婴等泣血崩心，絶漿茹蓼，昊天莫報，長夜不曉，慮陵爲谷，刊石爲表，銘曰：死生有數，晝夜不捨。嗟彼于公，長歸地下。高墳峩峩，宅此崇阿。千秋萬古，孰知其他。

士恭會祖宣道，祖永寧，父元祚，《唐書・宰相世系表》云：宣道字元明，隋上儀同、成安獻公，與誌異；永寧商州刺史，與誌同。而《表》云“永寧之子遂古，巂州刺史”，與誌所載名位俱異。

鄭温球　大唐故寧州豐義縣令鄭府君墓誌銘并序

榮陽鄭君，諱温球，字耀遠。洪源浚流，鼎門碩胄，固以炳焕，圖傳洋溢。曾祖遜，随鴻臚卿、河南公。祖福祥，皇唐州刺史。父方喬，始州臨津縣令。昭穆暉暎，芝蘭芬馥，咸迪僑業，不其休哉。君温恭好學，出言有章，貞白成性，立行無玷，解謁虢州王城縣丞，毗贊有倫，人吏肙悦。時蠻方作梗，王師出誅，監軍御史元公欽君器能，相邀入幕，克清夷落，韜弓飲至，君之策焉。優制嘉之，轉蒲州汾陰尉。儀形閡輔，損益絃歌，秩滿，調補寧州豐義縣令，以膚精擇，無事自理，示信不欺，子游不下堂，賈人歌來晚，儔君之政，無以加焉。方將樹勤王家，勒休天府，彼蒼不愁，瘝瘵所纏，藥石何欺，靈祐斯爽。以開元十四年七月廿九日終，享年五十有八。才優命舛，沉屈下僚，隲駟不留，巖電易謝，人生到此，天道寧論？君有昆曰溫琦，廊廟巨幹，朝庭重寶。由禮部侍郎轉邠州刺史，君詣兄所，憇息未行，哀哉禍臻，於邠廟宇，天倫之感，振古莫儔。即以其時樞遷于鄂，以開元十五年七月廿七日攢窆於京兆府鄂縣，□福鄉原，禮也。有子七人，皆精敏之士，絳州翼城主薄兼汴州開封主薄，揆充收孚回等，並茹感肌膚，沉痛創巨，纂夫懿德，寄我松槽，予夙預姻親，曲承誘顧，土感知已，懷此無忘，聊繫情於斯文，庶有光於泉壤，銘曰：陘鎮嵒嵒，溱流湯湯。展我之子，爲龍爲光。有昆如珪，有子似璋。家瘗其實，國殲其良。千秋万歲，杳杳茫茫。

前左內率府冑曹盧兼愛撰。

誌載溫球及其曾祖遜、祖福祥、父方喬、兄溫琦、子績兼揆充收孚回，凡十二人，《唐書‧宰相世系表》滎陽鄭氏皆無其名，撰文之盧兼愛亦不入范陽之系，可見巨家大族，其與宰相疎遠，不入表者甚多也。陘山在鄭州西南，溱水在新鄭縣，與洧水合。陘鎮溱流，皆指滎陽本貫而言也。

李無慮　大唐故忠武將軍行薛王府典軍上柱國平棘縣開國男李府君墓誌銘

并序

工部員外郎賈彥璿撰

君謂無慮，字忠脊，隴西人也。昔月貫于昂，咎繇而邁德；氣感流星，伯陽生而啓聖，惟彼降瑞，因玆命氏。曾祖貴，隨太中大夫、延州刺史、凉國公，皇降封隴西公，任切分憂，龐加勞理，朱旗映日，皁蓋生風。屬隨室道喪，我唐天啓，疇庸錫壤，俾崇舊勳，封以隴西，昭其業也。祖斌，皇銀青光祿大夫、隰吉二州刺史，襲封隴西公，□□高□，御下以寬，洗幘清心，不言而理，襲封本郡，昭其祚也。父□道，皇金紫光祿大夫、汾州刺史，股肱之郡，公輔之材，克著政□，尤愜人望，遷鎮軍大將軍、左驍衛大將軍、上柱國，襲封隴西郡公。武庫森森，縱橫矛戟，智裹□□，□□風雲，煥乎鉤陳，設在蘭錡。乃祖乃父，自公自侯，昭其貴也。君衣冠奕世，禮樂□賢，慶藹炳靈，光昭茂緒。大君有命，入衛天階，雞冠呈祥，仲由負三軍之勇；燕領標異，班超封萬里之侯。弱冠於清邊軍立功，授游擊持軍、左衛長上，明略經濟，雄心英果，剋清祅孽，飲至天庭，師出以臧，功宜上賞，朱綏斯曜，可不偉歟。無何，轉授鄜州葦川府右果毅。時關内按察使强循以君榦蠱，奏攝會州司馬，又改授同州洪泉府左果毅，仍令長上，一貴一賤，喜愠不形於色；或出或處，寵辱無介於懷。位□題輿，□申龐統，名參都尉，負屈曾洪，有敕差充□野軍副使。舉不失德，勤不告勞，展充國之務農，輟揚雄之執戟，軍儲是給，□馬賴焉。尋爲太原節度使李暠奏授薛王府典軍，蔽扞雄城，趨侍□□，每入招賢之觀，時陪樂苑之遊。習習雄風，和而扇物，粲粲□□，寵而益□。青春始華，元夜閟景，歲不我與，天奪其運，以開元十七年五月七日終於靜恭私第，春秋六十有二。以其年六月十一日歸葬於萬年縣神禾舊京陪先塋，禮也。嗚呼哀哉，賢王端憂，故人啜泣，垂天之翼，必鎩於紫霄；經國之材，俄辭於白曰。遂使瑶林瓊樹，瘞松草於佳城；龍章鳳姿，没風煙於□□。嗣子□庭等，孝履增感，攀號無訴，恭陳遺事，俾刊豐石，銘曰：公侯之子兮累代其昌，河岳之秀兮爲龍爲光。克岐克嶷兮發言有章，立功立事兮厥政其芳。天何爲兮速罹其殃，哲人萎兮爲代所傷。飛旐翩翻兮出帝鄉，素車透遲兮面龍岡。閟以大隧，堙於便房。勒勳鐘鼎，畫像旗常。日黯黯兮愁欲暮，風蕭蕭兮悲白楊。

　　是誌宋時出土，趙氏載其目於《金石録》，陶氏録其文入《古刻叢妙》。

智元　大唐故騎都尉智君之銘并序

　　君諱元，字慶，其先隴西苗胄智百王之後。曾祖隴，齊南陽郡守。祖德，板授汾州司馬。父並，温徧葸志，廉讓兼施，守節邱園，辭榮不仕。君神姿絑遠，稟天淑靈，帝族分輝，藏光匿耀，浮沉閭巷，博義寬仁，二柄精修。時當用武，雄心猛烈，召募從征，尅敵無遺，蒙授騎都尉。豈謂鳥灾庚日，俄飛北斗之魂；人夢已年，無復南山之壽。遂穆雍家室，遜悌鄉閭，未既規模，忽離私疾。春秋七十有三，開十七年三月十四日殞於私第。遂使愁雲泣鳥，谿澗吟猨，道俗歎其遺蹤，内外嗟其舊跡。以開元廿年十一月廿一日，葬於夕陽村東北四里自營，禮也。東連覆允，西眺龍門，南瞻象河，北臨徐水。哀子懷文，號天冈極，叩地無追，癒切南境，悲終陟岵。即以龍輴去去，男申躃踊之悲；

素旐飛飛，女發號咷之泣。其詞曰其一：青鳥識兆，白鶴臨墳，梁山歌處，遂銘無春。

　　誌用草書，此爲僅見。自六朝唐宋誌石之存者，首行標題處墓誌銘下，例有并序二字，誌即序，何云并乎？惟此誌曰智君之銘并序，最爲得體。搨本得自中州，誌書葬於夕陽村而不書村在何縣，以"西眺龍門"句度之，當在洛陽龍門山之東。誌首云"隴西苗胄智百王之後"，又云"帝族分輝"，未知所稱智百王爲何人，其族爲何帝。文末其詞曰下旁注"其一"兩字，而銘止四句，無二首，何一之云。誌中儒作㑰、斗作斗、雍作廱、卒作殁、岡作冈、痛作癰。開元十七年，開下脱元字。

惟茲夫人開睸挺幹趐趐娈楚灼灼雲介

河窊窊墳塢伥伥丘塋增悲尋挂多傷其

日二月辛已朔四日甲申薤於渥淵之東

汸訟典以延昌二年歲次癸己喪於京

之踩終始若二易稱家人美夫婦夫

好仇嵗以加焉言告師氏內式開睸

譪沖圜四德連瓊后妃

孫陽禾王第六弟元颽

陰軼焱明作配轍宗之妻

訓同王冀之引氏秩之興

郎將元颽妻王夫人

中

唐七

張昕　大唐故京兆府美原縣尉張府君墓誌銘并序

君諱昕，字道光，京兆長安人也。漢廷尉之丕緒，晉司空之徽烈，印傳雙鵲，不墜家聲，冠暎七貂，挺生其美。祖宗，隨襄城郡守，和、易二州刺史，剖符按俗，露冕宣風，明斷不謝於分縑，清白有逾於酌水。祖勛，朝散大夫、上柱國、行閬州西水縣令，術雄五縣，恩寵百縑，調絃則綵翟馴崃，字物乃白鳩巢室。父元褘，中大夫、行寧州長史，才高展驥，德邁題輿，專城假翊，中朝藉甚。君門承懿範，胎教英奇，鄉譽克重於歲寒，庭訓必先於忠孝。取父蔭出身，解褐授涇州鶉觚縣尉，袟滿選授汾州隰城縣尉。丁父憂，服終，選授京兆府美原縣尉。而轢司畿甸，聲流台閣，冀期朝須，方朔欲問西風；何啚天要，李通便游東岱。以開元廿四年秋七月四日奄終于私第，春秋五十有七，即以其年歲次景子十月三日，窆葬於京城南杜城東二百步舊塋，之禮也。夫人京兆韋氏、夫人恒農楊氏、遷合嗣子等，臨鶴遂而攀號，恐冥寞無知，鑿石爲記，其詞曰：於昭清河，宗社燼艷。廷尉重道，司空博識。家傳鵲印，代襲貂蟬。剖符求瘼，縞墨調絃。龐統外臺，梅福畿甸。德音尚在，魂靈不見。親親雪泣，嗣子攀號。式鐫貞石，永播劬勞。開元廿四年歲次景子十月三日己□。

　　誌內祖宗當是曾祖，諱宗脫曾字，末行己字下泐一字，十月是丁未，朔三日乃己酉也。是誌舊在西安城南杜城，爲畢弇山尚書攜歸靈巖山館。誌中涇州鶉觚縣，今甘肅涇州，漢鶉觚地有鶉觚城，在今靈臺縣。秦蒙恬築長城時，以觚奠祭，有鶉集觚上，因名。京兆府美原縣，今西安富平縣有美原鎮，唐置美原縣於此。誌中"禮也"上衍"之"字，說見前杜某誌。

尼惠源　大唐濟度寺故大德比邱尼惠源和上神空誌銘并序

京兆府倉曹參軍楊休烈撰　姪定書

　　嘗聞見性爲本，知常曰明，幽探元珠，相付法印，必將有主，人無間言，故如來立三世之事也。大師諱惠源，俗姓蕭氏，南蘭陵人也。曾門梁孝明皇帝。大父諱瑀，皇中書令、尚書左右僕射、司空宋國公。父諱鈇，給事中、利州刺史。紛綸葳蕤，奕世名家。原大師之始誕也，惠音清越，間氣冲亮，稟天真於太和，集神祐於純嘏。及數歲後，養必申敬，動皆合理，發跡契道，出言有章。屏金翠而室其繁華，絶饘葷而割其嗜欲，超然戰勝，但思出家。天鑒孔明，精心上感，年廿二，詔度爲濟度寺尼，如始願也。受戒和上□□寺大德尼□□，道之崇也。羯磨闍黎太原寺大德津師薄塵，法之良也。迺延師立證，登壇進律，僧夏歲潔，戒珠日明，奉以周旋，不敢失墜。初大師繞至九歲，邁先大夫之酷；廿有七，執先夫人之憂。皆泣血茹哀，絶漿柴毁，古之孝子，烏足道哉？每秋天露下，衰林風早，棘心欒欒，若在喪紀。不忘孝也，亦能上規伯仲，旁訓弟姪，嗢嗢閨門，俾其勿壞，則天倫之性，過人數級。夫其内炳圓融，外示方便，恂恂善誘，從化如流，亦猶師子一吼，魔宮大隤，則感激有如此者。行往坐卧，應必皆空，慈悲喜捨，用而常寂，黄裳元吉，清風穆如，則龜鏡有如此者。後遇高僧義福者，常晏坐清禪，止觀傳明，殊禮印可。又有尼慈和者，世莫之職，知微通神，見色無礙，時人謂之觀音菩薩。嘗於大衆中目大師曰十六沙弥，即法華中本師釋迦牟尼之往号也。非大師心同如來，孰能至于此？而更精承密行，親佩耿光，十數年間，演其後事。他日，大師厭世示疾，以開元廿五年秋九月二日，從容而謂門人曰："死生者，天之常道。身没之後，于少陵原爲空遷吾神也。"言卒，右脇而卧，怡然歸寂，始知至人不滯於物矣，鳴呼天喪門人，曷以仰，曷以律，時大師享年七十有六，即以十一月旬有二日，從事于空，遵理命也。志無疆之德，旌不刊之典，不亦可乎？銘曰：猗那明行，足不復還。至人去兮，逍遥天地之間。九月廿有三日鐫。

　　是編止録誌墓之文，僧尼瘞骨以墓誌標題者亦類及之。其曰塿誌，則浮屠焚修之法也，皆所不録。是誌題曰"神空誌銘"，又曰"身没之後，於少陵原爲空"，又曰"從事於空"，空即窆義，蓋墓而不墻也。前録《尼法願誌》，爲梁明帝蕭巋之孫女，宋國公瑒之女；此誌惠源則明帝之曾孫女，宋國公子釴之女也。其稱曾祖爲曾門，唐段行琛碑云"曾門德濬"亦是如此。瑒子釴，《宰相世系表》作釴，官給事中，不云爲利州刺史，《表》從略也。和上即和尚，在唐時爲僧尼通稱。書誌之蕭定，字梅臣，瑒曾孫，官至太子少師。誌云"從理命也"，避治字諱，作理。

裴積　大唐故朝議郎行尚書祠部員外郎裴君墓誌銘 并序

族叔禮部員外郎朏撰兼書

君諱積，字道安，河東聞喜人也。自桐川建封，燉煌爲郡，魏分三祖，晋方八王，奕代嘉其美□，□年載其令德。高祖定，周大將軍、馮翊太守，襲琅琊公，續茂戎昭，化成郡國。曾祖仁基，隨光禄大夫，兼河南道討捕大使。以陰圖王充，義桎舊主，遭時不利，玉哲名楊，□□追贈原州都督，命謚曰忠。祖行儉，禮部尚書，兼定襄道行軍大總管、聞喜公，贈太尉，謚曰獻。既明且哲，經文緯武，故事宗於禮闈，大勳炳於麟閣。考光庭，待中兼吏部尚書，贈太師，謚忠獻。器識宏遠，墻宇高深，亮采天階，丹青神化。君二川淑靈，三事鴻烈，植貞固之性，抱經濟之才。生而聰敏，幼而穎悟。仁和孝友，君子之德日新；文學吏能，賢人之業□盛。開元初，舉孝廉高第，弱冠敕授左千牛備身。秩滿，轉太子通事舍人。丹宸捧日，青禁朝春，詞令可觀，風義有裕。歲餘，調補太常寺主簿，□□寺署，辨□禮法，按驗伏藏，動盈累万。卿韋韜，欲以昇聞，期於顯擢，君不求苟禄，固讓厥功。□□京兆府司録，未上，丁太師憂，柴毁骨立，殆將滅性，杖而後起。□□戒期，□□屢聞，寵光是冀，爰紓聖札，用勒豐碑，仍命宰臣，俾令護□，此乃顯□千古，哀榮九原者也。太師公直道不回，存亡交變，明主優□恩禮，時列害其公忠。定謚之辰，將沮其美，君晝夜泣血，號訴聞天。特降□言，以旌其實，詔改謚曰忠獻。豈非孝感之至，以發皇□；報應之□，有如影響？憂制缺□，□主上永言念舊，方議賞延命，執事於五品官。□宰以君□量清通，不欲處之散地，請授史官，是日拜起居郎。君衰服外除，心喪内疾，□□今職，遠□先碑。敷奏上感於冕旒，情禮近傷於冠佩，自武德之始，迄於兹日，注□所闕，四百餘卷。南史直筆，東掞記言，考古而行，怡然理順。俄遷尚書祠部郎。君才兼□□，□典郊廟，續祖訥之清言，循樊准之儒術，明光伏奏，聞望攸歸。嗚呼，天不假年，神爽其善，視事累月，卧疾彌旬。以開元廿八年十二月十九日終于長安光德里私第，春秋卅。其先葬于聞喜之東凉原也，即以辛巳歲二月癸丑廿日壬申，旅窆于長安萬春鄉神和原，禮也。初日者有言曰："且有横厄，願攘之。"君曰："苟無負於神明，亦何攘之有？"生死有命，誠性已齊，此則達人之用心也。君博識多聞，含光育德，志希宏濟，心鏡无爲。嘗覽太一之書、黄公之略，每懷遠大，自比范、張，及我宦成，期於身退，桂冠投紱，卧壑栖林。青雲始階，黄埃溢至，海内豪儁，孰不悕惜？嗣子倩等，異才動俗，純孝通神，永慕寒泉，式刊貞石。其詞曰：全晋舊國，彼汾一方。宗門貴仕，代有烈光。鼎鉉襲懿，蘭菊垂芳。地靈世德，之子含章。含章伊何，載挺時哲。□服教義，□紹忠烈。詞曄春葩，摻貞暮雪。珪璧内潤，鼓鐘外徹。肅秬一命，趨侍兩宫。奉常典禮，左掞記功。清輝就日，逸翮搏風。高選郎署，公議攸同。建禮休澣，漳濱移疾。方奉丹墀，遽辭白日。隱嶙前嶂，微茫此室。勒銘幽泉，永識芳實。

　　是誌《關中金石記》已録其目，而《金石萃編》云"爲向來金石諸家所不載"，何也？《關中記》云，誌在西安。《萃編》云"得之於河東轉運沈君"，則又似從聞喜裴氏得來者。書誌之裴朏，《宰相世系表》云朏，重皎之子，官禮部郎中。聞喜裴姓之始，自晋平公封顓帝之孫鍼於周川，晋以剪桐受封，故誌云桐川也。《世系表》云"東漢燉煌太守遵，自雲中徙河東，其後分爲西眷、中眷、東眷三支"，故誌曰"三祖"，積則中眷裴氏也。《世説》云"正始中，人士比論，以八裴方八王"，裴則徽、楷、康、綽、瓚、遐、顗、邈，王則祥、衍、綏、澄、敦、導、戎、元也。曾祖仁基，附見《隋書·李密傳》，"遭時不利，玉哲名楊"哲當作折，楊當作揚，謂身如玉折，令名則揚也。《舊唐書·光庭傳》云："博士孫琬希、蕭嵩意以光庭爲吏部用人，循資格，非獎勸之道，議諡曰克。帝聞，特賜諡曰忠獻。"《新書》光庭作光廷，初諡曰克平，改諡曰忠憲。證以此誌，知廷、憲字皆誤，其諡則由積之泣訴而改也。《舊書》無積傳，《新

書》附行儉傳云："光廷子積，以蔭仕累遷起居郎，後授祠部員外郎。"卒不
及此志之詳。《世系表》又云"積，司勳員外郎，襲正平縣子"，則此誌所無。
檢《郎官石柱題名》，祠部員外郎有積名，司勳員外郎無積名，則《表》誤也。
誌云注□所闕，四百餘卷，此似補起居注之闕者。《唐書·藝文誌》有《開元
起居注》三千六百八十二卷，無撰人名。積所撰四百餘卷當在其中。嗣子倩，《新
書》云："倩字容卿，歷信州刺史，以治行賜紫服代第五琦爲度支郎中"。《世
系表》云"倩封正平縣男，謚節，又左金吾將軍儆、殿中侍御史倚、榆次令侑，
皆積子也。"誌中祈禳作攘，與前《賀蘭夫人誌》"攘衰"、後《王訓誌》"千
攘萬療"皆同。

張嘉祐　唐故左金吾將軍范陽張公墓誌銘并序

公諱嘉祐，范陽人，相國河東公季弟。曾祖長度，光祿勳。祖俊興，贈慈
州刺史。考思義，贈秦州都督。偕果行毓德，揚名養正。公挺質美秀，資性強
植，生秦長晉，武毅直方，學不師授，言無宿諾，相國深器異之。弱冠武舉及
第，充祔廟輦脚，補右領軍司戈，換同軌府果毅。知含嘉倉，幹其出內，轉伊
川府折衝。時西戎不賓，北狄款塞，除鄈州別駕，未之，擢拜忻州刺史，鴈關
之陽，人用小康矣。假銀印朱紱，以□□寇，牧守寵章，自公始也。尋加朝散
大夫，遷并州司馬，副燕公軍使，經略太原，節制河外，中權聳然，翳公以
輯。俄兼衛尉少卿，進副大使，恤人理劇，訓戎料敵，人到于今稱之。轉光祿
少卿。晉京上黨，省方肆覲，徼巡惟警，忠公在擇。拜右金吾將軍，錫金章紫
綬。當元昆爲中書令，君子以爲兄相弟將，一門雙美。行在中非言，貶補陽府
折衝。無何河東自戶部復左台州，乃相與登臨，形勝賞樂。歲月河東有北平之
役，公承制放還。洎喪哲兄，禮有加等，復除都水使者，仍作副使。公規模大
壯，巧思絕倫，滙洛斗門，咸自所創，尋授率更令。皇子並建，或引賓僚，初
拜義府司馬，抵讜改棣王府。縱容曳裾，優遊置醴。未幾，除相州刺史。殷人
心訛，鄴守氣燄，公載杖忠信，政若神明，煩苛止除，廢典咸秩，特降璽書，
賜紫金魚袋。入計，遷左金吾將軍，州人思之，刻石紀德。公自遠闕廷，重紆
天眷，砥節礪名，始表才昇，不以私進。中令之友愛，金吾之授

受，復歸□□，克雪冤謗，亦有由焉。昊天降喪，廿九年十月甲辰終於安邑里私第，□從心以一矣。嗚呼，國弥乃望，家亡其寶，言旋鞏洛，祖載鎬京，遺孤在疚，霜婦銜恤。□夫枚卜從兆，以天寶元年二月甲申，遷窆東都漢原。夫人河東□氏，先公而終合祔，禮也。惟公負超俗之資，多名教之樂，喪祭匍匐，賓遊□□。望□有難犯之色，久而見託孤之心，積而能散，貴則思止。問一以知十，由中而及外。爰自幼稚，秉訓元昆，存無少違，殁有過感，弗忘慎獨，蘊是經濟，爲難能也。方散二疎之金，翻夢兩楹之奠。哀哉，嗣子寶節，荼蓼惟深，霜露□□，終謀密感，用播徽猷，銘曰：長河演慶，中條降神，挺生恭义，□□□紳，或出或處，既損既益，再執金吾，復覲閨籍。云胡不整，而遘閔凶，□出□□，□□洛東，平昔陟望，今兹密迩，天道何如，生涯到此。式躊躇【闕九字】天。

　　誌在洛陽縣，張嘉祐爲元宗時宰相嘉貞之弟，《新唐書·嘉貞傳》不詳其父祖，《宰相世系表》載嘉貞之曾祖銀青光禄大夫長度，祖相國府檢校郎將俊興，父成紀丞，思義其名，皆與誌合。《表》書其三代本官，誌書其贈官，故叙銜各異。惟《表》載嘉祐子名宏，誌作嗣子寶節，是爲異爾。

某氏　唐故使持節上柱國□君夫人□氏墓誌銘

洛陽進士徐珙撰并書

　　□□□□壬午元祀季□月六□□，故率府郎上柱國□君壽邱夫人疾終於洛陽永泰里之私第，享年六十。夫人諱教，字教。昔先祖仕於宏農，遂家于彼，本望出於河南，其長源茂族，蓋史牒詳矣。曾祖□，隋朝議大夫□州湖城縣令。大父閎，皇朝朝議郎□州司馬。烈考方，皇朝隱于華山，高尚其事，□積德承，慶根□□，克昌□□□人□焉。夫人□溫咊之心，承柔順之教，忠目□于□陵□□載□□□誠□□宗其祭如在事上，敬謹身□□愛下目先□□歲，宜室宜家，六親仰其婦道；母道三德，敷聞鳳凰雙飛。自得鵉鳴之樂，琴瑟合調；無忘在御之歡，皆□□□，今則見於是矣。嗚呼，信□□□，痛君子之先，傾□不□□，俾我躬之永謝，福善之應，神何食言，内則云亡，人將安放。惟三祀甲申春□□月乙□朔廿日甲申，塟于河南□□之北原從祔，禮也。

長子渙，咸安郡良山縣尉；次曰瞻，並欒欒在疚，□大連，喪哀哀色極，逾高柴之毀，珙以情，因世故，義叶通家，而二子□求蒙祖述，言不盡意，銘而識之，銘曰：盛德之後，子孫其昌，惟我夫人，令淑□彰，脩身無忝，宜家有【闕五字】今也則之，陟彼岵兮瞻望父，陟彼屺兮瞻望母。【闕六字】居伊水之東，龍門之下，泉扄壹閉銘兮千古。

　　誌在洛陽縣，隸書。其夫與夫人之姓皆殘泐，莫辨其日。壬午元祀卒，三祀甲申塋，則元宗之天寶元年、三年也。

王察妾范氏　大唐故范夫人墓誌銘篆蓋　大唐故范夫人墓誌銘并序

　　夫人姓范，諱如蓮花，懷河內人也。洎中行佐晉，張祿相秦，滂著大才，曄稱良史，英聲茂閥，奕世存焉。高祖碩，祖義慎，父元琛，並才韻卓犖，風調閑雅，慕梁竦之平生，恐勞郡縣；詠陶潛之歸去，遂樂田園，由是冠冕陵遲。夫人因爲平人也，凝脂點染，獨授天姿，婦德女功，不勞師氏。始以色事朝請大夫行河內縣令上柱國瑯邪王昇次子前鄉貢明經察，送深目逆，調切琴心。昔温氏玉臺，願投姑女；漢王金屋，思貯阿嬌。方之寵焉，未足多也。而夫人猶自謂桃根卑族，碧玉小家，每驚齊大，非偶能用，嗚謙自牧，舉事必承先意，服勤嘗不告勞。而王公感夫區區，他日益重，雖名齊衣帛，而寵實專房。粵以天寶三載閏二月十四日因車，覆瘒中風，終于河內之私第。春秋載卅七，即以其載，歲次甲申四月甲午朔十六日己酉，葬于太行陽原，禮也。烈烈哀挽，壘壘孤隴，講懼爲陵，庶存刊石，銘曰：長夜窮泉兮一閟千年，云誰之思兮令淑殲焉。巫岫雲没兮河陽花死，地久天長兮空存女史。

　　是誌乾隆二十七年出土，距唐天寶三載，恰符千年之讖。舊在土人任姓家，今移入紫陵鎮東嶽廟中，蓋裂爲三。集砌上壁，文筆雅豔，書亦朴秀。范氏蓋河內民家女，縣令子王察以私合得之，納以爲妾。故誌內有"目逆琴心"及"衣帛專房"等語，而其卒則以墜車受傷，冒風得疾也。春秋載卅七，既曰春秋，則載字可去。又壘作隴，閟作悶，巫作丞。

趙思廉　大唐故監察御史荆州大都督府法曹參軍趙府君墓誌銘 并序

公諱思廉，字思廉，天水人。其先秦之祖也，同源分流，實掌天駟；封周仕晋，繼爲國卿，漢魏已來，世濟厥美。高祖脩演，魏司徒府長史、清水郡守，贈驃騎大將軍開府儀同三司、秦州刺史。曾祖士季，周秦王府司録亳州總管府司馬、陸安郡太守、儀同三司。祖搆，隋秀才侍御史，民部郎中、毛州刺史。父素，隋孝廉、丹陽郡書佐、皇舒州司馬。三朝積慶，四葉重光，門連岳牧，家襲孝秀，相府類能，儀同蹕武於三揖；禮闈尚德，柱史騰芳於一臺。三條舉而百度可見，以驃騎之博物洽聞，以陸安之出入濟理，以毛州之黼黻高選，以司馬之優游上列，典禮崇而勛業藉甚矣。公之少也，婉以從令，敏而好學；其壯也，屹有秀軏，恬無流心。弱冠明經登甲科，解褐鄭之滎陽，換益之雙流，稍河南府登封尉。再栖枳棘，徒仰龍阿之鋒；一踐神仙，果聞鷹隼之擊。能事備矣，朝廷韙之，天子聞而疇咨曰：爵以馭賢，不可改已，拜監察御史。鐵冠不雜，石室高標，緩步立朝，而人皆斂手向風矣。□犯法當訊，執事者上下其手，公匪石難奪，直繩不撓，推事忤旨，左授荆府法曹。得寵若驚，失職無慍，荆山南峙，出毀匵而方遥；溝水東流，逢逝川而靡及。大足元年八月十二日寢疾，終於南陽之旅舍，春秋六十有六。夫人博陵崔氏，齊姜之著姓也。壼室聞詩，閫門習禮。梧桐半在，稍度林下之風；實劍雙飛，空挹薤中之露。以天寶四載十月乙酉朔十三日丁酉，合葬于萬安山陽，蓋周公以來即遠事終之達，禮也。二子悦、坦之。悦敭歷監察御史，江陵、安邑二縣令。敦惠文敏，一時之良。美玉有籍，連城未得，明鏡無塵，照鄰皆見。日坐事長吏被出，非其罪也。坦之，濟陽尉，敬友恭順，一□□龍，期述德於終天，顧託文于貞石，銘曰：□□之功，宣孟之忠。盛德百代，聿生我公。籛金繼美，斤玉斯崇。黃□□物，朱絲直躬。作椽何所，投珠漢東。晨裝戒路，暝燭隨風。南陽地遠，闕塞□中。孤魂久客，雙穴來同。冉冉人世，蒼蒼昊穹。歿而不朽，大夜何窮。

趙思廉以監察御史左遷荆府法曹，自長安赴荆州新任，道過南陽，卒於旅次。其時妻少子幼，不能扶櫬。回籍遂逗遛其地，自大足元年至天寶四載，閲四十五年之久。其夫人崔氏始卒時，二子皆强且仕矣，安土重遷，遂合葬於萬安山陽。

萬安山當在南陽境內，故銘曰"孤魂久客，雙穴來同"也。荊府法曹，即標題所謂荊州大都督府法曹參軍也。《唐書·地理志》荊州置都督府，司法參軍，其屬吏也。唐制，天下凡十道置都督府六百三十四，荊其一也。武授堂以荊府爲高祖子荊王元景封號，非是。王子封國，類皆遙領，無實封者，思廉亦何至晨裝戒路而終於旅舍耶？誌內"稍河南府登封尉"，稍下當有遷字。又撝作撝，範作範，鐵作鐵，條作條，斂作斂。書碑之例，曰"葬某處，禮也"。惟唐《石保吉墓碑》不曰禮也，而曰"從周制"也。此誌則曰"蓋周公以來即遠事終之達，禮也"。《金石萃編》四十一卷附錄諸碑所載事物緣起，內有《代國長公主碑》云"陪葬橋陵，孝也"一條，以余所輯諸誌如《薛某妻裴氏誌》云"明去塵也"，《尼惠源誌》云"遵理命也"，《盧某妻崔氏誌》云"合防以虞，順也"，《西門珍誌》云"從其命也"，《鄭準誌》云"從宜也"，皆"禮也"之變文而爲《萃編》所遺者。

李璿　西郡李公墓石

公諱璿，文安縣人也。其先漢將李廣，子最孫陵，並爲漢名將，即公之始也。自是朱輪華轂，代代繼出。時□□祖武父□並優遊養閒【闕六字】公文雄兼恃，技藝大善，年廿七賓擢公□□□，隨其願而□不盡，享年二十有□。皇唐天寶四載十二月五日，寢疾終【闕六字】名舉，未婚而終，父母哀其魂孤，爲結幽契娶同縣劉氏爲夫人。越十一日，合葬於郡州西北二百步，從先塋，禮也。尤恐陵谷遷變，刻石爲銘。銘曰：泰山頹兮良木折，愁雲凝兮寒泉咽，人逾故兮芳聲絕，歲將深兮松風切。

《周禮·媒氏》禁遷葬者，謂生時非夫婦，死後遷之使相從，是亂人道也，故禁之。是誌所謂"結幽契"，即遷葬之謂。然世俗相沿，不以爲非，且以爲禮，可慨也。

…中郎將元颺妻主夫人若

…周王異之引氏秩之興

…訓陰軹尒明作配魏宗之妻

…孫陽平王第六弟九颺

識沖圄四德連璡后妃氏內若式開瞧

好仇蔵以加焉言告師

之作掾以延昌二年歲次癸己喪於

典終始若上一易稱家人美夫婦夫

十二月辛己朔四日甲申塋於渲渊之東京

河淼淼墳塋依依丘墓曾悲尋注多傷其

惟茲夫人開瞧挺藥趒趒褰楚灼灼雲介

日

唐八

衛某妻劉氏　唐故衛府君劉夫人合葬銘并序

夫人四娘，其先彭城人也，自留秦分族，海隅振藻，前史昭晰，不能繁云。曾祖福，祖李買，父□歆，並鄉閭儀表，人倫閒望，高尚其志，婆娑自適。盛德鍾美，降生夫人，而嬪於衛氏焉。其孝舅姑，賓待君子，禮接姻黨，慈訓長幼，則姜施孟母之不死也，豈簡翰所得形焉？嗚呼，鳳梧半死，龍劍一沉，君以開元二十三載三月七日，溘先朝露，夫人守志彌堅，孀節不易。奈何天不佑慶，以天寶六載遘疾，七月十二日終於私第，享壽七十有四。即以其二十八日，附窆於河內郡城西北二里弼諧鄉平原夫之故塋，禮也。有子克已，血泣荼苦，骨形柴立，爰求匠石，敬紀芳猷，詞曰：彭誠流芳兮海隅，降生賢婦兮以配君子。天何不佑？奄此凶矣。孝號戀兮，哀哀胡恃！泐立紀銘兮永光萬祀。

是誌乾隆二十二年河內人鋤地得之，書法遒秀，絕類磚墙。銘載其文於《懷慶府志》，衛君前葬十有二年，始以劉氏祔誌，爲劉作標題當曰"衛府君夫人劉氏祔葬"，不當曰"衛府君劉夫人合葬"。開元稱年，此曰十三載，因天寶時作誌，遂追改耳。"即以其"下脫"月"字。

成某　唐故振威副尉左金吾衛新平郡宜禄府左折衝都尉成府君墓誌并序

赫赫宗周，昔有天下，分族命氏，列乎于成公【闕五字】連。曾祖威，皇太中大夫，禮部侍郎。祖立□，皇朝朝散大夫，趙郡廮陶縣令。父崇偏，朝議郎宣□□司户参軍，於是克清門風，乃敷政理，脩歷中外□□□□□以良家子。屬中宗孝和皇帝有事郊，【闕六字】授左羽林軍長上，轉京兆府望苑府別將，左清道率、□□候。當警夜紫禁，環衛丹墀，以事一人，方逾十祀。無何，調河東郡霍山府左果毅都尉，左金吾衛、知隊仗使、龍交郡龍交府、彭原郡天固府，加振威副尉、新平郡宜禄府左折衝都尉，知隊仗如故，加左藏庫使。勒驍雄之勇，列虎豹之師，守金帛之殷，將出納之怪。公幼而習武，長而主兵，恭默其心，堅白其操。□福之善矣，豈禍之淫矣。遘疾彌旬，卒于咸陽別業，然天寶五載九月廿一日，享壽五十有五，以六載十月廿八日葬於長安高陽原，禮也。銘曰：嗟嗟都尉，三居其位。天階入侍，天府司使。福善無徵，禍淫乃至。且小植松栢，乃高起壟壠，非獨今日之如然，皆當萬古之所利。

耐軒新獲此碑，較比年所得稍大，雖間有剥蝕，而筆致秀逸，頗類褚河南，惜未載書者名，容當考之。庚寅中秋，青門李僎菘安氏題。行書三行刻誌後。

誌泐下方左角標題處，自"宜禄"下缺七字，以文驗之，當是"宜禄府左折衝都尉"。其知爲成府君者，文叙姓源有"列乎于成"句也。

王静信妻周氏　唐故義興周夫人墓誌銘并序

夫人義興人也，漢真將軍勃之苗裔，晋輔國大將軍處之孫，皇明通之女。姻不失媛，晋以疋秦適，爲大原王府君静信之妻。昔五典克從，三台樹位，漢朝之任太尉司空，此皆府君之遠祖也。夫人四德可則，九族從風，齋眉之敬，無虧如賓之儀。有越奉佐君子，何憚蒿藜，自窆移天。久歷星歲，期百齡之有永，胡一極之借凶。天道者何，仁囚斯在？嗚呼哀哉，藥餌無救，遂終於延康里之私弟，時春秋六十有五。孤嗣號絶，猶子悲酸，以兹吉辰，赴杜城東郊，之禮也。況丹旌霞掔，素幕雲張。痛寒風之蕭瑟，悲夜月之蒼茫。岳也匪才，忝爲叙述。銘曰：昔聞天道，仁囚不遂。彼蒼如何？降禍斯至。嗚呼哀哉！嗚呼哀哉！黄泉已掩，白日寧開？痛孤嗣之號絶，傷行路之徘徊。天寶六載十月卅日葬。

《關中金石記》云："此石舊在長安農家，近爲山西汾陽某氏攜去。"志無撰書人姓氏，文末曰"岳也匪才"，岳則其名也。誌中裔作裵、齋眉誤作齋眉、藜作藜、喪作喪、備作偹、罔作図又作冈、莚作莚、第作弟，"禮也"上衍之字，説見前《杜某誌》。

潘智昭　大唐故潘府君墓誌銘篆蓋　**唐故吏部常選廣宗郡潘府君墓誌銘**并序

遠國流芳，楚大夫汪之緒也；泊乎晋業，黃門侍郎岳之裔矣。幸唐運龍驤，娭霜耀武。曾祖仏壽，識叶天謀，輔翼左右，拯濟塗炭，永寧邦社，拜銀青光禄大夫、儀同三司、九原郡守。祖觀，大中大夫、行司津監。父元簡，積學成業，溫恭允克，仁惠鄉閭，博通今古，弱冠明經，擢第吏部選。君名智昭，字洛，京兆華原人也。幼年聰敏，識用多奇，日誦萬言，尤工書筭，甄別寶玉，性閑技巧，好歌詠事王侯，此乃君之行也，君之明也。養親純孝，甘脆無虧，交遊克誠，信道日益，友于兄弟，共被均衣，見善必悛，歸心三寶，君之孝也，君之仁也。曉陰陽義，通挈壺術，事瞿曇監，侍一行師，皆稱聰了，委以腹心，君之德也，君之能也。掌歷生事，習業日久，勤事酬功，授文林郎，轉吏部選。時載五十有六，運薄陵遲，降年不永，嬰疾累月，藥餌無徵，病甚日篤，終于其家。嗚呼！生兮有涯，逝川長没，備凶儀，習吉兆。以戊子歲實沉月五日癸酉，殯于長安龍首鄉，禮也。有子五人，順也、運也、訓也、慎也、俊也。昊天冈極，泣血如流，恐代久陵夷，高崖爲谷，孝心遠紀，式刊銘誌。

長原孤墳，松檟蕭森，刊石遐紀，流芳德音。泰山其頹，梁木其摧，五子茶毒，追慕增哀。

天寶七載七月五日景時。

智昭銜曰"吏部常選"，蓋吏部選人未經受職之稱。其先世曰"楚大夫汪之緒"，即《左氏傳》楚潘尫，借汪作尫也。曾祖仏壽，仏即佛字。祖觀，行司津監，龍朔二年，改都水監作司津監。"通挈壺術，侍一行師"，《唐六典》太史局有挈壺正，掌教歷生三十六人。《唐書·方技傳》僧一行精歷象陰陽五行之學，開元五年强起至京，置之光大殿，智昭掌歷生事，正其時也。誌中戊作代、罔作冈。

王某 大唐故西河郡平遥縣尉王府君墓誌銘并序

原夫□於蘭谷者，猶聞十步之芳；陟於松□者，尚覩千尋之□況。乃于門□□□□名家堂構挺生不□□□者矣。公諱【闕六字】河内人也。太原舊族徙居河内焉。曾祖□□□遂州司馬。祖【闕六字】太子家令贈少府監，並以□歲登榮□翰早貴。父【闕八字】中舍人，贈銀青光禄大夫，至於承親□□□□仁【闕八字】離沐旌表，門閭之□□制越古超今，降褒揚道【闕九字】並見編於史諜，此可駕而上焉，公以積善資靈【闕九字】性卓犖儒學之科，釋巾任宣城郡宣城縣主簿，江【闕五字】難□□以清平標範正直申規□得吏愛，甿謡傳芳播譽【闕七字】克家之子，□筆之才，擢授西河郡平遥縣尉，汾州巨邑，晋□碩州□□□井之繁人恣田壇之訟。公以襟靈若□，筆翰如流，疏決姦盜，□□與奪□□其理【闕五字】究考在。公閭閻無謗毀之聲，□□有□□之慕。【闕八字】同僚懷戀德之情甿吏結□□之□□□千里□轅轡而已【闕七字】庭而畢□昆房，喜躍□□□□同居鄰伍，歡愉仰仁德而垂蔭□□廣脩凈業，細繹元風，何期福善，無殲良奄。泪以天寶九載二月九日，遇疾終于河南府河陽縣□城□之本弟，春秋五十有六，以其年三月十四日安厝于河陽縣親仁鄉之北□之原，禮也。惟公□德義方，嗣徽名□植操□深【闕十一字】高節儦表其心，風神□□□□體斯乃曰天【闕十字】乎激浪□鱗翔□墜羽□□將駕□□已開【闕十字】之永隔□舉案之長乖，有子三人□□□□郎【闕九字】惟彼善門，誕生材子□□□歲【闕十五字】言唯□是□宣城授□汾邑昇【闕五字】剖斷【闕八字】仁□□□流美遺愛□□反轡邱園，安神静【闕十五字】滿室□□積善永固□速禍□曾【闕九字】桂蕚旋凋佳城已啓德誌風標脩陵□□□□長【闕五字】。

誌在盂縣。

劉感 唐故雲麾將軍左龍武軍將軍彭城劉公墓誌銘并序

河東進士李震撰 集賢院上柱国安定郡席彬書

猗夫乘間氣，孕淳精，扇風雲，盪河岳，體五行之秀，應三才之靈者，繫我劉公而是焉。公諱感，彭城人也。曾祖諱旮，隱德不仕，躭逸邱園。祖諱

晃，父因子貴，克大吾門，皇朝贈南磏郡司馬。公清德雅尚，至理可師，屬我
皇撥亂之開元也，公提劒以從，扙戈而先，附鳳高翔，攀龍潛躍，遂使群兇泥
首，萬方革面，解褐授翊麾副尉，行興州大桃戍主，遷右衞寧州彭池府左果
毅。靈鑒洞照，應變知微，命偶聖君，職參都尉。又改昭武挍尉，行左衞陝州
曹陽府折衝，轉左領軍衞同州襄城府折衝。參謀帷幄之中，制勝樽俎之右。無
何，拜寧遠將軍左武衞翊府右郎將，賜紫金魚袋。旋授定遠將軍，行左龍武
將軍翊府右郎將，又遷明威將軍右龍武翊府中郎將。公位階鴻漸，官達虎賁，
騰凌建信之名，標准公幹之氣。轉雲麾將軍、左龍武將軍、上柱國，進封彭城
郡開國伯，食邑七百戶。皇帝乃命圖形麟閣，賜印雲臺。公侯伯子之榮封，河
山茅土；貝冑朱緩之貴列，長戟高門。忽興逝水之悲，終銜過隙之歎。以天寶
十二載二月廿一日，薨於永興里之私第，春秋七十一。以其年十月卅日，葬於
咸寧縣黃臺鄉之原，禮也。嗚呼！地埋勇骨，天落將星，蕭瑟松門，凄涼薤
挽。嗣子秀等，哀哀血淚，欒欒棘心，願頌惟家之風，以篆他山之石。銘曰：

三秦崗，九泉窟，鶴報地分潛恍惚。森拱木，間荒墳，人瘞玉兮碎氛氳。

誌云“撥亂開元，群兇授首”，又云“圖形麟閣，賜印雲臺”，蓋感以佐
誅韋氏功起家，官至左龍武將軍，圖形賜印，可謂烈矣。新舊《唐書》皆不著其名。
撰文之李震，《唐書·宰相世系表》有泉州刺史李震，當即其人。誌前叙曾祖、
祖而遺其父，後叙子而遺其妻。以其年十月卅日，年字應稱載，說見後《張安生誌》。
誌內岡別作崗。

張元忠妻令狐氏　唐故銀青光祿大夫行內侍員外置同正員上柱國張公夫人鴈門郡夫人令狐氏墓誌銘并序

惟天寶十有二載十一月四日，夫人卒於京兆府置業里之私第，嗚呼，時載
六十有三。若夫人之姓裔，自乎太原，處嬪于室，凡廿載矣。夫人進對工繡，
以儉於賓，祭先祖恭，具於膏澤。正之以容狠，不以悅己怡色，事上撫下，允
穆謙和，愛子如生，育人無愬。夫張公，諱元忠，任太中大夫，賜邑爲鴈門
郡，君後進銀青光祿大夫，遂加号爲鴈門郡夫人也。不意因由。運改，福謝緣
疎，夫去天寶九載五月十三日，卒於河南府里之第宅，次載就塋於京兆府三原

縣之分界。自阻以後，念趣來緣，每宏慈悲，常思不忘。以夫先偶，同事幽泉，又歲月無良，遂別塋壤，衆子未窆，莫能再榮。嗚呼！人道所悲傷矣。以今載十二月四日遷殯於京兆府長安縣龍首鄉之原也。代移世久，墳壠權殘，刻石爲銘，媿叙夫人之德。銘曰：食邑之家，捨於珠瑁；簪纓之族，衣無重綵。六行所儲，四德兼載，謹慎閨門，善意無壞。太山南指，渭水東邁，歲月蒼蒼，記之永代。

　　此誌無書者姓名，驗其筆跡，與《張希古誌》絶似，亦鴈門田穎書也。夫人，夫元忠，食邑鴈門，希古食邑馬邑，皆在今山西大同府。穎籍其地，故爲書誌，二張蓋族人也。誌中貌作狠、怨作悆。"自阻以後"，阻當作俎。宦作宧、善作善，攉作攉，"代易世久"，世字不避太宗諱，闕筆。"去天寶九載"，去當作以，然唐誌以去作以字，用者甚多。僧思道詩云"去至德二載，春秋八十有一"，《解進誌》云"去元和四年三月四日疾終"，《尹澄妻朱氏誌》云"去開成四年告終於私第"，皆是如此。蓋當時習俗相沿，有此用法也。

韋某　唐故韋君府墓誌銘篆蓋

　　是誌二石，惟蓋石完好，府君誤作君府，篆文亦劣甚。誌石時後人所剗，僅存"天寶十二載"依稀可辨，餘字全泐。

孫志廉　唐故内侍省内常侍□府君墓誌銘并序

朝議郎行陝郡平陸縣尉申堂搆撰　　文林郎行文部常選上柱國南陽韓獻之書

　　公諱志廉，字惠達，富陽人也。昔吳稱帝業，飛龍鬱起於江東；漢辟賢臣，易道超來於北海。彼德高致遠者，蓋則其先故知族茂，慶流弥蒙。洎後□之□□□之第六子也，承家之緒，克奉徽猷，風姿璨然，自幼及長，智識天與，藝能師資，既得時以自致，寔負才而見□。服勤就養，竭力盡忠，承顔不違，虔心至孝。居公守道，在職惟賢。適褐授儒林郎，拜内謁者監。陟資驟進，俄遷朝議大夫、守内常侍。朱紱弈弈，儀容堂堂，言語侍從之臣，左右中涓之任，淑慎攸止，咸當聖情。君恩曲臨，殊私薦及，出入鴛鸞之殿，栖遊日月之宮，蹀紫蔦於香街，捧金輪於馳道者，蓋得其忠焉。公以勢莫久居，了真空而是觀；所歸正信，悟即有而得□。于以運短道長，功存已没，天寶十二載十一月十一日寢疾，終於咸寧縣來庭里之私第，時春秋五十二。夫人則天水郡趙氏之女，作嬪叶禮，于飛有光。先夫亡没三歲而已，即以明年夏六月八日，合葬我府君夫人于長樂原，之禮也。天子以舊臣可重，軫念於懷，既贈之以粟帛，復爰申于吊祭，喪事之日，人力借供。嗚呼，生榮没哀，身沉譽在，繐帷已故，石槨猶新。掩泉户以空幽，慮粢田之有變，將刻石以斯著，庶不爲冥寞君者乎！乃作銘曰：名家令族，孝子忠臣，禮義及物，賢良立身。鬱鬱芳猷，堂堂雅重，白珪無玷，玉卮有當。官因德建，寵自勤榮，侍衛宮禁，輝光日生。上壽未央，於焉卒歲，落影西沉，巨川東逝。曰日晝短，黄泉夜長，佳城寂寞，原野悲涼。美石已刊，功名【闕五字】洿千秋不□。

　　是誌向在咸寧農家，乾隆四十三年畢中丞移至靈巖山館，文字甚完，惟府君之姓獨剥，蓋爲鄉人椎去。《潛研堂跋》據文中“吳稱帝業”等語，定其姓爲孫氏。孫氏爲富陽望族，三國吳之裔也，故云“吳稱帝業，飛龍鬱起於江東”。北海爲孫姓郡望，後漢有孫賓碩，年二十爲趙岐所知；又有孫乾劉，先主牧徐州，辟爲從事，皆北海人。又有孫期，成武人，習京氏易，爲黄琬所辟。此云“漢辟賢臣”，“易道超來於北海”，未知所指爲何人。撰文之申堂構，丹徒人殷遙選其詩入《丹陽集》，稱其爲“武進尉”，不云平陸。韓獻之行文部常選，天寶十二載改吏部爲文部，“吏部常選”見前《潘智昭誌》。文中“釋褐”誤作“適褐”，銘中“雅量”誤作“雅重”。又紫燕馬名別作紫蔦。“禮也”上衍“之”字，説前見《杜某誌》，文末云“庶不爲冥漠君者乎”，冥漠君，見前薛稷《杳冥君銘》。

劉元尚　大唐故雲麾將軍左監門衛將軍上柱國彭城縣開國公劉府君墓誌銘

并序

通直郎前行右武衛騎曹參軍竇忻撰　鴈門田穎書

　　君諱元尚，字元尚。彭城人也。出自軒皇之後，繼乎光武之嗣，長源遠派，□裔于公焉。祖□高道不仕。父□居心物外，混跡人間，絶粒歸真，澄神息念。公稟靈□，得風雲之氣，感嶽瀆之精，茂威有奇，與同年而特異。弱冠從仕，於□衛，而超功，简在帝心，於斯爲美，解褐拜掖庭監，作大食市馬使。燕王市於駿骨，伯樂顧之龍馬，遂使三軍迎送，萬里循環，榮寵是加，超公内寺伯也。復爲骨利幹市馬，崎嶇百國，來往三春，追風躍而奔騰，逐日迴而來獻。遂加公謁者監。奚首領屈突于侵擾候亭，攪亂軍旅，公密奉綸誥，勒公討之，則知聖澤推賢，軍容得士。公有坐帷之策，尅日摧鋒，立計之謀，應時瓦解。特拜内侍，答公之德也。北庭使劉涣，躬行勃逆，委公斬之。又瀚海監臨，宣慰四鎮，兵士畏愛，將師威攝。無何，遷雲麾將軍、左監門衛將軍攝省事，寵恩極也。仍知武德中尚五作坊使，國家寄重，珍翫不輕，妙眩工輸，巧從班氏，能爲□□，幹得公心，出入蕭清，内外皆美。向一十五載，考績踰深，何必上□下□，能無有□，況招冤謗，徒有鑠詞。聖上委公清慎，特令無事，雖去官禄，而不離家，得預懸車，於兹足矣。未錫樓船之號，俄聞梁木之歌，惟公以天寶十二載八月十一日遘疾，薨於金城里之私第，春秋六十有八。皇情悲悼，朝野增傷，以天寶十三載十有一月廿九日窆于龍原府夫人舊塋合祔，禮也。勢搞長原，氣連秦岫，崗巒蘂倚，官闕峥嶸。嗣子守義，常選蘇期内給事上柱國；守志宮教博士。並泣血茹荼，哀纏觸類，氣添哽咽，痛感嘶□，哀笳斷絶於長空，楚挽喧闐於廣陌。克誠克信，有度有章，用展飾終，記之金石。銘曰：帝軒之裔，光武傳家。盈門金紫，寵幄榮華。夫盛必衰，有會克離。聖人既則，神道何爲？物慮推遷，迹存不朽。勒石題名，同天地久。

　　是誌《金石萃編》未詳所在，誌云"薨于金城里之私第，窆於龍原"，金城里即金城坊，龍原即龍首原，皆在長安縣。前《許洛仁妻宋氏誌》曰"薨于金城坊里，窆於龍首原"可證也。其曰"府夫人舊塋合祔"者，謂祔其父塋而窆也。元尚充大食、骨利幹二市馬使，大食國在波斯之西，骨利幹處瀚海之北，蕃馬出貨，置使掌之。又曰"奚首領屈突于"，奚有東西之別，與契丹同爲北狄，部落首領奚之酋長，屈突其姓，于其名也。北庭使劉涣，史無可考，《唐書·地理志》云："長安二年，置北庭都護府。"即涣出使地也，又曰"武德中尚五作坊使"，梁置左右三尚方令丞，唐制省方字，故曰中尚。《六典》載"中尚隸少府，監其署官，但有令一人，丞四人，監作四人"，未嘗有五作坊使及武德中尚之名目。文内悖逆誤作勃逆，又歲作戒、帥作師、號作嘶。

張安生　大唐故張府君墓誌銘篆蓋

唐故雲麾將軍行右龍武軍將軍上柱國開國侯南陽張公墓誌銘并序

鳥能飛万里，其有鵬乎？魚能吸百川，其有鯤乎？夫鯤鵬之處者，非滄海而不居，非扶搖而不動，豈秋潦夕吹而能加其志焉？士有佐世之材者，非艱難而不投，非明君而不事，豈升鬥凡類而能效其節焉。則我南陽張公功可著矣。公諱安生，譜喋清華，門多高士，漢有留侯秘略，晋有司空博識，累葉冠冕，暉曜相繼。祖諱泰，考諱貞，並儒素隱躬，遁跡不仕，田園蘊道於高尚，詩書襲德于風雅，後因公列爵，追贈考扶風郡司馬，父因子貴，以忠彰孝。公駿骨天資，偉貞神秀，拔奇材於衆外，先武略于群右。景雲中，屬韋氏竊權，群兇暴溢，擾我黔庶，殘我王室。公乃叶忠謀，爲佐弼，識潛龍必躍於雲霄，知牝雞伏誅於斧質，提一劍而直入，掃九重以珍謐。再清京兆之天，重捧長安之日。謀深於周邵，功越於平勃，古往已來，莫之与疋公。以功高職卑者，志士之讓。初退後進者達人之漸，故辭公侯之封，就戈戟之任。畢能身榮於紫綬，門曜於丹戟，得馮異大樹之名，免蕭何小過之責，有始有卒，其惟公乎？遂解褐授果毅，二遷折衝，一拜郎將，再轉中郎，畢于龍武將軍矣，食邑九百戶。公歷官無虧，公務旨要，處事有則，人莫能犯。或帝居内宮，則警衛嚴肅，或駕行外杖，則旗隊克齊。其動也若鷹鶚迥迅，其止也狀師虎群怖，電轉星流比其速，雲迴霞卷處其事。暨乎晚載，自强不息者，繫公而已。以天寶十三載冬十一月十日扈從，薨于昭應縣之官第也，享載七十有一。初公染疾城中，將赴湯所，左右留勸，作色不從，曰："吾亦知難保者命，但殞隨君側，以表忠誠，亦知易殁者身，但死在營間，用彰懃節。使魂歸帝鄉之路，心存皇闕之下，願之足矣，汝等勿違。"言畢扶疾即行，到遂終彼。所謂臨事無苟憚，臨困無苟免，及迴櫬于路，誰不傷悼？嗣子庭訓等，待疾而捧藥淚枯，返柩而攀輿氣輟。夫人太原郡君王氏，先公近殁，苫廬猶新；縗絰重舉，泣地未絕，號天更哀。又以翌載春二月十二日，別兆塋于龍首原，之禮也。素墳上築而永固，元堂下甃而深堅，白雲孤飛，招將軍之勇氣；綠柏旁植，表武士之高節。恐陵谷有遷，刻銘以記，銘曰：鶚之迅兮飛已絕，士之勇兮謀且決。臨難不懼兮忠臣節，奉我明后兮誅暴蘖。鶀鴒貴兮鴈行列，花蕚忽凋兮一枝缺。獨有功名兮千載存，刻石浣銘兮記墳闕。

　　是誌出自長安，爲寧武楊君元泗所得。張安生以天寶十三載冬十一月十日扈從，薨于昭應縣之官第。考《唐書·地理志》，京兆府昭應縣有溫泉宮，天寶六載更名華清宮，有湯井，置百司及十宅。昭應官第即其所也。《册府元龜》云："天寶十三載十月乙酉，帝幸華清宮，十二月戊午還宮。"蓋安生以十月扈蹕湯所，十一月薨於其地。唐昭應，今西安府臨潼縣地也。天寶初改年稱載，如此誌曰"天寶十三載"，曰"又以翌載"是也，而誌稱"晚年"亦曰"晚載"，"享年"亦曰"享載"。又《范夫人誌》曰"春秋載卅七"；《潘智昭誌》曰"時載五十有六"；《令狐夫人誌》曰"時載六十有三"，則年壽之年，亦改稱載矣。惟《劉感誌》曰"天寶十二載月日薨，以其年月日塋"，其年年字獨不稱載，蓋筆誤也。誌内斗作升、牒作牒、冕作冕、儒作儒、爵作爵、扶作扶、貌作皃、勃作勃、蕭何作簫何、終作終、柩作柩、苫廬作苫廬、虋作虋、浣字見《周禮·春官》及《考工記》。《説文》云："財溫水也，一曰沸灰汁。"此云刻石浣銘，未詳所出。唐人書世字，皆以避諱缺筆，此云"士有佐世之材者"，世不作廿。"禮也"上衍"之"字，説見前《杜某誌》。

惟茲夫人開睲挺萃赳赳褰褰楚灼灼雲介

日

河斌斌墳壟依依丘墓曾悲尋桂多傷其東

十二月辛己朔四日甲申葬於渥湄之

之典以延昌二年嵗次癸己喪於京

作拺終始若上　易稱家人美夫婦夫

誌好仇嵗以加焉言告師氏为式開

沖圖四德連瓊后妃氏为式開暉闢夫

孫陽禾王第六弟九颺

訓陰軌尔明作配韃之宗妻

周王翼之引氏祿之興

左中郎将九颺妻王夫人

唐九

張希古　大唐故游擊將軍守左衛馬邑郡尚德府折衝都尉左龍武軍宿衛上柱國張府君墓誌銘并序

鴈門田穎書

噫夫蒼穹不仁，殲我能幹，德星落彩，和璧韜光者歟。爰我所珍，清河張公，字希古，晉司空華之裔緒也。惟祖厥父，耿逸馳芳，兢惕怡然，匪干榮祿，優游自得，凜霜松之操；岐嶷孤拔，挺風雲之氣。公負河岳之粹英，育辰象之靈質，亭亭高聳，遠振雄名；傑傑威稜，龍城獨步。門延賓侶，豈謝季倫。精舍樓臺，有齊須達。加以武略兼著，公忠必聞，歷踐榮班，宿衛清禁，累遷馬邑郡尚德府折衝都尉、游擊將軍、上柱國、員外置同正員，莫不獻肝膽於玉階，輸腹心於金闕，惟謹惟勵，不慝不瑕。豈畾二竪興災，兩楹搆禍，藥物無護，酷裂所鍾，白日長辭，黃泉永赴。則以天寶十四載十月十七日終體泉里之私第，春秋七十有三。天寶十有五載四月二日，窆于鳳城南樊川之北原，禮也。太夫人天水趙氏，恭而有禮，時稱孟軻之母，珪璋播美，松竹茂心。誕三子，長曰行瑾，次曰崇積，並武部常選。季子談俊，衛尉寺武器署丞。嗚呼。誰免乎榮枯，適覿全盛，今已淪殂。梁木折，太山頹，三子腸斷，二女情摧，咄嗟人代，天道邅迴，其詞曰：公之英聲，振區宇兮。公之勇義，如龍虎兮。彼上蒼蒼何不仁兮，斂殄我之至所珍兮，泉門此日一關閟兮，玉顏何春再相詣兮，表余平生情愨至兮，餝琬炎以鑿銘記兮。

天寶十五載歲次景申四月甲申朔一日甲申建。

誌云"公字希古",不言其名。三子官不顯於父而稱其妻曰太夫人,非體也。序云"殮我能幹",銘云"歛珍我之至所珍兮",蓋以殮、歛字作殯字用。又愍作愁、閉作閟、飭作餝。丙申避太祖昞字,諱作景。又避中宗旦字諱,改景作景、唐人書但、量、景、書、亶、暨等字,皆避旦字改作但量畫亶暨,故此誌遭字亦作遭也。

僧思道　威神寺故思道禪師墓誌

和上俗姓師,諱思道,絳州夏縣平原人也。天縱其志,七歲出家,人推其聰。十八剃髦,事人不事,為人不為,同鵲巢於頂之年,護浮襄無缺之日。次就有德,轉相師師,禪行法門,戒律經論,耳目聞見,紀之心臂,緇錫來求,簪裾欽仰,聽習者鶴林若市,頂謁者鹿苑如雲。去至德二載,春秋八十有一,僧夏六十一,時崔二鼠,妖纒十夢。其年十二月,示身有疾,隨爲衆生。其月二日,禪河流竭,坐般涅槃,驚慟知聞,悲覃飛走。孫威神寺主僧承嗣,五內摧裂,蹢踴攀號,聲竭潛哀,淚盡續血。至乾元元年十二月二日,遷於條山之側,胄子墟頭,禮也。詢問其地,取人不爭,砥柱東橫,汾河西澍,青臺鎮北,監池臨南,崒爾墟頭,卜擇安厝。雖則天長地久,而恐代易時移,陵谷改遷,斯文不謬,其詞曰:緇門積疊,寶樹崩摧。法消蓮座,魂滋夜臺。條山陰麓,巋然墟頭。碧巖引吹,清澗繞流。和尚登兮舊賞,功匠興兮今修。建崇塔兮數仞,瘞金骨兮千秋。

誌云"遷於條山之側",條山即中條山,在蒲州跨夏縣解州之界。砥柱峯在平陸縣黃河中流,汾河由趙城過絳州界,鹽池在解州思道。塋地當在蒲、解相接處。誌中髦作髦、鶴作鶴、苑作菀、纒作縺、砥作砥、瘞作瘞。

新平郡王儼　大唐奉天皇帝長子新平郡王墓誌銘

韓述撰

維永泰元年歲次乙巳二月十七日,新平郡王薨於西京之內邸,春秋四十一。粵以其年五月七日遷窆於萬年縣龜川鄉細柳原,禮也。王諱儼,字伯莊,睿宗之曾孫,元宗之孫,奉天皇帝之長子也。幼而溫良,夙乃碩茂,動皆執禮,言必稱

詩，皇孫之中，德行推美。周邦右戚，漢典開封，代繼讓王之尊，親承太伯之
嗣。先朝友愛，奕葉追崇，常佳南楚之風，每翫西園之月。仁者不壽，遘疾而
終，皇上軫棠棣之悲，懷鴒行之慘，輟朝震悼，義切天倫。鷫隧云封，龜占從
吉，俄辭舊邸，言向佳城。近灞陵之高原，當細柳之古地，丹旂將引，元甲啓
行，器備飾終，禮有異等。嗣子年在童幼，執喪而哀，詔葬之儀，悲深先遠，
豐碑之窆，詞在刊銘，銘曰：文昭武穆，天孫帝子，好古推賢，樂善歸美。親
承太伯，業繼賢王，漢屏斯重，周卿有光。人閱于水，夜遷於壑，長坂蘭摧，
小山桂落。細柳之地，灞陵之川，泉扃一閉，幽壙千年。

儼，元宗，子琮之子也，無後，以太子瑛子俅嗣王爵。

王訓　大唐故光禄卿王公墓誌銘并序

前秘書監嗣澤王湊撰

公諱訓，字訓，瑯琊臨沂人也，永穆大長公主之中子。夫周文授圖，靈王
纂臂，誕我太子晉，晉有儀鳳之瑞，瑞流子孫，粤王氏焉，爲異姓首。曾祖知
道，皇贈魏州刺史。祖同晈，皇光禄卿、駙馬都尉，贈太子少保，尚定安長公
主。父繇，皇特進、太子詹事、駙馬都尉，贈太傅，尚永穆長公主。龍種鳳
鸐，長淮積潤，文武間出，衣冠寔繁，譜牒稱之，豪族鍾鼎，傳于不朽。公文
備四教，學通六藝，博聞雅量，厚德高明。三歲尚輦奉御，四轉至光禄卿。早
年娶嗣紀王鐵城之季女也，夫人尋逝，有女方笄，生人之哀，孤遺之極。後尚
博平郡主，癸卯歲居鄧州別業，因中風疾，遂還京師。公主罄茲上藥，竭以秦
醫，千攘萬療，月襄日羸。若使經方有徵，公亦保合于永年矣。嗚呼，春秋冊
一，大歷二年巳月癸巳奄終鳳樓之右，中使弔賵，度僧尼以追福。公主崩心震
悼，哀過禮經，孝子邠柴毀骨立，古今未聞。其年八月七日，遷厝萬年縣滻川
鄉川原，之禮也。嗚呼，生涯畢矣，龜兆斯安，青門始啓，朱輅方引，返哺之
聲絕矣。倚門之望休焉。銘曰：龍渠之右，鳳樓之東，罒原夾輔，卜宅叶同。山
開黃壤，地列青松，萬古已矣，千年寔封。多才多藝，惟聰惟惠，如松之盛，
如川之逝。陵谷將平，石記爰旌，長懷令德，永頌英聲。

訓祖同晈，《唐書》本傳"相州安陽人"，此云瑯琊，舉族望也，《同晈傳》

但云"陳駙馬都尉寬曾孫",而不載其父名知道。又載子縣尚永穆公主,生子潛,而不及訓。《唐書·公主傳》云:"中宗八女,其三曰安定公主,下嫁王同皎。同皎得罪,改嫁韋濯。濯誅,又嫁崔銑。"志作"定安",與傳異。傳又云"元宗二十九女,長曰永穆公主,下嫁王縣",即訓母也。同皎及縣贈官,皆傳所未及。訓初娶嗣紀王鐵城之女,《宗室表》作"鐵誠",後尚博平郡主。而下文云"公主磬茲上藥","公主崩心震悼"。此公主即謂博平,前稱郡主,後稱公主,所未詳也。撰文之嗣澤王漼見《宗室表》。義,珣子也,表載其守光禄卿,其歷官秘書監亦所未及。誌中雛作鶲、極作極、禳作攘、岡作田、將作将、旌作旄。"禮也"上衍"之"字,説見前《杜某誌》。

僧義琬　唐故張禪師墓誌銘并序

香山禪師諱義琬,字思靖,俗姓董氏,河南陽翟人。紹嵩岳會善大安禪師智印,法歲廿七,世齡五十九。開元十九年七月十九日,長天色慘,塞樹凝霜,頂白方,面赤方,右肱枕席,左臂垂睞,言次寂然,奄魂而歸。舉體香軟,容華轉鮮,感瑞嘉祥,具載碑録。師未泥洹,先則元記:吾滅度後,卅年內有大功臣置寺度遺法居士爲僧,卅五年後焚身,留吾菓園,待其時也。果廿八年有文武朝綱□國老忠義司徒、尚書左僕射、朔方大使、相國郭公土額於居士,拜首受僧,奏塔梵宮,榜乾元寺。法孫明演授禪父託墼祖黄金述德於中書令汾陽郡王郭公,徹天請号焚墼,借威儀所由撿挍。大歷三年二月,汾陽表曰:義琬禪行素高,爲智海舟航,是釋門龍象,心超覺路,遠近歸依。身殁道存,實資褒異。伏望允其所請,光彼法流。其月十八日敕,義琬宜賜謚号大演禪師,餘依。擇吉辰八月十九日荼毗入塔。今冊載無記,不從大禪翁也。行慈悲海,得王髻珠,施惠若春,研芳吐華。破邪寶劍,見綱皆除,業爲學山,萬法包納。練行凝寂,方能□天。塔摩青霄,砌下雲起,星龕月户,面河背山,清净神虛,庶幾銘曰:行破群邪,業爲學海。戒月清空,心珠自在。塔面長伊,鈴摇岳風。動天威力,無住無空。

禪師俗姓董氏,標題處又稱張禪師,何耶?文云"頂白方、面赤方"者,言其示寂時,首在西面向南也。相國郭公,即郭子儀,永泰二年子儀留守東都,僧以額請。至大曆三年二月，子儀自涇陽入朝，始爲表上之也。乾元寺在河南府城西南三十里。志中滕作膝。梵語"泥洹"，死也；"茶毗"，焚化也。

元鏡遠妻鄭氏　唐故左武衛郎將河南元府君夫人滎陽鄭氏墓誌銘并序
陸渾縣丞鄭淰撰

夫人鄭氏滎陽人也，左衛兵曹敬愛之孫，陝州平陸縣令岳之長女，世承官族，時謂盛門。年十八，適河南元鏡遠。貞姿雅操，爲閨門之表式。夫人師心道流，早棄華麗，薰茹不味，日唯一飯者，卅年於茲矣。誠宜天佑其福，享以永壽，何神理之不明而喪此貞善！以大曆四年八月十六日，遇疾終於緱氏之別業，春秋六十有三。子三人，長曰溥、次曰渙、季曰鴻，皆夫人鞠育成立，有慈無成。夫人屬纊之際，敕溥等於龍門安置，溥遵其理，命以其年十一月廿一日，安厝於龍門東山南原，單車送終，儉而得禮。恐歲月遄遷，失其姓氏，敢述平生，誌于貞石。銘曰：滎水長源，緇衣襲慶，世傳冠冕，人唯貞正。早棄浮麗，歸心道門，六塵無染，一念長存。伊水之左，龍門之側，封樹佳城，歲年萬億。大曆四年十一月廿二日。

尼如願　唐國師故如願律師謚大正覺禪師誌銘楷蓋
大唐真化寺多寶塔院故寺主臨壇大德尼如願律師墓誌銘并序
敕撿校千福寺法華道場沙門飛錫撰　隴西秦昊書

大曆十年歲次乙卯五月廿九日，律師薨于長安真化寺之本院。律師法諱如願，俗姓李氏，隴西人也。申公之裔，簪紱之盛，豈真寶乎？律師天生道牙，自然神秀，十一詔度，二十具圓，弥沙塞律，其所務也。分氎之義不殊，抁金之理斯在，律師僅登十臘，聲實兩高，邀臨香壇，辭不見允，望之儼然，即之溫然。其慧也月照千潭，其捺也松寒萬嶺。乃曰："威儀三千，吾鏡之矣。度門八方，復焉在哉？"遂習以羅浮雙峯無生之觀，位居元匠矣。我皇帝纂聖，君臨千佛，付囑貴妃獨孤氏，葛覃蘊德，十亂在時，授道紫宸，登壇黃屋。因賜律師紫架裟一副，前後所賜，錦綺繒帛，凡鬟千疋，以旌其高。璨乎盈庭，了無是相，道何深也。由此敕書疊篋，中使相望，御馬每下於雲霄，天花屢點

於玉砌，締搆多寶塔，繕寫《蓮華經》。環廊繚繞，金刹耀耀，額題御札，光
赫宇宙，皆吾君之特建，亦貴妃之爲國。宏哉！噫，禪師擲鉢他方，應遽還於
靜室；散花上境，何便住於香天。顏皃如生，若在深定，曲肱右脇，湛然已滅。
春秋七十六，法夏五十六。具以上聞，皇情憫焉，中使臨吊，賻贈之禮，有加
常等。律師累聖欽若，三都取則意澹江海，心閑虛空，而今而後，恐難繼美。
於戲，六宮誰授其髻寶？八部孰示於衣珠？覺路醒而却迷，人花茂而還落。哀
哉！弟子長樂公主，与當院嗣法門人登壇十大德凝照、惠照、凝寂、悟真、資
敬、寺上座洪演寺主李因、律師真一、遠塵，法雲寺律師遍照等，凡數千人，
則懿戚相門，愛道花色，而爲上首。忽喪宗匠，如覩鶴林。即以其年七月十八
日奉敕法葬長安城南畢原塔，之禮也。素幡悽於道路，丹旐慘於郊坰。式揚國
師，敢爲銘曰：紫袈裟者彼何人，已了如來清净身。登壇不向明光殿，去去應
超生死津。廣平程用之刻字。

　　僧尼之化，未有稱薨者。如願爲隴西李氏申公之裔，當是宗室女，故書薨
以別之。獨孤氏本代宗貴妃，大曆十年薨，追册爲皇后，謚曰貞懿。長樂公主
爲肅宗長女，始封長樂，徙封宿國，下嫁豆盧湛。誌中裔作裵、析作枂、蔱暈作
蔱草、茌作茌、袈誤作架、數作麫、璨作琗、刹作刾、皃作皃、喪作喪、鶴作鶴、
幡作幡。銘詞用七言四句，蓋倣彼教中說偈法爲之，非銘體也。又"禮也"，
上衍"之"字，說見前《杜某誌》。

盧濤　唐太原府司録先府君墓誌銘 并序

遺孤第二子前大理評事杞謹撰并書

　　府君盧姓，其先姜氏，范陽人焉。七代祖後魏司徒敬侯尚之之裔，鹽山縣
尉知誨之子，諱濤，字混成。年十九，明經擢第，常調補安德縣尉佐幕，遷左
監門録事參軍，轉西華縣令太原府司録。咸以抱德經物，不言而治，示清白而
觀國，蘊仁孝以克家。況學富文高，禮崇身儉，穆穆棣棣，夫何言哉。嗚呼，
昊天冈極，灾我于樂棘；皇天不弔，殃余乎荼蓼。天寶十二年癸巳九月遇疾，
精誠無感，禱祠不降。冬十月弥流大漸，五日棄背於官舍，春秋五十有三。長
子楢不幸短命，無禄而終，哀哉。次子杞，前大理評事；栝，前杭州餘杭尉；

札，前潤州丹楊尉；槙、槙、構等，不天在疚，泣血存禮，其年十一月十八日，安厝於河南縣萬安山之陽，夫人滎陽鄭氏，易州司馬瞡之女也，至若螽斯之德，鳲鳩之仁，爲三族九姻之靈龜明鏡矣，及先君違世，繄夫人拊鞠教導，訓誘克遂成立，享年六十有三，大歷十年乙卯二月卅日傾背于壽州霍邱縣安定里之私第。杞等殃罰罪苦，號叩崩裂，無顧無腹，何怙何恃，明年景辰十一月乙卯十六日庚子歸葬于本塋，合祔從周制也。欽若祖德，詒厥孫謀，恭惟懿範，冈敢墜地。於戲，撰德行存圖史，誠孝子之節著，誌銘幽磶，銜酷何申，係曰：於穆烈考猗那文母，道光邦國，德振今古，思皇多祜，維清緝熙，休有烈光，子孫其保之。嗚呼，蒼天白日，昭昭青松，嬙嬙冥兮窅壽，堂問兮切孤薂。　龐英幹鎸

誌在洛陽縣，盧杞爲其父濤撰并書，此盧杞相與德宗時宰相盧杞別是一人。然其世系皆出范陽，宰相盧杞爲御史中丞奕之長子，此盧杞爲濤之次子。誌云濤爲後魏司徒尚之之裔，鹽山尉知誨之子，以《唐書·宰相世系表》證之，知誨爲後魏秘書監陽烏之九世孫，而尚之則陽烏之季弟也，與誌不合，蓋表誤爾。

杜濟　唐京兆尹兼中丞杭州刺史劍南東川節度使杜公墓誌銘

友壻顏真卿撰

九有無虞，行師貴于衽席；四方取則，鈎鉅資乎浩穰。誰其有之，則杜公其人也！公諱濟，字應物，京兆杜陵人。皇主客郎中續之曾孫，明堂令知讓之孫，贈太子少保惠之第三子。姿度韶舉，心靈敏達，在家必聞，既蘊睦親之志；所居則化，多稱不器之能。解褐南鄭主簿，州主司馬垂引在使幕，轉長社尉、隴西法曹。皇甫侁江西採訪，奏爲推官，授大理司直，攝殿中侍御史，賜緋魚袋。尋正除殿中，歷宰湄、渭南、成都三縣、緜州刺史，賜紫金魚袋、戶部郎中，加朝散大夫。廣德中，檢校駕部郎中上柱國，充嚴武劍南行軍司馬。杜鴻漸分蜀爲東西川，以公爲副元帥判官，知東川節度，拜大中大夫、緜劍梓遂都防禦使、梓州刺史兼中丞。時寇盜充斥，公示以威信，八將之不隕，公之力焉。尋拜東川節度使，俄而移軍，復爲遂州都督，徵拜給事中，間歲拜京兆少尹，明日遷京兆尹。出爲杭州刺史，公務清簡，庭落若無吏焉。不幸感

風疾，以大歷十二年歲次丁巳秋七月二日辛亥，薨於常州之別館，春秋五十有八。夫人京兆韋氏，太子中舍迪之第三女也。沈敏精深，高明柔克，幹夫之蠱，以戀厥家。生三子四女。而公即世，夫人星言晝哭，躬護櫬轜，與子蕭以冬十一月二十有四日壬申，歸窆公於萬年縣洪原鄉之少陵原，祔先塋也。嗚呼，以公之志業才力，宜其振揮鱗翮，凌屬清浮，而命迍成山，功虧長世，吁足恨也！真卿忝居友壻，亟接周行，痛音徽之永隔，感存歿其何已！銘曰：

藹藹禺禺，時維杜公。業光臺省，政洽軍戎。乃尹京兆，乃麾江東。帝方俟理，命則不融。内子護喪，哀哀送終。

是誌宋時出土，《集古》《金石》二錄皆載其目，至宋敏求採入《顏魯公集》，其文始傳。

涇王妃韋氏　大唐涇王故妃韋氏墓誌銘序

給事郎行河南府洛陽縣丞翰林學士賜緋魚袋臣張周撰

夫必有婦，其尚矣先務德禮，次求容功，兼而有之，方謂盡善。不爾則不足以侍執巾櫛，宜其室家。故詩稱好述，傳著嘉偶。非必獲是孰媲名。王妃姓韋氏，蓋京兆長安人。祖湜，皇朝中散大夫、賴王府司馬，贈光禄卿。父昭訓，皇朝中散大夫、太子僕，贈衛尉卿。皆公望自遠，吏才兼優，來以何暮見歌，去以不留興詠。妃即淮陽府君之第四女也。自漢及今，門爲望族，男不卿士，女則嬪嬙，蟬冤魚軒，与時間出，騰光簡諜，昭晰紛綸，妃蕙以爲心，馨其如苣，詞懿而定，服純而衷，位則千乘小君，行則一人猶母。雖貴無壽，命也如何？嗚呼，享年四十八，以建中二年十二月巳酉薨于寢，以三年二月庚申葬于原，禮也。存不育男孕女，漫無主祀執喪，有足悲夫，銘曰：關右著姓，海内名家。氣与蘭馥，顔如葇華。宜乎作嬪，于王之室，如何不淑，中路先畢。松櫺交植，塗芻共來，一晝朝露，千秋夜臺。目覩原野，心傷埋没，日光既沉，人亦薰歇。中無可欲，焉慮發掘，但恨長辭，獨歸城闕。

《唐書·宗室傳》涇王侹，肅宗第七子，始王東陽，進王涇。妃祖韋湜，父昭訓，皆見《宰相世系表》。湜，齊州刺史，誌稱昭訓，爲淮陽府君，謂曾任淮陽，故父子皆以吏才著也。誌中冤作冤，純作純，寢作寢。

李某妻賈氏　大唐故宣州宣城縣尉李府君夫人賈氏墓誌銘并序

夫人諱嬪，字淑容，長樂人也。其先晋唐叔之後，因別封而族焉。遠祖誼，以文傳長沙桓王，漢帝膝之前席。洎王莽末裔，祖復以創命功，遂圖雲閣，旌美之，則本仁義泙文，質守忠信者，良亦多矣。祖王父藝，易州遂城縣令。王父元操，洺州洺水縣令。烈考彥璿，朝請大夫，閬州刺史。皆種德前烈，温温其恭，澤流子孫，世濟於美。夫人妙閑閨壼，明練威儀，婉娩潜會於徽容，工巧冥資於柔德，有行之歲，儀鳳于飛，聞既見之詩，而誓心永畢。公隴西人也，舉賢良，授宣城尉，其餘官婚，列於別傳，故不書。遂能宮徵調和，塤篪韻叶，奉蘋藻而脩盥饋，朝舅姑而事組紃，囉囉啻啻，聞唱必和。豈圖昊天不吊，殲我良人。夫人感恭姜之遂孤，痛顔子之不幸，至哀而哭，不在夜居喪，而動必合礼，遂貞其節，潔其名，守其婺矣。以從父之弟任於茲邑，因臻焉。又能恤孤弱以慈，睦天倫以孝，優遊自得，喜怒不形。誰謂六極俄鐘，遐齡不享，以建中二年二月十二日寢疾，奄終於趙州元氏縣之官舍，浹族銜哀，舉門抱痛。春秋七十有六，無子，有張氏女一人，泣血毀容，殆將滅性。以其年三月廿三日，窆於七義原櫬，礼也。合防之志，今則未從同穴之言，他年奚復？從子文則，哀迫懇到，寄詞于石，銘曰：於昭祖宗，誕膺明哲。爰洎夫人，克勤礼節。人欽嘉行，族滿休聲，必有大順，志潔孤貞。嘉行伊何，合於内則。休聲伊何，軌儀不慝。物終歇滅，道有湮淪。哀哀孝女，盡我生人。一扃泉壤，万歲千春。

後一千三百年爲劉黄頭所發。

是誌道光三年出土，自唐建中二年至此祇一千零四十三年，與誌末所記年數不符。蓋書誌者好異爲之，不足怪也。《廣韻》賈姓出河東周賈伯之後，《春秋國名考》唐叔虞少子公明封于賈，晋滅之，以爲狐偃子射姑采邑，故云別封而族。漢賈誼以單閼之歲在長沙，作《服鳥賦》，單閼卯歲也。文帝前六年，歲在丁卯，《史記·漢興以來諸侯年表》，文帝前六年，爲長沙靖王吴著四年（《漢書·吴姓諸侯王表》作"吴産"，《吴芮傳》作"吴差"），則誼所傅者，乃長沙靖王，誌云桓王，誤也。誌中世字不缺筆，麓下虎字缺中畫，賈氏父彥璿嘗爲李無慮撰誌，見前卷。

中郎将元颺妻王夫人之性

同王王異之興引氏秩之興

家訓陰軏尒明作配魏宗之妻

陽禾王弟六弟九颺妻

諟沖囯孫陽禾妃之若開睢閒

德連瓊后妃氏内式開睢

好仇歲以加焉言告師

探終始若二易稱家人美夫婦夫

典以延昌二年歲次癸己喪於湩湄之東

廿二月辛己朔四日甲申蓥於

河焱焱墳壠依依丘墓曾悲尋桂多傷其

惟茲夫人開睢挺莭超超襄楚约约雲介

日

唐十

彭浼 唐瀛州景城縣主簿彭君權殯誌銘并序

前幽州潞縣尉王諫撰

有唐建中二年歲次辛酉十一月三日，瀛州景城縣主簿彭浼字巨源，卒于官。明年十有一月，季弟字長源，迎神葬於古漁陽城北采貴里之原。存歿急難，於此極天倫之感。君之先世，祿至高祖，奕葉瓊枝，在邦已聞。曾祖順，皇朝都水使者。祖杲，御史中丞，嶺南採訪。考捷梧，蒲州司馬。生君身長六尺，性倜儻，善屬文，工揩隸。廣德中，有季父仕於恒，因省遇亂來遊幽薊，与宏農楊鱗、太原王潘、河東柳挺以文相友，爲當時高唱。及太尉遂寧王、司徒義陽公魯衛更榮，秉旄此府，恩殊寄重。深沉朱户，君嘗繻服曳裾，宴語東閣，雖梁邸之待孫羊，寶家之歡崔班，彼一時也。無何張惟岳以恒趙叛，有詔司徒討逆，議者若師出乎瀛莫之間，扉屨資糧，佇我文吏。君解巾始拜此職，縣與賊鄰，防虞初闕，菫蒲之盜，起於倉卒，長吏請避寇，君曰：擊柝待暴，家人有備，況國邑乎？苟□以下缺

誌凡二石，佚其一，故文止存半。彭君未知何所人，官於瀛州，遂葬其地，故題曰"權殯"。唐瀛州隸幽州盧龍軍，今爲直隸河間府獻縣地也。撰文者爲潞縣尉，潞，今北通州，誌出其地，今在州署。案太尉遂寧王，朱泚也；司徒義陽公，泚弟滔也。相繼爲盧龍軍節度使，彭浼以景城主簿爲滔所屬，時鎮冀成德軍節度使李寶臣卒，其子惟岳求襲父位，帝不許。遂謀拒命，詔朱滔及成德軍節度使張忠孝合兵討之，再破其軍。詳《唐書·藩鎮傳》。誌云"張惟岳

以恒趙叛，詔司徒討逆"，即其事。惟岳父寶臣，本范陽奚，初爲張鎖高假子，遂冒姓張氏。及拜節度，賜姓李。《舊書·代宗紀》大曆十三年寶臣抗章，請復姓張氏，從之。故惟岳父子，史稱李氏，而誌則仍稱其所冒之姓爲張氏。恒定易趙深冀滄七州皆成德軍所轄，時朝命以張忠孝代其軍，故惟岳以恒趙叛也。宏農楊鱗字文豪，懿宗宰相收之子，官至戶部尚書，附見收傳。《舊唐書·睿宗紀》景雲二年四月癸未，分瀛州置鄚州。誌云"師出於瀛莫之間"，莫即鄚也，《元宗紀》開元十三年改鄚爲莫。

張希超　成紀府左果毅張公墓誌銘

公諱希超，字少逸，其先清河人也。漢末因避地過江，遂居於杭州鹽官縣焉。祖楷，成王府諮議。父徵，隱遁邱園，高尚不仕。公即徵之次子也。公性實惠和，材兼文武，行必由本，言皆中規。忽以貞元元年五月五日，寢疾終於袞花里之私第，享年五十有七。即以其年十月十一日，遷窆於皇堈村北平原，禮也。公有一子曰瀾，少習典墳，游心文囿，銜悲泣血，願有誌焉，其詞曰：高岸爲谷，深谷爲陵，千年萬歲，惟斯可憑。

李丕　故莫州長豐縣令李君墓誌銘

唐貞元三祀五月，故長豐宰李君丕卒於幽州潞縣。嗚呼逝水，古今悲夫。公隴西人也，世襲軒裳，地清才幹。曾祖知禮，宣州司功參軍。祖懷璧，汴州陳留縣丞。考□，許州鄢陵縣令。公洒然深心，抱義育德，士林咸器重之，乃昌言薦於元戎，遂徵辟爲潞縣丞，佐理高標，令名遠著。後墨綬長豐，化百里之風，樂四人之業。俄改任莫州司法參軍，蘇息萌隸，鈐鍵姦譌，凡登仕踐位，時議茂宰良掾也。每處其厚，不居其華，果行溫良，發言砥厲。豈期餘慶罔祐，而禍兮有階。故鵩鳥作孽，二豎爲崇，沉疾於故林私第，即代之日，春秋六十有三，無嗣。夫人元氏晝哭靈帳，恨無三從，傷肝膈之痿憤，痛終身之惸獨。長女適河東柳氏，名峴，試太常寺奉禮郎。感深仁之厚恩，盡半子之禮節，力窆棺槨，手植松楸，扶塗車，封馬鬣。粵三年建子月，葬於縣之南三里潞水之右，託一片之琬炎，紀平生之徽獻，俾山壑之變，風烈有遺。而爲銘曰：屹然孤墳，長城之東。死生永隔，天地不同。吁嗟英靈，窮泉之中。悄悄原野，旦暮悲風。

誌在北通州文昌殿壁，近年出土。"四民之業""即世之日"，改用"人"字"代"字，避太宗諱也。

韋端妻王氏　大唐華州下邽縣丞京兆韋公夫人墓誌銘并序

哀子前鄉貢進士縝謹撰并書

維唐大曆十三年三月廿五日，韋公夫人遘疾終于長安親仁里之私第。夏四月遷殯萬年縣加川鄉西原。時無良禮，不備故也。貞元庚午歲二月廿三日，卜叶禮具，返葬洪固鄉韋之舊壇，祔皇姑也。享年卅九，孝子之感備焉。夫人姓王氏，其先太原晋陽人也。九代祖亮，後魏比部尚書、西河郡公、尚書令、中山郡王叡之弟也。曾祖真行，有唐汝州葉縣令。祖怡，河南尹東都留守。初爲御史，正憚姦息。父毗，京兆府奉先縣丞。夫人少喪怙恃，終鮮昆弟，年十七歸於下邽公。公五代祖孝寬，周爲大司空，隋爲雍州牧，其後登三台，列八座，焜煌國史，此不具舉。夫人惠和懿柔，稟之自然。故韋□門大族茂，能卑以自約，栢上接下，而人無間言，事姑惟勤，□夫以敬，踰廿載，婦道睦如也。嗣子均育，免懷就傅，親賢慇□，母儀温如也。華靡不改欲，榮耀不汩志，安買臣之尚貧，之□□之未遇，敬孟齊□，梁鴻比德，君子謂之無媿辭。宜乎鍾壽異□，□何先露早世，時□彼蒼，仁者之惑。嗚呼哀哉，有子五人，曰縝、曰潔、曰系、曰綰、曰紆，免三年之喪，茹終身之痛，恭守儉薄，爰卜安兆，封樹將立，日月有時。攀塗車而莫及，軫泉局以冈極，恩盡苴枲，悲長霜露，是用祇述景行，式楊幽窆。銘曰：行備德充，反殲其躬。哀子泣盡，良人室空。辭殯還鄉，魂安孝終。松檟有折，慕思無窮。貞元六年二月十九日書。

幼而無父曰孤，統母而言也。喪稱哀子，兼父母而言也。後人乃以孤子、哀子、孤哀子爲喪父、喪母、父母俱喪之別然。喪母稱哀子，漢碑中已有之，在唐則見於《碧落碑》及此誌。其父母俱喪，以孤哀二字合稱，則自宋儒家禮始，前此未有也。《唐書·宰相世系表》"郿公房韋氏有韋叔裕，字孝寬，隋尚書令"，即誌所稱"五代祖孝寬"也。表云"叔裕六子，其第五子曰津；津五子，其第二子曰琬；琬六子，其季曰季弼；季弼一子曰廉，廉二子，其次曰端。"端即誌稱"下邳縣丞韋公也"，《表》未載其官，由端至叔裕爲五代。誌載"韋公五子"，《表》僅載端子二人，曰鎮曰紆，佚其三人。

閭某妻張氏　大唐故清河張夫人墓誌銘并序

宏農楊暄撰　外孫子罤彭城劉釓書

夫人号威德，清河之族，積善承家。祖考諱诞昌，二女□不乏世賢，園林隱跡。夫人既笄之後，嫡於閭氏，婉順和睦，克柔母儀，淑慎於家，聲聞於里。況乎先覺，早悟色空，齋戒在心，持念閉目。奈何善不增壽，命也！自來染疾月旬，歲過不減。貞元八年二月廿八日，終於京長安縣義寧里之私第，春秋六十有九。即以其年五月十八日樺兆吉辰，葬於長安城西龍首原，之禮也。嗣子庭萼，右龍武軍宿衛，忠孝之道，骁絶過禮；次子庭珎，右羽林軍宿衛、邠州節度使。尚書張獻甫奏赴行營，遂忠於國，孝不並行，報哀之情，昊天何極！嗚呼痛哉，又足悲也。一女四德，嫡於白氏，半子之分，禮以恭仁，攀慕痛深，將刻斯石，其銘曰：

清河夫人，嫡于閭氏，二男一女，忠孝誰理。其一
公之獨守，痛絶靈机，四時定省，賴之半子。其二
楚挽送終，染疾一周，死生命也，念之何求。其三
孤墳寂寂，松柏颼颼，泉門永掩，萬古千秋。其四
外孫太清刻字

撰文之楊暄，《唐書·宰相世系表》元宗，相國忠之子也，官太常卿。書誌之劉釓，爲閭氏女適白氏者之壻，故自稱外孫，子罤，罤古壻字也。《干禄字書》壻正罤通壻，俗蓋一變爲壻，再變爲埒，三變爲罤，四變爲罤，皆由胥變爲胥致悮。釓字音義未詳。刻字之外孫太清，即適白氏女之子也。尚書張獻甫，《唐書》附見其父守珪傳，閭氏次子庭珍，蓋爲獻甫所辟，死於邠州。而其長子庭萼，又以龍武軍衛士赴直，故四時定省，賴之白氏壻家。誌中延作诞、適作嫡、閭作閭、擇作樺、號作骁。今俗謂壻爲半子，此志云"半子之分"爲俗語所始。

王庭瓌妻馮氏　大唐故扶風郡夫人馮氏墓誌銘并序

前邠州三水縣令史恒撰

夫人門傳高族，鍾鼎承家，既笄之年，配于君子，即故通議大夫行內侍省內侍員外置同正員太原王公庭瓌之夫人也。公則屬節立身，忠以奉主，出承王命，入侍禁闈，累袟成勞，頻遷祿位。何期不壽，逝我良臣，以興元元年薨於私第。夫人孀居苦節，備禮從家，婉順執心，三隨婦道，常依釋衆，齋戒有時，早悟空緣，修持真諦。奈何積善無徵，德昭禍及。昔掩空堂，梧桐半折；今歸厚夜，琴瑟兩亡。烏呼哀哉，又足悲也。貞元八年歲集壬申九月廿八日，終於京大甯里之私第，春秋五十有六，即以其年冬十月廿七日合祔於長安縣龍首原送終，禮也。嗣子德進、次子德逸、次子德遜、晏等孤女，嬭于劉氏，並號絕擗地，毀骨傷神，痛割於心，昊天何極。恐陵谷海變，託石銘云：太原王公，屬節奉公，不嗇早世，禍降先薨。郡君夫人，四德能恭，生之秦晋，死之穴同。

梁思　上柱國梁府君墓誌銘

君諱思，字恭，其先安定人也。昔秦仲伐西戎有功，周平王東遷，封少子康於夏陽，梁山因而命氏。其後竦，因才著翼，以榮稱禮，樂弓裘，千載不墜。曾祖志誠，祖從政，父當意，並立德立言，爲龍爲光，前史詳矣。君幼重儒素，長好交游，義及友于，信誠鄰里，不羨榮貴，以素琴濁酒爲娛。屬荒郊有事，大國用師，公奮不顧身，埽清邊鄙，特蒙累功，加上柱國，錦衣綵服，宗族爲榮。於戲，四時流謝，易往難追，優哉游哉，聊以卒歲。大歷十二年七月三日，遘疾終於家也，春秋八十有七。夫人清河張氏，閨闈秉德，婉變宜家，蓬首終身，不移霜操，廣德二年八月八日，奄然長往。公有二子，伯曰崇璧，次曰廣濟，孝情克著，追遠思深，遂展靈儀，旋開兆域。以貞元九年歲在癸酉十月十四日，卜麟鳳福慶之穴，得雞犬鳴吠之辰，合葬于平遙城西北一里舊塋，禮也。辭曰：寒郊十月，四序旋周。白日朝暗，黃雲暮愁。蕭蕭曠野，鬱起荒邱。人世此謝，泉臺路幽。雖餘刋石，萬古千秋。

張敬銑　唐故鴻臚少卿□□□君墓誌銘并序

鄉貢進士河東薛長儒撰

張氏之先，運籌博物，風靡萬代，公其裵焉。公諱敬銑，馮翊同川人也。皇朝左金吾衛大將軍、太常鄉元長府君之孫，皇朝中散大夫、撫州長史、崇讓府君之次子。公禮度清曠，育德含章，蘊燕樂佐理之謀猷，懷吳周匡弼之骨梗，弓裘不墜，文武攸稱，清貫克序，加朝請大夫。以博雅周才，授鴻臚少卿。以公忠推德，錫金章紫綬。東都副留守、河南尹裴公謂命公爲狎衛，奉上以忠貞，撫下以信義，休聲遏著，寮友欽之。方申吕父之榮，遽染劉貞之疾，以貞元十年八月廿三日，卒於洛陽縣永泰里之私第，春秋六十八。以其年九月廿四日窆於漼澗之陽邙山之新塋，禮也。嗣子三人，曰叔重、叔威、叔齊，皆年始能言，昂昂逸足。有女五人，長女從緇，騐寧剎寺；次女杜氏，三女歸王氏，兩女尚幼。夫人樊氏，淑順傳芳，霜明勁節，移天墜翼，同穴後時，哭不絕聲，撫孤增慟，永懷陵谷，爰託松銘，其詞云：神理茫茫兮徠明忽幽，人世營營兮生勞死休。更相泣送兮萬古千秋，隴樹白楊兮悲風颲颲。

　　誌云"東都副留守河南尹裴公謂命公爲押衙"，武授堂以謂爲請字，以裴公爲晋公裴度。《金石萃編》以裴公謂爲裴謂，《唐書》謂傳未載其爲東都副留守，惟《宰相世系表》載之。長女從緇，是出家爲尼也。"押衙"誤作"狎衙"。敬銑，馮翊同川人，《萃編》跋其妻樊氏，誌云《唐書·地理志》，同州縣屬慶州順化郡，今屬甘肅慶陽府。馮翊郡縣，皆在今陝西同州府，是馮翊與同川不能合併爲一。余按陝西同州府同官縣有水名同川，即《禹貢》之漆水，貞元間或曾改同官爲同川，否則馮翊其縣名，同川其鄉名，不然則同川爲同州之誤，斷非以慶州之同川與馮翊强合也。撰文之薛長儒，書"薛"作"薛"，唐人書皆如此。儒，唐人多書作儒，此作儒，則怪甚矣，又裔作袤、纏作渥、隷作綝、倐作倲。

于昌嶠　于府君墓誌銘

府君諱昌嶠，字光宇，本安樂郡人。缺第于文公之後，近祖昭理，蘇州刺史六從之孫。府君立性溫和，爲人敦厚，權利刊官，知其禮節，委以小鋪之惕，虔虔夕惕，若屬无咎。嗚呼，直心奉公，不保餘慶，享年卅有七，貞元十一年二月六日終於家堂，至七月八日葬於新亭山之大墓，禮也。長子叔海，次子叔政，兄弟五人弱冠，小猶卯角，祖母孫氏缺蕲缺慈親李氏撫孤殞缺銘曰：大墓高岡，新亭之陽，于子世代，千古流芳。

　　"小鋪之惕"句，疑有誤字。

瞿令圭　唐故朗州武陵縣令博陵瞿府君墓誌銘 八分書

府君諱令珪，其先本博陵越人也。蓋帝嚳之末裔，【闕六字】晋永嘉二年，遷于南楚。曾祖詮，皇長沙縣令，大父【闕七字】軍。考曰智，皇國子助教。纂承儒業，□□□□向二百年□□。夫人南陽張氏，世傳冠蓋，奕葉簪纓。府君則國子監助教第二子，幼而孤天，□□□弟，更相誨訓，未嘗從師，早歲業成，各登上第。府君以□□□解褐曹州廩氏縣□□□□，仕摽□邑□□元年，遷峽州長□□□百里稱賢頌□□大歷□□□安州雲夢守節奉法，猾吏秉心，貞元歲授朗州武陵，去獸逾境，逋亡來歸，從官四任，□政大夫，以□□字，人□稱其善，公庭訟息。□館□□慎始令終，府君□□武陵謝秩東告于歸南維舟，眾人瞻仰，凡廿八載，守道不仕。何圖皇天不弔，降此哀禍，嗚呼，元穹何昧，□□材賢，時貞元十二年龍集景子三月遘疾，七月庚寅卒于□縣私第。夫人廣平程氏，令淑有聞，威儀組紃，敬事□先，姑□□□，以大歷年先府君而終。府君享年七十有八，有子三人，長曰佣，官至左衛兵曹參軍，次子邠鄂州武昌縣尉，少曰佋□州□□縣尉。孤子佣等，茹荼淚血，號訴聞天，視庭户而蕭條，覩空堂而寂寞。長幼孤露，一門無恃。以其年十月四日遇青烏之吉，歸祔于鄂州江夏縣長樂鄉順化里黃鶴山西麓之原，禮也。孤子佣散□亂□，號泣請銘，謹以為誌，銘曰：於戲□□□□著則。其一積善于家，肅穆清華。其二克儉克勤，榮禄□親。其三四從歷政，一門承蔭。其四天道何昧，降斯災害。其五神道胡欺，遘此禍□。其六冀保眉壽，皇天不祐。其七庭闈蕭索，孤幼無託。其八驚魂慘色，哀號罔極。其九痛割心腸，仰訴穹蒼。其十壽堂伭啟，遵其經禮。十一一□□土，□刻万古。十二 孤子佣述并書。

　　是誌宋時出土，見《寶刻類編》。永泰初有江華令瞿令，問工玉筯篆，嘗為元結書，《道州浯溪諸碑銘》，當即令珪兄弟。

王仲堪　唐故監察御史裏行太原王公墓誌銘并序

族弟盧龍節度掌書記監察御史叔平述

公諱仲堪，字仲堪。其先太原人也，奕世珪鼎，紛綸葳蕤，國史家譜，詳之備矣。十九代祖，西晉京陵公渾，位擄台司，功格帝室，胄允枝散，遍於九州。五代祖冲，從居幽州安次縣，子孫家焉。今則又爲邑人也，爲郡右族，繼生才賢。曾王父掞，王父幹，儒墨傳家，以孝悌自任，故時君不得而官之矣。皇考令仙，蘊孫吳之術，好立奇功，累以勳伐，稍遷大理評事。公即評事府君之元子，生而岐嶷，體備剛柔，越在髫年，便志於學。逮乎弱冠，乃爲燕趙聞人，經史該通，詞藻艷發。本道廉察使賢而薦之，自鄉賦西遊太學，群公卿士，聆其聲而交之，所居結轍，名動京邑。大歷七年進士擢弟，稽古之力，自致青雲，所謂抚乎其萃、爲山九仞者也。解褐授太原府參軍事，居無何，丁太夫人憂，服闋，本道節使奏授幽州大都督府户曹參軍，以能轉兵曹參軍事。雍容府寮，名撿摽舉，局無留事，庭宇生風。節使嘉之，俟其碩畫，乃奏充節度參謀，拜監察御史。盧諶本郡，未足稱榮；買臣居鄉，豈云顯達？我相國彭城王方，任以參佐，宏贊廣謀，略邁韓彭，幕繼袁伏矣。以爲諸侯聘問，歲惟其常，妙選行人，以通兩君之好，十二年冬十一月，公奉使於蒲春，二月旋車自蒲。經途遥遥，旅次雲鄙，以貞元十三年二月三日，不幸暴殂於望巖之傳舍，享年六十有四。嗚呼哀哉，自古有死，人誰不終？公有厚德，而壽不永；公有全材，而位不高。則梁竦悲乎州縣，馮唐老於郎署，可以言命矣！以貞元十三年二月十七日殯於蓟東之別墅從摧也。以其年四月六日，遷神於蓟縣燕夏鄉甘棠原，禮也。不祔舊塋，從先志也。次弟仲垌、季弟僧法源等，悲摧鴈序，痛折連枝，嗣子較旁注存次子方在幼童，茹感過禮。子壻前鄉貢明經清河張存義感於情，眷深國士，慮絕故老，永遺志叢，刊石紀德，銘而旌之，所謂没而不朽者矣。銘曰：易水湯湯兮燕山崇崇，有斐君子兮穆如清風。簪筆拽裾兮佐我上公，直哉惟清兮允執厥中。奉使于蒲兮自西徂東，天胡不仁兮如何道終！丹旐庚止兮啓兹元宫，青松森列兮永翳我宗。悲壯圖兮已矣，惟芳名兮不窮。

李宗卿　唐故寧遠將軍守金吾衛大將軍隴西李公墓誌銘并序

從姪鄉貢進士藝通撰

夫爲淳源，支流一派，後楫先軌者，蓋紐宗子相襲焉，由是士□時望，扃扇和風，昔附載簡書，何必獨於前聞也！公諱宗卿，字同，系臨汝郡人。曾祖蘭州刺史，日周祖朝散大夫嘉州麟游縣□，瑱考朝議郎，泗州虹縣尉，援本以敦序□。祖泌訓於孫，忠孝□時，衣冠及位。公遁亮取時，宏性測栨，勵躬祇廙，克事洐窮，固能並仁緝家，兼難濟國。摻節佯摺，拖義爲紳，常以顯□□□隱融，清猷與友，生評談志，非苟進會，干道並泰，則何宦而□□自董武，崇階揔兵，六郡樹勳。江佐恩旌，一門□□。宗族處朝，襄交在位。隟伺内薦，冀乎政名。中年達身，□人所貴而公植其風，忽遺其命也。時貞元十三年歲次丁丑□二月二十九日，終於夏□官舍。嗚呼，春秋六十有二，夫人汲郡康氏，毀躬慟號，殆不全性。長子德方，次子直方、宏方、季子幼方等主奠彌天，哀罹若滅。長女適於河南元氏，先公之淪。次女十六娘已許於天水趙氏。幼女十九娘，歸於釋門，皆茹泣貫心，□於感巷，以是年夏五月十一日，權殯于長樂鄉黄鶴原西山之陽，禮也。於戲！條幹挺空而見摧，君子不幸於中□，所以□□□，旐將必竭，於生誠藝，通忝殊眷，孟伯之子，恭命爲詞。□□□□，敢不殫於璅，述銘曰：杳杳邃氣，澄澄汪容。自仁其性，飭已惟邕。顧巖作度，□□□□。其一噫云夢奠，倏歎頹梁，隳輪阻轍，彫翮沉翔，代□馳□，□□□彰。其二曙興神輦，告赴原塋。却負山勝，前據郊平。□□哀□，□□至情。其三

中郎將元颺妻王夫人

颺妻王夫人

宗之興

周王冀之引氏秩之

陰訓陰軌焉明作配魏宗

陽不王弟六弟元颺之妻

孫四德連瑇后妃內式開瞕

沖國德言告師氏

好俠仇歲以加焉言

諡之典以延昌二年歲次癸

溏之典以延昌二年歲次癸己喪於京

柈終始若二年歲次癸己喪於京

以延昌二年歲次癸己喪於京

十二月辛己朔四日甲申薨於滙渦之東

河淼淼墳壟休依丘基曾悲尋柱多傷其

惟茲夫人開瞕挺芳超超蹇楚灼灼雲介

日

唐十一

劉某妻卞氏　唐故濮陽卞氏墓誌銘

　　貞元十五年歲次己卯七月癸卯朔一日癸卯，夫人春秋卅七，寢疾卒於幽州薊縣薊北坊。以其年十三日權窆於幽州幽都東北五里禮賢鄉之平原，禮也。曾祖諱祐，祖諱沖，考諱進。其先濮陽人也，代生名賢，書於史策。夫人聰雅惠哲，性尚恬和，禮節詩書，組紃織紝，無常師而自成。年十八，以四德百行粧其容，三從五教飾其性，乃乘其龍而歸於我彭城劉公。琴瑟協韻，鴛鸞諧聲，軌範宗親，肅穆娣姒，內則遒成，法度貞著，□蘋□翠。桉之禮節者得非□門之講歟！於戲哀哉，夫喪婦德，宗傾母儀。惜哉！瑤臺落月，玉樹飛花。皎皎三春，痛冥冥而長夜；溶溶一水，悲森森而不迴。於是國公仰天而哭曰，德何有而無壽，來何速而去長，偕老之情，終天永訣。一子始孩，□不勝□，痛生人之心矣。厥有二女，一適於崔，一處於室，以備晦朔之禮。僕非達人，焉無銘焉，其詞曰：性稟淳和，志惟貞一。作配於劉，蘭處瑤室。介祉不亨，忽辭白日。女蘿墮松，塵埋玉質。大房西倚，桑乾東流。盤抱元氣，贊彼元幽。

周氏　唐故周夫人墓誌銘

王紳撰

　　夫人姓周氏，其先汝南人也。爰自炎漢，達於有唐，緜歷衣冠，其來尚矣。曾王父府君珪，皇承務郎、敕授蘇州三河縣令。王大父府君歸，皇宣德郎、試左贊善大夫，賞緋魚袋兼上柱國。王父君彥，皇彭城郡高望府折衝，賞緋魚袋兼上柱國。皆業崇儒行，世繼簪組，閭次門慶逾。長夫人則折衝府君之長女，幼年貞柔，至性純孝，凜乎正氣，賢行自天，雅量絕儔，風見難並。適佐君子，令淑尤彰，雍睦承家，母儀增書，是以恭儉聞。惠和不以鉛粉益容，但以禮節資德。時貞元辛巳歲，寢疾於莫亭集賢里之私第，伏枕逾月，醫無所爲，以其年五月十三日，奄從於化，享年四十八。嗚呼，天命數盡，生也有涯。哀哉哲人何不爲壽？瑤琴絕聽，寶鏡休窺，珍玩滿室，莫之能守。親戚弥切，痛無偕老之期；歧路感傷，嗟有懷仁之德。以其年冬十一月八日卜兆於鄭城東南二十五里世業平原，之禮也。雲結長川，風悲草樹。嗣子操、次子摸並殘骸毀容，能竭孝道，盧恐陵谷將變，歲序將遷，刊石紀時，其銘曰：郡城東南兮溽水湄，歲往月來兮無盡期。明明寒月兮對孤壙，蕭蕭白楊兮悲風吹。

誌出任邱縣，佚其夫之姓名。"禮也"上衍"之"字，説見前《杜某誌》。

畢遊江　唐故畢府君墓誌銘并序

公諱遊，江平陽王彥之後也。世居太原，豪族弟一，英材倜儻，智謀深邃。謙約節儉，廉慎有規，於家以孝，有曾閔之心；事君以忠，曉從橫之略。寬而能猛，猛而能寬，接朋友盡盛德之儀，理室家剛柔得中，有仁人焉，有社稷焉。賢妻在室，遙鑒於山濤；令子理家，更崇於幹蠱。公周之宗盟也，繼世在兹，王矦之種，遊宦不遂，蓬轉於兹。降志辱身，隱於城市，苟得甘脆，以奉慈親，日居月諸，卅餘載。公之太夫人以貞元十三年七月六日傾背，公禮制不虧，大事終竟，奉親也，生事之以禮，死葬之以禮，祭之以禮，可謂孝道全矣。公有子二人，長曰忠義，次曰元清，並有令聞，皆公之有典有則也。特以積善之人保受其福，豈爲降年未永，罹此禍殃，以貞元十九年六月十四日壽終於恒府敬愛坊之私第也。時年將耳順，深可哀哉！里巷不歌，鄉鄰歎息，則其年七月一日歸葬於府城西北七里冰河鄉之原也。傾城出祖，縞素盈途，送葬者執拂而行，赴吊者隨抔而哭。白馬前引，顧步而悲鳴；啼鳥以臨，向風而慘惻。恐陵谷屢遷，紀兹貞石，用昭不朽，聊述德音。詞曰：樂只君子，邦家之光。日來月往，身殁名彰。松風切切，野霧蒼蒼。昔作人中之寶，今歸泉下之鄉。

大唐貞元十九年七月一日

道光九年八月九日，石出於白雀寺住持趙正方立本寺。

　　恒府即恒州都督府，今直隸真定府也。畢蓋太原人，流寓於此。志中有民人焉，避太宗諱改民作仁。執紼誤作拂，隨柩別作摳。

鄭玉　唐莫州唐興軍都虞候兼押衙試鴻臚卿鄭府君墓誌銘

　　府君諱玉，字廷玉，本滎陽人也，其先因官得地。曾祖亮，皇莫州司馬。祖備，涇州四門府折衝王。父泰，游擊將軍、守佐武衛大將軍，試太常卿。咸以文武兼才，應當時之選。府君鄉舉孝廉，弱冠從事，有救世之才。軍府推稱，以政狀聞於本道，時表奏授宣義郎，試恒王府司馬，權充本州孔目判官。吏不敢欺，人樂其業。時歲儉，人飢多盜，世亂思理，須得其人，遂屈充唐興軍左虞候。以屏盜賊，擒奸摘伏，撫弱遏強，井邑肅然。論功授秩，累有拜遷，官至鴻臚卿、職竟都虞候。自□主局向三十年，閭里懷其仁，鄉黨服其義。犬不夜吠，衣錦晝行。水鏡居心，不假灰猪以辨偽；臨事明斷，有同跪鼠以懲慝。眾稱才用無窮，又拜牙門將，內外瞻矚，文武繩准。洎貞元十七年，旌麾撫臨，錄候掩之錫，重始終之節，賞衣一襲，錫馬一匹，以其州在關外，賴之襟帶，委以守禦，無遷易也。鄉人改觀，閭里拭目，昂昂乎同一時之傑也。豈期二豎爲災，奪人之願，以貞元十八年十二月十九日寢疾終於鄭亭，春秋六十有八。邑悲巷哭，舂不相杵。夫人河間邢氏，以貞元二年三月四日先府君捐世，享年四十有八。銀青光祿大夫撿挍太子詹事、殿中侍御史讓之孫，平昌縣令璨之女，適配君子，義不失於三從；奉事舅沽，禮乃全於四德。爲六親軌範，作三族楷模。得女適人而宜室，生男至孝以承家，皆夫人餘慶之所鍾，府君義方之所教也。嗣子惟興等痛乎松檟未樹，歲月逡臻，先遠有期，不敢違卜。奉以貞元十九年歲次癸未十一月戊寅朔十三日庚寅，祔於州城南二十五里顧義鄉三方之原，禮也。是日也，素車隨紼，白馬臨棺，雲慘寒天，風悲野樹。恐陵谷變遷，銘以誌之，辭曰：平原四顧兮塚壘壘，左枕故園兮右溥水。嗚呼鄭君兮來宅此，白楊蕭蕭兮莫風起。何嗟原夜兮□□□，自有明珠兮照千里。

是誌亦在任邱，與前劉氏誌並載入《河間府志》，"特表奏"誤特作時；"奉事舅姑"誤姑作沽；"何嗟厚夜兮"誤厚作原。厚夜猶言窀穸也，見《左傳》杜註。

張曾 唐清河張府君墓誌銘

柳宗元撰

貞元二十年六月一日，清河張公諱曾，寢疾即世於莫亭嘉深里之私第，享年七十六。自屬纊至於移空，朋從親暱及州里。士君子無不慟怛，嗚呼仁賢之云，亡也哉！惟公受姓，□黃而分，歷代茂盛，源流益別。公即清河之緒。曾祖皇太子諮議郎，諱崇。祖皇中府折衝，諱操。父皇太子內直郎，諱□。公即內直郎嗣也。早歲有節，克壯□心，拳拳禮容，執□無倦。逮夫弱冠，遵道秉義，汪汪然不可得而親，不可得而友，挺出常度，機略內蘊。時薊州刺史御史中丞榮公□□公才，最以從事，情以道契。三揖而進，受静塞軍營田判官，恭儉莅職，勳績明著，甄錄奏聞，受游擊將軍守右領軍衛幽州開福府折衝都尉員外置同正員，賜騎都尉公。疎勢賊諂，心不苟合，□恬淡爲頤年之用，視簪組爲伐性之具，遂辭名晦跡，高卧雲物。因家於三河邑，背郭而東，得林巒之勝致也。暨乎年逾不惑，以長子瓊佐鄭亭侯，嘉聲洋洋，多歷年數，由是閱實觀政，巾車以來，郡邑清暢，禮容大備，□釋我願，斯不返駕。每□道人貞士談真空微妙之性，探□原迷賾之旨，浩浩方寸，洞豁塵境，不其致歟。嗟呼大道無涯，天命有定，雖聖明不能越常運而超物外哉！公以疾起無妄，情不嗜藥，禹禹居易，悔咎莫有，星歲幾同，大漸長往。嗚呼，天富其道而閼于壽，謂之何哉？夫人北平田氏，□而得禮。有子二人瓊等，卜祔先塋，龜筮告吉，以其年十一月一日窆於任邱東北長邱鄉原，禮也。二嗣號擗痛深，泣血哀告，以先遠有期，請以誌之。宗元承命不怍，刻之貞石，銘曰：蘭茝其馨，金玉其貞。碎而折之，何神不明？茂旌其英，德立行成。悠悠銘旌，洋洋懿聲。孝子令孫，宅兆郊原。龜筮叶從，慶流後昆。

誌在任邱長豐寺壁間，《柳子厚集》無此文，今據《河間府志》錄入。

許某妻祈氏　唐故許氏夫人祈氏墓誌并序

夫人字芳，太原人也。先伊耆氏之胄，封爵列位，皆附舊史，故隱顯不言。因遠祖居毗陵，今爲毗陵人也。祖觀，父昇，並高尚雲林，獨立不懼，積慶儲趾，是生夫人，夫人即昇之長女也。年始初笄，歸于許氏，輔佐君子，協和中外，其儀可範，其德可大。貞順模於九族，婉婉美於當代。嗚呼！上天而假其德，不假其永世之壽，是足可悲。以貞元廿年七月三日寢疾，卒於口孝鄉唐昌里之私第，春秋五十有二。以貞元廿一年孟春月三日，安厝於震澤里之原，禮也。夫人生二子，長仲宣，次仲康，哀疚悚心，窮號泣血。懼山谷之遷變，乃勒石而爲銘：振振夫人，有德有操，積爲善慶，自己所蹈。彼蒼何偏，而不斯報？宅兆卜吉，永閉荒阡。二子泣血，罔極昊天。慮日月之遞遷，乃刻銘于墓前。

夫人爲伊耆氏之後。"伊耆"之耆本作祁，《周書》"冬祁寒"，《禮‧緇衣篇》作"冬祈寒"，則祈又與祁通也。

張詵妻樊氏　唐故雲麾將軍河南府押衙張府君夫人上黨樊氏墓誌銘并序

大聖善寺沙門至咸撰

代之所重曰名，人之所寶曰位，休禎奕葉，昭德延祥，其唯張氏乎！公諱詵，隴右天水人也。曾祖元植，皇朝盧龍府折衝。祖定遠，甘州司馬。父崇正，潭州長沙縣尉。公即長沙之嗣子也，幼而貞敏，長而嚴毅，歷職清貫，皆著能聲，綰兵權於湖南，揔劇務於河府，才當幹蠱，京牧爪牙。天不憖遺，溘先朝露，以貞元十年八月廿日，終於洛陽永泰里之私第，春秋六十九。夫人樊氏，曹州南華縣丞彥府君之息女，蘊德柔明，言行端淑，習禮笄揔，而從好俅，鳳凰於飛，和鳴霄漢。彼蒼不祐，所天先逝，撫訓孤幼，孀迴纏哀，妄疾遽嬰，口然怛化。以貞元廿年四月十日，終於家第，享年五十。有子三人，長曰叔重，次曰叔威，皆幼而敏惠，年未弱冠，相次夭亡。季子叔齊，泣血叩踴，吊影長號，惟家之艱，克紹先烈。有女五人，長女出家寧刹寺，大德法号義性，戒律貞明，操行高潔，弟妹幼稚，主家而嚴。二女適京兆杜氏，及礼而亡。三女適天水趙詡，四女適安定梁秘，五女在室而殞。今孤子孤女等，哀號失容，擗拥屠裂。先遠有日，龜筮協宜，以永貞元年十月廿日合而窆之，雙棺同穴，葬於平樂鄉朱陽原，禮也。栽植松槚，以標不朽。爰託斯文，旌乎厥美。詞曰：於戲！窨達兮英武，雄名遂身殁兮弓劍空。夫人淑慎兮相次終，哀哀嗣子兮泣蒼穹。良辰宅兆兮安壽宮，青山黯黯兮何人在，白楊蕭蕭兮多悲風。末一行附刻《般若波羅蜜多心經》真言四句，今不錄。

此即張敬詵妻與敬詵合葬誌也。前志雙名，敬詵。此誌單名詵。前誌稱"馮翊同川人"，此誌稱"隴右天水人"，蓋張詵字敬詵，前誌以字爲名，此誌則其名也。前誌馮翊爲寄籍郡名，此誌天水爲祖居郡名也。誌爲沙門所撰，因其長女出家爲尼，或受戒于至咸，故以沙門而至婦人之墓，末附《心經》偈語，與後強瓊妻王氏誌附刻《陀羅經》，皆唐世佞佛，其習俗爾也。是誌與敬詵誌異同《金石萃編》論之甚詳，《萃編》云二志互勘，有同者有不同者。其同者，如夫人樊氏子三人，叔重、叔威、叔齊，女五人，長女出家寧剎寺，則張詵之爲張敬詵，固無疑矣。其不同者，如前曰"馮翊同川人"，此曰"隴右天水人"；前曰"左金吾衛大將軍太常卿元長府君之孫"，此曰"祖定遠，甘州司馬"；前曰"中散大夫撫州長吏崇讓府君次子"，此曰"父宗正潭州長沙縣尉"；前書官曰"朝請大夫、鴻臚少卿、河南尹押衙"，此曰"雲麾將軍河南府押衙"前曰"八月廿三日卒"，此曰"八月廿日"；前曰"春秋六十八"，此曰"六十九"；前曰"窆於滻澗之陽，邙山新塋"，此曰"合葬於平樂鄉朱陽原"；前曰"三女歸王氏"，此曰"三女適天水趙詡"，其互異如此。前誌不書曾祖而書其祖，此則書曾祖而曰諱元植，曾祖既以元字命名，其祖自不應諱元長，此互異之最難揣度者。二誌相距才逾十年，張氏三子五女各亡，其二人事，亦屢更矣。是時叔齊年幼，蓋憑長女記憶之語而成文，其牴牾舛錯，固亦無足深論也。誌中總作揔、幹蠱作幹蟲、蘊作蕰、好逑作好俅、纏作纏、弔作吊、號作號又作号、寧剎寺作寧剎寺、操作操、龜筮作龜莁、窆作穸。

萬仁泰　萬君墓誌

君諱仁泰，字國寧。祖翩，父清，清之次子也。君不仕，性玩琴書，情兼義友，以元和二年二月疾終，春秋五十有四，窆於硤石市東一里新塋，禮也。

娶彭城劉氏，生子四，銘曰：元宮冥冥兮曉不開，魂魄蕭蕭兮啼方哀。愁雲靄靄兮雨添淚，松柏颺颺兮風鳴籟。

裴復　唐故河南少尹裴君墓誌銘

公諱復，字茂紹，河東人。曾大父元簡，大理正。大父曠，御史中丞京畿採訪使。父虬，以有氣略，敢諫諍，爲諫議大夫，引正大疑，有寵代宗朝，屢辭官不肯拜，卒贈工部尚書。公舉賢良，拜同官尉。僕射、南陽公開府徐州，召公主書記。三遷至待御史，入朝歷殿中侍御史。累遷至形部郎中。疾病，改河南少尹，與至官，若干日卒，實元和三年四月二十三日，享年五十。夫人博陵崔氏，少府監頲之女，男三人，璟、質皆既冠，季始六歲，曰克郎。卜葬得公卒之四月壬寅，遂以其日葬東都芒山之陰杜翟村。公幼有文，年十四上《時雨詩》，代宗以爲能，將召入爲翰林學士，尚書公請免曰："願使卒學。"丁後母喪，上使臨弔，又詔尚書公曰："父忠而子果孝，吾加賜以屬天下，終喪必且以爲翰林。"其在徐州府，能勤而有勞，在朝以恭儉守其職，居喪必有聞，待諸弟友以善，教館婺妹畜孤甥，能別而有恩。歷十一官，而無宅于都，無田於野，無遺資以爲葬，斯其可銘也已！銘曰：裴爲顯姓，入唐尤盛。支分族離，各爲大家。惟公之系，德隆位細。曰子曰孫，厥聲世繼。晋陽之色，愉愉翼翼。無外無色，幼壯若一。何壽之不遐而祿之不多？謂必有後，其又信然邪！

《唐書·宰相世系表》洗馬裴後，魏中書博士天壽之後，曰元簡，尉氏尉。子曠，御史中丞；曠次子虬，諫議大夫；虬長子復，河南少尹；復三子，長曰璟，次曰質，吏部郎中；季曰望郎。此誌惟元簡官大理正及季子曰克郎與《表》異，餘皆同。復之名又見于《御史臺精舍記》碑額題名，誌中所稱"僕射南陽公"謂張建封也，建封鎮徐州，在貞元間復爲所辟。誌內侍御史誤"侍"作"待"，刑部郎中誤刑作形，歷殿中侍御史、歷十一官，二歷字皆誤止從日，銘詞首二句姓盛爲一韻，三四句離家二字無韻，又"無外無色"，色當是内字之僞。

王叔雅　唐故江南西道觀察判官監察御史裏行太原王公墓誌銘并序

表姪前諸道轉運推官將仕郎試大理評事許志雍撰

公諱叔雅，字元宏，太原祁人也。其先食采於祁，因邑命氏，軒蓋蟬聯，奕葉□茂，忠貞孝友，史不絶書。素風懿範，繼華紹烈，誠有國之柱石，爲令族之領袖。五代祖祐，周驃騎大將軍，開府儀同三司、光禄卿，隋拜司空兼中書令，謚曰忠烈。忠烈生皇朝比部郎中資州刺史師感，公之高祖也。資州生朝請大夫、澤王府司馬、清源縣開國男守節，公之曾祖也。清源生渝州刺史，贈懷州刺史□一，公之王父也。懷州生金紫光禄大夫、試秘書監兼御史中丞衢州刺史，贈揚府大都督，諱承俊，公之先考也。以中丞之勳烈、比部之令望、清源之宏茂、懷州之懿德、中丞之雄邁，世濟其美，慶鍾後昆。公即中丞第四子也，弱不好弄，幼而能文，一見不忘，有類王充之敏；五行俱下，不慚應奉之才。爲善孜孜，小心翼翼，恭敬以奉上，篤愛以臨下，接士必盡其材，脩己不疵於物。於是鄉里揖其仁，朋友伏其義，時秘書郎嚴維有，盛列上介表，遷左金吾衛兵曹參軍，蓮府才雄，軍門瞻重，每下徐孺之榻，獨奪陳琳之筆。屬本使節制東川，府幙遂散，邀公獨行，奏遷廷尉評兼監察御史。府公再遷慈晋，俄領江西，復隨鎮，拜監察御史裏行。以南康缺牧，假行刺史，事盡閭里之情，祛疲茶之疾，人得歸厚，吏不敢欺，歲月之間，□□增□。復□臨川□南郡之理，仁風所被，清議攸彰。無何寢疾，經時沉痼，以元和四年正月七日告終於洪州南昌縣之官舍，春秋五十有五。嗚呼哀哉！以公之孝，可以動神明；以公之忠，可以衛社稷。以公名於代，雖以公年幼，交契老成，若蔡邕才重，拔王粲於弱齡；李膺望崇，歎孔融於稚齒。嘉其至性敦重，機□深邃，每器而厚之，時攜幼弟適郢，乃賦詩以贈云：“萬里天連水，孤舟弟与兄。”時屬而和者，連郡繼邑，染簡飛翰，莃月不息，繇是聲華藉甚於公鄉間。郡舉進士，纔及京師，動目屈指，傾蓋結轍，爲禮部侍郎劉太真深見知遇，再舉而登甲科。浹辰之間，名振寰宇。俄爲山南東道嗣曹王皋辟爲從事。丁太夫人憂，服闋，調補左衛率府兵曹參軍。環衛望高，以優賢也。未幾，爲嶺南連帥韋公丹舉之德，可以反澆漓，以公之仁，可以厚風俗，有一於此，即爲全人，況其備者乎，奈何天不與善，奪我重器，民不幸歟？時不幸歟？

夫人河東薛氏，故禮部侍郎□之女。族謂清門，家稱令室，以柔謙睦，中外以端，肅奉夫子。公以伉儷之重，加於人一等，如賓之敬，禮若常林，居家有恒，情如顧悌。由是時論多之。有一男一女。男曰高陽，女曰吳婆。皆在孩幼，哭無常聲。公雖臨郡佐幙，以清潔自約，祿俸所入，皆均親愛，故不勝其貧。輔車既還，亦無以葬。于時江南西道連帥御史大夫韋公丹，以公賓四府，始終如一，感歎追舊，情均支屬，賻貲百金，加以將校護喪，聞者服其高義。以其年十月十三日，歸穸京兆府咸陽縣之延陵鄉，祔先塋，禮也。志雍親同懿屬，義比斷金，見記斯文，銜哀永歎。銘曰：

汪汪王公，德門之秀。儒宗賢士，茂族華胄。忠爲信臣，義稱良友。器逾瑚璉，人推領袖。何備其能，不豐其壽。嗚呼哀哉！歲月雲邁，言歸鎬京。綿歷舊遊，想像襟情。倏已終古，閉於佳城。蒼莽日落，蕭颯風驚。寒原故里，丹旐新塋。嗚呼哀哉！盛德無窮，傳今與昔。閟於元壤，斷茲貞石。陵谷是遷，令問不易。泣下漣洏，氣填胸臆。嗚呼哀哉！

猶子鄉貢進士楚卿書。

施昭　唐故處士吳興施府君墓誌銘

華□撰

君諱昭，字昭，吳興人也。曾祖獻，大父言，厥考珪，皆不徇微祿，浪跡自怡，善效風規，未嘗隱德，是以逐勝避地，就土築業，乃貿遷涇川。君之昆季有四，君嗣其嫡。頃因天寶喪亂，遂羽翼分飛，花萼隨風，枝葉離散。君守道自適，而儀範特殊，諷缺以和，清虛肅慎，積財能散，義與道合，禮不越路，信聞於人，□□尚静，物我如一。君夫人潁川汪氏，婦德貞操，蘭桂同心，禮適施君。有一子一女，男字清河，孤標慈孝，稟性溫厚，亦可比於高孟也。竭力侍省，嘗無慍容，膝下之報纔申，溫清之年不待，夫人先君而故，已五稔焉。心喪之憂始平，昊天之痛旋迫，君以元和四年夏五月遘疾，□□方術不缺茝莃六旬，藥石不救於膏肓，灾崇乃沉於骨髓，皇天不祐，殲於淑人，以其年秋七月十九日終於涇之南第，春秋七十有三。號天叩地，泣血無訴，嗚呼！光陰不駐，世情倏忽，朝晞薤露，夜壑藏舟，平生風流，一旦已矣。然則士庶有制，幽明路殊，舉厝從時，壋兆將備，龜筮習吉，窀穸乃修，絳旐引車，哀歌即壙，以是年冬十二月一日歲在己丑朔次壬申，祔窆□於故夫人之墳東，禮也。原墅鄉里，已載夫人之誌焉，雖非合葬，有若同穴。亦恐年代□□，將來無聞，乃刻石爲文，以昭其墓也，銘曰：荒墳峩峩，邱陵匪他。夫妻並穴，瘞此南坡。颯颯青松，緜緜女蘿。日月其逝，恐易山阿。誌於貞石，以讚哀歌。

在中郎將尤颺妻主夫人花

訓陰軌然明作配飈宗之妻

系陽平王弟六弟九颺之

周王異之引氏秩之興

諷□之孫

沖圓四德連瓊后妃內式開睢

仇慼以加焉言告師氏內

好□揲終始若二易稱家人美夫婦夫

作典以延昌二年歲次癸己卒於滙涓之東京

十二月辛己朔四日甲申塋於□□□□

河□□墳塋依徯丘墓曾悲尋挂多傷其

惟茲夫人開睢挺節翹翹褒楚灼灼雲介

日

唐十二

解進　大唐故鴈門郡解府君墓誌銘并序

府君諱進，字進，族茂鴈門，派別絛兮，今籍于京兆府鄠縣八步鄉解村人也。祖諱齊。而樂道，不仕。府君即樂道之第二子也。修短不意，去元和四年三月四日，疾終於河南府河陽縣太平鄉樹樓村之私弟，春秋六十有五。即以元和五年十一月十一日，攢厝於私第北二里原，之禮也。霜妻李氏，偕老願違，哀號痛叨。嗣子忠信，次子少遷，次子少恭，次子少璘，次子少儀，次阿小長，新婦曹氏等，號天叩地，柴毀過禮，殆不勝壐。窆窆云具，禮物咸備，恐墳隴有變，故刻頌立名，以作永年之記：茫茫薨里，寂寂松扉，痛君子之長逝，沒寒泉而不歸。

是誌乾隆間於孟縣西五里戍樓村出土，即誌所謂"樹樓村"也。己酉年移置縣學，文内"而樂道不仕"，"而"字當爲父字之誤。"去元和四年"，"去"當是"以"字之僞。鄠乃酆之別字，又絛作絛、孀作霜、切作叨、喪作壐、銘作名、薨作薨。又"禮也"上衍"之"字，說見前《杜某誌》。

馬廿三娘　大唐扶風馬氏墓誌銘并序

廿三娘，郎郎姹姹，扶風人也。故侍中、太原尹，子曾王父。故太子諭德，兼兵部郎中，子大王父。故鄂州州從事子之先父也，子生於珥貂之家，育在紈綺之室，笄年廿歲，灼如薾英，期偶適耀，□我後嗣。何華而不實，祉福不臨，以元和八年七月三日，洪水蜀來，浸溢夏汭，合郭爲患，顧此□□。遂假官航，以虞塾溺，豈意家臣失泝，馮夷幸災，巨舟云覆，相次淪没。嗚呼，慈親腸絶，天倫氣摧，存歿路殊，終議元隧，以元和八年八月四日窆於先父塋側，禮也。恐陵遷徙，乃紀銘云：伏波有女，青娥艷陽；馬氏有男，白眉最長，於□□□，彼天何殃！豈春華之曄景，同淪没於舟航。嗚呼，生則同氣，歿爲異穴。捨慈親之恩愛，侍先父之塋闕，痛纍纍之古原，□□□之永訣。

李術　唐故叔氏墓誌 并序

元和九年歲直甲午正月十九日丁卯，浙東觀察判官將仕郎試大理評事攝監察御史李翶，奉其叔氏之喪塟于兹。叔氏諱術，生子曰王老，遠在京師，翶實主其事。銘曰：翶生始言，叔氏棄没。爰殯于野，年周四甲。豈無諸親？生故或迫。亦有息子，旅宦京國。邱墳執封，松檟未列，殯宇零毁，狐狸所宂。中夜遠思，酸悽心骨，是以乞假，公府言來。筮宅追念，延陵喪子嬴博，葬不歸吴，於礼其合。唯叔平生游居是邑，矢謝于此，靈幽其託，女姪之西，仲兄之北，冥昭何異？可用居息。孰爲故鄉，乃樹松柏。

盧某妻崔氏　唐故河南府司録盧公夫人崔氏誌銘

殿中侍御史内供奉竇從直撰　公燮書

元和甲午歲，有夫人崔氏，粵華宗令人，德門賢婦，以首秋再旬旬外五日，終于東都正俗里之私第，享年六十九。嗚呼，母儀厚德，婦道宏訓，令問如在，誰其嗣之！夫人諱繢，号尊德性，博陵安平人也。東漢魏晋，延燿不息，迨至本朝，宜昌而熾。曾大父通，許州司馬。王父知愻，秘書丞，贈國子祭酒。父倫，代宗朝以前御史中丞使吐蕃，拜尚書左丞，歿謚敬公。伯曰譚，左司郎中。仲曰榮，右補闕。叔曰殷，衡州刺史。而皆以禮自持，用榮爲誠，善慶所及，夫人益光。夫人即敬公之季女也，年十有一，歸於范陽盧公。惟公人倫碩德，冠冕良材，往踐王畿，滯登臺閣，器業尤重，紀綱洛川。貞元己卯，先夫人而屈於命，夫人晝哭捐軀，未忘誓志，無違撫育，不易慈仁，剋己成家，樹立餘業，過此則修學大悲，一切解脱。夫人元昆衍，德宗朝以御史大夫觀察宣、歙、池三州，歿謚懿公。夫人與公孝慈以類，告終歲月，十稔而同，同氣之言，於斯可驗矣。夫人有男一人，女二人。女則組紃稟訓，婉娩承華，結褵從夫，榮耀他族。男曰從雅，頃歲辟召，制有成命，參佐戎律，換万户尉，終養不虧。十年向晦，丁艱窆宅，竊疚其懷。初司録府君先卜梓柏谷口，因而祔焉。至是問從祔於蓍龜不剋，問改祔于蓍龜襲吉，君子曰："傳無不之，今則何遠？"乃歲十月六日，奉夫人輤裧啓府君東北九里合，防以虞順也。嗣子謂從直忝懿公顧盼，又備末姻，尚載恩光，早詳勳閥，託之琬炎，貽厥彤人。銘曰：夫人之生，榮耀勳華。鳴環適人，慶彼夫家。姻族惠懷，靡不稱嗟。温玉貞松，保厥終始。母儀婦道，遺範已矣，雪涕鮮原，反覆孝子。

撰文之實從直，見《宰相世系表》。書者公燮名而不氏，未知于崔盧何屬也。夫人兄衍，《舊書》見《孝友傳》，《新書》傳云："寶曆二年，父倫以右庶子使吐蕃，虜背約，留二歲，執倫至涇州，逼爲書約城中降，倫不從，更囚邏娑城，閲六歲，終不屈，乃許還，遷尚書左丞，以疾改太子賓客，卒。"倫加官，爲常袞草制，見《文苑英華》。衍遷宣歙池觀察使。與誌合。而以御史大夫出任於外，則史所未載也。文内"未亡"，誤作未忘，夫人之號曰尊德性，晋桓元字神靈寶，前涼張天錫字公純嘏，皆三字字也，夫人以三字爲號而用理語，在閨閣中爲僅見。誌曰"奉夫人輤裧"用《禮·雜記》"其輤有裧"句，輤，喪車；裧，車衣，緣飾也。其字從衣，此從示，非。

魏邈　大唐故宣州司功參軍魏府君墓誌銘并序

息孤子匡贊自撰兼書

大人諱邈，字仲方。其先鉅鹿人，寄居于京兆府咸陽縣，積代矣。頃因禄山暴逆，鑾輿南征，畿甸士庶，皆爲俘馘，由是圖籍毁致，産業灰燼，不可復知先人之事也，此無以述。曾祖賓，皇任隴州長史，祖母王氏。祖朝隱，鄙惡浮名，高尚其仕，祖母栢氏。伯父遜，試左衛率府兵曹參軍，皆不幸短命，先歸黄壚。且大人少履文字，貞元初以鄉舉射策上省者五六，以賄援兼無，竟不登第，然當時稱屈者衆矣。其後爲河陽鄭度使所辟，逐戎幕，處事詳明，奏懷州參軍，丁祖母憂，不上。後參選拜果州司户參軍，未上，爲度支山南租庸使所厚，抑志勾留，共理鹽鹵，官滿不舍。其後懼以覆餗，懇辭所榮，租庸使韋公不勝其辭,由是獲免。既而四海無業,一家若浮,遂携老幼而入開。開中無投足之地,賈居于萬年縣之勝業里,禺然無託,食於親知者,首尾五祀。出無車輿,坐烹粮糗,妻孥有含菽飲水之患,無衣無褐之虞,而我父不爲恥、不隕越者,以其知止知足,達於至理者也。元和四年夏四月,相府裴公以因人而知其善,補待制官。掌擬絲綸,廉慎益著,地居近密,不發私書,朋舊昵親,由斯咸恕,人雖欲遺之金布鈔粟,曾不我容焉,所謂蹈火不熟,履霜堅冰,其此之由乎!拜婺州司功參軍,轉宣州司功。參軍未滿,今年復有詔令之本官。以其年十月十三日終于宣州宣城縣之公館。匡贊親侍靈舁,以明年歲次乙未四月八日己酉,葬于京兆府萬年縣之畢原,禮也。大人履善道,踐古事,亦已久矣,而不曾極耳目之所觀聽,娛心意之所愛樂,一生蹇蹇,終日棲棲。而死之日,餘俸不足以葬藏一身,兒女無歌哭之地,其不痛矣!然則庸非儉極乎?孃趙氏,試璧州別駕昇之女,自罹豐咎,泣血終日,加以孤幼纏繞,尫羸殆深。生男女六人。女三人,長曰素恭,嫁李氏。次曰季風,嫁侯氏。季曰季雅,猶未從人。兒三人,長即匡贊,仲曰文質,皆三衛出身;季曰齊貢,拜兗州都督府參軍,丁此憂不上。並生遭不造,少集荼毒,酷裂痛冤,無所逮及,倉天倉天!噫,大人積德累仁如此,竭忠盡孝如此,宜乎天地孔昭,神明大鑒,享年有永,降福穰穰者與!如何朝陽露晞,珪璋暴殞,倉天倉天!匡贊所不以斯文託於人,以其情地崩迫,冀其紀事之明也。雖讚父之德,則爲寵親而内舉不避,且旌善人,其辭曰:冲和降氣,誕生忠良。和順内積,英華外揚。靡暴于弱,無淩於疆。天胡不惠,流毒禍殃。精魂倏殞,聲績彌彰。千齡兮萬代,共響乎遺芳。

　　匡贊爲父誌墓,乃用行書上石,其篇末云"内舉不避,且旌善人",是豈贊父之詞耶?其云"以鄉舉射策上省者五六,賄援兼無,竟不登第",唐代制科人材輻湊,其不盡出於公,即此可見。誌載"葬以明年乙未"而未著年號,以逖妻趙氏誌證之,所謂今年其年者,爲元和九年,明年乙未則十年也。匡贊自書父誌,諱下"逖"字缺筆,致敬。"圖籍毀致","致"當作"棄";"高尚其仕",當作"其事",或作"不仕"。又庸作庸、關作開、寡作寡、蒼天作倉天。"終於宣州宣城縣之公館",今以宦遊所寓曰公館,始見於顏魯公撰《殷府君夫人碑》，云"卒於成巳尉氏尉之公館"，此其再見也。

李輔光　唐故興元元從正議大夫行內侍省內侍知省事上柱國賜紫金魚袋贈特進左武衛大將軍李公墓誌銘并序

朝議郎行尚書刑部員外郎崔元略撰　宣德郎前晉州司法參軍巨雅書

夫王者統極垂理，其外必有英哲宣力股肱，其內必有專良布達心膂，以成帝道。古今而言，君臣相會，兼之者鮮矣。厥有內侍李公，可謂會而兼之者也。公監軍河中，以元和十年正月十七日薨于官次。行路悽咽，元戎以聞，皇帝軫悼，寵以殊禮，褒贈特進左武衛大將軍，品冠朝端，位崇禁衛。詔下之日，人不謂優，有以見公出入中外，始終無過之地矣。公諱輔光，字君肅，其先京兆涇陽人也。曾祖望，皇京兆府華原縣令。祖萬靖，皇涇王府長史。父思翌，皇涇州仁賢府左果毅，賞緋魚袋。公即果毅之第三子也，質表華茂，氣懷恭敏。建中歲，德宗御宇，時以內臣干國，率多縱敗，思選賢妙，以正官掖。故公特以良冑入侍，充白身內養。俄屬皇輿巡幸，公於斯時參侍指顧，應對皆愜，遂賜綠，超授奚官，局令勳以元從之号。其年又選掖庭局令。興元初，輦入宮闈，公屢含天憲，復命之日，皆中機要，遷內寺伯。時有北虜入覲，將以戎馬充獻，數盈累萬。國朝故事，每一馬皆酬以數十縑帛，拒之即立爲邊患，受之即王府空竭。公承命爲印納使，迎之朔陲，諭以信實，交領之際，虜不敢欺，必以精良者進。事後充籌省費之挍，億兆相懸，生靈所資，安危是繫，即公之於國可謂有大功矣。聖情歡悅，遂有銀章朱紱之賜，由是方隅重事，咸所委屬。嶺嶠之南漸於海日，邕管地偏，人狡□□，□將有衅，溪洞連結，爲盜者僅廿萬衆，王命稽擁，逮于周歲。鄰道節使咸請進討，德宗皇帝且曰："以吾人伐吾人，剗之非利。"於是命公招諭，駬□□馳，遽臨所部，公乃訊詰疑懼，昭示恩威，浹辰之間，咸知所嚮。公素練兵機，具見要領，巡視川谷，占其要害，奏請於海口置五鎮守捉，至今怗然，人受其賜。獻功未幾，又屬太原□帥李自良薨于鎮，監軍使王定遠爲亂兵所害，甲士十萬，露刃相守。公馳命安撫，下車乃定，便充監軍使，前後三易節制，軍府晏如，十五年間，去由始至，遂特恩遙授內給事，又有金章紫授之賜。元和初，皇帝踐祚，旌寵殊勳，復遷内常侍，兼供奉官。明年，銀夏裨將揚惠琳、西蜀副倅劉闢，或以長帥薨殁，皆恃塞怙險，初有邀君之心，終成悖亂之跡。公密表請，發當道步騎誅討，功成之日，優詔襃美，曰："卿志懷嫉惡，情切奉公，繼遣偏師，剋平二寇。雖嘉將帥之勤，足見監臨之效，拜内侍省内侍，知省事。"中署之貴，寵極於此。尋因入覲，懇請留侍，乃充鴻臚禮賓使，又轉内弓箭庫使。曾不累月，皇帝以蒲津重鎮，監統務切，復除河中監軍，兼絳州銅冶使。自元和四年至九年，元戎四換，交代之際，人心如一，斯蓋公約已廉，与士信，静專動和，推安便物之所致也。聖恩表異，圖形省閣。易簀之日，享年七十有四，以其年四月廿五日吉辰，遷窆于涇陽縣咸陽原之陰。詔下所司備鉦鼓笳簫，儀衛禮物，中使監導，出于都門，榮觀路人，寵被幽壤，仕君子聞者咸亦知勸。夫人輔氏，邑号扶風郡，閨儀端懿，母德温淑，如賓之敬，見於喪禮。有子四人，長曰希晏，前將仕郎掖庭局宮教博士。次曰仲昇，開府儀同三司、撿挍太子詹事、兼殿中侍御史，充河東節度保寧軍使。次曰希暹，内養將侍郎，守内侍省内府局丞。次曰希昇，並皆克奉規訓，志存忠孝，懿勳茂績，始見其進也。門吏晋州司法參軍巨雅，以元略長兄嘗賓於北府，以元略又從事中都，俱飽内侍之德，將命録實，見託爲誌，勒之貞石，且無愧詞。銘曰：涇水之涘，高原堀起。其上新墳，葬我將軍。將軍之德，實彰家國。水竭原遷，斯文乃傳。

《石墨鐫華》云："萬歷中，涇岸擁水不流，三日乃得兹石。"其銘云"水竭原遷，斯文乃傳"，適符其事。文内"三易節制"，謂李説、鄭儋、嚴綬也。"元戎四換"，謂王鍔、張茂、張宏靖、趙宗儒也。輔光爲河中監軍使者，即監宏靖軍也。撰文之崔元略，嘗以諸父事宦者崔潭峻，其官中都，及弟巨雅爲法曹參軍，皆輔光監軍河中時所除，故自稱門吏而爲撰書，此誌以記功德。志中"選賢妙以正官披"，官當作宮。"皇帝踐祚"，祚當作阼，"仕君子"仕當作士，又帥作帥，寇作寇，曶作留，希作希。

員某　大唐故員府君夫人墓誌銘

上缺昔因周文王之後，分郡于南陽。祖諱憲，格高調逸，學富才雄，退卧雲林，高道不事。父諱麟，文詞間世，儒素成家，器宇深沉，風神朗悟。一心孤高，寒峰暎月，爲量不測，發言有徵。心常懷分，義尤濟貧，遠邇之人，咸懷其德。何脩短之有命，以元和十一年五月十八日，啓手足而告終，春秋卅有六。夫人房氏，雍容令儀，蕭穆懿範，畢舅姑之大禮，享年卅有二，同年八月十六日續夫而歿。兄昌悉同支氣，痛苦連心，嗣子元啓攀號擗踴，仰告皇天，罄家有無，備終大禮，以元和十一年十二月廿九日合祔大塋而安墳壠。山谷變改，託於銘記，其德詞曰：窮燈暗暗，泉室冥冥。孤墳對月，荒野熒熒。千秋萬歲，永隔恩情。

臧某妻周氏　唐故東莞臧君夫人周氏墓誌銘并序

進士張師素撰

夫人姓周氏，其族望本乎汝南，今爲陽羨中江里人也。祖莊，父俊，皆不尚名宦，抗跡邱園，孝悌謙恭，仁行昭著。夫人淑慎貞賢，溫柔令範，自禮歸臧氏之室，而琴瑟協和，遵孟氏之風規，有班家之令譽。嗚呼，元穹降禍，大夢忽臻，未偕知命之年，奄促泉臺之痛，以元和十三年歲在戊戌三月四日，終於義興平西里之私第，享齡四十有四。亦以其月甲申朔廿六日己酉安厝中江血瀆東北之平原，周氏祖業之園地，蓋從龜筮也。有子曰奉，言始童卯；有女二人，長未及笄。俱號訴之無依，恨慈容之永隔。恐桑田變易，陵谷傾頹，故勒紀貞石，乃爲銘云：雙劍光芒兮嗟一沉，鳳歸杳冥兮驚孤吟。撫稚子兮淚盈襟，悲壠樹兮愁雲深。

西門珍　大唐故朝議郎行宮闈令充威遠軍監軍上柱國賜紫金魚袋西門大夫墓誌銘并序

從姪鄉貢進士元佐上

公諱珍，京兆雲陽人也。曾祖■，祖彭，並蘊異才，不苟榮祿，孝悌雖形於家室，聲芳已著於遠迩。父進，朝議郎，行內給事，賜緋魚袋。立性恭寬，執心惠亮，入侍闈宸，出撫軍師，歷事四朝，竟無敗累。故中外貴夼，咸遵厥行。公器宇宏邈，見解殊倫，幹於理劇，果於從政，志存大略，不忌小節，恒人譏其慠睨，高賢許其豁達。至德之初，釋褐從仕。大歷之末，擢居宣徽。建中四年，王室多故，涇源叛卒，晝入犯門，鑾輿西巡，以避封豕。艱虞之際，尤尚通才，除内府局丞，充鳳翔隴右節度監軍判官。時懷光不臣，潛与泚合，翠華於是更幸梁洋，節使楚林果有疑貳。公每於衙府，輒肆直言，論其將士，徵以禍福，國家靡汙隴之憂，州縣免誅夷之弊，微公之力，殆不及此。德宗聞而異之，俾充荆襄沔鄂洪府宣慰使。興元元年，遂除洪府判官，随先鋒兵馬使伊慎下夋黄等州。貞元元年來獻俘馘，上旌公功，拜内儀令，令赴本道。其年季秋，改充豪壽觀察監軍判官。尋除張建封尚書爲徐泗節度，詔公獨監送，上職名如故。其年朝觀，遷荆南監軍。上以公習於戎事，欲將任重，聖心未安，久而不遣。至八年充劍南三川宣慰使，其六月監淄青行營兵馬三千餘人，戌于岐山西扞荒服。上以公臨事不私，撫軍有術，凡積星歲，踰十瓜時。十三年入奏，上嘉其勳，錫以朱紱，昆戎自從。會盟，慸負恩信，知我有備，未嘗犯邊。上以関東甲士，遠從勞役，悉令罷鎮，却歸本管。三軍別公，援轡揮泣，如訣父母，豈勝道哉？既歸闕庭，復任高品。暨德宗昇遐，順宗嗣位，爰選耆德，以輔儲皇。轉爲少陽院五品。永貞元年，屬今上龍飛，公以密近翼戴之績，賜紫金魚袋，充會仙院使。元和元年，改充十王宅使。歷事六朝，公智足以周身，謀足以解難，事上不偪，接下不侮。自束髮委質，衘命撫軍，宣慈則蒸庶再蘇，討叛則兇渠授戮，動有流譽，人無謗言，若非淑慎，曷能臻此？公身居禄位，志不驕矜，克遵象外之談，不計生前之事。遂於長安縣龍首原，西距阿城，東建塋域，高崗雖枕，夏屋未封。君子聞之，僉曰知命。夫人馬氏，驥之女也，内備四德，外諧六姻，邕睦允暢於曹風，折旋不虧於戴禮。不幸先公而殁，有子四人：長曰季常，次曰季平、季華、季燁。或名參密待，或職列禁軍，咸蘊構堂之姿，俱是保家之主。以元佐性無飾僞，文好直詞，爰命紀能，庶旌實録。其詞曰：洪河孕氣兮嵩岳粹精，聖君當馭兮哲人乃生。才調不羈兮智略縱橫，器宇寢深兮量包滄瀛。結髮從宦兮捐私徇公，弱冠受命兮臨人撫戎。入侍丹陛兮三接明寵，出宣青塞兮九譯潛通。功成位高兮鏘金拖紫，居安慮危兮先人後己。去健羨師老氏之元言，齊死生宗大仙之至理。自昔有生兮孰能不亡，考彼靈龜兮兆此龍崗。或掊或築兮高墳深穴，爰栽爰植兮青松白楊。上以公恪勤事主，密慎左右，至七年，遷監威遠軍，使晝巡夜譬。衛士畏威，敷

奏闕庭，衆稱其美，謂保貞吉以享百齡。逝川不留，奄隨朝露，以元和十二年
七月一日遘疾終于脩德里之私第，春秋七十有四。以明年七月廿日壬寅，遷窆
於長安縣承平鄉先修之塋，從其命也。

是誌卒葬年月另叙於銘詞之後，前序及銘係珍作生壙時，命從姪元佐預爲
撰刻，銘後三行則葬時補叙也。誌中介作犴、安作妟、悠作悠、闚作闚、役作伇、
彎作彎、岡作崗、宜作寔、徇作徇。

尼契義　唐故龍花寺內外臨壇大德韋和尚墓誌銘并叙

從父鄉貢進士同翊撰

大德姓韋氏，法号契義，京兆杜陵人也。元和戊戌歲四月庚辰，恬然化
滅，報年六十六，僧夏四十五。粵以七月乙酉，遷神於萬年縣洪固鄉之畢原。
遺命不墳不塔，積土爲壇，植尊勝幢其前，亦浮圖教也。曾王父諱安石，皇尚
書左僕射中書令。大父諱斌，皇中書舍人、臨汝郡太守。烈考諱袞，皇司門郎
中、眉州刺史。家承卿相德勳之盛族，爲開內士林之冠。先妣范陽盧夫人，以
賢德宜家，蕃其子姓，故同氣八人而行居其次，在女列則長焉。自始孩，蘊靜
端扴潔之性；及成人，鄙鈆華靡麗之飾，密眞心於清净，教親戚制奪，其持愈
堅。年十九，得請而剃落焉。大歷六年，制隸龍花寺，受具戒於照空和尚。居
然法身，本於天性，嚴護律度，釋氏高之。國家崇其善教，樂於度人，敕東西
街置大德十員，登內外壇塲，俾後學依歸，傅諸佛心要，既膺是選，其道益
光。門人宗師信士，嚮仰如水走下，匪我求蒙。持一心之佽繕佛宇，來四輩之
施捨金幣，高閣山聳，長廊烏跂，像設既固，律儀甚嚴，率徒宣經，與衆均
福。故聞者敬而觀者信，如來之教，知所慕焉。嘗從容鄉里，指於北原而告其
諸弟曰：此吾之所息也，爲其識之。嗚呼，生歸於佛，歿歸於鄉，至哉其孝
乎！所以報生育劬勞之恩備矣。宅兆之制，咸所遵承，弟子比邱尼如壹等服勤
有年，號奉遺教，杖而會葬者數百千人，極釋氏之哀榮，難乎如此，迺沉礎而
志于墓云：迷方之人，妄聚之身。白月下臨，苦海無津。我得度門，性
□□□。亦既落髮，于焉報親。孝乎終始，歸于故里。石鏡□□，□□
南趾。

　　一尼之喪，杖而會葬者至數百千人，唐世佞佛成風，往往如此。故《譽空和尚墉志》云："弟子與俗侶白衣會葬，服繚者千人焉。"《元獎法師墉志》云："葬於滻東，京畿五百里內，送者百餘萬人。"《淨業法師墉志》云："葬之日，道俗闐湊，號慟盈衢，不可制止者億百千矣。"噫，送而繚焉猶可也，至杖而會葬，必無之事也。彼操筆爲文者，極言弔客之衆，多不計杖制之輕重，其荒謬乃至如此。誌中關作開、冠作冐、介作犭、修作徫、宅作宅。

左中郎將仔元颺妻王夫人

周王異之引氏祑之興

家訓陰軌然明作配魏宗

孫陽禾王第六弟元颺之若開睢

識沖圖四德連瑃后妃氏內式開睢夫

好仇歲以加焉言告師氏

典以延昌二年歲次癸己卷於

終始著一易稱家人美夫婦之

其十二月辛己朔四日甲申葬於湮潤之東京

河淼淼墳壟依依丘墓曾悲尋桂多傷其

日

惟茲夫人開睢挺節超襄楚灼灼雲介

唐十三

崔載　唐故太子洗馬博陵崔府君墓誌銘并序

承務郎試蜀王府參軍成表微撰

士有遊藝據德，斧藻言行，不形喜愠，不誤是非者，則聞之于府君焉。府君諱載，字載，其先齊太公之後，食菜于崔，而因氏焉。洪源茂根，世有名士，至於貂蟬映時，金紫奕代，竹帛繁盛，不復書矣。王父謙，皇易州脩政府折衝。列考季試，恒王府司馬。府君則司馬之第二子也，伯仲五人，皆美鬚鬚，麗容貌，各身長六尺二寸，得懷文武之用，鬱爲豪盛之家。長曰戬，隴州汧陽縣尉令。弟鋠，長武城使兼御史大夫。弟晟，文林郎太子通事舍人。令弟成，大理寺主簿。府君植性廉潔，執心冲和，遷善罔遺，見惡必止。豈謂德優齡促，奄隨尺波。享年五十有九，以元和十四年五月廿三日，遘疾終于幽州薊縣招聖里之私弟也。夫人彭城劉氏，莞莞感容，悄悄閨壼，齊潔喪事，敬逾古昔。有子五人，男二人女三人。長曰公聿，試左武衛兵曹參軍，侍疾有黃香之譽，居喪繼柴也之哀。次曰公淑，善諷詩禮，名美戎郎。昆弟等皆善居喪，絕漿茹荼，泣血羸瘵，鄰里哀之也。女子等皆以孩提，生知孺慕，可哀也哉。粵以其年十一月十六日，窆于幽州幽都縣保大鄉杜村北一里之原，祔于先塋，禮也。表微嘗接府君之餘論，沐府君之清風，學淺詞荒，叙事有闕，緘之心府，有媿幽默。銘曰：保大之鄉，菜乾之湄。泉扃長夜，潛翳英姿。逝于中齡，孰不悽其！崔氏之先，世有英賢。既盛簪筆，亦耀貂蟬。太公之封，千古昭然。孀妻茹荼，令子泣血，鄰無相舂，親看嗚噎，志諸貞石，用旌賢哲。

唐幽都縣即今宛平縣，列考之列當作烈。《廣韻》"齊丁公之子食邑于崔"。丁公之子，太公之孫也，有博陵、清河二望。載，博陵崔也。

裴昌　唐故河東裴公墓誌銘并叙

前鄭州滎澤縣尉王鉅撰

公諱昌，字仲達，其先河東人也，保姓受氏，其來遠矣。洎永嘉之年，衣冠南渡，風流遺烈，代有其人，禮樂搢紳，顯于家諜。曾祖元凱，祖明達，父仁安，並徽懿盛才，昭振前列，望高族茂，勳華貫時。公即府君之第二子也，稟淳和之性，有堅貞之操，以德行立身，以仁信交友，志尚閑逸，不以禄利爲榮，是以不屈節折腰，耽玩琴史，實朋執之龜龍，人物之衡鏡。隱淪混跡，洞達窮通道在其中矣。於戲，有至行不享其福壽者，其斯之謂歟！以元和十五年正月十七日遇疾，終於長沙郡湘潭縣之江次，享年八十五。嗚呼，夫德立而人世不稱，行成而幽靈無報，短長之制命耶。以先塋松柏陪葬尚賒，禮許從權，乃於上元縣鳳臺鄉梅頂岡之東北原，別建兆域。以其年八月二日權窆焉，從吉兆也。夫人吳郡朱氏，淑慎忠厚，行成閨門，內政有敷，義光詩史。有子五人，長曰興，次曰幹，次曰超，次曰孚。詩禮垂訓，教及義方，識度自然，哀不逾禮。幼子曰祐，先公而亡。有女二人，長適彭叔雅，次適蔣幹，皆蓄令德事，舅姑有聞，蔣氏愛女，早謝浮榮，亦先公而卒。令子廬陵谷遷變，見託斯文，採摭行能，勒銘貞石，其詞曰：

於惟裴公，凜然循德。在醜不争，惟人是則。樂天知命，道達通塞。栖心雲水，處事寂默。沿漢泝江，東西南北。其一

天胡不惠，哲人其萎。大樸已散，淳風不歸。丹旐翩翩，新隴巍巍。泉門一閉，與此山垂。其二

司馬宗妻孫氏　唐朝議郎行鳳州司倉參軍上柱國司馬君夫人新安孫氏墓誌銘并序

前翼王府參軍賈中立撰

夫人字堅静，建業人也。曾王父瑜睦，司馬即吳之洪嗣矣。祖從朗，録

事。父愿，皇尉望江。咸襲繁祉，垂裕後昆。夫人婉娩令淑，挺然生知，及笄年適于司馬司倉宗，窈窕閑雅，謙和優柔，行合規矩，言堪典摸。恭理黍稷，調暢琴瑟，義光中饋，孝顯家風。絅衣無華，舉案有則。訓女四德，示男六經。親族娣姒，肅然心伏。凡在閨閫，莫不書紳。性止恬淡，情忘嗜慾。洞了生滅，俄而謝世。元和十五年五月十六日微疾冈瘳，終於長安頒政甲第也，享年五十三，以其年十一月廿二日，將遷於國西阿城南原，礼也。嗚呼，生事畢矣！二女早逝，有子長裕，泣血哀驕，抑情就礼，痛雍穆之風，泯然斯絶，刊石紀德，庶幾不朽。中立舊館之賓，睹其家道，不揆爲銘，未充名實，銘曰：婉娩積善，不享遐齡。貞操符礼，柔和合經。尺波一謝，寸晷冈停。愛其芳烈，刻石存銘。

　　誌中號作虤，避高祖祖虎字，諱缺末畫。又謨作摸、冈作冈、禮作礼、雍作雍。

盧士瓊　唐故河南府司録參軍盧君墓誌銘并序

外孫歐陽溪書

　　君諱士瓊，字德卿，范陽人。家世爲甲姓，祠部郎中融之長子，明經及第。歷寧陵、華陰二縣主簿，知泗州院事，得協律郎。鄭少師之留守東都，奏爲推官，得大理評事。韓尚書代爲留守，請君如初。尚書節將陳許奏充觀察判官，得監察御史。府罷歲餘，除河南府戶曹，以疾免。河南尹重其能，奏爲司録參軍。大和元年歲次丁未九月庚申，發疾而卒，年六十九。君少好著文，精曉吏事，少游故丞相楊炎、張延賞之門，楊美其文辭，張每嘆其吏材過人。嘗職同州，當徵官稅錢，時民兢出粟易錢，以歸官斗，至十八九。君白刺史言狀，請倍估納粟，下以澤民，上可以與官取利，刺史詰狀，君辨其所以然。刺史行之，民用得饒，未一日，果被有司牒，和收官粟斗給六十。後刺史到，欲盡入其羡于官，君既去職，猶止之曰：“聖澤本以利民，民户知之，不可以獨享。”刺史乃懸牓曉民，使請餘價，因以絹布，高給之民亦歡，受州獲羡錢六百萬。其爲戶曹，決斷精速，曹不擁事。及爲司録，始就官，承符吏請曰：前例某人等一十五人，合錢□傔人，與司録養馬，敢請命，因出狀。君詞曰："汝試我耶？"使拽之將加杖承符吏，衆進叩曰："前司録皆然，故敢請君。"告曰司録，豈不自有手力錢也。參軍得司録居三之一。君曉之曰："俸錢職田手力數，既別官品矣，此食錢之餘，不當計位高下。"從此後自司録至參軍平分之舊事。掾曹之下，各請家僮一人食錢，助本司府吏厨，附食司録家僮或三人，或四人，就公堂餘食，侵撓厨吏，弊日益長。君使請家僮二人食錢于司録府，吏厨附食，家僮終不入官厨。召諸縣府望吏告曰："其居此歲久，官吏清濁侵病人者，每聞之，司録職當舉非法，往各白汝長，宜慎守廉靖，以澠池令爲戒。"其所改易，皆克己便人，堪爲故事。及君卒，士君子相吊哭，咸以爲能高而位卑不副。有子三人，孺方、嗣宗、嗣業，號慕祇守，不失家法。女二人。前娶清河崔敏女，無子，後娶榮陽鄭虬之女，有子。葬于龍首原東北，孺方叩頭泣曰：大人嘗與先子同官而游，宅居南北鄰，敢請紀石，翺不得辭，乃據所見聞者鎸其實，可推類以知凡所從事之賢，銘曰：嗟盧君性，直而用優，約己以利人，宜壽宜貴，以極時所。惟其緘而不伸，以喪厥神，豈奪惠於東民，悲夫！

《宰相世系表》："盧融，祠部郎中，生子五，士理、士瓊、士瑛、士玫、士璵。士瓊字德卿，河南府司録參軍，生子三，孺芳、嗣宗、嗣業。"皆與誌合，惟誌載士瓊爲融長子，表以爲次子；誌載士瓊長子名孺方，表作孺芳，當以誌爲確。書誌者爲士瓊之外孫歐陽溪，撰文者未書姓氏，於誌末自叙曰"翺不得辭"。是誌撰於大和元年，《唐書·李翺傳》云"大和初，入朝爲諫議大夫"，則撰文者即李文公翺也。是誌與翺叔術誌一撰於元和九年，一撰於大和元年，相距十有四年，同時出土，亦異事也。二誌皆見《李文公集》中，叔術誌與石本無異，惟士瓊此誌"大和元年歲次丁未九月庚申"十二字集作"八月癸酉"四字。"前例某下"無"人"字；"職司州"上多"攝"字。"自有手力錢"下"也"作"耶"。多"用此臟何爲？因叩出之，召主饌吏約之曰：司録判官、文學參軍，皆同官環處，以食精麤，宜當一，不合別二，無蹈舊犯，吾不恕及。月終，厨吏率其餘而分之文學"六十字。"葬於龍首原東北"，集作"故皆祔葬於祠堂塋東北"。銘內"以極時難"，集作"以拯時艱"，以文義校之，當以集本爲善。

杜某　唐故越州衙前總管杜府君墓誌銘并序

亡妻隴西郡李夫人合葬爲墳　山陰沙門東又述

府君諱□，其先□□□乎□詩。曾祖□祖珍，名宦不叙，欲略故也。府君氣宇英明，風神雄大，□□□門之緒，且時從□傑□□□展。伏波早世，天命不祐，賢良所嗟。大和三年三月廿六日私第而故，享齡六十，以其年四月廿四日卜葬于山陰承務鄉九里村，馬□之地宅兆，之禮也。夫人李氏，元和十二年四月二日先夫而終，内則令範，可傳女史，今合祔墳塋，蓋琴瑟榮枯□□□□嗣子師素，弓裘克繼，泣血茹荼，哀號事喪。岵瞻屺瞻，□雷在□，風悲拱木，月□佳城。恐山谷遷動，勒銘万古，詞曰：府君之生，材□□□。禄位文武，猗歟令名。天命何欺，遽違人世。喪親岵崎，奄歺俄□。哀孤孝子，荼毒肝腸。奉柩扶護，合葬龍岡。松柏新栽，風光万古。佳城異代，刻石泉户。

鄭準　故右内率府兵曹鄭君墓誌銘并序

潁川陳齊之撰

昔鄭桓公爲王卿士，始受鄭於周，因封命氏。漢魏以降，其族滋大；有唐以來，□華□軌，君其裔也。曾王父璿，河南少尹。王父溥，尚書右部郎中，歷青邢相衛□幽懷七州刺史，入爲左庶子。皇考華，駕部郎中、吉州刺史，仕濟其美，時與其能。君即吉州之少子也，隱不違世，顯而成晦，於所與以義，於取入以□，以邀遊江湖而無所爲累也。君諱準，字□道，其先滎陽人，有回也之貧，無□□之貴，人之於此，皆不堪其憂；君之於此，未嘗滑其□，□□□爲之命也。大和四年正月二日遘疾，終於蘇州華亭縣白砂鄉徐浦塲之官舍，享年六十有三。有子五人，嗣曰宗儒，次曰宗韞，次曰宗慶，次曰宗遜，皆銜恤茹哀，克奉先訓。又一子奉釋氏教，端慤清净，修無生忍，名曰宏直。嗟乎，伯仲叔季於執喪之禮，皆稱順變，即以其年八月廿五日，權葬於義興縣洞□鄉震澤里下朱村原，從宜也。有女三人，皆在冲幼。五子以余有往年之舊，請余於文，銘曰：其生也天，其死也天。死生皆天兮何爾非然。嗚呼，苟不達於此，哀何勝焉。

是誌陶氏載入《古刻叢抄》，其石見存。鄭準滎陽人，爲蘇州兵曹參軍，卒於華亭官舍，權葬於義興縣之震澤里。唐義興，今宜興縣也。誌末"請余於文"："於"當作"爲"，或作"請文於余"亦可。《唐書·宰相世系表》鄭璿官河南少尹，溥官左庶子，華官太常博士。華官雖與誌異，其爲準之三代無疑，然表載溥華父子在璿右一行，不系於本行之下，以誌證之，知其誤矣。

吴達　大唐故吴府君墓誌銘篆蓋　唐故奉義郎試洋王府長史濮陽吴府墓誌銘并序

鄉貢進士寇同撰

府君諱達，字建儒，濮陽人也。其先與周同姓，文王封太伯於吴，至武王始大其邑。春秋之後，與爲盟主，及越滅吴，子孫奔散，居齊魯間，因爲郡之籍氏焉。祖偉，皇任虔州虔化縣丞。父璪冕，皇任禹州別駕，題輿貳邑，克著公清，積慶所鍾。寔繁令嗣，別駕娶鍾氏而生四子，府君即其長也。弱不好弄，長而能賢，清白自持，有南朝隱之之操，雄謀獨運，得東漢漢公之風。歷階奉義郎，累試洋王府長史。始著籍于豫章，晚徙家于京國，優遊墳典，怡性林園，脱棄軒蓋之榮，趣酖琴樽之樂，雖二疎之辭榮，四晧之讓禄，媲①之長史，今古何殊？不幸以大和四年夏七月有六日遭疾，終于勝業里之私第，春秋六十七。以其年十月廿日辛酉，祔葬于京兆府萬年縣洪固鄉北韋村。烏虖，梁木斯壞，哲人其萎。青烏占窀穸之期，白鶴爲矛襄之客。夫人狀風萬氏，閨門肅睦，無慙班氏之賢；四德不虧，豈謝謝姑之德。先以寶歷元年十月廿一日捐館于前里第，及今克遵祔，禮也。夫人實生二男一女，長曰仲端，次曰仲璵，並幼而敏慧，有文武幹材，或親衛於丹墀，或繕經於白武。追陳光之莫及，痛風樹之不停，以其禮經有制，空垂志行之文；金石靡刊，孰紀陵之變。銘曰：

吴氏之先，周室配天。封伯東南，世多其賢。春秋之後，國始大馬。代著仁德，府君嗣旃。清慎廉退，吾無間然。秩試王府，道優林泉。積善何昧，逝于中年。洪固高原，南抱樊川。佳城鬱鬱，宿草芊芊。鸞鳳兹祔，龜兆叶吉。夜月松風，萬古斯畢。

是誌出自長安，嘉慶二十二年段君嘉謨令武功移置縣署。文曰："文王封

---

① 媲：二十七年本刊印未清，據初刻本補。

太伯於吳”，按《世本》武王封周章于吳，奉太伯之祀，非文王事。誌內豫避代宗諱作豫，又避太祖諱，改白虎作白武。“六月有六日”，“有”字疑衍，否則月下脫十字，然顏魯公書《殷君夫人碑》，亦有“七月有五日”句，又似唐人有此書法。“劫紀陵谷之變”句，陵下脫谷字。夫人萬氏捐館於前里第，《金石萃編》云：“捐館二字，本《史記·蘇秦傳》用之於婦人，始見於此。”余謂《蘇秦傳》奉陽君損館舍，謂捐棄賓客之館，不忍直言其死也。猶臣稱君曰棄群臣子，稱父曰棄不孝之義。婦人安得有賓館可捐，然其誤不自此志始也。《庾子山集·賀拔夫人元氏墓誌》已有“遘疾累旬，奄捐館舍”之語，即《萃編》所載元和七年許孟容撰《裴耀卿碑》，亦有“大夫人捐館”之語，皆在此誌之前。其後相承誤用者，如《蘇長公集》亦有“太夫人捐館”及“表嫂壽安，君遽捐館舍”之語。余嘗於《癭學》中具論之矣。誌中操作橾、徒作徙、二疏作二疎、鶴作鸖、弔喪作矛裹、扶作抶、班作班、隙作隟。

劉漢潤妻楊氏　唐左神策軍護軍中尉副使兼左街功德副使金紫光祿大夫右監門衛將軍上柱國高平郡開國公食邑二千戶劉公故夫人宏農縣君楊氏墓誌銘并序

朝散大夫試太子詹事兼監察御史魏則之撰

夫積慶者宜鍾乎介祉，享祐者宜降以永年，繆鼇若斯，根源靡究。然脩短之分，豈造次而踰焉？嗟乎月愩仙娥，星收霧彩，花摧玉樹，噫足悲哉！夫人宏農楊氏，諱斑，字瓊華，京兆長安縣人也。曾祖待賓，皇昭武挍尉，守綏州義合府折衝。祖延祚，皇任內飛龍厩都判官、寶應功臣、太中大夫、行內侍省內常侍、上柱國，賜紫金魚袋。父惟良，皇任華清宮使、朝散大夫、守內侍省內常侍、上柱國，賜緋魚袋。皆簪組傳榮，衣冠奕葉，庸勳繼代，諜譜詳諸。夫人即內常侍公之長女也，坤靈毓質，蘭畹挺姿，性稟冲和，量懷溫雅，詩書瞻曹家之奧，管絃精蔡氏之能，婉嫟含貞，宗族攸重，三星始見，百兩爰來。年洎初笄，適于高平劉公漢潤，齊眉等貴，合巹聯輝，相敬如賓，和鳴並耀，日來月往。卅餘載，晨昏盥饋，夙夜無違，逮事舅姑，益彰溫清。因夫延寵，疏邑顯榮，石窌之封，固無慙德，繇是閨門鬱郁，素履弥著，壼範聿修，彤管稱美，宜乎永諧宮徵，終契百年之歡；樂往悲來，旋徵二豎之夢。膏肓有驗，和扁無瘳，沉瘵連綿，委悷臻極。以大和四年六月十一日，卒于輔興里之私第，享齡五十有四。粧奩遽閑，香閣永辭，逝水不迴，奄歸長夜。嗚呼哀哉，瓊枝忽墜，鸞鏡徒懸。悼隔幽明，痛深泉路。兆卜先遠，龜筮告徒。旌旐啟行，輀輤就引。即以此年十月廿九日遷窆于鳳城西之龍首鄉龍首原，禮也。有子五人，長曰仕仟，子亭判官、太中大夫、行內侍省內府局丞、上柱國，高平縣開國男，食邑三百户。次曰仕俌，朝議郎、行漳王府參軍、上柱國。次曰仕侗，中散大夫、行內侍省內府局丞、上柱國、彭城縣開國子，食邑五百户。次曰仕僚，次曰仕份，賜綠。或趍馳禁掖，或參貳王曹，或委質宮闈，或優游墳籍，皆形神特立，儁秀當時，聲掩八龍，價邁三虎。茹荼叩地，瘠毀苫廬。泣血絕漿，孝侔曾閔。攀號不逮，孺慕冈依。感切風泉，哀纏骨髓。恐川成峻岳，山變洪波。願刻貞珉，庶旌盛烈。銜悲見請，竊愧諛才。握管拧辭，多慙漏略。銘曰：易讚坤靈，詩美嬪則。婦道母儀，柔從淑克。行摽茂範，德播擇鄰。事上盡敬，撫下推仁。宜冒百祿，保壽千春。天胡不臧，降禍兹辰。宅兆何所，鳳城西偏。松櫃云樹，曉夕凝煙。楊葉蕭蕭，馬鬣危危。芳塵漸遠，朗月空垂。

將仕郎試太常寺奉禮郎李約書　吳郡朱弼刻字

此誌與其次子仕俌誌皆出長安，仕俌誌載父諱英閩，此作渶潤，爲小異。

李某妻杜氏　唐朝請大夫試絳州長史上柱國趙郡李君故夫人京兆杜氏墓誌銘并序

從弟將仕郎守宏文館校書郎宣猷撰

夫人諱瓊，字瓊，本京兆杜陵人，後因家邢州，遂爲邢之堯山人焉。曾祖知慎，皇將仕郎、守冀州南宮縣尉。祖昌運，皇守忻州定襄府左果毅、上柱國。父栖巖，皇朝散大夫、試左武衛長史。夫人長史之叔女也，笄年歸于李君，明正清劭，輔以材能，落落焉有賢傑之操。間歲李君隨牒襄陽，夫人亦來漢上，宣猷與夫人別業接連，得敘宗族，日漸月深，情同密親。始予隨進士貢，路出漢濱，時寓夫人里第，稅駕之後，徒馭如歸，開顏拂逕，主禮甚渥。李君賢厚，少事以儒書，自適門內之治，實夫人主之。其奉夫也以敬，其訓子也以義，其睦親也以誠，其接下也以德，吹惠布明，家政煥然，舉是而言，雖賢丈夫何以過也？嗚呼！材智方遠，光景不借，以大和五年十二月三十日薨於襄州旌孝里之私第，春秋六十五。明年十一月十一日，安厝襄陽縣習池鄉之西挹里。夫人生二女二男，長女適太原王儀，次女適扶風馬寧；長男德元，次男德章、德元，幼奉擇鄰之訓，明經擢第，釋褐隨縣尉，德章休休然，亦以詩禮光業。今則泣血崩心，若無所容。先遠有期，託予誌德，濡毫寫悲，不羞不能，銘曰：杜氏之先，陶唐同源。遠派搖漾，爲傑爲賢。夫人體之，令範昭然。身同朝露，門閉幽泉。刻銘片石，千年万年。

胡某妻朱氏　唐胡府君夫人朱氏墓誌銘

儒林郎試左金吾衛長史上護軍明援撰

胡府君，安定人。其先分氏于舜，曰胡公滿之後也，綿歷載代，英賢顯赫，以元和十二年十一月四日十七稔而終。祖考名諱，仕進文藻，暨府君德行名節，男婚女聘，悉具前誌，故略而不書。夫人族望，沛國累世，因時播遷，今爲江夏安陸人也。曾祖大父，載在家諜；考諱璧，游心物外，守節巖阿，志遂忘情，不屑時務，可謂邱園奇士，聖代逸人焉。夫人即處士第一女也，柔惠懿淑，婉娩雍妍，禮樂素諳，女工夙解。年及乎笄，歸于府君，琴瑟克諧，澣濯示儉，箕帚既恭，蘋蘩式潔，閨門以睦，宗族以和。中罹府君之艱，痛鶺枝之半折，恨龍劍之遍沈，撫膺盡哀，秉心全節，惻愴搴慕，寒暑載移。於戲！吉凶倚伏，幽微難明，德禮弥高，年齡忽落。以大和六年囗寢疾，明年正月十囗日終于江夏郡中和里之私第，享年八十有二。越二月廿囗日合葬于黃鶴山之南原，府君之塋。遵魯人之祔，同皎日之詩，禮也。嗣子真等皆發刃受鋒，觀材見寶，孝心塞乎天地而橫乎四海，豈止於泣血終喪，感深殞絕而已哉！以援曾預嚴親之友，奉命述其盛德，云銘曰：嶄巖黃鶴，峯巒旁薄。邐迆南岡，形勝北翔。合祔舊域，威儀不忒。猗那夫人，德禮難倫。閨壼朗澈，松筠表節。地久天長，桂馥蘭芳。桑田變海，貞石不改。

惟茲夫人開睢挺節祖祖襄楚灼灼雲介

河梣梣墳塋依依丘墓曾悲尋柱多傷其東京

日

十二月辛己朔四日甲辰於滙淵之

泫巖之作典以延昌二年歲次癸己葬於

捺終始若一易稱家人美夫婦夫

好仇蒌以加焉言告師氏氏

誦之孫陽平王弟六弟九颲

沖圉四德連瓊后妃內式閑

平王異之引氏秩之興

陰軌朮明作配魏宗之妻

周王王

左中郎將元颲妻王夫人

唐十四

崔蕃　大唐故朝議郎河南府登封縣令上柱國賜緋魚袋崔公墓誌銘并序

忠信篤敬天爵也，淵默誠愨者有之；卿相禄位人爵也，運機□□者得之。至於志意脩而驕富貴，道義重則輕王侯，由是論之，人與天一何遠哉？今見之於崔公矣。公諱蕃，字師，陳魏郡博陵人也。自食菜受氏，世有明哲，子玉以座右顯，季珪由屏風著，或以春秋筆削自任，或以嫉惡鷹隼興謡。後魏定姓氏，族爲第一，風流熾焰，以至公。大王父元隱，皇朝比部員外郎。王父誧，華州司法參軍。父瀚，少府監，贈散騎常侍。皆以清重稱美，首冠士流。於戲！侯王不繫其本根，鳳鵲必生於丹冗。公即右貂之仲子也，早以門蔭補□文館學生，試經高第，授華州參軍，歴攝諸曹，若素更練，方辯才之適用也。次授鄭縣主簿，未上，遭内艱，色慘神傷，泣飲而哀，衣裳外除，猶杖而起。久之，方調授鄭縣尉。不樂煩劇，辭疾就選，授左金吾衛録事參軍。蘭錡□清，聯獲殊寀，以政治脩舉，爲樓煩陳公所辟，爲監牧使判官，奏大理評事。公勤績著，群牧孳息，轉大理司直兼殿中侍御史。陳公改遷，又爲後使郭公邀留，奏殿中侍御史，遷監牧副使。驊騮駔駿，服御稱旨，特加章服，以報勳勞，朱綬煌煌，益光寵命。郭公以稱望弥重，非外□所堪，上表薦聞，除河南府倉曹參軍，秩滿，調集天官。又以才出九流，記名宰府，衆謂此時必居廊署。執政失鑒，除登封縣令。咸共冤歎，公獨欣然之官，二句遂至顛殞，大和癸丑歲閏七月三日，啓手足焉，享年五十有九。夫仁者必得其名，必得其壽，宰輔不至，耇傳尚遥，稽驗前志，一何爽也！公率性閑暇，襟抱澄曠，弱不好弄，樂道遺榮，自幼至長，不易其操。德宗韋賢妃，公之從母也，恩華重沓，□□□□，竟以冲退，不受其榮，家貧位卑，斷可識矣。娶河南于氏，有子二人。長曰□約，挽郎出身；次曰闍，六歲與名齊，戲罷輒啼，傷心何極。有女□人，長適太原王氏，餘未及笄，皆泣血呼天，行路哀歎。季第著，檢校太僕少卿□州別駕，手足情重，灑淚盈襟，撫孤奉櫬。以其年十一月八日，歸葬於京兆□□縣寧安鄉曲，祔先塋也。博齊與公少相狎，長相愛，芝焚蕙歎，吾□□□，用感生平，泣而銘曰：孔周之劍，不能煞人。光含冰雪，閟匣生塵。上稽往古，藝絕無鄰。【闕六字】今辰。岳岳登封，深懷至仁。垂髫啟手，不喪其真。道非偶運，不執□□。身爲帝戚，且復居貧。冲謙抑退，安此沉淪。緒傳萬祀，孰不書紳。少陵原畔，萬木無春。唯餘令德，終天不泯。

　　□陽隱士趙博齊撰

　　德宗妃韋氏，定安公主之孫也。貞元四年册爲賢妃，新舊《唐書》皆有傳。

杜行方　唐故同州司兵參軍上柱國京兆杜府君墓誌銘并序

姨弟尚書吏部侍郎鄭澣撰

　　嗚呼，士君子表於代而列，於薦紳靡間言，由己之仁義是以。而又繕性於和，體道於仁，遵坦衢泳，天爵獨稟，貞厚與令名相終始，雖位壽或舛，人且許之爲達矣。公諱行方，字友直，京兆杜陵人也。曾祖諱元志，杭州刺史。王父諱參謨，陝州司倉、贈禮部郎中。烈考諱倫，文術政事，爲時龜玉。異時選部，第書判明，廷策賢良，皆登甲科。價壓公論，歷憲闈郎，署而後出，分符竹。公，即澧州府君之長子，弱冠游國庠，以明經擢第，釋褐任右司禦率府胄曹參軍。久之從調，授同州澄城縣丞，三改袟至左馮翊司兵。掾以大和七年秋七月十二日，啟手足於上都昇平里之私第，享齡六十。問於龜策，得十一月甲寅吉，乃卜窆于萬年縣龍首鄉龍首原。夫人榮陽鄭氏祔。夫人，試秘書省校書郎稱之第二女，操行淑明，先公十年而殁。有子五人，碩顥頊顒，其幼小字曰老；老女子子二人，皆柴立致毁，弔賓爲之反袂。公平生於分義最明，四方名人洎中外族昆弟，其或旅食靈臺，求選京師，懽然授館，改星霜，無倦色。

閑探百家之言，賦詩什頗遒麗，奄□□□□人以命不可說，相喑。瀚知公之事
烈詳熟，雪涕識□□而□之，其銘曰：□□□□兮昭令圖，陰騭難詰兮或隆或
汙。精金不試兮良玉不沽，清風可挹兮白日西徂。野雲屯兮壟草蕪，永矣潛寐
兮國城東隅。

堂弟前同州夏陽縣尉述甫書

《宰相世系表》襄陽杜氏有元志，考功郎中、杭州刺史，其子參謨，陝州
司倉參軍，即行方之曾祖及祖也。《表》載參謨三子，寅、淪、嶠。淪，水部郎中、
澧州刺史，即行方之父，誤"倫"爲"淪"，行方及其五子之名皆《表》所未及。
撰文之鄭瀚，乃德宗時宰相餘慶之子。大和七年十一月爲癸丑朔，葬以甲寅月
之二日也。

環某妻程氏　大唐鄜坊丹延等州節度軍前討擊使銀青光禄大夫檢校太子賓客上柱國北平環公故夫人廣平郡程氏墓誌銘

王玠撰

夫人爰自閨幃，素聞令淑，以秦晋之疋，叶琴瑟之和，聘于環公，二八載
矣。公門館洞開，賓寮日至，長林之下，蕭灑清風，曲沼之傍，丰茸細草，或
臨流而笑語，或對酒以笙歌，飲膳足供，罍罇不燥，兹乃夫人有中饋之德，副
君子好士之心，上客翕然，衆口談一，不亦美矣？不亦罕歟？豈圖積善無徵，
忽捐斯疾，狂飆震激，绿樹摧芳。於戲！四鄰傷慟哭之聲，丹旐慘高懸之色，
弔賓盈路，孰不嘆嗟，實乃夫人之節行也。夫人則大和八年五月廿八日，終於
鄜州洛交私第，享年卅有二。女子廿四娘，號泣無時，悲哀詎止。則以其年六
月廿四日，權厝于鄜州洛交縣西北八里廟原谷之□，禮也。於戲！貞石永存，
厥銘不朽，代述其事，慘然筆端，其銘曰：所期偕老，何乃忽分。哀哀慟哭，
逝者寧聞。其一忠心是思，無休歇時。人來蹔解，客去還悲。其二生前所執，于
此威儀。夜臺長閉，冥路何之。其三音容永謝，覯覯無因。鏡匣妝奩，但委埃
塵。其四拱樹森森，旌竿孑孑。淚滴草頭，露珠和血。其五

劉釜　唐故楚州兵曹參軍劉府君慕誌銘 并序

進士景炎撰

公諱釜，字子嵩，望美彭城，家寄京邑。曾皇祖袮，德行咸高，仕位佳政，屬干戈亂動，告牒失遺，略而不言。公青春懷橘，白面凌雲，出事公卿，奏成品袟，解褐任洄陽縣丞，才繼陸安，政敷五德。次任寧國縣丞，上司勒留，下士遠慕，雖不親臨，百姓才亦播顯多能，三任楚州兵曹，位亞題輿，道蓋熊軾，館驛事集，戎旅獲安。公累任清肅，上考成高第，應遷有殊，何壽年不永，大和八年七月一日逝懷德私第，享年六十有二。仁兄悲切，痛失鴒原；哲弟浦陽縣尉□，列職度支，不復同爷，郇堪異鄉。夫人趙氏，頓罷鼓瑟，晝哭悴容，德繼敬姜，聲齊孟母。嗣子歡郎，年才志學，閔焉少孤，擗踴號天，未能主葬。女三人，長適楊族，次居□年，季在襁褓。非惟親戚慘愴，實亦行路悲傷。子壻楊氏□報泰山之恩，淚送逝川之落，室又泣血，難報冈極。□□□石，紐農意焉？以大和八年十一月廿六日葬于長安縣□□鄉㝉歲，禮也。恐陵谷遷變，乃刻石爲銘，辭曰永壽：楚楚劉君，刀筆凌雲。友于難繼，善政易聞。兩贊大邑，一椽理君。身歿名揚，不朽蘭芬。棣萼斷腸，媩妻晝哭。雅合更荣，如何不禄。墳起壙野，殯毀華屋。天然隆崗，長埋片玉。長女佳壻，祖奠潛然，下淚即日，霑恩早年。安魂紀德，万古稱傳。

近人尺牘，稱仁兄哲弟，又俗謂婦翁爲泰山，觀此誌則自唐人已然，不獨丈人峰之說見於宋人載記矣。石紐農，禹事也，上缺三字，不知何以牽合及此。標題處"墓"誤作"慕"，志中"室又泣血"當是"室女"之僞。

安某妻吳氏　安君嬪吳氏墓銘 并序

處士胡季良述并書

□□標于史册，《關雎》著于詩首，即今方古，一貫也。安君令嬪渤海吳氏，世業儒奉道，爲鄉閭之令望，以夫人少爲淑女，長爲孝婦，終爲嚴母，全之也。□吉人爲善，惟日不足。以大和九年□月五日，終于烏程縣臨苕鄉之私第，年五十有三。比盛年則非夭折，方眉壽則痛青春。即以其年五月廿八日，葬于雪水鄉仁王寺之西。安君感其賢淑，克遵蒸祀，買石誌德紀之文。有子曰師敏，承□保終，于禮也。石□文以□詞曰：仁王山兮寺西園，孤墳寂寂兮閉荒原。思婦德兮黯黯孤墳，平生義□兮片石誌言。

王仕倫　唐王府君墓誌銘并序

戴仁而處，抱義而行者，即琅邪王府君，諱仕倫，字文迴。其先晉右軍一十□代孫也，曾祖璆，祖恩，皇考良，忠貞不仕。公春秋五十有七，以大和九年六月廿二日終于暨陽之私第。嗣子宗志，次子劉老，稚年荼毒，泣血絕漿。以當年八月廿九日葬于故朱夫人之同塋所也，山連藥王之岡，地□建興之壟，且離城郭不逾一里，去人煙十步有餘焉。恐山川遷變，乃刊石爲銘：賢哉哲人，抑抑秩秩。無嗜輕佻，好求之質。云何積善，而遘斯疾。悲古青松，哀辭白日。万古千秋，於焉永吉。

鐫人武都章武及并書。

劉某妻辛氏　唐故平盧軍節度押衙兼左厢兵馬使銀青光禄大夫雲麾將軍檢校國子祭酒兼御史中丞上柱國食邑二千五百户劉公夫人隴西辛氏墓誌銘并序

文林郎大理評事寇可長撰

夫人辛氏，隴西郡人也。父諱行儉，夫人即府君長女也，聘于彭城劉公，公不幸早薨。夫人禀山嶽之粹靈，受人倫之大福，博行而多聞，發言而合禮。素德全備，淑慎威儀，迨於姻親，俯仰咸若，挺霜操而馳其聲，彙女功而發其譽。夫人六十有六，以大和九年秋七月廿日而薨。夫人有子二人，長子平盧節度、衙前都虞候、雲麾將軍、試殿中監、上柱國克勤，次子節度散列將克恭。生女一人，曰引。子等哀毀過禮，杖而能起，乃扶護靈柩，當年冬十月七日祔葬于青州益都縣永固鄉廣固之里。以先塋不利，故別遷宅兆，西據于麓，倚山邱之崇秀，東極于荒，南眺青山，北臨於郡，仍書銘于墓内。曰：白玉無瑕，青松有節。德儀咸備，行階先列。棄塵世而歸天，流芳華而不歇。蒼茫野色，雲悲鴻咽，林槭槭兮悲風，光娟娟兮夜月。

馮倫　唐故馮府君墓誌銘并序

府君諱倫，字寰周，長樂人也。曾思但，祖炎，父璋，俱養性邱園，高尚不仕。府君即璋第二子，幼而簡約，長而宏雅，恬然自處，不趨世利。禮則凝真，器宇沉深，雖榮之與辱，不能動其色，忘言得意，忻忻如也。輕財重義，博識多能，理性內融，徽猷外發。男公造立身恭謹，色養兢兢。二女令淑有聞，各娉他室。嗚呼斯人！不保遐壽，少乘攝衛，伏枕弥旬，藥術無徵，奄隨風燭，以大和十年八月一日終于私第，享年七十。府君殄也，陰雲暗慘，鳥雀悲鳴，至理元微，天何可問？男女迷謬，叩地號天，閭巷傷聞，爲之慼默。夫人陳氏蓬首灰心，沉哀骨立，徒想瓊田之草，無復返魂之香，以其年十月十五日葬于江夏長樂鄉射亭里之原，禮也。北背黃鶴之嶺，南瞻八□之峰。恐年代浸疎，州原變易，剋石記事，永將不易，辭曰：日月至明，尚有盈缺。邱山至壯，尚有崩裂。感彼馮君，隨波生滅。時惟孟冬，析析悲風。凝陰蔽野，苦霧霾空。敬勒斯誌，千載無窮。

劉源　唐彭城劉府君墓誌

潘圖撰

君諱源，字文宗，先帝王之苗裔也。遠祖商，漢中書侍郎。祖壹唐，林泉不仕。父興，田園放居，古之君子也。周秦之世，晋宋以來，徙從吳郡，海鹽勝邑，樹德樹居，不仕朝廷，隱從□□。嗚呼，以開成元年十一月二十五日，卒於私第，以其年十二月庚寅朔十九日甲寅，葬於海鹽縣南三里地。號鳥夜鄉，名海鹽，其塋也；長松藹日，青楓倚天，其所也；東流滄海，西接甘泉，南枕秦山之隅，北抵武原之地。君壽也六十有二，娶河南司徒氏，生三子，少怦、少通、少平。其子立也，雖未閭閻之途，有懷謹終之孝。日月逝矣，歲不我留，勒石記之，用存今古，其詞曰：野霧蒼蒼，寒郊茫茫。猗歟劉君，俄遭夜霜。【下缺】

葬以庚寅朔十九日，當是戊申廿五日方爲甲寅。

陳韞　唐故處士潁川陳氏公墓誌銘并序

鄉貢進士武陽李乂撰

陳公諱韞，字韜光，西漢太邱長寔之遠裔也。曾祖晏，祖□，先父澄，偕高蹈不仕，浪跡人寰，以處默爲輪輿，以軒冕爲桎梏。教垂嗣允，德冠我公，作隱遯股肱，爲□山浚峭，峻義方而親屬不閒，宏心計而資給豐饒，利用身安，降年有永，故春秋七十有八矣。所宜溢斯上壽，□有中庸，誰謂劍没延津，珠貽淮水？以唐開成三年二月二十七日，寢疾于江夏縣之私室。即以其年四月七日，歸祔于順化里黃鶴山麓之先塋，禮也。夫人譙郡曹氏，先公三祀而没。有一子□立，毀瘠綿頓，幾不勝哀，服懃經營，面垢不洗，□□□□，有禮號慟而行路無聊，仁孝光□，以□父□二□□滎陽潘氏，婦儀母道，自彼抑揚，豈不性□□泑□□有自於戲，言猶在耳，音容已緘，哀感臨岐，誰無怨恨。又以曾蔭德宇，忝識前脩，實録遺芳，刻於貞石，銘曰：□德門所嗣兮退藏是先，名與身孰親兮道在保全，福壽所資兮天降永年，遺芳不替而蒸蒸乂□□□□兮□□□前。

劉元質妻姜氏　新平公主女姜夫人墓蓋 故天水姜夫人誌銘

大唐故駙馬都尉天水姜慶初女，適故殿中侍御史劉元質，享年七十三，於開成三年十月一日歿于鄂州私第，以其年十二月廿一日權厝黃鶴山南原，禮也。懼陵谷之多變，故爲斯銘，用紀悠久之祀。

《新唐書·公主傳》，新平公主，元宗女，常才人所生，下嫁裴玲，又嫁姜慶初。慶初得罪，主幽禁中，薨大曆時。

鄭宏禮妻李氏　唐故李氏夫人墓誌

張元審撰

河陽鄭宏禮適妻李夫人，以開成四年三月十四日終于室。夫人祖諱海，父諱士安，隴西郡人也。天資柔順，能克已以惠人，有四女。丞登三和，娘子皆絶漿不食，夫人享年卅。以其年四月壬子朔十日辛酉，殯於太平鄉西沼村北卅五步，高岡之前，其地前引，後從中如堂，安殯必固，恐桑田變改，迺爲銘云：葉落歸本，生順自然，泉臺寂寞，來路無還。

是誌原文凡三百字，叙次蕪雜，殆村學究所爲也，今爲刪存其略。

趙某妻夏侯氏　唐山南東道節度惣管充涇原防秋馬步都虞候正議大夫檢校太子賓客上柱國趙公亡夫人譙郡夏侯氏墓誌銘并序

鄉貢進士唐正辭撰

夫人之先譙郡人，後移貫深州樂壽縣。昔武王尅商，封夏禹之後於杞，列爵爲侯伯，厥後因爲夏侯氏。漢有滕公諱嬰，佐高祖定天下，子孫益熾，紆冕弥盛，國史家傳，粲然可觀。曾祖諱載，滄州長史。祖諱璀，試太子詹事、滄景節度都押衙。考諱蕚，試太常卿、充翼州南宫鎮邊兵馬使。皆宪材茂器，移孝爲忠。夫人紹餘慶於千年，傳遺芳於三代，備謙柔之行，稟純淑之姿，舉不違仁，動皆合禮。既笄年之歲，歸於趙氏，克叶《關雎》之興，允諧鳴鳳之永。趙公以文武全才，述職戎府，公家之事，不遑厎寧，夫人内睦姻親，外承賓客，輔佐君子，清風穆然，斯不謂之賢哲之行歟？期天降鑒，介以眉壽，魚軒象服，夫貴妻榮，爲龍爲光，焜燿閨臺。何啚年始知命，奄歸下泉，積善無徵，吁可痛也！以開成五年六月廿六日遘疾，終於襄陽縣明義里之私第，享年五十。趙公惣戎涇上，式遏西蕃，王事靡盬，瓜期未至。夫人瞑目之際，不及撫床之哀；宅㝟之辰，莫展臨棺之慟。人之知者，孰不爲之傷嘆焉？以其年十一月癸酉朔廿四日甲申，龜兆叶吉，葬于襄州鄧城縣边湖村之東崗，禮也。長子宗立，當軍節度散將；次曰宗本，鄉貢明經；次曰宗元，次曰宗式，咸稟慈訓，且服教義。宗立、宗元侍從防邊，宗本、宗式躬護喪事，必誠必信，禮無悔焉。爰以夫人德行，來請銘誌，琢於貞石，庶千載之後，徽猷不忘，恭副孝思。乃爲銘曰：猗歟夫人，植操無鄰。孝由天性，義冠人倫。德行聿脩，徽猷日新。如何不吊，奄謝芳塵。展矣良夫，護塞從軍。宅㝟有期，歸路無因。樊城之陰，漢水之濱。卜得鮮原，嶡起孤墳。秋草萋萋，逝波沄沄。德存于石，磨而不磷。

道光元年秋，襄陽大水，坼北岸，壞古墓，得此誌及梁嘉運誌，海豐吳君移置鹿門書院。誌中總作惣、冠作冔、粲作㮦、蕚作蕚、尤作宪、純作純、求作求、底作厎、壺作壼、圖作啚、冈作罡、喪作壶、琢作琢、操作操。

馬恒　墓誌銘_{祔志} 額篆書祔志二字 正書 **唐貝州永濟縣故馬公郝氏二夫人墓誌銘**_{并序}

公諱恒，父諱遷，其先扶風郡人也。昔馬融注解，累代欽崇，風後裔回官，徙居甘陵郡，乃祖乃父，遂爲永濟縣人焉。公以禮爲度，以德爲車，衣著蒿章，飲食經藉，謝家鮑氏羞當章句之流，恥也文學之列。金石爲節，松竹表貞，乱代逃名，庸君隱跡，懷寶不仕，韞道迷邦。於是通德互門，仁者爲里。嗚呼，天不愁，神莫見祐。元和七年七月廿一日寢疾，終於沙邱方私弟也，享年冊十。時也日月無光，雲天慘色，閭巷過密，行路傷嗟。摧殯縣西一里。先夫人松蘿靡託，葛藟無依，結誓指於柏舟，空淚流於斑竹。以開成六年正月十三日，与二夫人遷葬於故塋，礼也。仲子□□，盡□以竭家資，因爲遷祔，恐陵易改，刻石爲紀：平生志貞，松筠表節。堅玔金石，潔白永雪。□遍乾坤，光連子孫。輝赫三代，榮慶一門。道盖□宇，名彰四海。天何奄禍於幽魂，骨肉永閉於長夜，何時再覲明昏。

　　是誌篆額止墓誌銘三字，下別刊"祔誌"二小字，爲墓誌所創見。述恒之卒，有"日月無光、閭巷過密"[1]等語，殊非載筆之體。又如"亂代逃名，庸君隱跡"云云，語多詈時，[2]且字句亦多脫誤。"累代欽崇"下多一"風"字；"恥居文學之列"，誤居爲也；"通德高門"誤高爲互；"天不愁遺"，脫遺字；"享年冊十時"也，十當作是；"陵谷易改"，脫谷字；"何時再覲明昏"六字，不成句，與上夜韻不叶，[3]此必當時不學者所爲也[4]。公諱恒，避穆宗諱缺末畫；"權殯"誤作摧殯；"堅靱"誤作堅玔；"亂世"避太宗諱作亂代。

---

① 初刻本兩句間有"及遍乾坤，名彰四海"。
② 初刻本兩句間有"更乖文體"。
③ 初刻本兩句間有"不知脫者幾字"。
④ 較初刻本刪去"而上石察書者又無其人也"。

僧常俊　唐故鳳光寺俊禪和上之墓銘并序

和上諱常俊，俗姓張氏，清河人也。皇祖疰，皇考李，即李之第二子，丱歲出家，年齡七十，僧夏卅。奄自會昌元年五月十五日，示疾歿世，以其月廿六日，遷柩於常州無錫縣太平鄉□村東一里官河西八十步張宗祖墓中。卜其宅兆，庚首而安厝，之禮也。有門人文則、元通、伯昌、族兄秀、姪令容等懇痛哀摧，涕泣交結，恐陵谷遷改，桑田變移，塋域無徵，乃刊磚而爲誌銘曰：禪宗内紐，法印心結。永棄浮生，歸乎寂滅。

左中郎將元顒妻王夫人基

同王異之引氏秩之興

秦訓陰軌尔明作配魏宗之妻

孫陽禾王第六弟元顒風

云　　沖圖四德連瓊后妃的式閑

識　歲　加焉言告師氏的

作好仇歲以　易稱家人美夫婦夫

之探典以近昌二年歲次癸己喪於京

法之終始若二年　於湮涓之東

十二月辛己朔四日甲申整尋多傷其

河森森墳壟依依丘墓曾悲

惟茲夫人開睚挺節趨超褒楚約約雲介

日

唐十五

趙某妻張氏　唐趙夫人故河内張氏墓誌銘并序

鄉貢進士沈櫓撰

夫【闕六字】通□阜□与世俱行，孝敬存家，令德彰茂。夫人河内郡□□雲陽人也。夫人幼閑軌則，門望之崇，既笄之年，歸於天水趙公之□□。夫人女宗母教，動叶禮儀，處室也功容允明，辭家也德言咸備。四【闕七字】道于何有，方期兆鳳皇之言，頌螽斯之宜，内外【闕六字】何以□□沈□，大夜將奄，時春秋五十□□，以會昌三年歲次癸亥正月廿四日，終于長安延壽坊之私第。趙公家世儒流，夙聞風雅，四男成長，二子聘室，兩女有家。長男師□□□府□□州□陽縣主簿，官貞政理，鍾鼎是期，次男師枚師□師運皆□以□力□□曾參，甘旨不虧，長女幼適河内張□，正定遠將軍，前光王府曲軍。次女早適樂繁，任濠州□□縣尉。並温温潤德，□睦謙柔，送往慎終，僉悲薤露。即以其年五月廿六日，窆于京兆府長安縣小嚴村之原，礼也。恐陵谷遷變，家世湮淪，故刊于石，以誌綿邈，其銘曰：泪乎有歸，逝于德輝。令望益著，殤□□□。孤貞四被，天不慭遺。誌彼泉石，名留不麋。

安子書　宜郎篆額　閏郎刻字

包某妻張氏　唐處士包公夫人墓誌銘并序

夫人姓張，其清河人也，皇父諱鄰。夫人生有妍姿，長終言行。包君前娶義陽朱夫人而生四子，不幸朱夫人中年下世。及終喪，親迎娉夫人爲繼室，敬愛均乎長幼，周旋廣備親疎，撫育前男，恩通己子。嗚呼，夫人行年六十有六，以會昌三年十月九日奄終錢唐縣方興鄉之私第。包君以再傷齊體，追悼何心，盡禮居喪，卜時將葬，前男女哀墓無容，以其年癸亥十二月十二日丙申，葬於履泰鄉之高原，禮也。恐陵谷以變，更托斯文之可諾曰：噫夫人兮倏忽流年，□□□兮冥寞荒原。慘慘靈谷，悠悠夜泉。末□□□，歸于此焉。

《兩浙金石志》云："乾隆癸丑年，西湖人掘地得之，今藏仁和趙魏家。"誌中"其先清河人"也，脱先字；"恩通己子"，通當作過；"哀墓無容"，墓當作慕；"陵谷以變"，以當作易。前《許洛仁妻宋氏誌》，書誌作誌，此誌云"托斯文之可諾"，書銘作諾，誌銘二字言金互易，皆好奇者所爲也。唐人避丙作景，惟李文誌及此誌丙申丙字不避。

馬紓　唐故銀青光禄大夫使持節蔚州諸軍事行蔚州刺史兼御史中丞馬公墓誌銘并序

朝請大夫使持節汾州諸軍事守汾州刺史楊倞撰

公諱紓，字無畏，扶風平陵人。曾祖行炎，嫣州刺史；祖千龍，平州刺史；父實，右驍騎將軍、御史中丞。並有功幽薊，書勳竹帛。公即中丞第廿五子。幼有奇節，性惟聰悟，見古名將勳業之事，未嘗不廢書發憤，沉吟久之。身寄河朔，志蕃王室，欲變風俗，期乎坦夷，遂委質戎府，累遷魏大將。自天寶末胡羯爲亂，雖克勤□□翻恣驕兕，以故將帥帶州連郡，朝貢罕至。而魏博諸田相繼立，元和中上以文德武功定叛亂，雖魏帥詐順，尋亦如舊。大和初，滄帥李全略死子同捷，盜襲其位。先皇震怒，徵兵討之，魏帥以封壤連接，潛相應援。時中書令裴公掌兵柄，謀撓魏事，以公才辨，爲戎率知，每有奏請，獨當其任，遂申密款於裴公。天子嘉之，乃大張皇威，深述聖旨，開向化之福，戒覆巢之危，帥立歸誠。未幾王師大捷，而同捷就戮，萬夫解甲，兩河肅清，公始謀之力。天子以公忠果，可任大事，拜左武衛將軍，後出爲寧州刺史。在郡有聞，堂帖赴闕，拜右領軍大將軍。至開成中博陵更師，丞相進□取可繼作者以蔚爲□，鄰□易遷，就乃拜公蔚州刺史兼御史中丞。洎申謝，文宗皇帝臨軒歎賞，面許重事，以遣之。既牧安邊，公綏戎以德，撫下以恩，野無南牧之虞，俗講東里之禮。三年去任，執轅遮道者□路。蔚人思公，令德日□聞於廉帥，廉帥聞於朝廷，又拜蔚州刺史。□□□疾，尋□西河。上聞之惻然，候疾愈，方授以大柄，神不庇善，以會昌四年三月十日，終於所寄之第，享年五十六。嗚呼，才長壽促，志遠途窮，□廣所以，爲有識所歎。公兩妻，裴氏、張氏皆名族。生一男二女，男補太廟齋郎，娶徐氏；次女適裴氏，長女在室。即以其年七月十日，歸窆於關中少陵原，祔其先塋，合元妃之墓，禮也。銘曰：皇道熙熙天寶末，盜弄干戈自胡羯，滄帥死兮有餘柄，魏爲親鄰志相活。河海橫流馬公遏，溟盜亟誅天波闊。忠義克彰遂聞達，天子臨軒歎賢傑。將委邊陲□勳烈，將分符竹後□鉞。所理蘇息無饑渴，才有餘兮志末豁。長衢方騁摧輗軏，彼蒼者天何謁謁？嗚呼，馬君道消歇，中壽未登神奄絕，唯有確名流不竭。

誌中裴公謂裴度也，是誌宋時出土，趙氏載其目於《金石錄》，陶氏採其文入《古刻叢妙》。

王文幹　大唐故中大夫行内侍省内給事員外置同正員上柱國賜緋魚袋王公墓誌銘并序

通直郎試大理評事趙造撰　鄉貢進士蕭睦書

公諱文幹，字強之，其先即秦將翦公之洪裔也。自時厥後，子孫眾多，文能出群，武蘊異略，賁則善虜其將，義乃下筆成龍，功業居高，名施于後，秦霸天下，斯皆王氏之力也。遂使高秋朗月，瀚海澄波，諸族難儔，家世雄盛。皇朝中散大夫、内侍省内侍、賜紫金魚袋，奉詔和蕃使兼西北庭使諱奉忠，公之曾王父也，德重名高，情見義立，西戎斂跡，不敢東闖，北狄戢群，不敢南牧。内侍省内侍、賜紫金魚袋、内弓箭庫使，奉天定難，南朝元從功臣諱英進，公之祖王父也，義勇冠時，見危致命，親承聖旨，獨步中朝。右神策軍散副將、雲麾將軍、試殿中監，奉天定難，隨駕南朝，元從功臣諱臣端，公之烈考也，功高位下，命不待時，慶流有徵，果有令子，榮高處厚，德抱確圖。公即雲麾將軍第三子也。憲宗踐阼時，公年始童，舞人趍紫闥，出踐丹墀，敷奏詳明，鬱爲俊彥，遂拜供奉官。恪居官次，務謹去奢，臨事無渝，爲官不昧，斯乃冲天逸翰，出澗高松，錫以朱紱之榮，帶以銀璋之命。改梨園判官，奉八音之禮，專五菓之名，藝就日新，功勤益著。遷鶏坊使，翦拂珍禽，在闘自我，羽翼奇特，利用絶群，每蘊能名，誰之與疋？轉宣和殿使，載離寒暑，日往月來，每候鑾輿，晷刻無失，金石磨而不磷，璧玉琢而弥堅。改軍器監判官，專任武庫，奠體有程，幹笥必時，實謂戎備。尋遷左神策軍宴設使，庖厨有節，饔飱無遺，修饌必善於精華，宴飲實惬其醉飽，鎮幕歌晚，坊局拖留。拜同官鎮監軍，地居畿甸，鎮壓要衝，路接塞垣，命之監理。虬龍豈與蚯蚓爲伍，鸞鳳難可枳棘長栖，時當用才，俾之密侍，依前充供奉官，使於四方，善能專對，利於一事，冈不克堪。未幾息車，改栽接使，公墾園樹菓，殖地生苗，供億猶勤，庶事無闕。有司惜才戀德，公乃布義行仁。開成五年，詔遣充新羅使，拜辭龍闕，指日首途，巨海洪波，浩浩萬里，一葦濟涉，不越五旬，如鳥斯飛，屆於東國。王事斯畢，迴檣累程，潮退反風，征帆阻駐，未達本國，恐懼在舟，夜耿耿而冈爲，魂營營而至曙。嗚呼！險阻艱難，備嘗之矣。及其不測，妖恠竟生，波滉瀁而滔天，雲靉靆而蔽日，介副相失，舟檝差池，毒惡相仍，疾從此起。扶持歸國，寢膳稍微，藥石無功，奄至殂謝，享年五十有三。會昌四年歲在甲子夏四月，蓂生五葉日，終于京兆萬年廣化里私第。雖違三月之期，終遂九原之禮，是歲冬十月十五日，葬于鳳城東龍首原，禮也。嗟乎！命之不偶，李廣豈遂於封侯？梟在官門，士衡終聞於歎鵩。公婚于滎陽鄭氏，克諧琴瑟，相敬如賓。有子三人，男曰義仙、義立，女適齊郡史氏。孤子銜恤茹荼，哀號冈極，恐田成碧海，谷變爲陵，片石未鎸，防墓何辯？用憑不朽之石，以誌永存之詞。銘曰：猗嗟大夫，短折不禄。歷事五朝，白珪三覆。賈詡促齡，士衡歎鵩。許國一心，居家可理。善則稱君，過則稱己。君臣道合，如魚如水。嫉惡如讎，見善必遷。愛如冬日，畏若夏天。臨官廉平，無黨無偏。奉命出使，汎海東夷。洪流滉漾，陽鳥攸危。大波汩起，天地變移。王事斯畢，車騎辭迴。臨達本國，魑魅爲灾。幽魂何往，游岱不來。聯綿經歲，四體轉衰。辭恩處順，闔門銜悲。吾將安仰，哲人其萎。美玉永沉，寶劒斯析。聖心哀慟，孤子泣血。福祚長存，恩光無歇。

　　誌叙曾祖至本身，蓋四世爲内官矣，王父上加祖字，贅文也。《唐書·百官志》

閑厩使有鵰鶻鷂鷹狗五坊以供時狩，而無雞坊，此云"遷雞妨，使翦拂珍禽"，是司鬬雞之職者。《唐六典》有司苑掌園圃種植之事，此云改栽接使，即司苑所掌。《新唐書·東夷傳》載開成五年遣新羅質子及學生歲滿者一百五人還國，誌云"充新羅使，泛海遭風，受驚成疾"，蓋奉使護送時事也。

尹澄　唐故尹府君朱氏夫人墓誌銘并序

曾□祖從家狀官告，墜失不叙。府君諱澄，其先望在天水，貫居秦州，後子孫分散，各處一方，今權居孟州，即爲河陽縣人也。公爲人端耿，量雅恬和，与人結交，千金不易，一言道合，駟馬不追，遠近欽風，花城共美。奈何積善無慶，天降其禍，去開成四年，告終于私第，春秋六十有七。夫人朱氏，即世廣陵郡人也，笄年秦晋疋配，歸于尹氏之門。婦道禮儀不虧，晨夕之孝，接事舅姑，能善能柔，和睦六親，鄉閭傳礼。奈何大運將至，臥疾連綿，千方無效，万藥無徵，啓託聖賢，其疾不愈，以會昌四年十月十九日，終于私室，春秋六十有三。男女七人，長子宏慶，新婦王氏；次子宏禮，新婦戴氏；次子宏簡，新婦賈氏；次子宏雅，新婦王氏；小子宏殺未婚。長女十四娘，夫張氏；十五娘歸開氏。嗣子等非法不行，非禮不動，□□焉有丈夫之志。兒女等叫天泣血，五内分崩，稱家有無，將營塋事，卜得會昌四年十月十八日，蟄于孟州河陽縣安樂鄉塩坎村，礼也。恐年代久遠，陵谷有遷，刊石爲文，乃申銘曰：嗟乎尹君，生爲哲人。言無過失，花城共聞。千金交結，恩義長存。招賢納士，禮法芳新。嗟乎尹君，没爲異人。嗣子擇兆，安厝神魂。千秋万載，宜爾子孫。

是誌乾隆間孟縣城内鑿井出之，其稱"權居孟州，即爲河陽縣人"又曰"葬于孟州河陽縣"，河陽升爲孟州，在會昌三年，此係四年，正其初升之後，故有是稱也。誌中終作終、開作開。小子宏殺，殺字疑即殷字別寫。

陸某妻何氏　唐故陸氏廬江郡何夫人墓誌銘并序

大唐會昌五年乙丑歲孟夏之月廿一日，夫人終於家，春秋六十有八。祖諱真，父諱□□，其先廬江人也。夫人幼習女儀，長有令譽，初笄之歲，匹于陸君，蕭蕭雍雍，如琴如瑟。嗚呼不同偕老，陸君不幸而先逝。夫人所生一子元慶，幼而習禮，頗識義方，承順慈顏，曾無怠色。水漿不入，杖立營葬，以所卒之年莫秋之月乙巳朔廿六日庚午，遷奉於華亭縣西北二十三里，陸氏故山【闕五字】夫之兆，以遵生前之命。今慮歲月縣邈，林摧隴隳，刊磚立銘，周表系以銘曰：嗚呼浮生，如露如電。平生玉容，無由再見。精魄□散，形體□□。□□慕鄉，親子淚雨。

魏遨妻趙氏　唐故宣州功參軍鉅鹿魏君夫人趙氏墓誌銘并序

前延州防禦衙推文林郎試左驍衛兵曹參軍王儔撰

公諱遨，字仲方，世本云秦改魏，為鉅鹿郡也，後徙家于山南，今則洋州興道人也。昔周建侯王，是稱磐石，國命良相，謚曰文貞。公自枝派初分，導自洪源之注，蘭蓀並梃，時為銓藻之芳。祖賓，父朝隱，皆敦偉行，諒識宏深，高樂園林，自求野逸。公孝達參閔，學茂游夏，稟志孤貞，潔行端操，須因入仕，多為台鼎廉察之知，累以德藝精粹聞於天庭。始奏授懷州參軍，次選授果州司戶參軍，次任婺州司功參軍，次任宣州司功參軍，凡歷四郡，皆以直道佐理，惠洽優人，官賴其能，民受其福。以茲樹善既至，必獲神休，豈期天喪貞良，倏延荒瘵，乃針石靡效，寘齡益乖。奄忽俄然，盡為松檟，是則逝波湮沒而不還，風燭泯光於殘夜。以元和九年十月十三日不祿于任，壽年五十有五。即十年四月護歸京兆，窆于萬年縣洪固鄉北韋村北原也。夫人天水趙氏，考皇任婺州長史昇之仲女也。少習師保，內則素彰，懿淑茂儀，柔順芳婉。而乃失翼凌虛，亡舟涉濟，孟母彼美，敬姜謂歟？以會昌四年冬，偶嬰微疾，殆逾累旬，冬筍冰魚，日無不至，十一月十五，遂歿于延州豐林縣之私第，享年七十有五。今以五年十一月廿三日，護喪祔于萬年縣洪固鄉北韋村北原，禮也。有女四人，長適皇甫氏，次適李氏，次適侯氏，幼適王氏，並早閑保傅，克就柔儀，女德婦功，怡聲婉娩。或逝川不返，或婦言益嘉，雖女史無□，亦家諜自□。有子三人，長曰齊貢，前任延州豐林縣令；次曰匡贊，前任劍州青女縣主簿；幼曰文質，任□州永泰縣令。俱以簪笏宦途，學行清敏，政則治民，惠乃周物。自□□□兵，泣血絕漿，驕護牆耍，毀疾終制，及靈車南邁，哀戀北堂，禘嘗之儀，晝暮增潔。竊以鴈行式序，祈誌永年，土木非剛，刊石為事，儔每媿屍。薄，沖讓未獲，辱命染翰，為詞頗難，銘曰：黑水之西，終山之北。厥土上上，人惟温克。鄴謂之先，秦風是則。簪笏所繼，其儀不忒。淑慎佳美，咸曰貞廉。婦禮彌著，母德式瞻。家以議徙，子以道謙。未獲榮養，奄弃恩嚴。豈日盛衰，抑奪人慾。千載之後，悲此山曲。

魏邈墓，其子匡贊已誌之矣，此誌為其妻趙氏祔葬而作，題曰“魏君夫人墓誌”，而前幅叙邈官履甚詳，則仍為合葬誌也。匡贊誌云“授懷果二州參軍，皆未上”，而此云“凡歷四郡，皆以直道佐理”，所載已失其實。又匡贊誌載子三人，長即匡贊，仲曰文質，季曰齊貢，而此誌則稱“長曰齊貢，次曰匡贊，幼曰文質”，兄弟之序顛倒至此，作者偶誤其家人亦不更正，何也？匡贊誌載女三人，而此誌則曰“有女四人，長適皇甫氏”，又為匡贊所遺。一家之事，二石互異，考據家欲據衆手共成之史，辨論千古得失，不亦難矣哉？誌首所稱文貞公，乃唐初相國徵也。誌中振作㧐、儒作偄、粹作秌、冥作㝠、剛作剛、號避虎字諱作鴰，世民字以避太宗諱缺筆。

周文遂　唐故汝南周府君墓誌銘并序

君諱文遂，字道從，祖諱峊，先父諱通，君即通之長子也。幼讀儒書，長而習禮，弱冠之歲，咸譽所知，內孝姻親，外穆僚友。不能苦濫于琴酒，乃縮職于監司，三五年間，榮譽可奬，何斯未申公表，奄卒壯年。嗚呼，霜劍摧鋒，鳴琴絶軫，春秋卅有五，大中二年三月十五日，終于天長之私館也。以其年十月廿九日祔于先祖妣王夫人，列域以為宅穸，禮也。娶宏楊氏，恭孝內諧，舉案從禮。一子三歲，名曰小君；令弟二人，曰文遇、文造。恨鴒原而遽絶，誰濟急難？桐荆幹摧，鴈行何續？敢忘兄友，銘誌弟恭，固謂長詞，用彰後紀者焉。銘曰：嗚呼周君，世命奚促。三十五歲，禍來衝福。手劍摧鋒，身紳棄玉。欲濟舟傾，風前失燭。一旦歸冥，百齡何贖。千歲之中，再生王國。

《兩浙金石志》云在海寧周進士春家，《金石萃編》云姻親不當言內孝，苦濫字不可解。“外穆僚友”，穆當作睦。娶宏農楊氏，脫農字。“譽案從禮”譽當作舉。

王守琦　大唐故王府君墓誌銘篆蓋

唐故正議大夫行内侍省内府局　丞員外置同正員上柱國太原縣開國男食邑三百户賜緋魚袋王公墓誌銘并序

將仕郎試右監門率府録事參軍劉景夫述

公諱守琦，父皇任朝散大夫充内酒坊使，諱意，通之第九子也。公早朝禁掖，旋授昷恩，配賢父天，寔遇慈昊，訓以文藝，卓以詩筆，教以温常，試以廉克，仁德播於流嵜，特選名於肘掖。恪恪奉主，孜孜在家，貞清絶邁於古賢，硎聽全逾於往栝，斯可爲天之祐也。故得常居寵袟，朱紱銀兗，握恩不榭於先宗，焕彩實暉於後嗣。貞元十二祀入仕，大中三載退歸私第，因寢疾崩於歲十二月十五日。緣久居崇袟，先塋稍隘，爰於舊墳西南隅，刱建新塋也。伏以先墳高聳，碑秀峨峨，族裔昊書，此不刊之。公先夫人張氏早薨，附在大塋。嗣子四人，長曰從祐，遄而往逝，亦附大塋。今夫人謝氏，追念前恩，怨嗟煢後，哀慟過於班家，調訓同於孟母。今至孝男允實，次曰從盈，又次曰從泰等，嗷嗷血淚，逾甚高柴。啓視晨夕，殊邁曾哲，生事已畢，葬事將塋。宅兆吉晨用刻，大中四年正月廿三日禮葬，鄉曰崇義，村号南姚，土事銘詞，因斯建也，銘曰：彤彤王公，穆穆和恭。侍親以孝，事君以忠。四科畢備，書釰全功。能章禮樂，能楊國風。少承光寵，暮乃將退。居上共宗，居下共愛。身殁名章，魂消譽在。釰鏡人仁，孰不欽賓。

誌中兩用"後"字，一云"焕彩實暉於後嗣"，"後"當作後。一云"怨嗟煢後"，則"後"又當作獨。銘詞中兩用"釰"字，一云"書釰全功"，一云"釰鏡人仁"。《字書》釰音日，鈍也。與此文義不合，當是劒字別寫。天子曰崩，諸侯曰薨，薨字尚有通用者，此誌書卒曰崩，則妄甚矣。文首云"父皇朝某官諱某之第九子也"，父字可省。又摭授播哲握揚，凡從扌之字皆作才。"握恩不榭"，謝應從言，此亦作才。"仁德播於流嵜"，言仁德遠播如水之流。如山之嵜，然而高也。"葬事將塋"塋當作營；"吉晨用刻"晨當作辰，用字缺筆，與《僧思恒誌》同刻，謂選日也。

陸瑛妻孫氏　唐陸君故夫人富陽孫氏墓誌銘并序

夫人吳大皇帝十九代孫德之女也，令淑有聞，名傳四德，笄年歸于陸氏。君名瑛，有子三，二男一女。長男宏誂，次曰宏謌，並未有所娶；女則初笄之歲，未有所歸。夫人以大中四年遇疾，百藥無徵，干靈靡究，即是歲仲夏月三日而終，春秋五十有七。男女號踊，泣洫摧咽，親戚悲噫，日月逾邁，龜筮協從，於其年季秋月末旬八日而安厝富陽縣西廿里上黃山，墓然而禮。墓則南登極峭，北達長衢，東西即富春孫氏之山矣。中慮年月將寖，故別塼記其誌銘，銘曰：穆穆夫人，名傳四德。染疾不愈，没歸泉路。蒼芒山谷，冥冥九泉。恐年月寖，誌銘列塼。唐大中四年九月廿八日記

《兩浙金石志》云錢唐嚴杰見居民掊土得之，手拓數紙，仍令掩埋原處。誌中歸作歸，瑛作瑛、靈作靈、泣血誤作泣洫、龜筮作龜筮。銘詞起四句無韻。

朱某妻樊氏　故右内率府兵曹參軍朱府君夫人南陽樊氏誌銘并序

序曰南陽之後，軒冕閒世，最爲國内所稱。曾祖釗，皇明經出身，泗州連水縣令。夫人連水嫡女，有兄一人早逝，唯獨子立，未登笄歲，歸於吳郡朱氏。二紀輔佐，不幸居孀，志在掬育，悉知禮義。皇天不祐，大中四年七月廿日薨建業鍾浦之舊第，春秋八十有一。以其年歲次庚午十月乙巳朔十日甲寅，合祔兵曹於鍾山之南善□里，禮也。夫人遺息二人，女二人。長圓郎，將仕郎、前守淄州鄒平縣尉。次散郎，拔萃敏利，迴戰史□□曰先仰。廿一娘適□□衛兵曹參軍琅邪王鎰，廿二娘適前太常寺奉禮郎潁川陳□。嗣子等泣血號叩，感而爲銘，勒于貞石，行焉銘曰：煒煒煌煌，洎漢貽唐。磊落軒冕，連綿琳瑯。令則和睦，于何居孀。提挈撫育，歷饉經荒。馮以積慶，福壽無疆。天不惠垂，玉潤迴藏。金爐歇焰，寶鏡休光。嗣子泣血，孝女絶漿。卜吉遷窆，鍾嶺之陽。楨柏森森，永剋嘉祥。　男圖鐫三字篆書

誌云曾祖釗爲連水令，又云夫人爲連水嫡女，則連水當是其父之官。曾祖釗下脱去祖父二代。又載男二，長曰圓郎，次曰散郎，誌後又有“男圖鐫”三字，疑“圓郎”即圖之小字。

石中郎將元颺妻主夫人莫

訓軌尒明作配魏宗颺之妻

陰訓軌尒明作配魏宗

同王王冀之引氏秩之興

訓沖圓四德連璿后妃的式閑

識沖圓四德連璿后妃的式閑

好仇娓以加焉言告師氏的式閑

作掾終始著一易稱家人美夫婦夫

典以延昌二年歲次癸巳葬於京

二月辛己朔四日甲申塵於漼涓之東

河崟崟墳壟伄伄丘墓曾悲尋柱多傷其

惟玆夫人開睚挺箄翹翹蔓楚灼灼雲介

日

唐十六

劉某妻郭氏　大唐魏博節度別奏劉公故大原郭氏夫人墓誌銘

夫人太原盛族，遠祖因官遷居於大名，今爲魏郡人也。三代祖並轅門上將，名冠古今，勳業俱高，不可具載。父君佐使宅親事兵馬使押衙，以弓裘飾身，文武不墜，守忠事上，信義居懷，可謂丈夫矣。夫人即押衙之長女也。以初笄而歸於劉公，在家而令淑有聞，出嫁而四德克備。吁！上天難問，脩短不容，不幸以大中六年五月十二日終於府元城縣慕化坊之私宅也，享年廿五矣。嗚呼！父母腸斷，良人痛心，生死路殊，龜筮叶吉，以其年閏七月九日，遷枢於府西南五里貴鄉縣王趙村，祔先塋，禮也。慮邱壟之更變，故刊貞石爲銘，其詞曰：婉娩柔儀，言容和茂。婦德可觀，進退可度。上天不均，掩同薤露。大魏西南，良玉瘗土。萬古千秋，永扃幽户。

閻某妻萬氏　萬氏夫人墓誌<small>蓋正書</small>　故萬夫火墓誌

有唐大中六年龍集壬申十二月十三日，豫章郡萬夫人終于揚州江都來鳳之里，年卅九。爰自笄年，帰於閻氏之室，育三男一女，長子公慶，次曰公閱，幼曰公閒。卜其宅兆，即以當月廿四日窆于揚子縣界江濱鄉白社村，其地東西十丈，南北十五丈，刻字于墓，庶乎後迷，万古千秋，永爲後記。

　　是誌僅百餘字，記卒日葬地甚詳，在唐誌中最爲簡潔。庶乎之乎，當作無。唐揚子縣即今儀徵縣。

盧鄯女姚婆　唐姚婆墓誌

范陽盧鄯幼女姚婆，年八歲，生而穎悟，髫而秀妙，纔能言而知孝道，纔能行而服規繩，纔能誦而諷女儀，纔能持而秉鍼組。動有理致，婉而聽順，衣服飲食，生知禮讓，先意承志，不學而能常期，長成必有操行。方譽流于親戚之間，何啚玉樹先秋，蕣華早落，敏而不壽，痛可言耶。以大中六年十月三日夭于襄州官舍，以明年七月十三日葬于鄭州滎澤縣廣武原，祔叔祖贈給事中府君之松櫝。冀冥寞之内，魂而有知，以其封樹不廣，懼年代未遠而邱壠夷平，聊刊片石，以敘其年月与事實。冀千載之後，不至湮沉耳。

唐大中七年七月十三日前撿挍禮部員外郎盧鄯記。

《潛研堂跋》云："禮八歲爲下殤，於法可以無誌，然韓退之爲女挐銘壙，世莫以爲非者。"父之于子，不忍其湮没，欲有所託，以永其傳，亦人情耳。噫，自唐以來，達官貴人豐碑大書，不久而湮没者何限？姚婆一弱女子，越千載後乃得傳姓名于士大夫之口，事之有幸有不幸，若此者，可勝道哉？

張君平　唐故清河郡張府君夫人安定郡胡氏合祔墓誌銘并序

劉伸撰

府君諱君平，字君平。其先燕國公，纂集群書，家有鳩金，復撰《才命論》，教流天下，分派周室，即是公之苗裔宗枝矣。公本深州饒陽縣之人也，别業樂亭，積有餘載。曾頲，皇朝任絳州長史。祖徽，高尚不仕。考承泰。頃以城戍艱虞，此城被幽州攻圍，公負倜儻之材，輸誠展效。去元和四年，授成德軍節度使牒補充十將兼充樂壽鎮遏都知兵馬使蒬公押衙。公君平將子之，赳赳軍前，干城之志，信義立身，孤標作操，東西欽企，南北共談。辯説□□，迺文迺武，孝悌成家，垂訓禮樂。克著始終，可以龜鏡焉。公寢疾，享年三十有六，以大和八年八月廿日終於市坊私第也。嗚呼，良才斯傾，哲人其殞，銜哀有餘，可謂珠沈洛浦。寶劍一缺，促我遐壽，孀居洞房，遲遲飲恨，葛藟無託。夫人久嬰痓瘵，醫疹無痊。夫人以大中六年正月十五日歿於私舍。夫人春秋卌有九。女師娘子，年齒初笄，髫齔惣立，春花欲發，秋葉已凋。割慈母之恩，憐痛膝下之寤寐。皇天不祐，夭折妙年。小娘子年一十有九，以大中三年四月四日殂矣。新婦天水趙氏，纔入貴門，積善無瑕，苗而不秀，遂埋紅粉，傷瘞九泉。新婦年廿有二，以大中四年六月十一日喪矣，皆附塋安厝。可惜可惜，孰謂痛哉！實謂悲哉！嗣子弇，號叫攀慕，糜潰骨體，可以會參同年而語哉。遂乃庇冢修葬，合祔元扃，禮周終竟。南枕漳水，北望燕幽，巍屹墳封，雙靈再合。卜取大中七年十月四日，窆於縣城之東南三里故塋域殯焉，禮也。所慮年代深邃，陵谷變移，勒石記之，千載無朽。其詞曰：燕公之孫，苗裔深根。常爲儕□，變作弔賓。空留七德兮千載，書劍舊跡兮生塵。夫人令德，合窆同牢。哀哉白駒兮西愿，奈何松柏兮蒼蒼。

陸某妻劉氏　唐故陸氏劉夫人墓誌銘并序

夫人彭城郡人也，父峯皆詞林學，趨官迹立，笄年禮聘，適于陸門，盥悅雞鳴，嚴勤婦節，大期俄屆。嗚呼，於大中九年七月□日，寢疾終于華亭邑內之私室也，芳年卌有七。以其十二月一日葬于縣東三里買宋氏地之新塋，禮也。有子三人，長度，次夫師□師。雖以幼童，哀訴過禮，恐代異時移，故刊貞石。銘曰：夫人劉氏，簪纓之女。節婦義夫，早聞令譽。隟光西邁，逝水東流。佳城一閉，萬古千秋。

韓昶　唐故朝議郎撿挍尚書户部郎中兼襄州別駕上柱國韓昶自爲墓誌銘并序

昌黎韓昶字有之，傳在國史。生徐之符離，小名曰符。幼而就學，性寡言笑，不爲兒戲，不能口記書。至年長，不能通誦得三五百字，爲同學所笑。至六七歲，未解把筆書字。即是性好文字，出言成文，不同他人所爲。張籍奇之，爲授詩，時年十餘歲，日通一卷，籍大奇之，試授諸童，皆不及之。能以所聞曲問其義，籍往往不能荅。受詩未通兩三卷，便自爲詩。及年十一二，樊宗師大奇之。宗師文學爲人之師，文體與常人不同，昶獨慕之。一旦爲文，宗師大奇，其文中字或出於經典之外，樊讀，不能通稍長，愛進士及第，見進士所爲之文，與樊不同，遂改體就之，欲中其彙。年至二十五及第，釋褐。柳公公綽鎮邠，辟之，試宏文館校書郎。相國竇松易直辟爲襄州從事，校書如前。

旋除高陵尉、集賢殿挍理，又遷度支監察，拜左拾遺。好直言，一日上疏，或過二三，文字之體與同官異，文宗皇帝大用其言。不通人事，氣直不樂者，或終年不與之語，因與俗乖，不得官□□。相國牛公僧孺鎮襄陽，以殿中加支使，旋拜秘書省著作郎，遷國子博士。因久寄襄陽，以禄養爲便，除別駕、挍挍禮部郎中。丁艱服除，再授襄陽別駕，挍挍户部郎中。大中九年六月三日寢疾，八日終于任，年五十七。其年十二月十五日葬孟州河陽縣尹村。娶京兆韋放女，有男五人，曰緯，前復州參軍。次曰綰，曰綖，曰綺，曰紞，舉進士。女四人，曰茉，曰黲，曰瑁，曰著，在室。曾祖叡素，朝散大夫、桂州長史。祖仲卿，秘書省秘書郎、贈尚書左僕射。父愈，吏部侍郎，贈禮部尚書，謚曰文公。銘曰：噫，韓子！噫，韓子！世以昧昧爲賢而白黑分，衆以委委爲道而曲直辨，生有志而卒不能就，豈命也夫！豈命也夫！

孤子綰書并篆。

題曰韓昶自爲墓誌銘，而文中卒葬日月皆具，殆預爲文於生前，其卒後孤子書石時增敘卒葬月日也。"韓昶字有之"，下有"傳在國史"四字，昶位不甚顯，又無大事功，國史不應有傳，蓋文人自張之詞耳。孟縣城西五十里蘇莊，即古尹村莊南，有塋地周數里，其東南有冢甚高，俗呼尹丞相墳。萬歷間盜發一小墓，得此石棄荆棘中。或告于官，驗爲昶誌，遂封其墓，而置誌于韓文公祠壁。後爲郡守移至府城。乾隆己酉馮魚山、敏昌修《孟志》，華歸祠内，以復舊觀。昶爲文公韓愈之子，《新唐書》愈傳以爲鄧州南陽人。至朱子著《韓文考異》始以爲河内之南陽，更引董逌説，謂公爲河内之河陽人，又引公自言歸河陽省墳墓及《女挐壙銘》所云"歸骨於河南之河陽者"以辨之。及得此誌，始知朱説甚確。士人所謂丞相墳者，即韓氏祖塋，文公所謂往河陽省墓者，即此地也。而文公之爲孟州河陽人，非鄧州南陽人，益信而有徵矣。唐人小説如李綽《尚書故實》、韋詢《劉賓客佳話》，皆謂退之子昶不慧，至有誤"金根"爲"金銀"之説。及其自述少作詩文，已大爲張樊所賞，或以其誦不善記爲同學所笑、文字過奇爲樊所難通，彼悠悠之口，遂以不慧加之耶？昶之詩文雖不載於《文苑英華》《唐音統籤》等書，今觀此作，叙事簡質，亦自不愧其家學。文公贈張籍詩，所謂"試將詩義授，如以肉貫弗"，又"召令吐所記，解摘了瑟倜"。

又《孟東野集》有"喜符郎詩，有天縱語"，證以此誌所云張籍授詩之說，皆相吻合，知文公固非自譽其兒，東野輩亦非阿其所好也。《唐書·宰相世系表》載昶子縚，字持之；袞字獻之。洪興祖《文公年譜》謂公之孫袞，咸通七年狀元及第，袞即此誌所載第三子綝也。袞綝音同，故易名應舉耳。曾祖祖父叙於志末，爲例一變。新舊兩書愈傳不載其祖叡素，而於父仲卿則《新傳》云爲武昌令，《舊傳》云無名位，皆與誌載"爲秘書郎者"不合，惟《宰相世系表》載叡素仲卿官與誌同。《昌黎集》有"符讀書城南詩"，樊注云"符，公之子"，得此誌，始知符爲昶之小名，又知昶生徐州符離縣，故以地命名，皆爲五百家注所未及。誌云"大中九年卒"，時年五十七，推其生當在貞元十四年己卯，是時張建封爲徐州刺史，辟文公爲推官，故公在徐而昶生。年二十五及進士第，當是長慶三年癸卯，而《登科記》云"昶以長慶四年登第"，則實年二十六矣。登第後即丁父憂。柳公綽以寶曆二年拜邠寧慶節度使，昶服闋就辟，在釋褐後二年。寶易直以大和二年罷相，出爲襄州刺史，昶爲從事，又在邠辟後二年。牛僧孺以開成四年爲襄州刺史，昶以殿中加支使，又在辟從事之後十二年矣。誌云"久寄襄陽，以便祿養"謂養母也。丁艱服除，亦是母喪，誌未晰言耳。雍正四年，河南巡撫田文鏡以孟縣即古河陽地，爲文公故里，查取後裔，疏請襲五經博士，爲部議所格。乾隆元年文公裔孫韓法祖以家藏誌石爲據，乞巡撫核實，題奏奉旨，准襲經博。然則此誌之出，其所關豈淺鮮哉？又按碑誌銘詞，例用韻語，昌黎作《張圓墓銘》，即以誌爲銘，不於誌外另作銘詞。作《柳子厚墓誌》，雖有銘詞，亦不用韻語。前無是法，蓋昌黎所創也。此誌銘詞七句，全不用韻，殆亦以家法爲行文之法歟？

劉某妻霍氏　唐故劉氏太原縣君霍夫人墓誌銘并序

朝散大夫前守彭王府諮議參軍上柱國周遇撰

天地之大德曰生，剛柔之毓質曰性。盛衰相攻，存亡凌替，理達希夷之旨，竟歸終極之原。至若生有令淑而顯茂，則紀述而銘焉。有唐故銀青光禄大夫行内侍省内寺伯致仕彭城郡開國劉公夫人霍氏，世系文之韶也，當周之興，對建子弟，因而氏焉。其後代變時移，今爲京兆居人也。皇父晟，將仕郎守家令寺藏署丞。公孝履資身，恪勤莅事，歷官秩而益著勤瘁之名，奉春儲而出納之功無愧。幸以慶鐘德門，是生愛女。夫人即丞公之長女也。夫人幼聞詩禮，早肅端姿。齋潔持心，温柔飾性。霜松比操，寒竹孤貞。閨門悦懌之儀，晨昏問安之禮，皆主之矣。榛栗告脩，將移他族，遂適彭城公。百兩之後，一與之齊。嚴奉舅姑，敬恭戚族。服澣濯之衣，儉而達禮；遵婉娩之教，婦道日新。飾其德而不飾其容，嚴其家而不嚴其身。名同夫貴，德与家崇，寵錫降封，太原華邑。昔公謂曰"我以代傳鍾緒，門蔭蟬聯，先開府秉左廣之權，吾令弟統右護之師。朱紫緋奕，棟尊鱗敷者四人，而悉忠於國，孝於家。學《大戴禮》，諷《毛氏詩》，堅白自持，秋豪無隱。功備史册，銘在景彝。戒滿盈而慕冲謙，棄軒冕而好疎逸。功与名皆全矣，而思内則雍穆，吾心至矣。"夫人結褵作配，卅三年，履正居中，其道益彰。泊浙右歸闕，累移星歲。頓攝乖宜，竊成沉痼。夫人侍執湯藥，饌奉飲膳，所舉者無不親嘗。不顧寒暄，不離座隅，日月迭居，近於二載。夫人自此憂忿，亦已成疾。先常侍奄從薨逝，祭祀蒸嘗，不失如在之敬。至於卜遠之日，疾將就枕，諸姑曰："違裕若是，豈在力任。"夫人曰："吾逝生死同塵，何愛身命？一閟泉壤，永爲終天。但無虧於節義，豈望苟自偷安。"踴哭而往，畢遂其志。尔來日遭綿愒，針醫不減，遽至弥留。以大中九年十一月十八日終于來庭里之私第，享年五十七。嗚呼！人之所貴者福与壽，積善既昧於徵應，隲光難駐其簷楹。青春路遥，白日將謝。粧樓儼設，玉匣漸見其塵封；輕影忽飛，夜臺已知其息處。有子三人，嗣曰復禮，威遠軍監軍使行内侍省内僕局丞賜緋魚袋。仲曰全禮，内侍省内府局丞充内養。季曰伸禮。皆才聞五羮，學瞻三冬，孝敬承家，忠貞蘊志。惣戎而理遵約法，專對而辭注懸河。自鍾艱疚，茹毒銜哀，泣血絶漿，罔顧晨夕。因心之孝，冀報其勳勞；恩養之情，徒悲於風樹。以明年正月廿九日，祔葬于萬年縣龍首鄉先常侍塋西，禮也。遇奉命叙述，敬爲銘曰：夫人懿德，蘊其明識。端姿潔朗，惠質柔直。工脩内範，容無外飾。玉鏡孤光，珉瑶潤色。問名成禮，作合君子。四德道隆，九族稱羨。門崇緒列，功高嶽峙。澤及華封，輝光青史。雲路碧落，霜折瓊枝。其往如慕，其返如疑。龍首之堙，滻川之湄。魂游九原，与公同歸。

誌石今在西安，《金石萃編》云在盂縣，誤也。自稱其父曰皇父，弟曰吾令弟，皆謬。嚴其家而不嚴其身，理亦未足。誌中剛作剾，極作橜，"文之昭也"昭作詔，秩作袟、脩作循、族作族、鼎作鼐、帥作帥、棣作捑，"累移星歲"累當作屢，頤作頓、寢作寤、"遵裕"避代宗諱作遵。"吾逝生死同塵"逝當作誓。閈作閈、哭作奘、遍來作尒來、陳作隒、總作惣、同作囘、勛作勉、美作羮、岡作堅。

盧鍇　□□大夫行太子左庶子分司東都上柱國范陽盧府君墓誌銘

【闕六字】范陽郡人也，其先齊太公之【闕十一字】至【闕六字】十四代【闕六字】後四世至□爲【闕七字】自【闕十四字】氏□□□□皇朝尚書刑部員外郎諱莊道【闕十八字】甲□山□□□泊公之伯仲頡頏清朝【闕二十九字】祖諱炅，宣州宣城縣令贈太子左庶子□□大夫□□□□□事【闕十五字】尚書先夫人□□徐氏追□□□□□太夫人外王父諱【闕三十八字】進士【闕十一字】太子正字秩滿攝度支巡官，是歲京師大旱【闕十一字】東【闕十字】郎奏公充考試官以通【闕二十五字】其人先是他邑，有殺人亡命者【闕九字】因拘累□□□自【闕七字】有日矣。府尹以公清白□事命往□□公悉□□□公求證驗深□□□果【闕八字】即于公之陰德無以過也，由是遷□□□□大□□公□□□制【闕七字】改監御史裏行府□知監鐵揚州院事轉殿中侍御史□□京兆府功曹掾典貢籍於神州第名爲轉春官□時爲得人故相國崔公諱鄲以□□□□辟爲觀察判官□□侍御史內供奉□□□□累□□府愓萬當官從容□贊【闕十一字】朝【闕十一字】憲府風望尤□□按大獄摘發奸【闕九字】判刺史□□□□□者□□□□深刻訊公□奏之公曰□間周理之戈【闕八字】道延光之【闕八字】及害功也【闕七字】屈□□□多□□□刑□□□□□萬年縣令【闕七字】之地□□得中□□□□抑豪【闕六字】授京兆少尹武宗【闕十字】公□□□道□□□使公爲副焉□□□陵下□□□□從□□□□而【闕十三字】司業分教東【闕六字】任太常□□□務凡【闕六字】七十有三，其轉原□用公□□□不爲【闕十三字】家【闕六字】位意以□□□□殞七八年豈□□□嗚呼，以大中九年七月十五日歸全於□□□□里之私第，其明年，歲在丙子四月十三日【闕七字】氏縣之【闕十一字】先府君之塋，禮也。夫人清河郡君崔氏【闕九字】度己【闕九字】之士女□人□長適河南福昌縣丞【闕三十二字】訓當必光其門□□□□公□□之□□過於□□□之【闕十一字】俾□□□退不得□銘卓行□不得辭銘曰：郁郁盧氏【闕六字】重□□□□□門傳祖訓家□□□□生□□□濟其□芳□□□承【闕七字】薦能拔義【闕八字】蔚矣□□□□□仕□□人□奄忽□□夙昔□徽【闕八字】及葬山【闕七字】雲愁九泉之上兮樹老松楸千載可存兮□□□。

是誌在偃師縣，殘缺過甚。《中州金石記》題作“范陽某君”，蓋未審其為盧姓也。今為按格細審其歷官及年壽、卒葬之期，尚可得其大略。案《唐書·宰相世系表》，盧氏大房有莊道刑部員外郎；莊道之曾孫曰炅，大理主簿，與誌載先世銜名悉合。《表》云炅之孫曰平陸尉銳，大理評事銖，睦州刺史鋼，太子太師鈞，左庶子鍇，檢校比部郎中庚，凡六人。誌謂炅為盧君之祖，則君當是六孫中之一人，其題銜為左庶子，與表載盧鍇官同，今定為鍇誌。

康叔卿　大唐康公夫人墓誌銘

公諱叔卿，其先衛人也。夫人清河傅氏，其先清河人也。公幼而有禮，長而謙和，修身慎行，與物無爭。何圖天授之仁，而不與之壽，何不幸與！以寶曆二年三月十四日，因寢疾終於家，享年卌有五。其年遂遷窆於淄州縣萬年之西北三里孝水之西原，從吉兆也。夫人令淑容範，宋子河鯉，六禮貞吉，享年六十有八，以大中元年六月一日遘疾彌留，遂終焉，權殯於堂。以大中十年十一月二十五日遂遷祔於塋兆。有子一人，早亡。有女三人，長適屈氏，次適張氏而承其家焉，幼適王氏。皆撫擗號訴，哀毀過情，遂召良工，刻石染翰，乃為銘曰：寬宏德禮，謙和淑人。改過不悋，慎行修身。其一夫人賢懷，孝敬邕睦。和柔四鄰，欽承九族。其二盛德風猷，名芳不朽。貞石誌之，天長地久。其三石中郎将元勰妻王夫人……

周王王異之興……引氏秩之興

訓陰軌然明作配魏宗之妻

孫陽禾王弟六弟元勰之若

中國四德連璸后妃内式闔

作好仇以加焉言告師氏内

識……之作典以延昌二年歲次癸己

終始昌二一易稱家人美夫婦夫

十二月辛己朔四日甲申薨於湹涓之東

河斎斎壙龜依依丘墓曾悲尋往多携其

惟兹夫人開睢挺荿魁魁襄楚灼灼雲介

日……

唐十七

鄭恒　鄭遇二誌同　**唐故滎陽鄭府君夫人博陵崔氏合祔墓誌銘**并序

給事郎侍太常寺奉禮郎攝衛州司法參軍秦貫篆

鄭之先，自周皇封舅之地，因而氏焉。別派五流，深源一□至，是以滎陽之望，得爲首冠。其下公侯接武，台衡繼迹，雕軒繡軸之榮□羽，蓋朱轓之盛，由魯史記迄于唐春秋，實鄭氏爲衣冠之泉藪也。高祖世斌，皇左司郎中、磁隰二州刺史、新鄭縣開國男，食邑三百户。曾祖元嘉，皇新都長水縣令，襲封新鄭縣開國男。祖有常，皇吏部常選、襲爵新鄭縣開國男。烈考探賢，皇魏州昌樂朝城莘縣令。府君諱恒；遇，字■■，皇試太常寺協律郎。文業著於當時，禮義飾於儒行。少有倜儻之志，長負環奇之名，不苟譽以求容，每親仁以竭愛，爲中外模範成；爲友朋宗師。樂善孜孜，不惜知鮮。□，量苞江瀆，氣合風雲。今之古人人，雖上出；土，神不優德，配壽胡差。先夫人之亡，盖世一霜也，享年六十。夫人博陵崔氏，令門清族，慶餘承善，四德兼備，六親雍和。仁讓得於天真，慈惠立於素尚。母儀内則，動静可師；禮行詩風，進止成法。雖婕好女史，大家經教，承之於諷習，推之於行源者，亦異代殊人，其歸一旨；也。未亡之歡，嬬齡杳然，玉没何先，蘭然；凋遽至。以大中九年正月十七日，病終於淇澳；陳之私第，享年七十有六。以大中十二年二月廿七日，合祔於先塋之側。其鄉里原隰之号，載於舊記，此闕而不書。女一人，適范陽盧損之。嗣子六人，長曰頊，攝汲縣丞知縣事，早亡；次曰珮，早亡；次曰瑾，次曰玘，次曰璩，次曰琬。咸繼遺芳，克修至行。銜哀茹毒，追攀罔極。將營護窆，泣告於業文者，爲之銘云：□；仕門雙美兮令德咸芳，甲族齊茂兮英華克彰。允文武兮□；書劍名揚，蘊儀度兮閨門譽長。珠沉玉没兮人誰靡傷，□；桂殞蘭凋兮共泣摧香。垂修名兮永謂不亡，傳盛事兮□□□；多載餘光。聽悲風兮松韻連崗，刻貞石兮永誌□□；元堂

　　誌有二石，皆在濬縣，嘉慶間爲黃水所毀，今亡矣。二石余皆有拓本，文款行格全同，惟鄭君之諱，一石作恒，一石作遇，其餘文字亦略有異同。今錄原文，於二石異處雙書以別之。淵如孫氏《續古文苑》載此文，疑作恒者，爲後人所改。驗其拓本泐痕，判然二石，且皆舊刻也。今繹其文，崔氏卒于大中九年，鄭君先崔之亡，世有一霜，三十年爲一世，一年爲一霜，蓋三十一年也。自大中九年逆推而上，三十一年爲敬宗寶歷元年。敬宗父穆宗名恒，在位四年，其即位時，鄭君年五十六矣，改恒爲遇，以避御名。及與崔合葬，鄭卒已久，書志者不知恒曾改遇，故仍用原名而缺末筆。唐人以避諱爲重，鄭氏子孫終以犯諱爲嫌，前石既隨崔而瘞，不能追改，另刻一石改用遇字，並藏於墓，故二名互異，一誌而有二石也。另刻之石，非秦貫所書，故字畫頗劣，刻手亦不佳。惟原刻誤字多經改正，如環改爲瓌、然改爲涸之類，仍當以諱恒之石爲初刻之本。誌中淵藪，避高祖諱作泉藪，《唐書·宰相世系表》後魏建武將軍南陽公曄爲鄭氏北祖，曄子中書博士茂，七子，號七房，長房白麟後絶，第三房叔夜後無聞。志曰別派五流，謂允伯、洞林、歸藏、連山、幼麟五房也。允伯房第二十二頁四行五格曰世斌，左司郎中。六格曰元嘉長水令，即恒之高曾也。七格曰延暉，與恒祖之名異。其第十八頁九行八格有名恒者，而第十五頁十三行十格又有名遇者，其上二格皆無。祖有常、父探賢之名，且與世斌、元嘉相隔甚遠，亦難定其所謂恒遇者，即爲是誌之鄭君也。鄭恒妻崔氏，即元微之《會真記》所載之崔鶯鶯，記中張秀才即微之託名。以《唐書·宰相表》及微之本傳推之，微之生於德宗建中四年，以是誌推之，恒生於代宗永泰元年，崔生於德宗興元元年，崔年少微之一歲，少恒十有九歲。崔與微之母家皆鄭氏，以中表戚，同爲中州望族，崔已前字恒矣，是時隨母自長安扶父櫬歸里，道過蒲州，微之則自里赴長安應試，途遇於蒲。值飢民作亂，遂同避蕭寺中，此《會真記》所由作也。

湯華　唐故福州侯官縣丞湯府君墓誌銘并序

鄉貢進士林珽述

湯有大德於天下，戴之如日，仰之如春，其後也。君諱華，字知新。曾祖備，祖賓，考旵，皆簪組相繼，官烈當時，頗有功於國，以載於譜諜，此略而不書。公幼躭墳藉，將欲振於時，立大來之器，以晨昏是切。仕不擇祿，釋褐衡州參軍。珪璋美璞，州縣良才，記室之芳，袚罷猶在。再調授福州侯官丞，兼惣感德，場人不告勞，征賦皆集，□馴雉之化，致象雷之聲，謀而有方，簡以蒞事，授亮而庶務皆決，正色而群吏瞻風。公之器用，未盡宏遠，袚滿，寓居南方。以土風有殊，瘴癘所染，沉痼既搆，天壽不遐。以大中十一年六月五日，終于嶺中連江邑之客第，春秋五十八。道路民慟，風雲助悲，先殯殯于竹林原。夫人瑯琊郡王氏，故衡陽縣明宰之女，以禮節奉君子，以慈和訓閨門。感形影之未亡，歎梧桐之半死，望故鄉以泣血，泛滄溟以護喪，篷首逝波，沒身徇義，艱儉不憚，旌旐之情，今古罕及。男二人，長曰宗鉉，次曰宗鎬。女五人。咸匍匐觸地，哀號訴天，以日月有時，奄歹斯議，以大中十二年十一月廿八日，歸葬於明州鄮縣龍山鄉江上里庚向之原，禮也。銘曰：脩與短兮胡可知，聖與賢兮莫能窺。器未展兮誠足悲，存者有恨兮淚如絲。哭丹旐兮一家，隨風九原兮滿松枝。

《金石萃編》云"先殯殯於竹林園"，殯字疑爲櫬字之僞，前馬桓誌亦是如此。又墳藉作墳藉、篷首作篷首、賦作賦、喪作喪，皆誤字也。《兩浙金石志》云湯君有廟在鄮縣治東，誌即在其廟內。若湯君者，其亦有畸行，故時近千歲，鄉人猶祀之與！

馮湍妻金氏　唐湖州【闕六字】故夫人墓誌銘并序

鄉貢進士李翱書

夫人金氏，諱淑□，京兆人也。幼有容止，長能柔順，姆教婉娩，織紝組紃，克脩女事，秉箕執箒，婦道□□。始其笄年，珮玉待禮。時處士馮君名湍，長樂人也，世代儒雅，弓裘靡湮，知名是空，高尚不仕。聞夫人令淑，以羊雁娶焉。且其閥望齊徽，姻榮並曜，變彼慶善，宜其室家，鸞鳴鳳和，塤箎韻叶，敬脩賓饋，潔薦鹽梅，謹侍舅姑，謙恭娣姒，肅雍閨壼，舉宗儕嘉。訓育兒女，咸就婚適。冀之偕壽，歿而同窆。無何天道疎鑒，殞兹令德，夫人以大中十二年四月十四日，逝于□□鄉周章里私第，享齡六十有九。所育兒女六人，長曰亮，仲曰集，季曰彦，竟能仁孝，温凊罔違，恂恂里閭，孰不欽仰。女三人，二婦沈氏，一適陸門。夫人棄背之辰，遠近奔格，擗踊號慟，泣血絶漿。鄰里哀之，共脩糜飼，□于人生，浮□諭之日及龕。以年十二月十日宅兆叶吉，乃遷柩窆於縣西北盱婁山馮氏祖墓，祔於先舅姑塋域東南隅，禮也。至孝亮等慮時移世變，邱墟或湮，俾刻貞石，藏銘元宫，銘曰：賢哉夫人，從德終身。肅肅容儀，譽美親鄰。俄然□□，奄謝青春。卜宅安厝，餘溪石濱。鬱鬱佳城，依依□□。□□百歲，冥寞孤墳。

案《唐書·李翺傳》，官至山南東道節度使，會昌中卒於鎮。此誌作於大中十二年，云"鄉貢進士李翺書"，蓋别一李翺，非諡文公之李翺也。

袁某妻王氏　唐故軍器使内寺伯賜紫金魚袋贈内常侍袁公夫人太原郡夫人王氏墓誌銘并序

王孟諸撰

夫舉族稱官，蓋製作之常意，況王氏承帝王之後，派分貴仕，代亦衆矣！斯皆增輝圖牒，稱望天下，若乃復序述祖宗之盛德，謂悠悠繁詞，故略而不書也。夫人襄陽人也，性稟專貞，早貪詩禮，閑柔淑慎，叶窈窕之風規；纂組女工，得家人之深旨。軍器常侍，先娶潁川禄氏，數奇不耦，夫人禄氏早亡。軍器常侍時護漢南，鼓盆歌罷，曰："粢盛之職，禮不可虧，潔以蘋蘩，必資中饋。"由是思鵲巢之共理，詠雞鳴以求賢，慕王氏奕世之宗，以夫人繼室。夫人承訓結褵，移天配德，克崇婦道，懿績可嘉，閨門之美，實光彤管。軍器常侍自漢南更命荆門，歲滿入覲，復領軍器使。奈何天不福善，偕老願乖，軍器常侍尋卧疾，薨於私第。夫人居喪晝哭，髡髮誓志，動循法則，不尚繁華，言必洽於族姻，喜怒不形於色，栖志象外，宏譽宜家。其仁賢體度，蓋爲外戚之表儀矣，將及魚軒，荷寵，照示懿圖，麟角功高，駒隙難駐。嗚呼，徽音潛翳，閲水興悲，賦命有涯，奄隨川逝。以大中十四年春正月十二日，終於長安縣修德里，享年卅有五。以其年四月五日窆於萬年縣灞陵之原，鄰軍器常侍之塋，禮也。嗣子五人，或腰金備寵，近侍丹墀；或朱紱青袍，皆宣翊贊，德門之盛，世莫能儔。而復泣銜哀，俾述遺範，言必實録，託而用文，誌而銘曰：

青門道兮國之旁，素滻北兮龍之鄉。紛旟旐兮引靈襄，泉路永兮歌白楊。生何促兮死何長，音容寂兮雲泱泱，唯有松楸樹，悲風起夕陽。

程修已　唐故集賢直院官榮王府長史程公墓誌銘并叙

鄉貢進士溫憲撰　男進思書　男再思篆蓋

程氏之先，出自伯休甫。其後程嬰，春秋時存趙孤，以節義稱，故奕世有令聞。公諱修已，字彥立。曾祖仁福，左金吾衞將軍。祖鳳，婺州文學。父儀，蘇州醫博士。公幼而英敏，通《左氏春秋》，舉孝廉。來京師，遊公卿名人間，能言齊梁故實，而於六法，特姿稟天賜，自顧陸以來，復絶獨出，唯公一人而已。大和中，陳丞相言公於昭獻，因授浮梁尉，賜緋魚袋，直集賢殿，累遷至太子中舍，凡七爲王府長史。趙郡李宏慶有盛名，常有鬬雞爲其對傷首。異日公圖其勝者，而其對因壞籠怒出，擊傷其畫，李愕然大駭。昭憲常所幸犬名盧兒，一旦有弊蓋之歎，上命公圖形于宮中，畋犬見者皆俯伏。上寵禮特厚，留於秘院凡九年。問民間事，公拑口不對，唯取內府法書名畫，日夕指摘利病。上又令作竹障數十幅，既成，因別爲詩，命翰林學士陳夷行等和之，盛傳於世。公於草隸亦精，章陵玉册及懿安太后謚册，皆公之書也。丞相衞國公聞有客藏右軍書帖三幅，衞公購以千金，因持以示公。公曰：「此修已給彼而爲非真也。」因以水濡紙，抉起，果有公之姓字。其爲桃杏百卉、蜂蝶蟬雀，造物者不能爭其妙，於其際仍備盡法則，筆不妄下。世人有得公片迹者，其緘寶甗酖千万。古昔公嘗云：「周侈傷其峻周昉，張□□其澹張太府萱，盡之其唯韓乎？」又曰：「吳恠逸元通，陳象似幽，悉揚若痿人强起庭光；許若市中鬻食琨，性夷雅疎澹，白皙美風姿。趙郡李遠見之，以爲沈約謝朓之流。」大中初，詞人李商隱每從公遊，以爲清言元味，可雪緇垢。憲嚴君有盛名於世，亦朝夕與公申莫逆之契，高遊勝引，非公不得預其伍。公又爲昭憲畫《毛詩疏圖》，藏於內府。以咸通四年二月一日遘疾，殁於京國里第，享年□十九。先娶葉氏，有子三人，長曰進思，郴州甘泉主簿；次曰退思，詩歌尤高妙，與乃公迹殆相亂；又其次曰再思，於小學靡不通，工篆籀，其爲狀澹古遒健。後娶石氏，有女二人，長適滑州韋城縣尉景紹，一女幼。石氏亦先公而亡，以其年四月十七日葬於京兆府萬年縣姜尹村，憲嘗爲詠蛺蝶詩，公稱其句，因作竹暎杏花，畫三蝶相從，以寫其思。其孤以憲辱公之眄，遂泣血請銘，銘曰：五曜垂晶，群山降靈。鍾兹閒氣，瑞我昌庭。過物生象，乘機肖形。精通肸蠁，思入微冥。顧陸遺蹤，李張舊轍，芳塵寂寥，妙迹蕪没。故筆空存，神毫永輟。千齡万祀，慘澹夷滅。

修己爲畫苑名家而《圖畫見聞志》《圖繪寶鑑》諸書，皆闕而不載。惟杜荀鶴《松窗雜記》載，開元中有程修己者，善畫，元宗問牡丹詩誰爲首，出對以中書舍人李正封詩曰："國色朝酣酒，天香夜染衣。"上嗟賞移時。誌載修己卒於咸通四年，上距開元末年凡一百二十二年，杜記時代亦似未確。修己事蹟，見朱景元《唐朝名畫録》。修己冀州人，此誌未載其鄉貫，《名畫録》云"祖大歷中仕越州醫博士，父伯儀"，誌云"祖鳳，婺州文學；父儀，蘇州醫博士"，所載互異，以誌爲確。《名畫録》云周昉任越州長史，修己師事之，凡二十年，盡得其妙，應明經擢第。誌僅載其舉孝廉，來京師，以待詔書院得官則非以科第進也。《名畫録》云："大和中，文宗好古重道，以晋明帝朝衛協畫《毛詩》圖草木烏獸、古賢君臣之像不得其真，遂召修己圖之。"皆據經定名，任意采掇，由是冠冕之製，生植之姿，遠無不詳，幽無不顯。又嘗畫竹障於文思殿，文皇有歌云："良工運精思，巧極似有神，臨窗時乍覩，繁陰合再明。（一作臨窗忽覩繁陰，合再盼。真假殊未分）。"當時在朝學士等，皆奉詔繼和。二事與誌同，不及《名畫録》之詳。撰誌者爲詩人溫庭筠子憲。誌云大和中陳丞相，謂陳夷行也。然夷行之相，在開成三四年，非大和中，夷行及李商隱，《唐書》皆有傳，李遠字求古，大中建州刺史，《新書·藝文志》有集一卷，昭獻，文宗廟號。章陵，文宗陵名。懿安太后，憲宗后郭氏也。丞相衛國公，武宗時宰相李德裕也。修己所評諸畫家周昉、張萱、韓幹，皆長安人。昉、萱以人物勝，幹以畫馬名。吳道子善畫鬼神，楊庭光與道子齊名，善寫仙佛像。許琨開元中以畫人物名，皆見《歷代名畫記》。誌中世字凡三見，皆不缺筆，惟蝶葉二字，仍改枼作枈。

是誌磨泐過甚，幾不可讀。今細爲審識，所缺者才數字耳，昔人云思誤書，亦是一適，録畢爲暢然者久之。

王公晟妻張氏　大唐幽州節度隨■■使押衙銀青光禄大夫檢校國子祭酒太原王公夫人清河張氏墓誌

鄉貢進士李元中撰

夫人姓自軒轅之弟子揮，使造安寔，張羅網，世掌中其職，遂爲氏焉。夫人家族奇常，洪惟義著，精妙淑氣，稱善人寰，奉養盡心於晨堂，婦道飽恭於大族，可謂金玉顯明，禮樂嘉世。惟孝其德，惟顯其仁，竪立規風，温顏内外，實可比於行狀也。祖万友，父少清，魯儒相襲，業善何曾，不仕王庭，取恣優逸，古今之有也。于嚱！輪揺小焰，劫促年光，夫人無何以咸通四年正月廿日寢疾，至五月廿四日，終於幽州幽都縣界勸利坊私弟，享年六十有一。嗚呼！行路悼焉，姻親感慟，子孫泣血，僉曰孝門。夫人有子四人：長曰宏泰，見任雄武軍平地柵巡撿烽鋪大將游擊將軍試左驍衛將軍，文武全材，君親選寄，弓開落鴈，詞逸横科；次曰宏雅，次曰宏籍，次曰宏楚，咸著義方，俱脩禮樂，壯年當代，名即其成，時謂曰弓裘不墜矣。夫人以七月十三日，禮葬于幽州幽都縣界保大鄉樊村之原也。嗚呼哀哉！愴兮窀穸，知白楊早落，慮青松後彫，代變人移，紀之陵谷，乃鏤其石，保其始終。銘曰：人寰何限兮流年光，冥路何促兮空蒼蒼。明月照墳兮下泉客，春秋來去兮高白楊。煙雲凝思兮埋古崗，風光聲哀兮成陰傷。陵谷變移兮朝與暮，寂寞終天兮堪斷腸。

哀子宏泰書　楊君建刻

《廣韻》云：張姓凡十四望，本自軒轅第五子揮，始造弦寔，張網羅，世掌其職，後因氏焉。誌叙姓源，誤"第五子"作"弟子"，誤"弦"作"安"，"掌下"誤增"中"字，文義遂不可通。又"家族奇常"，當是異常之誤。幽都，今宛平縣。其夫名公晟，則據後合葬誌而知也。

楊籌妾王氏　前長安縣尉楊籌女母王氏墓誌

王氏小字嬌嬌，長号卿雲，汴州開封人。幼失怙恃，鞠於二女兄之手，長女兄以善音律，歸于故相國盧公鈞，卿因女兄，遂習歌舞藝，頗得出藍之妙。宏農人初以音律知，遂用綵問於女兄。唐咸通乃庚辰歲子月，遂歸于楊氏。未幾，楊子以罪逆受天罰，待死于長安萬年裔村曰庫谷。王氏固非宜留，將歸女兄，堅不去，願同疢于荒墅。太夫人念其孝謹，因許之。寒暑三周，備嘗荼蓼，奉上和眾，端貞柔淑，在楊氏五年，束如一日。楊氏德其孝謹，遂忘前所謂出藍之妙，方思微霈俸禄，且酬其勞。不幸以甲申歲午月遘時瘵，姙且病，醫餌有所妨，故夭竪得以成禍。以其月四日誕一子，子踰臘而終。銘曰：父王母高兮作媵于楊，始以音知兮終以行彰。其家千指兮劍戟鋒鋩，處于其間兮卒無短長。善非爲善兮天受其臧，心雖猶面兮荼蓼備嘗。衣不暖體兮食不充腸，歲月遲遲兮五周星霜。人不堪憂兮卿不改康，宜有豐報兮白首相將。如何夭奪兮二九其芳，風露猶清兮日月猶光。蘭薰玉潔兮不可弭忘。

籌字本勝，天平軍節度使溪公第三子，登進士第，官監察御史，見《唐書·楊虞卿傳》及《宰相世系表》。

陳直　唐故潁川郡陳府君墓誌銘并序

外甥隴西李藝集

府君諱直，其先□州潁川郡人也，後乃遷□錢唐縣而家焉。曾祖滔，皇試登仕郎、新易州易縣尉；祖義，皇試文林郎、愛州九真縣尉；考及並遁跡雲林，高尚不仕。府君即先考之長子也。稟性疏達，德惟雅操，言不宿諾，行不鞫從，內已嚴格，外已溫恭，少小習儒，長從詩史，鄉黨稱孝，親戚稱慈。何期積善無徵，以咸通五年歲次甲申五月廿一日，寢嬰微疾，百療不痊，終於錢唐縣方興鄉金牛里私第，享年六十有九。娶譙國郡蔣氏，有嗣覆陰早失。有子四人，長曰存祐，娶渤海吳氏，有孫一人曰郁郎；女孫二人，姹娘、春娘。次曰存議、存制，娶潁陽范氏。存約等幼集儒墨，強學爲文，每以仁行理其心，常以孝義存其道，不以縱肆溢其心，不以繁華飭其體。有女四人：長女適周氏，早歸幽夜；次女適章氏，次女十三娘，閨幃夭逝，鳳舞沉幽。小女十四娘，在室有絡秀之材，道蘊之學，四德俱備，三從母儀，內睦外和，六親謙順。各毀不踰禮，望丹旐而痛心，隨孤魂而滴血。妹二十五娘適李氏，嗟惟庭樹之摧，長乖鄆萼。十八娘適滕氏，素質早歸泉扃。嗚呼！逝水難住，何新不故。既享黃髮之期，萬皆盡度乃已。元龜宅兆，卜筮三從，以其年八月十八日窆於履泰鄉步渚原亦俗里考妣之先塋，禮也。扶風子寓寄鄰止，得鄉黨之名，實謂其往若休，炳然斯文，用垂於後。銘曰：千秋冥冥，松青蕭索。山雲晝陰，隴月朝落。秋風蕭蕭兮寒水渌，長江一去兮無迴復。冥冥魂魄兮何所依，兒女肝腸兮斷難續。天地日月何沉昏，猗歟克巳兮命不存。傷哉此去不復還，千秋萬古扃泉門。

　　魯郡祝位鐫字

　　誌云“扶風子寓寄鄰止”，撰文者當是馬氏。前署“外甥李藝集”當是書者之名。銘云“猗歟克巳兮命不存”，克巳當是陳直之字。誌中“長乖鄆萼”及“萬皆盡度乃巳”等句，疑係傳鈔之誤。

王仲建　唐故太原郡王府君清河張夫人墓誌銘篆蓋　唐故太原郡王處士墓誌銘并序

　　鄉貢進士張魏賓撰兼書

　　太皥爰興，木德啟姬周之運；靈王少海，嶺嶺表登仙之慶。故王之命氏，始乎太子晉。晉生龜，襲封于太原，今爲郡人也。廿四代祖褒，仕晉爲大將軍，以孝敬動天，粲兮國史，流祚萬世。忠貞顯隆，軒冕官常，有國皆有，不復備列于斯誌。君諱仲建，字彥初，即將軍之遠派也。曾祖潾造，皇考坤，咸以博識具稱，委簪紱，有羈縻之患，故遁俗不仕。府君乃坤之次子矣，幼而廉慎，長而剛毅，偉其貞而孝於家，睦乎宗而潔諸己。訥言敏行，金穴山藏，用捨無遺，鶉駒一致，誠明諒直，清簡洽聞。涵穎銳於鋒鋩，極消遙於大道。武齊樂伯，劍敵莊周。縱雄辯而嶰谷潛暄，攄麗藻而綺霞爭秀。志高氣遠，稟象紫微，當豹隱之餘芳，應處士之嘉號，非公而孰能與於此哉？識者以爲懷寶不耀，至信自彰，探老氏之希夷，固全真於物外者也。方欲鍊形羽□，漱液丹霄，存神於罔象之中，抱一於杳冥之內，將宣平生之大節，豈料尋師末遂，涉水俄侵，賈生之鵬鳥遽延，排寢之搏膺斯及。嗚呼！春秋六十，以疾不間，終于河梁之別業。公娶清河張氏，乃班孟之名家，胎訓之清譽，蘋蘩継代，中饋相彌之母儀耳，故能有子一焉，曰知教，實令嗣也。自齠年卯歲，所好所慕，已脫落常態。及成童，伯仲以《孝經》授，見末章有裂骨之痛，親屬以爲曾閔之疋。俾專就養，克符竭力之仁；捧藥問安，式展因心之孝。銜酸茹恨，泣血穹蒼，僻地捫心，幾將滅性於盧次。悲夫！繼夫人安氏，淑訓閨閫，亦盡敬姜之禮。知教乃抑情斂涕，馨彼稱家。尅己勵精，冀終大事。以其年歲在乙酉十月己酉朔廿二日庚午，至孝由是哭踊無時，徒跣備先王之制，列儀旐，自三城護府君之神座，歸葬于河陽縣豐平鄉趙村之北原，附大塋，啓先夫人之舊穸，合祔於斯，禮也。尚念鐘巖圮毀，江甌權頹，歷數有期，堙滅無紀，請編是誄於泉壙。魏賓嘗游館轂，竊覲徽音，直筆其詞，用旌孝子之慕瀦。乃作銘云：王氏盛業，姬周奕世。降及仙才，浮邱以濟。元偉孝悌，仕晉文帝。義烈汪洋，忠貞昭晰。以至于公，克揚嘉裔。猗歟府君！以大其先，嗟嗟夫人，柔順其賢。孝子號天，哀親棄捐。感靈陶鶴，相彼何阡。峯巒累歸，氣魄聯綿。五黑之悲凉奚及，陸機之雅賦依然。檜柏秋月，春松暮煙。庶山川之不易，摽誌誄於他年。

　　右誌出自盂縣西河。按其年號，以乙酉唐代甲子考之，知是咸通六年造也。乾隆己酉人志馮敏昌記。

　　按唐代乙酉，凡五魚山[①]斷以咸通六年，蓋以誌文及書皆非盛唐人手筆也。誌中姬作姬、粲作粲、貌作皃、槀作槀、隱作隠、岡作𡺸、豈作㗊、饋作餫、稱作彌、展作展、哭作哭、攉作榷、晉作晉、鶴作鶴、標作摽、瀦作瀦。

古誌石華　卷二十二

左中郎將元颺妻王夫人其

訓周王異之引氏秩之興

陰軌杰明作配魏宗

孫陽禾王弟六弟元颺之妻

識沖圉四德連瓆后妃氏內式開

好仇歲四加焉言告師氏

之化終始昌若上易稱家人美夫婦夫

典以延昌二年歲次癸己喪於京

十二月辛己朔四日甲整於渣涓之東

河森森墳壟依依丘墓嘗悲尋柱多傷其

惟茲夫人開睢挺節城翹蔞楚灼灼雲介

日

唐十八

過訥　大唐故過少府墓誌銘并序

杜去疾撰

公諱訥，字含章，澤州高平人也。曾祖諱庭，大父諱遷，先考諱冥。公志堅松竹，氣稟山河，踐□□□蹤，差顏閔之行。十年閉戶，命果從人，以大中十二年明經擢第。當守選時，潛修拔萃，虛窗弄筆，研幾自媿於雕蟲；予奪在心，可否詎由乎甲乙。於咸通四年授棣州蒲臺縣尉，以博厚御物，清白奉公，執友同寮，罔不仰止。仕優則學，前懇尚堅；秩滿辭親，方希再捷。豈期神理何負，殲我良人。如可贖兮，人百其命。以咸通六年夏四月廿六日，寢疾終於蒲臺縣之官舍。□子春秋卅有九。夫人清河張氏，恨無男嗣。幼女三人，苫廬不施，苴杖序位。噫！蓼莪永訣，俱切痛天。風悲繐帳，月照空室。煢煢在疚，仰訴元穹。聲聚秋雲，淚滴成血。乃議遠日，龜以告從。即以其年冬十一月八日，奉其裳帷歸窆於青州永固原就先塋，禮也。銘曰：惜乎勤懃兮罔不精研，名宦俱就兮壽胡不延。風悲雲霽兮星實游川，孀妻幼女兮號訴穹天。遺命薄葬兮窆節從古，勒石徵誌兮依土封堙。永願明虛兮保寧幽宅，不遐有害兮於萬斯年。

何俛　唐臨江郡故何長史府君墓誌銘并序

廬岳布衣程山甫述

有唐臨江郡府君何氏諱俛，字太常，則唐叔虞孫韓氏之苗裔，鳳池曾公之遠允。因道趾盧，阜家於江州尋陽縣丹桂鄉香谷里。皇朝請郎、試左武衛長史，退居雲林，高尚其仕。高祖諱元琮，曾祖諱承裕，祖諱蒯，考諱溥，兄諱建，次兄諱鎰。外清河郡張氏府君婚汝南郡周氏，生三男：長曰元廣，婚周氏；次曰友稜，先婚嚴氏，次查氏、李氏，欷歔俱不幸先歿；次曰元袞，婚周氏。次曰元壽，外丹陽朱氏，親姻茂盛；孰如是焉？府君淑順恭信，行德謙柔，福會良疇，高蹈雲水。美玉不炫，聲價益高；素琴不調，五音自足。百福雖備，壽不永脩，斯天之貽咎，何神理能保其至德哉！以咸通七年歲次丙戌七月廿五日，臥疾逾月，終於私第，享齡六十有六。以其年十一月壬寅朔十九日庚申，卜其窀穸於大塋之內而窆焉。岡巒興伏，群岫低昂。雲水縈流，溪谷迴合。即何氏異世之所授耶？府君性行秉質，清真坦夷，介潔無虞，直道自處。嗚呼！明星滅曜，劍墜平津。雲鎖碧山，霧郁寒水。親朋痛切，閭里哀傷。楚悼之情，悲莫能已。廣稜袞壽等仁貌蘊叶，行恪溫儒，材器天資，□標郡里。次子稜，讀書爲文，脩進士業，早以戀承怙恃，未赴貢幃。業盛昌晞，名譽高遠，林巒得志，守節義謙，素其間居，上下無怨。至其四方之人咸相謂曰：何君即今之賢達士也。其第三子袞法，名思齊，性好元門，身披羽服。堅持科誠，食柏餌芝。志樂煙霞，逍遥冲寂。山甫不搽，瑣昧叩竊。煙霞側聆，休風輒錄。斯序廣等馮墓泣血，託爲譔述，□誌銘曰：鳳池遠裔，德並嵩萊。郡閭領袖，邦國良材。志奪冰霜，□同秋月。劍剗琨犀，□□明節。日月逝矣，德辰一沉。鄰杵無相，伯牙絕琴。大塋之域，茱萸原東。□實誰墓，長史何公。

　　誌曰外清河張氏，俔之母家也。外丹陽朱氏，俔之妻家也。不幸先歿，謂嚴、查、李三氏也，敘次無法，致眉目不清。

劉仕俌　唐故朝議郎守徐州功曹參軍上柱國劉公墓誌銘

御食使登事郎上柱國賜緋魚袋張元勿撰并書

　　公諱仕俌，字元同，彭城人也。祖諱光奇，開府知內侍省事。父皇，諱英閏，特進，太夫人楊氏。妻張氏先終。公有二女，長適田氏，次適張氏。二男，曰壽郎，先逝。次曰齊宴，年十二。公氣含清韻，獨異貞姿，業廣藝深，事皆天假。孤摽狀高松之拔衆林，朗質若秋蟾之懸碧落。溫恭克己，節儉修身。順協于家，忠貞于國。公寶歷二年六月五日，奏授出身，累參選序，數授令丞，後任徐州功曹參軍。公紀綱一郡，橡理六聯，清貧而吏靡忍欺，單步而人懷□□，□心政理，美譽溢彰。枳棘非鸞鳳之所栖，百里豈大賢之所任？公性親元奧，志慕雲霞，朝披黃老之書，暮覽□□之要。諠躅每獻，蟬蛻歸元，身既離於俗塵，名定□於紫府。公咸通七年十二月一日終於輔興里，春秋八十矣。八年正月廿五日，葬于長安縣龍首鄉祁村。嗚呼，寒暑忽徂，纏綿數載。針藥無瘳，百齡斯泯。嗟夫，盛襄生死，實可痛哉，乃爲銘：波瀾不息，逝水屬屬。浩浩悲風，摧□何遄。千生永訣，一往無還。咸通八年正月廿五日

　　誌叙仕備之"父曰皇，諱英閭，特進"，"皇"字，當是衍文。特進乃其官階。太宗昭陵陪葬諸碑內《豆盧寬碑》額曰：唐故特進芮定公之碑，不叙其由某階特進某階，亦此例也。又撰書此誌之張元勿，署銜曰"登事郎"，唐制初入仕版者，由將仕郎進授登仕郎。後劉遵禮誌所云"開成五年授將仕郎，會昌元年授登仕郎"是也。此云登事郎，疑是筆誤。誌中宴作宴、聯作聯、侵作侵。"公寶歷二年""公紀綱一郡""公性親元奧"，三"公"字皆可刪。"公咸通七年"，此"公"字當作"以"。

劉遵禮　唐故彭城劉公墓誌銘篆蓋　**唐故內莊宅使銀青光祿大夫行內侍省內侍員外置同正員上柱國彭城縣開國子食邑五百戶賜紫金魚袋贈左監門衛大將軍劉公墓誌銘**并序

　　翰林承旨學士將仕郎守尚書戶部侍郎知制誥賜紫金魚袋劉瞻撰

　　中散大夫前左金吾衛長史兼監察御史崔筠書并篆蓋

　　公諱遵禮，字魯卿。帝堯垂裔，實分受姓之初；隆漢教興，更表昌宗之盛。靈源弥遠，瑞慶斯長，史不絕書，代稱其德。曾祖諱英，皇任游擊將軍守左武衛翊府中郎將。韜鈐奧術，倜儻奇材，運阨當年，位不及量，僖伯有後，累生英賢。烈祖諱宏規，皇任左神策軍護軍中尉特進行左武衛上將軍，知內侍省事，贈開府儀同三司，揚州大都督沛國公。佐佑累朝，出入貴仕，文經武略，茂績嘉庸，誓著山河，勳銘金石。訓傳令嗣，慶集德門，即今開府儀同三司內侍監，致仕徐國公，名行深也。公即開府第五子，穎悟於韶齔，溫克

于童蒙，孝敬自稟於生知，忠恪允符於夙習，爰當妙齒，即履宦途。以寶曆二年入仕，位重要權，爭用爲寮寀，資鴻漸之勢，俟麟角之成，雍容令圖，遜讓美秩。開成五年，方賜綠，授將仕郎、掖庭局宫教博士，充宣徽庫家，地密務殷，選清材稱，舉止有裕，階資漸登。會昌元年授登仕郎，四年授承務郎。常在禁闥，日奉宸扆，皆貴游之子弟，爲顯仕之梯媒，清切無倫，親近少比，特加命服，仍領太醫。六年賜服銀朱，加供奉官，轉徵仕郎内僕局令，充監醫官院使，親承顧問，莫厚於宣徽；榮耀服章，無加於紫綬。其年六月授宣義郎，改充宣徽北院使，十一月賜紫金魚袋。階秩表仕進之績，爵邑列恩寵之榮，既屬上材，因降優命。大中二年授朝散大夫，彭城縣開國子，食邑五百户。密侍右遷，樞軸備選，邊防經制，才略所先，公論咸推，帝命惟允。五年改充宣徽南院使，尋兼充京西京北制置堡戍使。壇場設備，今古重難，俾無奔突之虞，用致烟塵之息，凡所更作，大叶機宜，與能疇勞。換職進秩，其年使迴，改大盈庫使，旋授宫闈局令。夫良弓勁矢，武衛戎裝，器號魚文，名掩繁弱，帑藏之貯，進御是須，多資峻嚴，以縮要重。七年改内弓箭庫使。又以上田甲第，職殷吏繁，禁省之中，號爲難理，苟非利刃，寧惣劇權。八年改内莊宅使，出護戎機，實爲重寄，受歷試之選，膺貞律之求，爰以周通，遂俞推擇。九年改袞海監軍使，共綏武旅，旁協帥臣，儻非其材，亦罕濟用。雅聞懿績，更茬雄藩，十二年改鄆州監軍使。出入之宜，勞逸是繫，履賤之美，重沓爲優。十三年赴闕，明年授營幕使，其年再領弓箭庫使。咸通元年十二月轉掖庭令，雲螭洼産，驥子龍孫，當星馳電逸之塲，列中阜内閑之藉。實鞭玉勒，足踒首驪，繫於伯樂之知，懸在伏波之式，鑒精事重，匪易其人。三年授内飛龍使，休聲益暢，睿渥彌敷，進於崇班，示以懋賞。四年授内侍省内侍，地控西陲，任當戎事，思得妙略，冀絶邊虞。五年改邠寧監軍，外展殊勳，内缺要務，人思舊政，主洽新恩。七年復拜内莊宅使，顧遇益隆，兢謹愈至。將申大用，先命崇階，八年授銀青光禄大夫。嗚呼！得君逢時，材長數促，性命之際，賢哲莫窮。咸通九年孟夏遘疾，優旨許歸就醫藥，鍼砭無及，湯劑徒施，莫逢西域之靈香，遽歎東流之逝水。以其年六月十四日，薨於來庭里私第，享年五十三。八月五日詔贈左監門衛大將軍。竊惟開府以仁，誼承家用，忠貞事主，德齊嵩華，量洽滄溟，便蕃顯榮，洋溢功業，掌鈞軸，則弥縫大政；縮戎務，則訓齊全師。勤以奉公，寬而濟衆，書於史册，播在朝廷。故得朱紫盈門，輝光滿目。公之仲季，時少比倫，並以出人之材，各奉趨庭之訓，優秩佳職，後弟前兄，而公不享遐齡，豈神之孤衆望也！是以開府惋惜，軫極悲懷。夫人咸陽君田氏，四德咸臻，六姻共仰，婦道克順，母儀聿修。有子四人：長曰重易，給事郎内侍省内府局丞；次曰重允，宣徽庫家、登仕郎、内侍省奚官局丞；又其次曰重益，曰重則，並已賜緑。皆以孝愛由已，明敏居心，在公處私，克守訓範，以似以續，家肥國華。今則喪過乎哀，憖焉在疚，宅兆既卜，日月有時，十一月八日，銜哀奉喪，窆于萬年縣崇義鄉滻川西原，禮也。佳城永閟，昭代長違。生也有涯，前距百齡。纏及半死如可作，後遊九原當與歸。瞻叨職内庭，特承宗顧。刊刻期於不朽，叙述固以無私，銘曰：積德之孫，大勳之嗣。允文允武，有材有位。既遇明時，將膺寵寄。摳攗之任，咫尺而至。命不副才，期而爽遂。崇崇德門，佚佚令子。垂裕後昆，流千萬祀。

鐫玉册官邵建初刻

撰文者爲吾鄉郴人劉相國瞻，《唐書》有傳，書石之崔筠，《宰相世系表》博陵安平人，蘇州司功參軍。刻石之邵建初，即刻柳書《元秘塔銘》者。誌云開成五年賜緑，又云其子重益重則，並已賜緑。唐服色之制，四命以緑，五命以紫。腰帶之制，五品以上用朱，飾以金；六七品用緑，飾以銀。此稱賜緑，是賜以四命之服，至六年賜服銀朱，則拜朱紱銀章之賜也。誌中莊作疕、勃作教、宜作宜、疇勞當作酬勞。"生也有涯，前距百齡，纏及半死如可作，後游九原當與歸。"用七言律句入四六始見於此。

王公晟　唐故幽州隨使節度押衙正議大夫撿校國子祭酒兼侍御史上柱國太原王府君夫人清河張氏合祔墓誌銘并序

鄉貢進士前攝幽州大都督府參軍許舟文

府君之先，周靈之後，秦有翦而漢有吉，晉有導而齊有儉。洎乎貴葉繁盛，高原于分，或撫俗中區，或字兵窮裔，蘭蓀衍馥，寔爲飽其風光；杞梓垂榮，誰可殫其簡牘。曾祖諱清，皇前攝貝州録事叅軍。祖諱選，皇前攝瀛州河間縣尉。列考諱盈，皇銀青光禄大夫撿挍鴻臚卿。府君即令嗣也，諱公晟，字嗣復。義冠金石，量韜河嶽，動息成韻，恩威有文，叱咤而生谷風，談笑而揚春卉。由勇張戶，猿臂虎髭，一諾千金，致命如往。元戎以挺，生襟抱迥。出人寰，初其宿衛之資，終致建牙之署，事家邦而不危人望，輸忠赤而獨擅君恩。何當匪石之誠，忽掩虞泉之恨。嗚呼！享年六十九，以咸通十一年庚寅歲夏六月二日，属纊於薊縣軍都坊之私弟。以八月四日，成事於幽都縣保大鄉樊村里之高原，終其禮也。夫人清河張氏，結髮移天，敬承禋祀。豈期超忽先之去流，閨壺柔明；孰云箴誡以兹良兆，可祔所天。有子四人：長曰宏太，攝薊州三河縣丞，幼敏公忠，頗閑吏理，方圖晚器，倏謝明時；次曰宏雅，閱禮敦詩，親人重義，授以文軄，優之漸鴻，補充節度駈使官；次曰宏寂，履行趍庭，方宜仕進，祇皇靡叶，鞠爲泉人；次曰宏楚，情韜百行，心佩五常，仗文武之全材，爲家國之模範，補充節度衙前散虞候。於戲！天道污隆，人經否泰，雖藏舟欲固，而覆軌難移，導其道而奚所悲，履其理而竟何恨？令子伏喪飲溢，假喘興言事，恐陵谷推遷，高卑迭運，固命荒鰍，誌於他齡。銘曰：天降英靈兮壯我雄方，弼諧造化兮爲棟爲梁，施武力兮折鋭摧剛，勤王事兮披肝倒腸。上天速禍兮殱忠良，抱堅白兮歸泉堂。逝川杳日，只如此松檟，風生徒自傷。

公晟妻張氏前卒，別有誌爲其長子宏泰所書，此則以公晟合葬，故並及張氏，而略其卒葬之年月，其時僅隔七年。長子宏太即宏泰也，第三子宏寂即前誌之宏籍改名。二子皆已物故。此誌曾祖、祖考之諱皆缺末筆，蓋亦仲子宏雅或季子宏楚所書。虞淵避太祖諱改作虞泉。"説禮敦詩"，誤"説"作"閲"，又互作于，裔作裔、冠作冠、薊作薊、參作參、剛作剛，皆別體也。叱咤之咤，與咤通。"初其宿衛之資"，"其"當作"具"。

公都

【闕四十五字】之後代有其人【闕十二字】曾祖諱豪，皇不仕；王父諱旭，皇仕蘄□□□□□府君諱若，皇任左武衛率府長史。君實府君第四子也□□□而上或仕或不，與時昇降。自晋室東遷，衣冠南隨，君之先人，因渡江而家。越之山水，清秀難偕，乃祖乃宗，閱是勝墼，卜居蕭山。伯氏仲氏，官爵相繼，或闕廷班列，或郡縣清途，門風禮讓，鄉里軌儀。君承家代之休美，稟□□之靈異，生而好學，長而能文。尤攻於體物，舉進士，亟敗於垂成，獨□名□時□□之無何，風樹不靜，家禍遽鍾，萬里奔喪，骨立柴毀。乃□□□親屬勉之方，微進粥食。及禮制，外除是歲，將再就。《鹿鳴》□中□□爲善無徵，奄隨物化，國喪賢良，家亡令子。嗚呼！人之年齡，有遐有夭，孰□□□而不繫於善惡孝悌也。詩歎淑人君子，胡不萬年，謂是物也。以咸通十年歲次己丑四月戊子朔廿二日己酉終于家，享年四十九。娶河東裴氏，先府君諱懿，登進士第，從事陝郊終使下員外，君之內子，即員外長女也。有男俞九女二人，男未及冠，長女適于鍾氏。次未及笄。藐爾諸孤，朝不謀夕，鴒原對此，何痛如之！以咸通十一年二月廿四日，卜於昭元鄉昭元里社頭村之原也。庠嘗射策春闈，竊在下風，熟君德聲，及此承乏，數月相從，一篇一酌，每至促膝，無不移時。歡猶未艾，悲又間之。嗚呼哀哉，天亦茫茫，殲我良友。邱壠既卜，執紼有期。願刻樂石，以表永別，乃爲銘曰：嗚呼公都，碩學鴻儒。修身無玷，立行不孤。今其逝矣，可勝歎乎。其一幾從鄉薦，累敗垂成。天耶命耶，有德無名。沒而不朽，永播烈聲。其二松兮桂兮，風雨摧之。文章事業，一旦已而。銘茲貞石，川谷難移。其三續改地在，廣孝鄉延。壽里社湖村之原也。

　　《兩浙金石志》云在蕭山王進士宗炎家，首二行已缺，無從得其姓名。銘曰"嗚呼公都"，公都殆即其字。撰文者名庠佚其姓，文曰"射策春闈，竊在下風。及此承乏，數月相從"。蓋登進士第而官於蕭山者。末行續改云云，原刻在"銘曰"之下，蓋志爲初葬時作是行，則改葬時補刻也。誌中"尤攻於體物"，攻當作工。書曾祖曰"皇不仕"，國初人敘其先世，祖爲隋，父爲唐，加"皇"以別於隋也。此誌去唐初已二百七十餘年，其曾祖祖父原不必加"皇"字，曰"皇不仕"，不成文理矣。府君諱君，謂其父也。"君"當是"莙"字之別寫。

來佐　故來府君及夫人常氏次夫人郭氏墓誌銘

府君諱佐，南陽人也。平生志操，性本謙恭，豈謂穹蒼隆蕐，忽遘私疾，俄終厥壽，權厝故里，早分今古。夫人郭氏，年及總笄，禮適來氏，母儀貞淑，婦德無虧，春秋七十有二，終於兗州。有自叔慶，灰心毀容，泣血匍匐，乃兆元龜，露著靈筮，自南陽扶護故府君及前夫人常氏來就合祔。以咸通十四年歲在癸巳□月廿九日，於兗州瑕邱縣普樂鄉臨泗城陰村郡城東北六里平原禮葬。叔齊痛見孤墳寂寂，松吹蕭蕭，又恐陵谷遷移，遠日有變，乃命工刻石爲銘，銘曰：穹蒼蒼天，日月高懸。□照六合，不照下泉。擗踴哭泣下缺

李纓妻楊氏　唐魏王府參軍李纓亡妻宏農楊氏夫人墓誌銘并序

纓自撰

夫人諱蕙，字廷秀，宏農人也。遠祖漢太尉，博綜經史，著在人聞，馳聲古今，世謂之關西夫子，史策有傳。曾祖諱元寇，皇任宣州刺史御史大夫贈吏部尚書。王父諱申，皇任武寧軍節度判官兼殿中侍御史，懿行洽聞，迥出群表。父鵠，前任京兆府三原縣主簿，性稟孤摽，韻含雅操，居蓮府傳清廉之譽，處縣曹多撫育之仁。夫人即三原君之長女也，家傳簪組，世襲儒風，華族分輝，慶門疊耀。行著閨閫，德比芝蘭，辯慧生知，天与其性。逮歸李氏，賢如處家，淑德已播於六親，孝敬夙彰於九族。昭昭婦道，肅肅雍和，宜爾室家，必期榮顯，事姑能竭其力，無愧於孟光；爲婦足見其心，何慙於漆室？纓家素寒褊，官宦且卑，物用不自饒，所向皆多闕。夫人未常戚戚於顏色，孜孜於博求，就糲推甘，夫人之道具周矣；內外恬和，尊卑敬順，親戚咸謂家肥耶！夫人女工刀尺，悉盡其能，至於絲竹，多所留心，就中胡琴，尤是所善。嗚呼痛哉，從茲雅音絕矣！余今冬赴調，或補一官，上以奉旨甘，下以資中饋，道期方泰，共保榮華，何啻福善禍淫，天何奪耶？遘疾周歲，醫藥無瘳，既纏二豎之悲，俄及九泉之歎。以咸通癸巳歲九月廿二日，以疾終于永寧里之私第，享年廿有九。夫人歸我五年，祇生一子，不福其善，早已淪亡。以其年十一月廿三日，歸窆于京兆府萬年縣小陽村祔先塋之側，禮也。夫人有尸鳩之行，慮闕而不書，不若纓自誌其銘，曰：疾波東注，滔滔不歸。雅傳婦德，克著母儀。事長肅肅，撫幼怡怡。夫人既往，余將何依。

顧謙　唐故朝散郎貝州宗城縣令顧府君墓誌銘

公諱謙，字自修，其先吳郡人季歷，丞相蕭公之後也。漢魏以降，蔚爲茂族，史譜詳載，此得略而述焉。大王父諱希揚，登州軍民事衙推官。王父諱彭，堯州司戶參軍。先府君諱行大，宣州寧國縣丞，先太夫人吳郡陸氏。公即先府君冢子也。公體質魁梧，風神朗秀，溫其珪璧，凜若松筠。粵在紈綺，性質端敏，卷書進退，逾於老成。早歲舉明經三禮二科，洞達微言，貫穿精義。獨行不合，時流所排，晚節以談笑曳裾，歷諸侯上客。魏帥何公一見，若平生交，表公高才，請宰劇郡，由是褐衣拜貝州宗城縣令。公以戎虜之地，民俗驕悷，非鳴琴可齊□展驥乃乖。理張翰之扁舟，企陶公之高躅。洌有勝地，雲間故鄉，豹隱鴻冥，韜光晦跡，其有巖廊彥士，海島逸人，每披霧見天，開雲覩雉，莫不高山仰止，如不及焉。噫！人皆知麟鳳之爲瑞而不知善人爲瑞也。不使公執正當路於時，元龜不泯於將來，盛德必鍾於後嗣，造物者大誤，彼蒼生之不幸乎。嗚呼！夢感兩楹，灾生二豎。以咸通十三年歲次壬辰六月二十有八日丁卯，啓手足於蘇州華亭縣北平鄉崧子里之私第，享年六十有七。先是公於第之南隅，列植松楸，有公叔□之想焉。明年歲在癸巳十一月二十四日乙卯，灼龜析蓍，始遂先志，窆於茲原，禮也。夫人宏農楊氏，貞順婉約，閨門楷儀，□爽撫孤，罔不過禮。男六人，長曰寰，杭州鹽官縣尉。次曰臺，常州晉陵縣尉。次曰占，旁州館驛巡官，試左武衛兵曹參軍。次曰實，鄉貢明經。次曰滔，次曰潛，皆在嬰幼。惟實與滔，公之允，咸能接物，孝悌治身，動惟直方，靜必溫克。奉詩禮之明訓，在邦家而有聞，是使聯榮清途，列於霄漢，有後於魯，斯其比歟！女二人，長適吳郡張聿之，明經出身，解褐蘇州華亭縣尉。次許嫁吳興姚安之，登童子、學究二科，再命爲東宮舍人。率皆禮樂名儒，簪纓盛族。公之中外姻表，輝暎當代，不可一二而言也。嗣子寰欲□□之不絕，感陵谷之咸遷，洒血號泣，請銘幽石，恭爲銘曰：愷悌君子兮如珪如璋，鳳鳥不至兮麟出罹殃。彼蒼不仁兮曷爲其常，甘泉倏竭兮風焰摧光。孤惸洒泣兮行路凄傷，青鳥告吉兮寧神其岡。

左中郎將元颺妻主夫人苜

同王異之引氏祿之興

訓陰軌尒明作配飆宗

孫陽禾王苐六弟元颺

識冲圉四德連瑱后妃氏内式開睚

好戢以加焉言告師

探終始若一易稱家人美夫婦夫

之典以延昌二年歲次癸己裒於湮潤之

廿二月辛己朔四日甲申塋於湮潤之東京

河森森塿壟依依丘墓增悲尋拄多傷其

日

惟兹夫人開睚挺莭翹翹蔞楚灼灼雲介

唐十九

孔紓　唐故左拾遺魯國孔府君墓誌銘并序

鎮海軍節度掌書記將仕郎殿中侍御史內供奉賜緋魚袋鄭仁表撰并書

咸通十五年三月，侍講學士右僕射太常孔公以疾辭內署職。其元子左拾遺養疾亦病，逾二旬，太常公疾少間，拾遺疾間。又旬日，太常公薨，拾遺哭無時，後七十六日亦終焉。嗚呼！求諸古未聞也。仁表與拾遺同歲爲東府鄉薦，策第不中等，再罷去。明年偕宴於東堂。宴之日，博陵崔公薨出紫微，直觀風甘棠下，表爲支使挍芸閣書。拾遺始及第，乞假拜慶。新進士得意歸去，多不伏拘束假限，往往關試不悉集，貢曹久未畢公事，故地遠迨二千里，例不給告。時僕射太常公節制天平軍，以是勤不得請。拾遺曰：“人之多言，必以我爲宴安，訖春不宴。”年少乘喜氣赤春頭，竟不對狎客持一盃酒，人以爲難。關試日都堂中捐別同年，徑出青門外。經所爲從事州入院判案，十日東去，府適罷，賢諸侯爭走羔鴈，馳弓旌，竟不能致。徵爲渭南尉，直宏文館久之，會大學士出將去聲，竟不就。僕射太常公罷鎮居洛中，拾遺伏安定省，不嘗言仕宦。旋以萬年尉復怗文職，無西笑意。僕射徵拜司戎貳卿拾遺，由侍行乃赴職。越一月，今許昌太傅相國襄陽公爲河中奏署觀察判官，假監察御史。故事赤尉從相府，得朱紱殿中，公昆仲間有未至者，求裏行官，不改服色，人人美譚之。俄轉節度判官，從知之道，皎然明白，和而不柔，守而通，內盡匡補，而外若不知，相君待之異禮。俄拜左拾遺內供奉。嗚呼，止於是何也？春秋始卅三矣。惜哉！公至性自生知，雖欲全其禮傳於後，開強忍抑，不能俯就。始得疾，不言於人。因晡哭若絕，左右始知有病句甚矣句。卧惡室中，不復進饘餌。疾益亟，方肯歸常所居舍。悉召骨肉迨僕使，惟言僕射公葬時事。指揮制度，必以古禮，戒誨約束，委曲備悉。左右皆泣，公曰："吾平生無纖，小不是事，天報我甚厚。使亟得歸侍地下尔，盍賀而返以泣耶？吾自遂性，不能無傷。生全大孝，送終設祀，宜益儉削，無以金鈒纖華爲殉，無以不時之服爲殮。吾幼苦學，尤嗜《左氏傳》，所習本多自讎理，宜置吾左右。友人鄭休範多知我所執守，相視若親兄弟，我亦常以所爲悉道之，請以誌我。彼不能文，必盡其實。"言竟，撫弟妹，若將千百里爲別者。視妻子，若將一兩夕不面者。而怡然其容，如有失而復得，已而終。嗚呼！其喜歸侍乎？公謝世之月餘日前，與二季處闇室中，忽援毫書廿八字於室內東宷之上，若隱語而加韻焉，曰："許下無言奪少年，震而不雨月當弦。風濤渭逆艅艎没，從此無舟濟大川。"初玉季載考其義，莫究指歸。既痛絕手足，若洗然而悟曰："許無言是午字，今歲在午也。震不雨是辰字，其哀瘵至甚，移歸院就醫是辰日。及奄然之日，驗於官歷，是上弦日，又應月當弦之讖也。"吁！似有所潛受於冥昧間，何懸知之若是也。憶於洛陽里第，始相與定交，公曰："何以契我？"余曰："死患難，先禄位，託孤寄命，同休共戚，此義交也。見善相勉也，見利相遠也，言之而必行，守之而必固，一旦離此，則攻而絕之，使處世爲匪人，没身無怨言，斯益友也。余將與吾子契之。"自是過必相攻，善必相激，相成如恐失，相畏若臨敵。雖朝夕共行止，人不以爲朋比，亦君子之能賢善誘也。嗚呼！公之文之學之精明，道行如雷聲日光，無耳目者則不知也。公之訃始聞，人人如有亡。碩生鉅賢，心死氣脱，道之不行也。天何心焉。公諱紓，字持卿，魯司寇四十代孫。繼繼承承，仕濟不墜，間生傑出，磊落相望。曾祖岑父，皇任秘書省著作佐郎，贈司空。祖戣，皇任禮部尚書致仕，贈司徒。父温裕，皇任撿挍右僕射太常卿，充翰林侍講學士，册贈司空。皇妣河東薛氏，族大而顯，先司空公廿八年即世。公娶京兆韋氏，山東清甲家也。有二子，男曰鐵婢，始十歲，甚肖似。憶與公約，生子命名，必如兄弟。愚之子曰後魯，他日鐵婢當以還魯字之。《易》云："積善之家，必有餘慶。"善之教必闡於道儒釋。釋固無嗣，皇家公家，道儒之餘慶也。公又賢而無禄，其後益大以昌。女少於男。銘曰：嗟嗟夫君，嗟嗟夫君，孔聖遺緒，顏回後身。高高者天，幽幽者神。幽幽不見，高高不聞。不見不聞，又何足以云云。

撰文之鄭仁表，文中所謂"休範"者，即其字也。仁表爲鄭肅次子，兩《唐書》皆附見肅傳。稱其終官爲起居郎，此銜稱鎮海軍書記，以《宰相表》証之，咸通十五年鎮海節度爲趙隱，仁表蓋隱所辟也。《唐書·鄭肅傳》載子仁表，以門閥文章自高，曰天瑞有五色，雲人瑞有鄭仁表。今其文之傳者僅此誌，文既不佳，字亦如常，足見其誇大之過情矣。孔紆字持卿，《宰相世系表》作字特卿，刻本誤也。曾祖岑父，父溫裕，不見於史。祖戡附見兩書《孔巢父傳》，戡作郂，亦刻本之誤。戡父、岑父，皆巢父之兄，《韓昌黎集》有《正議大夫尚書左丞孔君墓誌》，即爲戡作。戡有弟曰戢，亦附見《巢父傳》。《昌黎集》又有《朝散大夫贈司勳員外郎孔君墓誌》，則爲戢作也。昌黎二誌書葬地，皆曰河南河陰之廣武原，是孔氏族葬處，此誌未書葬地。今之滎澤即隋之廣武，唐之河陰廣武山即楚漢相拒處，紆墓當亦在其地。誌曰"公與二季處閨室中"，《世系表》止載其一曰續，字允修。又曰"處世爲匪人"，"爲"上疑脱"不"字，否則"爲"字乃"非"之訛也。"出將"句旁注"去聲"，"始知有病"旁注"句"字，"甚矣"旁注"句"字，皆金石變例。捐作捐、占作怗。俗稱兄弟曰金昆玉友，誌曰"玉季"，即玉友之謂也。

馬某妻張氏　唐扶風馬氏故夫人清河張氏墓誌銘并序

趙郡李直撰并刻字

夫人諱慶，本望清河郡人也。夫人即□公之長女也。夫人立性柔和，韶齔知禮，閨門之教，不肅而成。及以笄年，歸于扶風馬氏，琴瑟諧韻，幾移星霜。敬夫如賓，邨下【闕六字】易隔□花□□何啻忽染微疾，藥餌無徵。以咸通【闕六字】歿於天長鄉之私室，春秋五十有八，親愛□慟下泐十餘字難照長夜□□結髮同於百年，事身願違下泐十餘字璵將仕郎前守亳州鹿邑縣尉下泐十餘字陳州項城縣尉□□脩己下泐十餘字將仕郎□□陳州項城縣主簿下泐十餘字有女二人，長女適渤海吳氏，次女適下泐十餘字匍匐主喪，孝過於禮，銜恤問禮，恭修齋

祭，無不□誠□□□□□悲逾於常禮，以當年五月廿七日安葬于杭州鹽官縣西
□□里海昌鄉秧田村□□里，買得郁師周地，東至孫晊，西至郁師周，南至□
北至郁，爲新□，礼也。墳壠儼成，雖存殁異路，夫妻□□□莫大焉。伏恐桑
田改變，陵谷難分，固刊貞石，乃爲銘曰：蕭蕭爲人，德行先□。幽明易分，
恩愛難別。紅顏既□，白日先没。徒感松風，空悲壠月。□□直書，千□
不□。

是誌出杭州海昌安國寺，僧東權於乾隆三十八年治宅得之，上中手拓一紙，
仍以原石薶藏故處。拓本今爲净慈寺僧六舟所藏，裝潢成幀，從而審觀題識者
二十餘人，釋其文者凡三家，葛渟南繼常汪鐵樵士驤瞿木夫中溶也。道光壬辰春
許印林瀚復爲補釋三家之未盡未確者，何子貞紹基録文見寄，今摘其所釋異同附
録於後。

郵下下三字，汪作如子何，許云何似之如子無徵。易隔上一字，許審是情字。花下一
字，葛云存半字，作目形，汪釋易；許云易下似有門形，疑是闕字。親愛下一字，葛釋情，
許云止存半字，作忄形，疑是悼。長夜下二字，葛釋本姻，汪疑非，又疑本是今，許審是本期。
璵上一字，葛釋璠，許云以義度之，是也，然字惟存田形，仿佛可見，餘無徵。尉下一字，
汪釋以，許云未確。脩己下三字，許審定是將仕郎。無不下一字，葛釋存頓形，許審是竭字。
秧田村下二字，葛釋吕宓，汪疑非，又疑吕是昌。許云吕字是宓，未可定。南至下一字，葛
釋浜，汪釋涇，許從汪。爲新下一字，汪釋塋。紅顏既下一字，葛釋無，許云無徵。直書
上二字，其第一字葛釋廣，汪疑非。瞿釋章以爲書人姓名。許云章是矣，以爲書人姓名則非。
千下一字許云戈旁甚明顯，富是載字或歲字。

又案是誌未見拓本，無由定四家之得失。以理度之，"花"上一字，何録
本存艹頭，當作葬。"花"下一字汪許皆作易，則易下一字當是蓂，不當作闕。
"璵"當是其子之名，下書其官則上不應有璠字，是二名共一官矣。"紅顏既"
下一字當是摧或是殞，不應是無字。"直書"上既有章字，則章下當是善字。"千
載不"下當是滅字，何子貞云是誌文字殊非精品，以少見珍，乃爲諸家所賞，
可見石墨流傳，有幸有不幸也。

强瓊妻王氏　唐故瑯琊王氏夫人墓銘

夫人即故玉册官内供奉賜緋魚袋强瓊之妻，公先殁已十五年，葬在醴泉本鄉也。夫人年七十七，有子四人，女二人。乾符元年十二月廿三日，忽染膏荒之疾，終群賢里弟。三子一女先亡，今幼男女共塋葬禮，以三年二月廿四日卜于祁村男側。誌後刻佛頂尊勝陀羅尼咒，今不錄。

唐人佞佛，於《陀羅尼經咒》尤所尊信，僧寺石幢，刻此殆遍，乃復施之於墓誌，亦怪甚也。誌首題曰墓銘，而文乃無銘，豈以《陀羅尼咒》即其銘耶？誌内盲作荒，營作塋，皆誤。

趙琮　唐故居士天水趙府君墓誌銘并序

左武衛兵曹參軍趙申旴撰

府君姓趙氏裔，天水人也。別業易州淶水縣頃，因先父遷□□仕，流浪海隅，從軍地遠徙居青州□世，迄今凡二百年矣。先妣夫人太原王氏，生公，是季子也。府君生居於北海之郡，志好雲林山水，南北貿賈，利有攸往，廣涉大川，博學古墳。與朋友交，言行敦美，信義彰聞，輕金玉，立善外著，孝行六親。府君諱琮，字光婚。夫人太原王氏，有男三人，長曰審巖，次曰審裕，季曰審文。女一人，初笄之年，適夫陰氏。孟男年居弱冠之秋，居然老成，安祥大雅，合國風之堅操，修行古人，立言温尚，可謂父訓有知，流嗣千載矣。夫人王氏，令淑賢能，居喪淚血，在苦塊之内，殞哽蘭千骨髓，焚消□□，譽聞三從之□□導著。府君遇軍情變亂，不以交道仇□生涯，亦不遭毀蓺，錢穀湛然，上下無虞，蔾食安貼。乙未歲夏月五日遇疾青州之私第，下於人世。丙申年七月三日，命知者卜得吉歲，殯於益都縣南五里建德莊雲門山東崗原，禮也。慮山河更改，松筠彫悴，遂紀年代，乃爲銘説。銘曰：天水之君，蘊志難群。孝行雙美，立性松筠。卓然孤立，在世推□。生好東皋，亡返高墳。有子賢行，傳代光門。女從他氏，五德猶存。白楊千載，滋茂兒孫。落日烏啼，猿叫荒村。

是誌在益都縣李家。琮子"光婚"，當是"光瑶"之誤。

趙虔章　唐故前河南府録事天水趙公墓誌銘

樂安孫溶撰　吳興姚紃書

嗟夫！瑞雲將布，俄散彩於晴室；皓月正圓，忽摧輪於天上。即知吉氣難駐，祥光易虧，非唯動息之所瞻，實亦神靈之所歎。何殊俊造，奄及泉臺，將紀嘉猷，難申執筆。公諱虔章，字敬彝，京兆長安人也。昆仲四人，歡侍左右。公異才也，量崇大節，不愧小慈，禮樂生知，敏撻天受。視扶空之蟬棟，不足崢嶸；觀截海之螭梁，未爲碑兀。鳳鶴瀉雍容之質，冰壺灑洞澈之風。纔及弱冠之年，寵授紃曹之貴，莫不清兼洛水，秀合嵩雲，譽滿東畿，名傳西闕。必謂壽等五千之仞，榮稱百万斯年。何期清史而猶未摽奇，黄泉而已爲歸路。嗚呼！天虧一柱，嶽折高峯，斬虵之劍刀剛摧，射猿之雕弓弦斷，並雲銷於瞬息，方月缺於逡巡，比逝賢良，未足爲痛。以乾符三年九月六日，告終于平康里私第。而丹旐言旋，蓍龜告吉，擇用其月廿日，葬于萬年縣寧安鄉三趙村祖之塋側也。今則泉路永塞，逝水不還，慮陵變遷，略紀貞石。其銘曰：蕭蕭令德，雍雍至仁。玉質纔成，冰霜始新。謹孝無比，忠貞絶倫。於家克儉，於邦克勤。詎料花發風起清晨來，飄紫謝紅香没塵，龍城之側，灞滻之濱，一葬其中，三趙爲鄰。風悲雨泣，慘骨傷神。泉門永固，千春万春。

元和八年，《馬廿三娘誌》云"恐陵變遷，乃紀銘云"，大和四年，《吳達誌》云"金石靡刊，孰紀陵之變"，此誌云"慮陵變遷，略紀貞石"，三誌刻不同時，陵下皆脱"谷"字，而唐代國諱無避"谷"字嫌名者，不知三誌何以同脱此字。

成君信　唐故上谷成公墓誌銘并序

公諱君信，字匡時，其先本周成伯之後。父惠通，皇平盧軍先鋒副馬軍兵馬使、撿挍太子賓客、兼御史大夫。祖瓌，皇不仕。公立性端良，剛柔得中，内藏元奧，外示謙和。早爲軍府爪牙之職，後以年德將邁，退居里中。有識是者，知公懷大信大義，爲至英至仁，皆暗慕相知，公亦默而見諾。故得門多長者之車，親者皆禮樂之士。何乃日月有數，疾瘵屢鍾，以乾符五年八月八日終於私第，享年六十七。公娶武陵嚴氏，生一男行實，婚武威段氏。一女，適隴西牛從寔，寔爲節度要籍支計斛斗司。公以孫建立爲之後，婚清河張氏。建第小福、公喜、絳郎等，年悉幼稚，心力未任。姪行賓爲右厢都虞候判官。皆行賓及子婿從寔感激嚴訓，竭力祗承，佐夫人同辦遷厝。以當年十一月廿九日，葬於青州益都縣望沂鄉之原也。旋幡前去，孤雲爲之慘悽；輀车後來，流水豈任嗚咽。慮江河他去，巖谷遷移，聊録行藏，以銘貞石。銘曰：天際高摽，藏諸道德。素月懸徽，白雲爲則。卓雅有稱，規章無忒。唯信惟義，心期本志。自悦自惧，誰達兹事。青松白楊兮，乃荆棘之固。殊千秋方歲兮，因積善之能置。

　　君信卒時，其子行寔先卒，故立孫建爲後，今所謂承重孫也。唐人書巾旁字多作心旁，故書“幡”爲“幡”，至“娱”書作“惧”，則誤字也。周之成國，姬姓子爵，文王子叔武所封，上谷東郡二族皆其後也。成伯當作成子，《廣韻》亦作成伯，蓋相沿而誤也。誌云：“祖瓌，皇不仕。”余於前《公都誌》内已斥其非，蓋當時習俗相沿，有此文法也。

張中立　唐故宣義郎侍御史内供奉知鹽鐵嘉興監事張府君墓誌銘并序

前荆南觀察支使將仕郎試詹事府司直□蒙撰

　　府君以乾符六年二月卅日終于常州義興縣之私弟，踰月，其仲弟中權，銜哀致書，□□□以誌來請。蒙之與君，寓居同邑，頃在京師，往來甚密。蒙之季與君之季【闕六字】交甚，固以是得熟君之行事，書其善，刊諸石，則又安可辭耶？君諱中立，字□□，其先范陽人，晉司空華十五世孫。高祖紹宗，皇邵州武岡令、贈宜春郡太守，博學工書，著《蓬山事苑》卅卷，行於世。蘇許公爲之製集序，韋侍郎述撰神道碑。宜春生盛王府司馬翰林集賢兩院侍書侍讀學士諱懷璟，有文學，尤善草隸，與兄懷瑾同時著名。學士生池州長史贈金州刺史諱涉，嘗以文學登制策科。金州生普州刺史諱爽，進士及第，登朝爲殿中侍御史，□稱其□，享年不永，竟不高位，當時惜之。君即普州第二子也，幼失怙恃，授兄長之訓。初兄以□□調補霍山縣紀，隨兄之任，孜孜務學，以至成人。大中初，再調授武進尉，謂君曰：“曩以若等幼帷，未克□生，今既長成，可以蒇事，吾恐墜先志，爲平生羞。”遂以武進授君曰：“無以家事縈我，我其行矣。”乃就詞科，累戰皆北。嗚呼，天不福善，旋抱陟岡之悲。

君撫視孤侄，過於己子，君之操尚，出於先賢。自武進歷處州麗水令、婺州永康宰，到永康不旬月，旋丁內憂，服闋□□□令祭酒常侍，廉問陝郊，素知其材，奏爲郡糺。值將受代，事遂不行。君曰："事之不行，命也。□郊特達之恩，宜如何報？"乃裹糧策蹇，專專致謝，亦古人之心也。既至輦下，親舊間稍稍□□，由是名姓頗達于上。今左丞韋公蟾，即君之親外丈人，時爲中丞，遂奏爲臺主簿，甚爲美秩，前輩名士多爲之。然位卑任重，尤不易處，自憲長以降，無不譚其盛美。無何故□□□師王公凝揔摧莞務，奏爲嘉興監官，意頗不樂，辭不獲免，遂授侍御史內供奉知□□□□年，吏畏課溢，咸謂得材。及罷，歸陽羨，葺舊居，植花木，與親朋骨肉聚會，貧□□□□□之。女嫁之，男娶之，雍睦怡愉，無一口不得其所，復慕黃老之術，齋心焚脩，頗得其【闕六字】無羨餘。嗚呼！真可謂賢達之矣。方今盜賊未弭，四方多事，適當展材，業振【闕六字】知，方聞薦於宰執，欲委之重，難忽暴疾，不六七日而終。嗚呼，其亦命耶？享年五十有五，娶汝南周氏楚州盱眙主簿元諒之亞女，有子三人。長曰庭誨，令娶姑之女。次曰裔圖【闕六字】性過禮，克紹其家。女三人，長適河東柳氏，即前郴牧泰之第二子。次許嫁宣【闕六字】及笄。季弟仁穎登進士第，有時名。從知廣南幕下，仲弟【闕十字】長安城南方屬道路艱虞，未克歸祔，遂卜用其年四月十二日甲申【闕十二字】任光鄉許墅村之南，從先大父之塋右，禮也。嗚呼以下缺銘曰：居官惠民，居家睦親。奉上禦□以下缺陽羨之北，荊溪之濱以下缺。

張懷瓘《書斷》三卷，見《唐書·藝文志》，今存。

黄公俊　唐故處士江夏黄府君墓誌并序

鄉貢進士張珪撰

府君姓黃，諱公俊，字子彥。其先江夏人也，即春申君歇之後，長沙太守之裔孫。高祖諱□，曾祖諱恕，祖諱法，皆高尚不仕。府君生而有禮，體質魁梧，質性淳厚，以孝義爲心，處謙恭爲首，家傳清儉，鄉里稱之。自晉代跨於江濆，迄至今焉，子子孫孫，樂其耕釣，可謂弓裘不墜于地也。何圖暫攖微恙，便至沉痼，藥石繼來，略無徵應。以乾符五年十月十八日，歿於義興縣善奉鄉□塘里，享年七十有六。娶夫人袁氏，淑性懿範，婉娩和柔，雅合閨闈，美哉琴瑟。先於府君四年而歿。有男三人，長曰約，早終。次曰摶，曰□，播先人之風，傳先人之業，遠近欣奉，靡不云賢。有女二人，長女適吳郡張氏，其女不幸早亡，愛婿張公尚存。昔念□□之□□遠及良辰。次女歸于譚氏，奔護喪禮，罔失其儀。嗚呼，□□而知命矣。因夫人袁氏之舊塋，卜其吉日【闕六字】備於今日，歸泉之所宜哉。以其明年已亥十月□日，窆歹枕夫人塋之北庚首，禮也。珪寓同鄉，黨請爲誌，難以讓陳，才雖不敏，聊搆斯文，以紀其事，刊於荆屺，銘曰：大道冥漠兮混然而成，得之則壽兮失之則夭。全我慈孝兮終□□□上士所樂兮下士則笑。先人有言兮善必及嗣，永介景福兮施乎後世。

戴昭　唐故浙江道五部兵馬大元帥平南節度使銀青光禄大夫撿挍尚壽令戴公墓誌銘并序

進士許棠撰

府君諱昭，字德輝，姓戴氏。其先杜陵人也，裔出周卿佚之後，業勤承家，軒冕繼嗣。祖諱非，字名章，志秉松筠，迹疎名利，高尚之德，聰明之資。父諱宏，字仲廣，學宗儒術，德越前修。惟府君馨誠節以奉公，負温和而治衆。婚隴西鄭氏，備集閨儀，包含淑德。府君爰自咸通元年，逢黨裘甫叛，自富陽竊持朱旆，都督王式遣團練押衛雲公思益統領鋭師，誅夷蜂蠆，趨於槧水，陟彼高岡。府君以奮節雄之，括於私第，啓帑藏之資，發倉廪之糧，獻以奇謀，餽以營壘，而元兇投戈，群黨請命。雲公感府君以精才懋略，德誼加人，遂爲上陳，請甄前功。然承寵渥，旅列轅門，後時草寇，周丁髻剽刼，武義浸聚，群凶王郢，悖亂狼山，深乘巨艦，當其征戍，獲息妖氛。況又頃歲，黃巢之衆，鼓噪驚天，雲旗蔽野，巨魁既攻鄰郡，輕騎復剽兹邦。宣歙觀察使崔玹知府君負三略之材，蘊六韜之術，遂遣簡練精旅，防虞浣溪，纔展征車，俄奔困獸。粤奉察兼入政，累承寵錫，一同擢以班榮，制於鎮轄。而元勛益著，妙略潛施。後有順節者，團練押衙，文堂久逌刑章，一朝面縛，雖從惠化，尚叶姦回。去歲中春，搆逆於府垣之下，脅從於營壁之間，遽率兇狂，欲趨陶嶺而躍臨境。感於畏威，竊危忘軀，遂由間道，府君親持矢石，赴隴泉大呼，而山樾歸清，匪日而妖禽薄滅。洎於秋八月，台嶺劉文之暴，奔趨鏡水之濱，府君挺南面之戈矛，輔雄藩之籌略，始張貔虎之旃，已攝萑蒲之群，顧勳業之無儔，實古今之可冠。遂鎮概水，統以雄師，境內莫不澄清，汰除姦蠹者也。凡挺節驍雄之士，咸觖望其趾焉。自歷踐崇，列詔榮，故邦當忻孝養者之隆，深限幽明之阻。嗚呼，享年五十有八。中和二年八月二十日，寢疾終於陶朱鄉里之私第。以其年十二月十六日，葬於當縣靈泉鄉温泉里斗泉之源也。有子四人，長曰惠，材益懋華志用踰，弱冠征戎，群心企踵。次曰堂，去載劉文蟻聚，亦跳戰於鏡濱，恩渥薦臨，轄於兹嶺，嘗飲水以厲已，無遺蘗以留後，慷慨爲時，操持自遠。婚於平陽霍氏。次曰忠曰□，皆素業前傅，清規是守，時方幼歲，器用踰倫。有女三人，長適高陽左氏，肅雍婦道，敬戒閨儀；次方問名於盧氏，次即閨室未違，淑德咸備。其餘親親勳統，不復一一繁紀也。今則卜此重岡，松蘿擁藹，伏慮年代寖遠，陵谷改更，命于斯文，刊于貞石，以紀誌之。銘曰：太華磅礴，將積陰陽。七政無息，百齡有常。英雄峻節，令譽弥芳。挺身報國，奮劍安邦。繼臨寵渥，以起輝光。元勳特立，妙略尤彰。豈期微疾，俄歸墓鄉。闔營悽慘，里巷悲傷。卜兆靈野，扃仗泉鄉。素月皎皎，寒松蒼蒼。一室元户，永祚遐昌。

　　　　　　　　　　　　　　　　　　　　　　中郎將九颬妻王夫人墓

識　沖　禾　陰　周
　　圉　王　軌　王
誌　四　弟　尔　異
孫　德　六　明　之
陽　連　弟　作　引
　　瓊　九　配　氏
好　后　颬　魏　秩
仇　妃　之　宗　宗
崴　氏　若　之　之
以　内　開　妻　興
加　式　睢
焉　閒　闕
言
告
師
氏
内
式
閒

之　典　二
摶　以　月
終　延　辛
始　昌　己
若　二　朔
一　年　四
易　歲　日
稱　次　甲
家　癸　鑿
人　巳　於
美　喪　渾
夫　於　潤
婦　京　之
夫　　　東

日　河　惟
　　粲　兹
　　焱　夫
　　墳　人
　　龔　開
　　依　睢
　　徬　挺
　　丘　萆
　　墓　趐
　　增　翹
　　悲　蕘
　　尋　楚
　　挂　灼
　　多　灼
　　傷　雲
　　其　介

唐二十

敬延祚　唐故幽州隨使節度押衙遙攝鎮安軍使充綾錦坊使銀青光禄大夫撿校國子祭酒兼御史中丞上柱國平陽郡敬府君墓誌銘并序

前節度駈使官張賓述

　　府君諱延祚，字延祚，其先平陽郡人也。繁宗盛裔，不廣叙焉。遂授隨使節度押衙遙攝鎮安軍使充綾錦坊使。於戲！壽之與夭，不保黄髪。考諱令紀，充北衙將判官。曾祖諱包，攝幽都縣令。祖諱輝，守宣州右丞相，業富韜鈐，才多經濟，忠勤王士，無徇家私。府君性稟冲和，志惟端厚，早備成人之器，德懷鑒物之明。口藉材能，具精官業，謙以自牧，惠乃知人，不恃寵以驕身，不怒而臨下。轅門旌能，移掌坊務，於是繕修戎器，泙勘鋒予，和用無闕於軍資，戈鋋蓋兼於武庫，久處繁難之任，尤彰廉儉之名，時推貞幹，咸仰清勤。是以洪鍾發而聲楊自遠，寒松茂而秀且不群。於戲！修短有定，榮辱是常，以中和二年九月十八日，終於昌平縣界永寧村之私弟，享年卅有六。以中和三年二月十一日，葬於薊縣界會川鄉鄧村里之原，禮也。夫人清河郡張氏，行潔冰霜，德芳蘭桂，情殷葛藟，量協螽蜇。冀期金石偕韻，琴瑟無虧，不圖杞梓毀摧，絲蘿無託，痛傷熟質，恨切蕙心。有子三人，長曰行修，充親事副將。次曰行益，充親事虞候。次進郎，並性行温淳，言無枝葉。悲號毀性，哀慘過情，泣血漣洳，邁王脩之社；崩摧莫制，同隱之以感鄰。夫人哀纏荼毒，痛絶肺肝。嗟乎老之將至，獨存秀而不實，先殞猶恐陵谷遷變，桑海有更，刊綿縣之清譽，記鬱鬱之佳城，乃命瑣才，紀諸豊石。銘曰：誰謂斯人，罹此禍端。

誰謂懽笑，飜爲愁顏。名留世表，神歸不還。記誌景行，恐變何山。

　　誌出順天府大興縣，海豐吳誦孫世芬得之，以拓本見貽。《唐書》中宗相敬暉，五王之一也。誌云祖諱輝，守宣州右丞相，當即暉之誤也。本傳不詳暉之父名，《世系表》云父山松，澄城令。誌云曾祖諱包，攝幽都縣令。《表》云暉四子，讓、誠、詢、諲。誌云考諱全紀。皆與《唐書》不合。唐代敬氏別無名輝而爲宰相之人，史誤邪？抑誌誤邪？不可攷矣。誌中事作士、矛作予、揚作楊、淑作熟、河作何，皆誤字，"邁王脩之社"，社上脫罷字。

戚高　唐故北海戚處士墓誌并序

布衣趙玭

　　處士諱高，字崇景。其先北海郡人，枝派清邈，不可殫言。上因官從軄遷，爲越州諸暨靈泉里人也。曾皇父諱朝，皇父諱霞，皇考諱防，清崇道德，風月悵情，皆没跡雲端，世推之上也。處士才鋒韞銳，仁海凝波，不重百辟之榮，而嗜寸陰之道。見一善而忘百非，洞施恩而不念報，滔滔爲冠世媒階，蕩蕩作後來樑櫓。何期覆覆載興否，三清晦明，淑人君子，胡不萬齡？處士不或之歲未昇，壯室之年有五，以中和三年歲次癸卯秋九月甲子朔十九日壬午之辰，天降深崇，魂沉逝流，遂奄終于後流私第。嗣子三男二女，孟曰崔婆，仲曰嘟㗖，皆當齔歲，禮義未分，扶柩嘔啞，孰不傷憫痛哉！季子董婆，褓負懷抱。倚廬之門，運業何因終天之苦？長女娉受周氏禮，未及歸。幼女齒末及笄，遽遭酷罰。夫人清河張氏，嫡情慘裂，涕泗交凝，笄纚無光，蓬鬌鬌首，泣青萍之去跡，哭綠綺之斷絃。夫人遂抑哀整容，咸告兒女曰：禮難可逾，吉擇日月，善卜名原。以年冬十月甲午朔廿七日庚申，將窆于石解皇父之塋右壬首之墳原，之禮也。虞以日居月諸，山谷渝變，哀告請銘。玭宿契金石，敢惎璪才，掩涕握管而爲銘曰：蕣之華，蜉之游，石之火，水之漚，四之質難久留。其二尊道德，洞仁義，望長林，成大器。孰知天興禍至？醴泉竭，德星墜，女未歸，男尚稚。嫡妻房，冷秋水，覬遺蹤，逗雙淚，宿何緣無終，始泣告余請銘誌。

　　誌中"上因官從職"，上字下當有"世"字。"不或之歲未昇，壯室之年有五"，言其卒年三十五也。銘云"蜉之蝣"蜉蝣二字不可折，用蝣或作游尚可通。

銘凡二十四句，六句爲章，蓋四章也。首行第六句下旁注“其二”兩字，不知何爲也。戚氏仲子名曰部㖽，音義未詳，蓋當時諸暨土語。祖曰王，父亦曰王，考是誌，以皇父皇考爲祖父之別誤，王父爲皇父矣。“何期覆覆載興否”多一覆字。“不惑”省作“不或”，説見前《折某妻曹氏誌》。又靈作霛、怡作㤖、聘作娉、瑣作瓇，“禮也”上衍之字，説見前《杜某誌》。

戴芳　戴府君墓誌銘并序

府君諱芳，魯國郡人。祖諱蔽，父諱素，府君素之第四子。娶東海徐氏，育子五人，二女三男。長子師顗，次子師旭，少子師敏。府君溫良恭儉，志趣清雅，琴酒自娛，高尚不仕。何圖積善無徵，凶釁忽至，春秋六十有三，寢疾逾時，醫藥無效。中和三年秋八月廿五日卒，其年季冬之月初五日丁酉吉辰，窆於吳郡東南華亭北廿二里，去張管墩五里莞沼鄉城山里進賢村洞涇西一百卅步新宅之東南而葬焉，禮也。三男泣血，二女哀號。長子師顗等恐歲月久遠，陵谷變移，不託時世，今乃刊甓爲記，銘曰：晚暉西落，流水東馳。存亡永訣，逝者無歸。萬古千秋，墳壠巍巍。是誰書雙鯉魚，是誰讀雙白鶴，鯉魚入深泉，白鶴飛上天。

銘詞後另六句，蓋讔語也，不知所謂。

崔瑾　有唐故湖南觀察使贈兵部尚書清河崔公墓誌銘篆蓋

是誌序銘俱佚，僅存其蓋。《唐書·方鎮表》，廣德二年始置湖南觀察使，治衡州，大曆四年徙治潭州。終唐之世，崔氏爲湖南觀察使者，凡六人：大曆四年，有崔瓘；元和十三年有崔倰；十四年有崔群；會昌四年有崔元式；大中中有崔慎由；乾符四年有崔瑾。《宰相世系表》崔氏有南祖清河博陵等十房，慎由爲南祖房，倰、元式皆博陵房，惟瓘、群、瑾則清河房也。瓘終吏部尚書，群爲憲宗宰相，皆不終於觀察使。惟瑾字休瑜，浙西觀察使鄖之第三子，官止湖南觀察使，則此誌當爲瑾作也。瑾父鄖，附見兄郍傳，傳云：“鄖子瑾，大中十年登進士第，累居使府，歷尚書郎知制誥。咸通十三年，知貢舉選拔，頗爲得人。尋拜禮部侍郎，出爲湖南觀察使。”《方鎮表》瑾以乾符四年代裴琳爲觀察使，五年軍亂被逐，李係代之。則瑾之卒，當在乾符五年以後，廣明中和之間矣。

王氏　大唐吴郡王夫人墓誌銘并序

夫人王氏吴郡人也，稟質貞莊賦

性柔順三從有義，四德無虧。春秋

□十有三，忽遘弥留，日侵纏篤以

□□□年正月八日終于□□里

私第歲次庚戌二月廿七日瘞於

蘇州城西北七里武邱山之原礼

也，有子二人，長子珣，次了珉泣血

呼天，悲深罔極，第恐陵谷變遷刻

石以記銘曰

□□□□　□□□兮

□□□□　□□□兮

　是誌以行格推之，凡一百九字，存者僅五十六字，卒葬年號已無可考。文有“歲次庚戌”句，唐以庚戌紀年者凡五，今編于昭宗大順元年庚戌歲，以最後者爲準也。葬于虎邱，改虎爲武，避國諱也。銘詞僅存一“兮”字，序文可揣度者，旁注之，其不可知者缺之。庚戌之戌，誤作戊己之戌。

　是誌見《潛研堂金石文跋尾》，云虎邱僧掘地得之。好事者以夫人王姓，其子名珣，遂附會爲晋中書令王珣母墓，潛研疑之，甚當。然以王爲夫人母家姓，則非也，其子珣實慕短薄而命名者，則其弟名珉亦可意揣也。珣、珉兄弟皆有遺蹟在虎邱，故知王爲珣姓，非夫人母家。

孫珣妻張氏　唐故清河郡張氏夫人墓誌銘

夫樂安郡孫珣述

　噫！夫人姓張氏，其淑慎貞素，稟自生知，退讓儉遜，不從於訓，祇奉晨夕，終始若一。吁！言乎不豫，葬我私室，蘭摧春霧，蓮墜秋風，陳影難迴，逝波不返。男一人高姐，電影未分，槿花已落。女二人，長曰奴哥，穉花未開，嚴霜暗墮；次曰郭兒，丱發未揔，繼我門嗣。夫人年四十有三，以景福元年冬十二月二十日，卜兆於郡城之南雲門之下，樹邱壠而銘。銘曰：日月有度兮生死無常，白晝其速兮元夜何長。澠水爲鄰兮雲門是鄉，千年萬祀兮春露秋霜。

時景福元年，歲次壬子十二月辛未朔二十日庚寅孫珦紀。

雲門山、澠水皆在今青州府益都縣，即唐樂安郡地。誌書葬日，不書卒日，蓋卒葬即其日内事也。

吳承泌　大唐故内樞密使特進左領軍衛上將軍知内侍省事上柱國濮陽郡開國侯食邑一千户食實封一百户吳公墓誌并序

翰林學士朝議郎守尚書司封郎中知制誥柱國賜紫金魚袋裴廷裕撰

翰林待詔朝散大夫撿校右散騎常侍守蜀□傳□御史大夫柱國賜紫金魚袋閻湘書

昔周文以聖德受命，太伯以□仁□王，錫封于吳，因國爲氏。公諱承泌，字希白，即裔孫也。曾祖□□贈金紫光禄大夫内給事。祖德【闕七字】上將軍□□□宣□□朝□□特異，出則縮兵符而臨巨鎮，入則□□□以□□□□宗皇帝將奉□丞□□公時爲弓箭庫使，送□□□□居【闕十一字】細之恃皆參□□□金□贈朝散大夫内侍省内侍□，公則□子之□□□王□□□天仙河中府軍車次河北傳檄諸道□□□之歲，穎悟過人□始□經□□□成□□□□足用□□乃□於書，淫百氏九降□遇□□□破曹劉之堅壁□光未仕流無不□博而又□高作賦納□□之□甚高名，學書王右軍，妙傳其法，受□□處士□□其師□韓□府擇賓□□□□庚元之招，殷浩□鎮西之辟，袁宏千載，論交一□□，美乎□□□昇之□□□□皇帝以郇瑕之封，笫□遺利命□公以本官，充解【闕八字】如夏日，洞察秋毫，每□□嵩之□□□□□之膩，潔白無玷，課最有聞，搜考句□□□黜吏青蚨，赤仄充於水衡，以叨賜□解□□□使□屬□河失守，盜賊驚奔【闕八字】金根去□□三□□□公則以□□□□中人□度清□嵇叔夜真風塵外物，超庭□期□□國遂與易定節度使王處存同天子蒙塵之□，責官司【闕七字】兵一万，屯東渭橋□□公奔赴行在□奏奉先□□其忠，□錫以金章依前充□縣攉税使□□□□榮書【闕六字】伍□□□公復歸朝闕，後改充南詔，禮會副使，以疾不行。中和三年充許蔡通和使□□下齊之□□優方□集事吠堯之犬，正衆不克，前院彬彬，旨却復彰綬，尋□疑地，未辨□証，朝廷□之□□金□先帝，幸□□□□搜訪□能召，公充西□方□□□□切□□夫林園之趣馬相如彈□之地揚執戟草元之亭，自有高情，寧縻好爵，帝□□□請，便充□川宣□使，不詣闕者數歲。聖上虔承大寶，振起頽風，歷【闕六字】埋，尋加内寺伯判内侍省内給事，綜領省務，領袖廷臣，張□則□博舊章，黄瓊則練達故事，加内侍充學士使□徐【闕十四字】通才光膺是選，絲綸夜出，得□講陳□鳥會□□不宴□改宣徽北院使，守右監門衛將軍濮陽郡開國伯食邑七百户【闕六字】氏不□□□□宥□□地非所願也□讓者再三，上許不奪，素志方拜【闕六字】二年改授樞密使加特進左領軍衛上將軍知内侍省事濮陽縣開國侯食邑一千户，食實封一百户。公素懷遠識，常切致君，大用□辰，納忠不一其他扼制□務總絹百司□□□書□□□以乾寧二年春正月二十日，薨于□水年四十五□□□，君命也。冬十月一日，上示中書門下許□□公昭雪，十一月二十日葬于京兆府萬年縣滻川鄉北姚村，禮也。長男修□次男修，皆南遷未復，小男修□□□□公之季知象猶子恕已，以書寓門下，請銘于裴廷裕，時爲【闕七字】論思之地枚馬□草之司□□□公以精識下缺泗濱豊磬，其聲不群，鸞翎鳳翼，其□□□公之苦學，公之好文果於盛日□匡明君一言缺百缺道缺是忠骨藏之下泉□祐家國下缺　翰林待詔正□大夫挍撿右散騎常侍缺　御史大夫柱國賜紫金魚袋董瓌

此内官吳承泌誌也，撰文人裴廷裕，字膺餘，昭宗時翰林學士，以左散騎常侍後貶湖南卒，見《全唐詩》小傳。《舊唐書·王處存傳》，涇原行軍唐宏夫敗，賊將林言尚讓軍垂勝，進偪京師。處存自渭北親選驍卒五千，皆以白繻爲號，夜入京城。志云"遂與易定節度使王處存同天子蒙塵"及"屯東渭橋"云云，即其事也。

杜雄　【闕六字】刺史檢校司空□□杜公墓誌銘并序

上缺德化軍巡官前嶺南西道觀察支使試秘書省正字魯洵撰

上缺乃有大電呈瑞，靈嶽降賢，上則一千年以誕缺簡册煥乎古，今缺也。自漢魏至于缺茂族先□□東晋過江，士族南徙，以丹邱缺先君禺自安，高尚不求禄仕，先君由缺秦州刺史。公即秦州府君第二子也。生有奇表缺精元，孝資温靖，敬事昆弟，至於疏親遠屬。缺天下將亂，且歎曰：窮理講學，將非其時，豹略龍缺士之志，廉使美其材，署爲平昌討賊使缺事承制加御史大夫。是時歎儉後缺詔兼大司憲，恩及師徒，惠播閭里。缺上聞缺啓三年，加工部尚書。是秋又遷刑部缺以正□使知而後改，遂刑措不用。缺租賦其或稼穡，將登有水缺不若神明之政也。日者缺公率兵拒之，群寇死缺而不用得非良二千石缺金紫是歲，復加右揆，大缺兩浙中令，以嘉辭厚缺不絕書多竭私缺有地千里，有爵三公，顯赫缺未嘗驕於色恡於缺厚於人薄於己古缺視政。以其月十七日薨缺終神氣不亂，顧謂缺歸勉□郡事，言訖而瞑。缺子撫軍若一奉上缺功成名遂，善始令終。缺碑□州罷市缺見□其得人心也如此，先大缺宏缺没□□繼大缺之養□□□□是日太君缺禮□閨門，道光先公，一□而缺長曰彦崇，□□軍節度缺將，孝以承家，謙以處衆，生□□□之道，且明治亂之機。入侍庭闈，出佐軍旅。次曰彦□、彦□、彦信、彦特、彦持、彦琪、彦擇□□府節度推官，幼曰彦豐，並俊秀聰敏，仰稟義方，號幕殯絶者數。四女，四人皆明惠賢淑，有曹謝之風。長適鎮海軍都指揮右揆吳章，次方笄年，未良疋。次許嫁陳氏，即□閩師司空公第二子，次許嫁錢氏，即今兩浙中令彭城郡王愛子也。副使葉公與左都押衙師位右都押衙紹□及諸都將，親奉喪事，各率家財，送往事居，知無不至。傳曰：“周人之思邵公，愛其甘棠。”況其子乎？公恩施廣於一境，可謂貽厥孫謀矣。以其年十一月廿五日，葬於郡之義城鄉貞節里。一日親吏傳尚書公命曰：“子爲賓職，復典文翰，我先君勳績善政，當得其實，願爲誌石，以傳不朽。”洵受恩有日，報賜無階，陳讓不獲，因灑泣銘曰：五緯降瑞，四靈效祥。誕生碩臣，讚我巨唐。奇表岳峙，懿行蘭芳。揩天柱石，濟海舟航。士懷恩信，民謌樂康。鳳書錫命，虎符有光。軍崇美號，義洽故鄉，三公爵秩，千里憲章。化穆二紀，仁被一方。威儀棣棣，度量汪汪。未當分閫，俄驚壞梁。望碑揮灑，罷市悽愴。佳城叶吉，丹旐啓行。厚地永固，遺德難忘。流慶令嗣，□□□□。

　　《兩浙金石誌》云：“在臨海南義成鄉大王廟，邑人洪頤煊始訪得之。”《台州府志》以杜雄於中和元年據台州，載魯洵作雄墓碑云：雄字昌符，徙台，與劉文起事。文之明州，雄因人之欲，主郡政廉使，承制加御史大夫。明年兼大司憲，轉左貂，錫以竹使符，詳繹其詞。則是劉文自使守郡，後方因本道畀之郡符耳。又云光啓三年，加工部尚書，是秋遷刑部。今聖嗣位，蓋昭宗也，嘉其威武，謂執政曰："寰宇方擾，獨海郡有武不用，非以德行化乎。因命以德化爲軍號。文德元年，加兵部，龍紀初加右揆，大順初加左揆。乾寧二年加司空，四年十一月，雄卒。"按此，雄據台，前後凡十五年，蓋先反後降，遂加重任。唐政不綱，台亦幾成藩鎮之禍。《十國春秋》載乾寧四年十一月己卯，台州刺史杜雄卒。是誌云以其月十七日薨，又云其年十一月廿五日葬，是卒葬皆在旬日之內，誌蓋作於此時。王象之《輿地紀勝》，謂雄碑立於文德元年。《兩浙金石志》疑係傳聞之誤，謂文德在乾寧前，其時雄尚無恙也。愚謂《輿地紀勝》所載當另是一碑，爲雄生前頌德而作者。《台州府志》所載亦另是一碑，爲雄墓神道而作，亦魯洵筆也，皆非指墓誌而言。《兩浙金石志》謂誌即碑，故有是疑耳。誌叙其長子彦崇爲某軍節度，又言親吏傳尚書公命云云，其子之爵位亦甚顯矣。長女適吳章，《兩浙金石志》疑即吳璋爲武肅王錢鏐親校，嘗從征董昌者。季女許嫁錢氏，即今兩浙中令彭城王愛子，乾寧三年武肅領鎮海鎮東軍節度，封彭城郡王，與誌載正合。其稱中書令爲中令，《兩浙金石志》謂爲省文。抑或書者偶脱耳。文中寇作寇，靈作靈。

陳環　唐故陳府君墓誌銘

府君諱環，潁川人也。祖興，父道清，並不求宦達。君即清公之第二子也。幼著才識，長閑規矩，克言理行缺有三。以當年八月十八日，窆於缺二十八里齊景鄉推山南二里祖墳□□□塋，禮也。君娶吳郡顧氏，有子三人。長曰遂□，次曰師損，三曰公甫，並至謙至讓，忠乎孝乎，泣血主喪，絕漿逾□□。恐月日久邁，陵谷遷移，刊石爲誌，永傳不朽，銘曰：山作田兮田作海，萬古存兮誰不改。青松新隴曉無年，千載惟留銘記在。

鄔某　鄔府君墓誌銘

府君唐故侍御史某之次孫，性好古，不撓于時。夫人顧生三子，趨庭頗聞詩禮。長子頌遠，爲運漕之使，北自維揚，旋於海昌，謂其弟曰：宗墓衆廣，塋壠比櫛。其閒安厝，豈汝等願耶？遂卜他地，得海昌里之一墟焉，南去古墟三十步，禮也。銘曰：海昌之里，馬牧之墟。孤墳歸如，歸生之餘。送終伊何，家有孝子。卜兆伊何，青烏是指。千歲萬里，百年遄已。

尒朱逵　唐故銀青光禄大夫撿校太子賓客兼監察御史柱國河南尒朱府君墓碣并銘

廣平程彥矩撰

府君其先河南郡人也，曾祖祐，任主客郎中。祖澤，同州韓城令。厥考弁，歷左金吾引駕仗押衙、銀青光禄大夫、撿校太子賓客。俱積德行，寅緣車服。府君諱逵，字正道，少倜儻有氣，不謹小節。雖家藏巨萬，視之蔑然，輕玉帛若糞土，重然諾不顧千金。議者曰，斯亦豪傑人耳？初職繫懷州軍事押衙，後改授山南東道節度散兵馬使，始銀青光禄大夫、檢校太子賓客、兼監察御史。由山南授東都留守押衙，其階與撿校官并監察，仍舊勳，加柱國。以府君之用心磊落，蔚有才智，觀其勇必可扞難禦敵，揣其義必可赴湯蹈火。則其位殆不稱德，□□□然心行□度有規，將搆第渚宮，豈止於棲桶，宏壯，甍棟膠【闕六字】去卑□，結峻宇以疎氣，鑿巨沼以瀦流，竹樹森羅□□□□□郡內獨絶，冈有□比。世居馮翊，慈親在焉。【闕六字】遥不克迎養，同氣八人，更迭定省，悉著行□。□□廿四□□□公事開連計司輓運之勞，咸稱幹鹽，每休□□□□属□□□間有愛睦如也，里巷益多。府君之□行以仰止，□□□□未嘗不應，人由是歸。嗟乎！未及下壽，以其年五月六日□□□卒于江陵府無竟里私第，享年卅有九。娶河南□□□□男一人春郎，六歲歲。女相，相六歲歲，用當年十一月□□□□叶歸葬同州澄城縣武公鄉永平管。親弟逵□□□□□特以哀命，見請銘于貞石，文曰：彼蒼者天，禍福茫然。欲問其緣，杳漠無言。俄□□□□有後先。積善何爲，報應元元。孰云有後【闕六字】慶迤在□他年。

此墓誌也，誤題曰碣，碣者揭也，揭於墓外，方趺圓首，式方而長。此石高廣俱一尺七寸五分，與碣異式，且土暈斑斑，蓋亦得自壙中者。韓昌黎誌河中府法曹張君墓，亦題曰墓碣銘，則以誌爲碣，不獨此誌然矣。石在郃陽朱家河，世傳尒朱之後改爲朱氏，朱家河當即其舊居之地。誌曰"歸葬同州澄城縣武安鄉永平管"，澄城北魏縣，唐改長寧，此誌冠以唐而仍曰澄城，其時已復長寧爲澄城矣。朱家河當即武安鄉永平管地，澄城與郃陽接界，故誌出郃陽也。書卒曰"其年"，書葬曰"當年"，而不著年號甲子，不知所謂其年當年者究爲何年。遠一軍府押衙，階至銀青光禄大夫、撿校太子賓客、兼監察御史、柱國，蓋唐季濫賞之習也。故以此誌附於唐末。山南東道節度使治江陵縣，渚宮即在其地。誌叙子女皆曰"六歲歲"，未詳其故，安作㚟、延作延。

惟茲夫人開睢挺莪翹翹褰楚灼灼雲介

日河森森墳塋依依丘墓曾誌悲尋挂多傷其東

十二月辛己朔四日甲申瘞於洹湄之

終始若二年歲次癸己喪於滙湄之東京

典以延昌二年歲次家人美夫婦夫

好仇藏以加焉言告師氏之若開睢開

諷沖圓四德連瓊后妃內式開睢

之孫陽不王第六第九颺

訓陰軌恥明作配飁宗之妻

周王異之引氏秩之興

中郎將元颺妻王夫人

唐二十一

尼韋提　大唐故真空寺尼韋提墓誌銘

辛溥撰

和尚賈氏，洛陽人也。曾祖憲，朝請大夫、河南府陽翟縣令。祖□，朝散大夫、衛尉寺主簿。父元褘，綿州昌明縣令。皆德音孔昭，庶績斯在，世濟厥美，不殞其英。慶溢鍾於上人，上人即昌明府君之第二女也。天生聰明，道貸神氣，凤聞真覺，早悟迷津，童年出家，克精象法。洎乎處道，降伏其心，入清净智，破昏暗德，經行苦行，莫之與京。謂真如之其凝，豈波旬之見惑，住持戒律，曾不倦□荒寧；潔己修身，每屢空而無積。享年卅有□，□□□□十一月十二日大漸於真空寺也。無累日之疢疾，有一朝之溘然。晤言不昏，視寂滅之□亂；其容不改，則慎行而彌肅。倏忽大夜，宛□云亡，緇徒飲恨者繼踵，門人芒然者如擣，偕痛疾之何依，空啼咷而永日。上人之昆弟□或澄清□□，或從政郡邑，服勤王事。成闕臨喪，粵以其年十一月廿五日，安厝於萬年縣禦宿鄉，禮也。於戲□□□□彼仁何負，積善多慶，彼善何爲。冥冥泉户，何□□□。寂寂蒿里，誰德爲鄰。溥忝從母之義，慟瞻仰之□□□□□毫强爲銘曰：□□□□必□□法雄慶流於德必先我大通於何上□□□□終降年不永，飲恨攸同，悲凉已矣，天間難窮。

賈某　有唐故水部員外郎賈君墓誌 篆蓋

《唐書·職官志》水部員外郎一員，從五品上。《宰相世系表》德宗相賈耽之五世孫有檢校水部員外郎翔。是誌序佚蓋存，名已無徵，未知即其人否？

劉某　大唐劉府君合祔墓誌 篆蓋

誌佚蓋存，在滋陽縣。

路某　大唐故路府君墓誌銘 楷書蓋

此石在城西，韓莊得之，乾隆己酉入志并記。隸書一行

誌佚蓋存，在孟縣學宮忠義祠，此石鐫刻甚精，中分九格，界以粗畫，四旁皆刻花紋，石左刻隸書一行。則馮魚山敏昌修孟志時所書也。

姜氏　唐故姜氏夫人墓誌銘 楷書蓋

乾隆己酉畢君佐訪送志局　馮伯子記隸書二行

是誌之蓋亦在孟縣鄉賢祠，其右隸字亦魚山書，刻後梁。

梁重立　唐易州上谷郡故 梁 府君墓誌銘 并序

原夫昏默未形，爰依大道，龍龜既啟，始叙吉凶；漸著君親，乃陳孝悌，生以溫清色養，歿以封樹蒸嘗，人貴令終，其來遠矣。梁氏門風祖職，此不脩書，蓋以星朔既淹，子孫蕃衍，因官得地，而居此焉。曾祖諱希幹，不仕，素爲文業，曾苦鑽研，厭窟辭榮，閑居畢世。祖諱甫，平亦不仕，慎守公方，克敦儒素，外符忠政，内力孝慈，在邦而邦人自和，居室而與物無竟。年鄰耳順，遂終壽焉。皇考諱重立，字顯英。性唯貞謹，言凜摳機，溫鑒而良彦取裁，愽達而頴蒙受旨，羽儀朝市，綱紀人倫，可謂德似玉而長溫，行如松而不朽。年逾知命，石火忽臨，以天祐七年正月十二日，乃于永藥坊之私弟而告終矣。夫人武功蘜氏，郡中之良族也。笄總之歲，礼赴移天；耳順之秋，風燭長別。痛兹覆水，傷彼斷弦。府君有嗣子三人，孟曰思景，□陽軍押衙充孔目官；仲曰思恩，季曰思度。押衙昆仲，幼懷聰敏，長有愽聞，蘊季子之詞華，抱安仁之才器。笙簧密職，丹莘列斑，孝盡旨甘，讓敦手足。押衙與弟，昊天冈極，何日忘之？荼蓼纏心，鋒針刺骨，晨昏難及，喪薦竭修。押衙昆仲以乾

坤既就，龜筮叶祥，以天祐十年癸酉歲孟冬月己巳朔二十三日辛卯，於易州東北隅一里半易縣□山鄉梁村之右本塋之礼葬也。其勢乃前臨易郭，後倚燕山，左近昭王之祠，右接荊卿之廟，東西遐迥，形勝可觀。良恐海變飛塵，山成朽燼，垂丈記祀，傳以後昆者歟！銘曰：乾剛坤柔，有勞有休。人倫終始，難逃去留。嗣子而昊天不報，甘養而叩地無由。府君兮金玉君子，逝水兮萬古千秋。

誌爲重立而作，稱重立之祖爲曾祖，稱重立之父爲祖，稱重立爲皇考，則似撰文者爲重立之子矣。而其稱重立之子曰"押衙昆仲"，則又非思景等所自稱也。文內"覆水"非從一之典，"斷弦"乃喪婦之辭，皆引用失當，"笙簧"之簧誤作"篁"。唐昭宗天復四年閏四月改元天祐，其年八月哀帝襲天祐年號，亦止二年零數月，此云天祐七年卒，則梁太祖開平四年庚午歲也。葬於天祐十年，則梁太祖改元乾化之三年，孟冬月則末帝即位之癸酉歲也。其時後唐莊宗嗣晉王位，據河東，岐王李茂貞據鳳翔，吳王楊隆演據淮南，皆用天祐年號。易州上谷郡，唐隸河北道，爲鎮冀成德軍所轄，亦稱天祐。蓋其時河北諸道尚未奉朱梁正朔也，今仍用唐號而編入。梁初燕昭王廟、荊軻城皆在易州。

樂某妻徐氏　梁故東海徐氏夫人墓誌銘并序

夫人即節度右押衙鎮東軍副知客銀青光祿大夫撿挍國子祭酒右千牛衛將軍兼御史大夫樂君之冡婦也。夫人曾祖諱■，祖諱佑嚴，父皥見充鎮東軍觀察孔目官撿挍工部尚書。夫人以乾化四年七月六日遘疾奄逝，享年四十。以其年八月三日，歸葬於鄮縣靈巖鄉金泉里，禮也。噫乎，夫人稟嫣然之姿態，實仙菀之桃李，自和鳴鸞鳳，益顯令德，而又柔順孝敬，以奉姑嫜爲六親庭闈之則，所謂神垂其祐，天愍其善。孰知一旦遽罹凶釁，歸于窀穸。夫人育一男光途，年猶幼冲，悲乎偏露，所不忍睹。嗚呼！生也幻世，沒兮歸人，聊紀馨香，用摽年紀。銘曰：君之容止，悉皆推先。君之行義，不辱移天。蘭既摧而玉折，日將還兮時遷。永刊貞石，千年萬年。

是誌首書樂君全銜，即徐氏之夫，其曰"冡婦"者，所以別於妾媵也。誌中檢校作撿挍、苑作菀、釁作釁。

王彦回　梁故明州軍事押衙充勾管官銀青光禄大夫撿校太子賓客兼殿中侍御史王府君墓誌銘

羅浮山布衣蔣鑒元撰

府君諱彦回，字仲顔，其先琅琊人也。曾祖諱論，祖諱伯儀，父諱瓘，皆任性傲壯，怡怡于雲水間。能稟天爵，不拘浮華之態，鄉黨之美，著于家諜。府君少則有明慧之稱，長則有幹濟之術。爰自庶職郡署，處繁任劇，靡不洞達其理，佐佑之績甚顯矣。一旦俄遘沉痼，奄歸厚夜。噫乎生爲强有，殁兮本無。雖□□以如斯，測常情則不尔，私室且□，公權留重，亦足以得□。緬惟宛歹，又焉無眷戀？府君以乾化四年十二月廿二日即世，享年五十五。以乾化五年閏二月二十九日，歸葬於鄞縣靈岩鄉金泉里，禮也。府君娶東海徐氏，乃句章之華，旋和鳴之道，柔順愛敬，爲親咸之所規仰。育男五人，長子充軍事駈使官兼衙前一將廷規，琳瑯其器，孝行允嗣之善，尤可嘉矣。娶渤海吳氏。第二子充衙前虞候廷軌，娶盧江何氏。第三子廷暉，第四子廷裕，第五子廷瑋。育女二人，長女一適胡氏，一適楊氏。孫二人，翁兒、婆子。女孫錢婆。嗚呼！榮樂之期，關彼定分；平生之事，瞬息而已。松楸植於此，蔽于佳城，永安陵谷之變，幽冥之幸也。銘曰：名利之竟，孰能灰心。一此一彼，以古以今。奈何不可移者脩短，不可戀者光陰，悲乎人事，倏然昇沉。蕭蕭邱隴，猿鳥號鳴。

以上二誌皆近日出土，爲《兩浙金石志》所未收。於胡竹安大令鈞處得拓本録之，誌中族作旐、戚作戚、競作竟，世字凡兩見，皆缺筆作卅。譜牒之牒通作諜，又避世作諜。此時距唐亡已九年矣，舊令猶遵，足見人心尚有思唐者。

後唐

朱行先　佐正匡國功臣故節度左押衙親衛第三都指揮使静海鎮遏使銀青光禄大夫檢校尚書右僕射御史上柱國朱府君墓誌銘

進士謝鶚撰

府君諱行先，字蘊之，吳郡人也。曾祖憑，皇不仕。祖真，皇不仕。父敬端，皇不仕。妣陳留阮氏，太夫人揚名立身，光於祖宗者，惟府君耳。府君少親戎律，長習武經，有摧鋒破敵之堅，蘊戡難濟時之策，猿臂燕頷，完備將才。始隸職於建寧都從高公彦，所在征討，累有功績。尋高太傅分符雪渚，府君亦隨於治所。太傅用爲心膂，或鄰境有寇，總握兵柄，仗劍前驅，無不望風瓦解。減竈之謀，投醪之義，備盡其妙。以是聞於聖聽，疊被寵嘉，荐歷珥貂，累陞八座，益爲雪守所重。自渤海公厭世，高澧亂行，府君奮臂一呼，率衆歸國。時天下都元帥吳越國王親統全師，撫寧郡縣，以有功者宜加爵賞，遂封協力勤王功臣，尋封佐正匡國功臣，加封右僕射，仍委之靜海劇鎮。府君之屯細柳也，鉏耰荆棘，版築城壘，不日而就。不恃其寵，不勞於民，卒乘輯睦，鎮縣和同，商農工賈，不改其業，親載耒耜，遍植桑麻。以備祇奉使臣，供承南北。十五年，內外無間言，蓋恩威並行，寬猛得所矣。以寶大元年夏四月得疾，弗興，至秋七月二十三日，終於靜海鎮之官舍，享年七十有二。府君娶汝南周氏、隴西彭氏、清河張氏三夫人，皆肅雍和鳴，內外婉順。主喪祭者，惟彭氏，張氏居其右焉。有子八人，長曰從訓，耽味雲泉，不樂仕宦，侍膳於周氏之側。次曰智銘，在方袍之下。次曰元晟，節度使正散將，爲人溫恭，尤尚儒雅，娶諸暨鎮遏使楚牧韓章司徒愛女。次曰元杲，節度正散將銀青光祿大夫檢校太子賓客兼監察御史，狀貌瑰偉，智略出衆，識量宏博，不拘小節，親族間咸曰有父風，娶聞人氏。次曰元昇，節度牙將，獷猂好勇，直將軍之器，娶鄭氏。次曰元寶，妻章氏。次曰元勝、元贇，未娶。皆堂堂之軀，或親弓馬，或閱詩書，分掌家事，無不幹濟。女三人，長適潁川氏西都軍將都知兵馬使明川羅缺使陳師靖僕射之子某，先府君逝。次適清河氏建寧都虞候張全尚書之子某。次適上亭鎮遏使翁錫尚書之孫，節度討擊使上亭鎮遏將元昉之子繼貞。弟三人，行存、行勤、行忠。初府君之寢疾也，殿下遣中使三賜湯藥；及啓手足，命侍臣持祭奠，厚加賵贈。內外親戚，莫不感泣，有以見君親之道，始終兩全矣。明州都使太傅，奠贈尤異焉。君世墓在湖州烏程縣，不克歸葬，續致桑梓，在開元府海鹽縣。以其年歲次甲申十一月乙未朔六日庚子，厝於本縣德政鄉通福里澂墅村之原，禮也。鶚與府君幸同王事，備熟德美；洎有葬日，令子元晟元杲泣血而拜，請予撰銘誌，堅免不從，遂命筆聊紀年代，安敢飾詞？乃摭實而爲誌，銘曰：挺生英特，邈爾奇形。素蘊豹略，能精武經。戈鋋再舉，氛祲廓清。從茲勇冠，大播家聲。盛績既彰，威名遂振。静守謙敬，動知逆順。惟此侯王，賞其忠信。不有殊功，疇遷劇鎮。匡吳志大，佐越功全。一人注意，百辟推賢。方務剖竹，宜分重權。孰謂梁木，俄題逝川。生作忠臣，没留遺策。眷彼令嗣，恭承帝澤。丹旐斯引，元官已闢。萬歲千秋，芳塵永隔。

劉某妻楊氏　有吳太僕卿撿校尚書左僕射舒州刺史彭城劉公夫人故尋陽長公主墓誌銘并序

將仕郎前福州閩縣丞危德興撰

夫甘露降，醴泉生，則知顯國祚，識明朝，使四方服我聖君度。其時甘醴應瑞叶祥，乃長公主焉。公主則宏農楊氏大吳太祖之令女，國家閫室之長也。太祖以劍斷楚虵，手揮秦鹿，建吳都之宮闕，復隋氏之山河，功蓋鴻溝，變家爲國，編史載籍，其可盡乎！是知玉樹盤根，聳金枝而繁茂；銀河通漢，瀉天派以靈長，將苻碩大之詩，必誕肅雍之德。太后王氏，坤儀毓秀，麟趾彰才，既諧興慶之祥，乃産英奇之女，即尋陽長公主也。公主蓬邱降麗，桂影融華，稚齒而聰惠出倫，笄年而才名穎衆。既明且哲，早聞柳絮之詩；以孝兼慈，夙著椒花之頌。國家詳觀令俶，用偶賢良，敦求閥閱之門，湏慕裴王之族。我彭城大卿，代承勳業，世茂英雄，先君首匡社稷於吳朝，尋擁麾幢於江夏。繇是王恭鶴氅，逈出品流；衛玠神仙，果苻僉議。蓋標奇於秤象，遂應兆於牽牛，潛膺坦腹之姿，妙契東床之選。我公主輶軒降於天漢，鸞鳳集於閨門。在内也，則班誠曹箴，克修女範；配室也，則如賓舉案，冈怠婦儀，奉蘋藻以恭勤，佩莒蘭而芬馥，常遜言而撫育，每恪謹以事親，寬恕則僕隸不鞭，娣姒則仁明是敬。星霜寖換，慈愛無渝，助君子之宜家，實諸侯之令室，皆公主之賢達也。而況敦睦氏族，泛愛宗親，不以宮閫之貴驕人，不以奢華之容憒物。既而榮光内外，道合鸞凰，感吉夢於熊羆，肇芳華於桃李。育男六，育女六。長子曰匡祚，受鎮南軍節度討擊使、撫州軍事押衙、銀青光禄大卿、撿校國子祭酒、兼侍御史、上柱國，貌方冠玉，才蘊鏗金，雅承慶於鯉庭，叶好述於虎帳，乃娉于撫州都指揮使司空太原王公之愛女也。王氏以綵闈襲美，蘭閫傳馨，克奉孝慈，肅恭禮敬。次曰匡業，試秘書省校書郎，光融氣秀，瑜潤德清，纘親秘閣之風，益顯侯門之美。聘雄武統軍潁川侍中之愛女，即陳氏焉。雖通四德之規，未展二儀之禮。次曰匡遠、匡禹、匡舜、嚴老，並幼而歧嶷，志定堅剛，蘭牙即俟於國香，驥子佇追於駿足。長女年當有字，容謂無雙，娉婷融蕣槿之英，婉變叶絲蘿之詠，適柯氏。柯氏受右軍討擊使，詩書立性，禮樂臻身，鄧艾盡營，必宏遠大；劉琨夜舞，定建殊功。次女納鐘氏禮。鍾氏器重珪璋，材親廊廟，入仕纔趍於窀路，登龍必履於朝庭。任洪州南昌縣主簿。喜氣雖過於銀漢，雲車未會於鵲橋。次女四，並天資柔惠，神授冲和，瑞分瑤蕚之華，慶稟瓊枝之秀。苟非公主義方垂訓，秉範整儀，峻清問於聖朝，著聲光於玉闕。則以順義六年中春，太僕卿自洪井副車袟滿，皇恩降命，除郡臨川。隼旆方耀於章江，熊軾俄臨於汝水，人境已聞於靜理，下車頓肅於山川，四郊而褔負還鄉，万井而飛蝗出境。豈止懸魚著詠，佩犢推名，可以與杜邵齊肩，共襲黃並轡。公主同駈繡轂，內助政經，佐塞帷露冕之功，贊察俗撫尸之化。或發言善諫，則蕙馥蘭芳；或靜慮澄機，則珠圓月皓。俾運營將士，皆欽如母之瑤；比屋黎尸，咸戴二天之惠。豈料霜凋瓊樹，月墜幽泉，祥雲易散於長空，彩鳳難留於碧落。嗚呼！鬢髮方盛，蕣顏未央，俄夢蝶於莊生，忽貽灾於彭矯。爰從寢疾，遽致膏盲，媵理難明，欻歸冥寞，何期天道，曾不慭遺！以順義七年七月廿六日薨于臨川郡城公署，享年三十八歲，箕箒二十二春。悲乎！自有古今，不無生死，奈其修短，禍福難裁，何神理之微茫，曷榮枯之倏忽。我太僕卿以鸞兮隻影，劍躍孤鳴，痛哽襟靈，韻悲琴瑟。自是政行千里，聲徹九重，別擁旌旄，去迎綸綍。奉親王之傳印，寵亞前朝，承聖上之優恩，榮超太古。公主權叢福地，傍挶魏壇，而大卿亟赴名邦，正臨潛嶽。諸子以情鍾陟岵，恨切茹荼，哀號而泣血崩心，踴擗而柴身骨立。吁嗟退邇，駭歎人倫，里巷爲之輟舂，士尸爲之罷社。則以乾貞三年二月二日，符護靈柩。以其年三月廿四日，窆于都城江都縣興寧鄉東袁墅村建義里莊西北源，式建封樹，禮也。舉朝祭奠，傾郭塗蒭，送終之禮越常，厚葬之儀罕及。所謂乎我彭城公代著八元，家傳五鼎，榮駈貔虎，坐擁橐鞬，據康樂之城池，播廉公之襦袴，則何以名光傅粉，譽振傅香，偶良匹於龍官，見起家於鵲印。不有懿戚，曷光令獻？所謂類以相從，合爲具美者也。德興識學荒蕪，躬承厚命，直旌厥德，焉敢讓陳。乃爲銘曰：赫赫太祖，聖歷符祥。厥生令女，貴異殊常。二儀合運，四德賢良。金枝玉葉，蕙秀蘭芳。降于侯門，彭城劉君。集瑤圍玉，遏至山雲。宜家慶國，襲美垂薰。尋陽公主，中外咸聞。鸞鳳雙儀，遽愴分飛。人間永別，冥路旋歸。陰雲颰颰，夜雨霏霏。泉扃一閉，無復閨閳。

氏乃十國吴楊行密之女，行密子溥僭位，封爲尋陽長公主。其卒以溥順義七年，乃後唐明宗天成二年丁亥歲，葬以溥乾貞三年，乃天成四年己丑歲也。誌一僭王之姊，乃鋪張至此，諛墓之濫以是爲極。標題及誌首兩夫字作夫，避行密父怤嫌名也。"鄧艾盡營"，盡當作晝。"如母之瑶"，瑶當作謡。"遽致高盲"，當作膏肓，皆筆誤也。民字作㞈，避唐諱。

後晉

羅周敬　晋故竭誠匡定保乂功臣特進撿校太保右金吾衛上將軍兼御史大夫上柱國長沙郡開國公食邑一千八百户食實封一百户贈大傅羅公墓誌銘并序

朝請大夫行起居郎充史館修撰柱國殷鵬撰并書

夫天地肅物，松柏猶或後凋；郊藪呈芳，芝蘭焉能長秀？故老氏有必摧之歎，仲尼興不實之悲。衆木低而梁棟傾，嚴霜重而祥瑞去，物有之矣，可得喻焉。公諱周敬，字尚素。其先顓頊之裔也，封於羅，以國爲氏，地連長沙，因家焉。公即長沙之後也。曾祖讓，皇撿校司空，累贈太師，封南陽王，娶宋氏，越國太夫人。祖諱宏信，皇天雄軍節度使、撿校太師、兼中書令、長沙王，累贈守太師，累封趙王，諡曰莊肅。娶趙國夫人吕氏，先薨；又娶吳國夫人王氏。爲時之瑞，命世而生，倜儻不群，英雄自許。有唐之末，大盜勃興，鎮守一方，廓清千里。上則忠於社稷，下則施及子孫。烈考諱紹威，皇天雄軍節度使、守太師、兼中書令、鄴王，贈守尚書令，諡曰貞莊。天地鍾秀，山河孕靈，下筆則泉湧其文，横戈則雷震其武。惠惟及物，明可照奸。曠古已來，罕有其比。貞莊有子四人，長廷規，天雄軍節度副大使撿校駙馬都尉，少薨，贈侍中。次周翰，義成軍節度使撿挍太傅駙馬都尉，亦少薨。次侍中字周允，前保大軍行軍司馬撿挍兵部郎中兼御史大夫柱國，賜紫金魚袋，早歷通班，繼爲上介，綽有器業，可奉箕帚。公即貞莊公第三子也，性稟淳和，生知禮樂，早失天廕，幼奉母儀。秦國夫人劉氏，即故兗州節度使太師公之第三女也，肅雍無比，柔順有聞，示以愛慈，加之訓導，遂令諸子，悉著美名。梁乾化初，公之次兄，方鎮南燕公，時年九歲，秦國夫人歸寧於兗州太師之宅，遂命侍行至闕下。梁末主宣召入內，對敭明庭，進退有度，上甚器重之，遂授撿挍尚書禮部員外郎，仍賜紫金魚袋。自此恒在宮禁，出入扈從乘輿，與皇親無間。侍立冕旒，多備顧問，無非辯對，深恰宸衷，上尤奇之。其年秋七月，歸南燕。甲戌秋七月，公之次兄薨於滑州之公府。上聞赴奏，乃謂近臣曰：“羅氏大勳之後，宜加賞延。”遂命公權知滑州軍州事撿挍禮部尚書。冬十月上表乞入觀，十一月至京師朝謝畢，翌日有制，授宣義軍節度使撿挍尚書右僕射，年方十歲，位冠五侯。甘羅佩印之初，未爲少達；王儉登壇之日，已是老成。十二月至自京師，乙亥春三月鄴中搆亂，河上屯兵，況處要衝，屬茲征伐，事無巨細。公必躬親，道路有頌聲，軍民無撓政。丙子春二月，移鎮許田，加撿挍尚書左僕射。是歲公年始十二，作事可法，好謀而成，政絕煩苛，人臻富壽。忽下徵黃之詔，俄諧會尸之期，戊寅秋七月朝于京師，有詔尚主。公拜表數四，辭不獲免，遂授撿挍司空、守殿中監、駙馬都尉。壬午冬十月，出降普安公主。傅粉何郎，晨趍月殿；吹簫秦女，夜渡星橋。一時之盛事難儔，千古之清風盡在。癸未春三月，除光祿卿。冬十月，唐莊宗收復梁園，中興唐祚，屬當郊祀，無先職司，遂封開國侯，加食邑三百戶。至明宗纂紹之初，除右金吾衛大將軍充街使。秋九月，轉左金吾衛大將軍充街使。執金在彤庭之前，佩玉向丹墀之上，仕宦之貴，無出於斯上。以公久居環衛之班，頗著警巡之效，至戊子二月，有制授匡國軍節度使，加撿挍司徒，仍賜耀忠匡定保節功臣。下車之後，布政惟新，福星爰照於左馮，暖律又來於沙苑。庚寅夏四月，上以圜丘禮畢，慶澤溥行，加撿挍太保，仍降璽書。其年冬十一月朝于京師，除左監門衛上將軍。九月轉左領衛上將軍，辛卯夏六月轉左武衛上將軍。癸巳五月，除左羽林統軍。甲午春，加特進階，封開國公，食邑二百戶，改賜竭誠匡定保乂功臣。丙申九月，唐廢主以汴師北征，命公以所部禁旅巡警夷門。公英斷不回，至仁有勇，當危疑之際，立鎮靜之功，浚郊之民，于今受賜。今皇帝並門鳳舉，洛水龍飛，力顧推崇，首來入覲。上嘉其懿效，旌彼殊庸，遂除右金吾上將軍。美哉！出惣藩宣，入居嚴衛，外則作疲民之藥石，内則爲天子之爪牙。文武兩班，踐楊將遍，物禁太盛，古之有言。壽年未高，染疾不起。以天福二年七月二十七日，薨於汴州道德坊之私第，享年三十有三。嗚呼，皇天莫問，徒云輔德之言；大夜何長，共有殲良之歎。上聞所奏，惻怛哀慟，輟朝兩日，厚加賵幣，贈太傅，君臣之義，終始克全。公以己丑歲五月梁普安公主薨於同州，後再娶東海郡徐氏夫人，即故東川節度使太師第五女也。蕙質蘭姿，懿德令範，執念孤鸞之歎，自傷黃鵠之歌。公有姪延，□見，任閑厩副使，即魏博大將軍、侍中之子也。朴玉其儀，渾金其器，度平□□，相貌□□□□□人欽□□。公亦三子四女。長子延賞，守太子舍人；次延緒，次延宗。皆稟庭訓，悉紹家聲，龍駒鳳鶵，得非天性；良金瑞玉，自是國楨。終天懷風木之悲，踏地有蓼莪之痛。長女適郝氏，次適婁氏，二女方幼。諸子皆普安公主之出也。公主靜惟閑雅，動有規儀，休聲首冠於皇姬，淑德克彰於婦道，帝王之女，無以過焉。公性不好弄，幼善屬文，嚴毅而至和，温恭而難犯，言惟合道，動不違仁。張充一變之年，已功成名遂；潘岳二毛之日，乃善始令終。以丁酉歲冬十月六日，安窆於洛陽縣之原，禮也。孤子延賞等泣告鵬曰：公之履行，爲衆所知，公之勳庸，歷代罕比。若非故舊，孰能縷陳。鵬列親表之間，受顧念尤最，難避狂簡，輒勒貞珉。序不盡言，乃爲銘曰：積慶之門，挺生奇傑。入覲堯庭，出持漢節。十乘啓行，万夫觀政。宵旰無憂，袴襦人詠。英華發外，清明在躬。惟忠惟孝，立事立功。滑臺去思，璧田來暮。藹然休光，綽有餘裕。摛繡文翰，傅粉容儀。承顏紫禁，飛步丹墀。門盛七葉，禄逾万石。外冠時英，内光帝戚。歷事累朝，荐逢多難。動有成功，舉無遺筭。秋敗芳蘭，地埋良玉。山雲晚愁，林風夜坐。王孫一去兮不復還，陵園草色兮秋黄春綠。洛陽縣清封鄉積閏村

　　乾隆五十五年，洛水激岸，墓陷於水，惟石爲土人移置，僅存。案周敬，薛史有傳，祖宏信，兩《唐書》皆有傳。父紹威，薛歐兩史皆有傳，其官履同異，

《金石萃編》考辨甚詳。普安公主，《五代會要》載梁少帝女二，壽春、壽昌，無普安封號，歐史誤作"晋安"，惟薛史不誤。周敬兄弟四人，史脱周允未録。撰文之殷鵬，薛史云字"大舉"，大名人。誌撰於晋天福二年。周敬曾祖讓，祖宏信，父紹威，歷官皆在前朝，書銜皆加"皇"字，則載筆之誤也。誌中簫作蕭、戌作戉、雛作鶵。

左中郎將元颺妻王夫人

識沖固四德連瓊后妃氏内式閑

孫陽陰軌尓明作配魏宗之妻

訓周王其之引氏秩之興

好仇歲以加焉言告師氏

探終始若二易稱家人美夫婦夫

之化典以延昌二年歲次癸巳塋於渥淵之東

十二月辛巳朔四日甲申塋於渥淵之

河峽峽墳壠依依丘墓增悲尋柱多傷其

惟兹夫人開睇挺華魁魁簍楚灼灼雲介

日

後周

某君　大唐故府君墓誌銘

維大周顯德元年，歲次甲寅十二月辛丑朔二十日庚申，懷州武德縣缺州清河缺君諱缺供奉缺巡撿使缺新婦劉氏，新婦石氏，嗣子長男缺次男缺次姪永興，長男新婦李氏，次男新婦□氏，長女□□□次女□□孫女子□姑，次孫女子不憐，次孫姪兒不秋。曾聞壽涯修短，稟靈臺而□□其分缺千歲爲遙齡。郡路一□夫□爲促，世盖一至缺彭成郡劉氏夫人忽□□□席，救撩無詮，何期不缺知身如缺它後難缺置墓缺南二里東南黃蘆缺射犬古城約三里缺河□二里，其塋地一□東至□□，南至賈□，西至□□，北至缺父業地缺妙尅缺龍虎缺子孫缺。

是誌出於河內之金城村，盖後唐人塋於後周之初者，故以大唐標題而文首叙周顯德云云，則其塋日也。題曰故府君而不書其姓，前幅列子孫眷屬之名，至曾聞以下，方似誌文起處。其中復有彭城郡夫人救撩無瘷等語，殊不可曉。文字劣拙，石亦剝泐過甚，惟末有"射犬古城約三里"等字，大興方君履籛輯《河內縣志》，據以爲今金城村，即古射犬之證。可見金石文字，不必名人碑版，方有資於考据也。

李訶妻徐氏　吳越故東海徐太夫人墓誌

李溍撰

夫月滿則虧，日平則昃，盛衰之道，古今所同，其有秀而不實者，得無痛乎？夫人徐氏，其先東海人也，粵以元元降聖，盤條仙樹之端；泊唐后啓圖，析派天潢之側，龍飛鳳鶱，殷鼎□壇，閥閱勳賢，無出其右。官諱訶，任省營田隊，夫人娌渤海缺吳皓僕射缺宣賜褐裳之管轄營田隊務。文華擅美，器宇宏深，夙嫻缺悌之規，抗見熹之色，百行之美，實無闕焉。悲娶□□，一卒九□，三紀何期，陳馴難追，游波莫遏，享年五十有六。偶暫攝調□□□於顯德三年歲在丙辰九月庚寅朔五日甲□寢疾，殞於吳縣令德鄉之私第也□□。夫人有子六人。長曰承嗣，效□衙內直番隊充副將。次曰承寵，係營田甲將。次承鄴，營田副將。次五兒滿、兒淡，幼稚未效職員。有女三人，長曰十八娘，聘於金氏；次曰十九娘，在室未從伉儷；次廿娘，捨棄俗華，以投金地於福田寺，慕貞堅，守緇門，精專戒行，子聳一人。金氏宏綰，新婦二人，長曰沈氏，次曰曹氏。嗚呼！封樹告期，龜莢叶吉，以十月庚申十四日癸酉，窆於吳縣胥鄉臺尚書里闐闐城西，去祔五十餘里，先祖塋之側，禮也。特恐天地長久，陵谷變遷，今嗣號訴願，勒貞石以誌於墓，潯忝獲知音，得不涕泗揮毫，叙錄其實？而爲之銘曰：委質荒漢，凝神上仙。遼遼二界，茫茫九泉。遠岫烟暝，高空月懸。聲沉永矣，松檟蕭然。

宋一

邊敏　唐儒林郎試大理評事行幽都府路縣令邊府君墓誌銘

姪魯撰

惟丙戌之歲仲商之月又十六日，嗚呼，我伯父長官遘疾傾殂於故里，以其月二十四日攢塗於正寢。欲循逾月之制，得以送終；繼逢逐鹿之秋，未遑安厝，縣聯歲序，可得而知。粵有朝議郎試大理評事前行鄭州鄭縣令兼侍御史賜緋魚袋慎奇光禄大夫守刑部尚書行御史中丞上柱國陳留縣開國伯食邑一千五百户歸讜，即長官之弟姪也，念深同氣，痛切嚴書，因感義於鶺鴒，遂撫心於霜露，特齎餘俸，卜葬先靈。乃謂諸姪孫曰："方今海宇謐寧，三農告隙，俾營遠日之禮，貴就叶龜之吉。若非刊勒，莫紀聲容，其所誌銘，汝當論撰。罔遺其善，弗虛其美。"魯仰奉明誨，難愧匪詞，追往質今，對揚實錄，謹叙。長官，姓邊，諱敏，字德成。其先陳留人也，本支百世，代不乏賢，或魚符而列職，或墨綬以聯芳。王父諱行存，順州司馬。神情磊落，閒氣深沉，抱環偉之奇才，蘊中和之至德，妥鍾厥後，實曰俊明。烈考諱承遇，任邱令。孝治承家，溫公秉性，莅事每勤於夙夜，臨民恒示於愛威，而教彼子孫，備有趨庭之訓；敬其祖禰，必勤薦享之儀。先妣太夫人太原郡王氏，天資益秀，婦道弥芳，含茲淑善之風，終啓繁昌之緒。恭惟長官英資倜儻，偉量恢宏。辭才則賈馬無稱，孝敬則曾顏讓美。當未登顯仕，恒奉溫清，見喜色以問安，露憂容而侍疾。身能禮樂，性存典墳。爰以赴聘於招弓，便可分榮於宰字，擢爲高陽縣令。莅政之後，嘉聞允彰，單父臨民，綽有七絲之詠；中牟作宰，不無三異之稱。及罷任之初，未及踰載，而除官路縣，復起頌聲。屏宣臥虎之威，廳集巢鳩之美，立言必雅，莫常顯已所長；用意絶私，未可屈人之短。大小之物，罔不躬決。聞望俱高，位祿已重，賦潘岳閒居之詠，起陶潛歸去之思。因罷厥官，却訪田里。豈謂景福未終，昊天不佑，碧落之孤雲易失，風窓之短焰難停。歷任三十年，享壽五十八。我伯母平昌郡孟氏，亦以不登遐壽，奄逝流光。貞魂諒合於延平，青骨同安於蒿里。有子四人：長曰照故，幽都府永清縣令。松筠定操，金玉溫身，方傳襲慶之榮，俄遭涉洹之夢；次曰隱前，攝鄭州長史。仁義兼資，溫恭有譽，守其祭祀，不怠厥初；次曰延徒，以積慶韜光，未趨顯仕而没；幼子商裔，運州左都押衙，以職居鄉外，身列陪臣。空深怙恃之悲，莫奉松椒之禮。孫子六人，讓能、去非、光乂、霸孫、嵐孫、天留，並謙冲立志，詩禮飭身，咸懷踵慶之風，大有興宗之譽。孫女三人，義姐、王師、小姐，或訖有絲蘿，或年才齠齔，克著雍容之德，允符貞順之規。於戲！生而無過，殁而有後者，其爲長官乎！幼□□□□不歌春杵不鳴，歸墟也□連車□，乃梁鄧之□，贈弔有□，則金張之系。以庚申年十一月廿四日，安神於任邱縣長邱鄉孝慈里靖隧先墳之次，禮也。靈輀駕野，丹旐懸空，爰開烏兆之塋，實掩賢英之墓。恭承日照嚴旨，謹作銘云：博哉貴冑，踵慶於門。山河其度，金玉其身，蘊十善道，爲百里君。立功於國，流愛於民。豈期遭禍，一旦歸魂。委宅幽壤，慮謝音塵。爰刊琬炎，紀録其勤。日往月來兮良銘此地，付子孫兮傳揚萬春。

　　是誌在任邱縣，採入《河間府志》。標題曰唐，而無卒葬年號。文叙邊敏之卒以丙戌仲商月十六日，攢塗於正寢，繼逢逐鹿之秋，未遑安厝。又曰庚申年十月廿四日安神於某墳之次，自丙戌至庚申相距三十五年矣。唐代以丙戌紀年者五，皆無逐鹿之事，惟後唐明宗三月即位，改元天成，其年歲在丙戌，閱十年而石晉代之。則所謂唐者，乃後唐；丙戌仲商月乃天成元年八月；逐鹿之秋謂權厝，後值世亂，不克葬也。由天成元年至宋太祖建隆元年，歲在庚申，即葬敏之年。不書建隆年號者，以敏非宋臣，與後漢石暎志書葬日歲次甲子而不書乾德二年同例。又可見宋太祖禪位之初，正朔雖頒，人心猶未恪奉也。敏由高陽令罷任，逾年除路縣令，歷任三十年。其任高陽當在唐昭宗乾寧三年，除路縣則在後唐莊宗時矣，故誌首以唐路縣令標題也。誌中"瓌偉"誤作"環偉"。"大小之物"，"物"當是"事務"字之誤。作誌時敏子日照已卒，文末曰"恭承日照嚴旨"殊不可曉。魯為敏從子，稱敏曰長官；與日照為兄弟行，稱其遺託曰嚴旨，皆有未當云。

石暎　大漠故石府君墓誌銘篆蓋　故左武衛中郎將石府君墓誌銘并序

前太子通事舍人朱仲武撰并書

公諱暎，字先進，其先樂安人，後世家於京兆，今則京兆人也。晉將軍苞之慶胄，衛純臣碏之靈苗。祖■，考守珎，皆公侯繼業，鍾鼎傳門，載藉昭彰，其來自速。公策名委質，夙著令聞，孝以承家，忠以奉國，故得鄉黨稱悌焉，朋友稱義焉，可謂不忮不悷，有典有則者也。頃以方事之殷，燫火不息，而能率先義勇，克集茂勳，累遷至左武衛中郎將，前朝賞有功也。公志懷敦素，性守謙冲，不以榮顯介情，但欲優游晦跡而已，所冀神降其福，天与之齡，何圖兆夢泣瓊，藏舟棄壑，哀哉！以歲次■■十一月十四日遘疾終于私第，春秋六十有八。夫人孫氏夙稟坤儀，素傳內則，鼓琴瑟而有節，主蘋藻而知禮。嗚呼！舜花早凋，瓊枝遽折，天不憖遺，先公數稔而亡。今以歲次甲子四月庚午，葬公于長安龍首原，夫人祔焉，禮也。嗣子清，士冕岳嵒，湊岫秀等。蓼莪在疚，藥棘其形，泣血於苴麻，竭力於窀穸。恐時遷陵谷，事或幽封，爰命揮毫，敬刊貞石。詞曰：性柔溫溫，神儀洸洸。職參禁衛，位列中郎。流芳後代，秉義前王。冀保永終，曷其云亡。卜兆吉辰，素車薄葬。爰遷嘉偶，及此同壙。魂散泉扃，神遊繐帳。後背重崗，前臨疊障。聊紀世載，式昭問望。

誌無年號，蓋有"大漢"二字。誌曰"前朝賞有功也"，銘曰"秉義前王"，書合葬之期曰歲次甲子，蓋暎在後漢時爲中郎將，至宋初而卒，其葬則以太祖乾德二年甲子歲也。於蓋書大漢，於卒年缺其甲子，以示暎非宋臣之意。

衛廷諤　宋故左千牛衛將軍衛府君墓誌銘

君諱廷諤，字德言【闕二十四字】材武爲將【闕二十七字】錢塘人【闕二十八字】率□趙氏【闕六字】君君之□□□□府【闕十三字】承旨改三班奉職以捕賊功□□左□殿直□□□故【闕十字】鈆山稅饒，撫廣韶通奉□□□天聖中□□□□□天下【闕六字】外用能吏，今參知政事李公著【闕十字】監□州石【闕八字】君以族大自陳得□人□□□人【闕六字】餘【闕十一字】除左千牛衛將軍明道五年【闕十一字】年七十八君□□四十餘年，所至以廉稱不□□□過【闕十字】士大夫所得□□□□盡未嘗問有無□異【闕十字】自吾祖父以忠孝爲□□□□□以儒服稱者，今有子【闕十二字】在韶州日村民□□□□□鬼神以脅其衆君【闕十四字】上君之功君□曰□□□□民窮而爲盜，不過取財以自利耳，於是活【闕六字】以自爲功□□□□□悉薄其罪不誅故禮賓□使錢□□提點本道刑獄，見其事□□□□□守曰子之才能異人遠利誠仁人也。君始娶王氏□繼以徐氏□□平孫□□□□□男五人巽淑鼎觀賞，巽用廕今爲右班殿直，鼎未仕而亡，□觀【闕七字】而文二女早夭。諸孫十餘人，君臨終□諸孫曰吾□□□此【闕八字】以吾歸錢塘巽等奉遺命，以寶元二年八月十三日葬君孟【闕十字】觀□□□最□□□其□□□□銘曰：衛氏□世以武顯于諸侯及君則文□□□□□以儒名□□□之於人豈□哉。

此誌見《金石萃編》，所釋僅二百九字，亦未計其格數，今得石本校正，其可辨之字較《萃編》多九十有四。[①]《萃編》未詳出於何所，因文前有"錢塘人"三字，謂廷諤爲錢塘人。又爲歷考諸史，衛氏無籍錢塘者，廷諤之名亦不見於《宋史》及《浙江通志》《杭州府志》，因爲節撰小傳，以補武林文獻之遺余。

---

① 此句文字，初刻本無。

於中州得廷諤妻徐氏墓誌拓本，以證此誌，知廷諤爲河東人，非錢塘人也。所謂錢塘者，乃言其妻家之籍耳。廷諤與妻徐氏皆以寶元二年八月十三日葬於孟州西北二十里北虢原，即今孟縣城西之虢村，詳見徐氏墓誌。因與徐氏合葬，故文首竝及徐氏之貫，此錢塘人所由書也。至文末有臨終遺命，欲歸錢塘，其子巽等奉遺命云云。錢塘二字疑係《萃編》誤繹，廷諤果籍錢塘，其子既奉遺命，何以徐氏之誌又出於孟縣，其文又何以曰祔千牛府君葬於此耶？今據徐誌所載，知廷諤此誌亦出孟縣，而廷諤之字、五子之名，則藉是誌始顯耳。

衛廷諤妻徐氏　大宋左千牛衛將軍衛君夫人高平縣君墓誌銘

隴西李之才撰

夫人姓徐，錢塘人。父啓常，錢氏王吴越，以勤廉事忠懿王，爲閤門祗候。王以土入朝，國官並隨附京邸，君因止中州，□□□□□終於家。夫人既長，從河東衛君，諱廷諤，有才略□□□官至左千牛衛將軍。夫人封高平縣君，子五人巽淑鼎觀賁，鼎早亡觀等皆舉進士。千牛府君殁，夫人守家嚴謹□人□□順語言動止，率有儀法。入門幾六十年，爲婦爲母，無毫釐差異。諸子有勤學之專者，雖竊喜而又念其勞，每見其食則食，侍其寢則寢，其慈愛之厚至此。景祐五年春，觀等應禮試不利，既黜，且以兩經禮部進名，則以州長史處之，觀實預之不顧，出有相謂者曰：子母老何愧，易褐以怡其心。觀明日反有就意，夫人聞之，亟走奴以慰，止之曰：汝年且少，率弟成進士，無效□□以冗名自冀【闕八字】語撫之過其有得類是觀□聞於人。夫人既□□事□□□日有常數，外則與諸孫十餘人爲戲自娛，其處内晏然，甚於貴富家。是年秋，寢疾月餘，八月十日卒於□□之所居，年七十四。以寶元二年八月十三日祔千牛府君於孟州西北二十里，號北虢原。觀才而且孝之才，其友也，故爲之銘，銘曰：夫材有位，子藝①有名，宜哉，夫人以享其成。

此石於今縣城西二十里東容邨出土，其東爲虢村，即誌所謂北虢原，可見宋時縣在河干矣。是文爲李挺之先生之才撰，深宜愛重。此宋衛廷諤夫人徐氏墓誌，其即衛君墓誌。字尤剥落，馮敏昌并識。

---

① 二十七年本“觀才”至“有名”間文字失録，据初刻本補。

是誌爲乾隆五十四年馮魚山先生輯《盂縣志》時訪出，有跋三則，分刻左右空處。《金石萃編》成於嘉慶十年，凡盂志所載古碑，如北魏司馬氏墓誌四種，皆已探入，且備録馮跋，不知何以獨遺此誌。《萃編》又載有衛廷諤墓誌，但云近年出土而未言其得自何所。魚山此跋有其即衛君墓誌語，亦似不知廷諤自有墓誌者，二誌書葬期，皆以寶元二年八月十三日，蓋同日入土，葬合而誌分也。二誌皆磨泐過甚，延諤誌約六百餘字，《萃編》載可識者僅二百二十三字；是誌凡四百字，存者不及百字，今細爲審釋，所缺才二十九字，居然成誦矣。其中叙五子之名曰"巽淑鼎觀貰，鼎早卒"七字，則石文全泐。據廷諤誌補入。[①]撰文之李之才，青社人，受陳摶、种放、《易》於穆修，後邵雍傳其學，見《宋史·儒林傳》。

韓愷　韓愷墓誌銘并序

叔祖開府儀同三司行刑部尚書同中書門下平章事昭文館大學士監修國史上柱國儀國公琦撰并書

愷字和仲，余姪殿中丞公彦之次子，母仁壽縣君張氏。愷天性孝謹，幼識禮義，讀書强記而善屬文。嘉祐三年秋方應進士舉，而兄確物故。是冬其父病，愷躬進藥劑，晝夜侍側，不解帶者累月。及其父之亡也，哀毀過甚，不能自抑，既而感疾，遂不可治。五年四月二十二日卒，時年二十。噫，愷之所稟，可謂粹美矣。使天稍畀以年，則其治家也，有不順而睦乎？其得仕也，有不忠而幹乎？奈何乎吾家之不幸而賦命之短也！七年十一月二十九日，因余妻安國夫人崔氏之葬，乃於相州安陽縣新安村先塋東百步之近得地，吉用丙穴以葬愷，銘曰：秀而不實，夫子之嗟。哀哉愷兮遽如是邪。

魏公此誌，書法絶類顏魯公，其人品亦足與之相配。柳誠懸云："心正筆正。"非具古人之心者，斷不能神似若此。此石已歷七百餘年，縱橫才尺有五寸，鋒鋩鉤勒，一筆不損，殆其精神貫注而有鬼神呵護之歟？公姪公彦，名國華。

---

① 初刻本前後兩句間原有"其第五子之名，驗其泐痕，似是凝殿等字，絶非貰字，惜不得廷諤誌拓本對勘，以正其誤耳"一句，標明道光九年初刻時尚未見到拓本，後二十七年刻版前，當是黃本驥已得閒拓本對校，故而刪去。

新安先塋，即公彥冢地而愷附之也。

李僑　宋故邵州李大師墓誌

□□□大夫簽書邵州防禦判官廳事兼勾管常平等事騎都尉賜緋魚袋□□撰

□□□大夫前知鬱林州軍州兼管内勸農事武騎尉賜緋魚袋借紫□□□□周惇頤書□□郎前桂陽監判官李恬篆蓋

故大師諱僑，字希鄭，姓李氏，邵州邵陽縣人。曾大父德員，大父士，皆晦德弗仕。父□□字中大，贈□□郎。母鄧氏，贈清源郡太君。師其第三子也。昔中大公隱居連城，【闕九字】以禮義自飭，鄉里知其爲有德君子也，皆以先王稱之。【闕十一字】居家教子皆有法度，故第五子傑，第皇祐五年進士，自金部郎中，出爲荆州軍公安縣令，以清慎聞。師賦性剛介，與俗寡諧，篤黃老之術，且曰："道家清虛淡漠，可以寶真。余且得優游田里，是亦足以養吾親矣。"中大弗奪其志，遂爲道士。修潔專恬，道家之書，皆手抄之。暇日焚香誦黃庭，鼓琴賦詩以自娛。嘉祐中，三清殿壇生五色靈芝，甚異，郡守崔公□將繪圖剡章，以姓名聞。師曰："王者尊事黃者，則芝草生此，天地之和氣也。朝廷德化所致，僑何預焉？"崔公是之，未幾賜紫衣。晚年屏棄人事，足未嘗歷官府大守，藍公□□聞其名往過見之，師道貌閑寂，神宇和粹。因問以衛生之術，師曰："寡欲以養氣，省事以養神。此其術也。"藍公以爲要言。師以元年三月廿七日夜羽化，得世壽九十有八。□□□是夕，其姪進士楷，前永州軍事判官樗，前潭州寧鄉縣主簿榛，皆侍側，屬纊時神色不亂，奄然而逝。然後知師所養有素，雖死生之大，不繫乎胸次，可謂達矣。法侶【闕五字】素蔣太古、何太初、李概、伍宗元、伍宗德皆有行業，將以二年正月初四日，葬師於邵陽縣龍田鄉上賢里新恩之原。永州判官與予游，于是來請銘。嗟夫俗好之移人也，至於喪已逐物而忘返。希鄭生於仕門，獨異衆好，豈非憤世嫉邪，有道君子者耶？銘曰：昔者張侯，隱於嵩高，唐之公卿，作詩以褒。卓矣希鄭，高邁群倫，寄迹老氏，以奉其親。粃糠利達，保養遐齡。曷以厭世，遽返幽冥。

　　是誌康熙十二年八月在邵陽縣上賢鄉出土，縣人蔣栽録其文，封石於墓，載其文入《寶慶府志》。府志又據誌撰傳，編入《仙釋門》。新舊《湖南通志》皆因之。誌字殘泐，《府志》據首行“希鄭”二字，以爲李君之名，其傳曰“李希鄭，宋大理卿李傑父也。”今繹原文，首行闕六字，其名適當闕處，希鄭蓋其字爾。希鄭之父亦闕其名，字曰中大，希鄭乃中大第三子。皇祐進士名傑者，乃中大第五子。傑單名而從亻旁，其兄希鄭當是取法子產之義，故知其名爲僑，而《府志》則誤以爲傑父矣。今録原文，畫空方以計闕字，其文義可揣者，以意補足，填於方内，以便暢讀，不可知者仍闕之。是誌撰文者姓名俱闕，書者爲濂溪周子。希鄭之卒曰元年，葬曰二年，無紀元年號。周子治平四年，以永州通判攝知邵州事見朱子邵州特祀濂溪先生記熙寧元年，去爲廣東南路轉運判官見朱子撰濂溪先生傳治平熙寧兩朝，周子皆無二年在邵之事。其在邵之銜，當曰駕部員外郎，永州通判權知邵州事。見張南軒復邵州舊學記此誌題銜曰“知鬱林軍州”云云，鬱林在宋屬廣東西路，周子宦蹟未至其地。然則書誌者，殆非周子，當是邵人前知鬱林者。石泐名殘，蔣氏誤録也。統志寶慶府人物有李傑，傳云傑邵陽人，熙寧進士，歷守永州、絳州，提刑東川。元豐中，以金部大夫出帥湖南，所至皆有能聲，官至大理卿。買書萬卷，以遺郡庠，置田數千畝，以贍同族。據誌載，傑以皇祐五年第進士，則《一統志》熙寧進士，誤也。統志謂元豐中爲湖南帥，當書誌時，傑官尚未顯，則希鄭之卒當在元豐以前，其爲熙寧二年無疑。然傑以皇祐五年登第，至熙寧二年，相距纔十五年，其第三兄之壽已有九十八歲，則傑之通籍亦已晚矣。《新通志·金石門》定爲治平元年，非也。誌載希鄭母鄧，贈清源郡太君，郡當作縣，宋無清源郡。希鄭父母以弟傑貴得贈，書誌時傑官未顯，其母不應封郡君，當亦蔣氏誤録。篆蓋之李恬，當是希鄭族人，銜存“監判官”三字，宋時湖南止有桂陽一監，故爲補填“前桂陽”三字，意其人必曾爲監判而在籍者。《通志》宋人物傳有李俊，邵陽人，以百户禦猛亂，戰死於雞籠山，鄉人祀之，其名與僑傑相類，當亦中大五子之一也。附識於此。余輯古誌二百餘種而湖南闕焉，是誌晚出而復隱，其文可信，故録之，且詳加考按，以爲續修方志之據。

韓恬　宋故秘書省校書郎韓恬墓誌銘并序

叔祖淮南節度使司徒兼侍中魏國公琦撰

恬字安之，余姪殿中丞公彦之第三子，母仁壽縣君張氏。幼儁邁喜學，讀書强記，而爲文辯速。余嘗較公彦諸子，謂恬它日必能先取科第，以才名自立。嘗求補試國子監生，程文中等。俄丁父憂，未幾，其仲兄愷與二妹繼亡。恬與母張氏益大悲駭，不能自安。余遇嘉祐明堂恩，亟先奏恬，得秘書省校書郎。及爲娶職方郎中董之邵之女，且以慰其母悼獨之心。張氏喜甚，屢泣以誡恬，令益自修飭，以報恩鞠之厚。已而張氏復感疾，議歸鄉里，冀得移其故處而遂平愈。八年春，不幸疾久，卒不起。恬既併羅酷罰，夙夜號躃，幾以殞絶，猶能手疏母之行實，請余爲其墓銘。終以哀毀之過，其年十二月二十一日亦卒，時年二十二。女二人，長曰壽，次曰安，女竝幼。後恬服除，董氏以無男子，歸其父家。壽女者，熙寧初元又不育。嗚呼，禍釁之來，未有如恬之一門，相仍窮苦，如是之甚者也。悲夫！四年二月二十八日，以其叔祖母安康郡太君之葬，乃舉恬之喪于相州安陽縣新安村先塋東其兄確之墓次，葬師所謂穴之外庾也。銘曰：父母諸兄兮相繼亡于前，二女之幼兮一復夭于後。妻無以守歸其家，尔獨于茲瘞其柩，何罪而當此罰邪？豈數之適相偶邪？天乎冥冥，吾安以究。

弟試秘書省校書郎䟖書

蘇軾乳母任氏　乳母任氏墓誌銘

趙郡蘇軾子瞻之乳母任氏，名採蓮，眉之眉山人。父遂母李，事先夫人三十有五年，工巧勤儉，至老不衰。乳亡姊八娘與軾，養□軾子之邁、迨、過，咸有恩勞。從軾官于杭、密、徐、湖，謫于黄。元豐三年□月壬寅，卒于黄之臨臯亭，享年七十有二。十月□午，葬于黄之東阜，黄岡縣之北。銘曰：生有以養之，不必其子也；死有以葬之，不必其里也。我祭其從與享之，其魂氣無不之也。

蘇軾乳母銘，自宋至今久矣。歲隆慶間，黄人得于耕，余適過黄見之，因憶長公于此母，以厚報古人之用情如此，眉州判官携有此紙，命勒石祠中，與眉山並永耳。判名□□黄人郢中陳文炳題。□□三年孟春之吉立石。

　　享與饗通，以酒食奉養之辭，韓文公《祭女挐文》曰"尚饗"，以神道事之也；東坡先生此誌曰"享年"，以母道事之也。或曰是蓋古人隨俗爲之，無深意也，亦通。然此誌用情之厚，則與"王大令保母誌"並傳千古矣。

左中郎將九闕妻王夫人墓

周王異之興引氏秩之典

孫陽陰軌炎明作配驪宗之妻

訓王茅六弟九闕之若開睢閑

沖國四德連環后妃之若式閑

識好仇歲以加焉言告師氏内

之典以延昌二年歲次癸巳喪於渭渭之

二月辛巳朔四日甲申塋於涅渭之東

河淼淼墳壟依依丘墓增悲尋柱多傷其

惟茲夫人開睢挺萃翹翹蹇楚灼灼雲介

宋二

仇公著　宋故定州觀察判官仇府君墓誌銘

承議郎簽書定武軍節度判官廳公事雲騎尉借緋柳子文撰

朝請大夫試將作監上護軍賜紫金魚袋王同老書

宣德郎試大理司直晁端德篆蓋

府君姓仇氏，諱公著，字晦之。與予同在中山幕府，每以老成惇重而誠敬之，豈弟簡易而心好之。見其喜蓄翰墨而不矜文藝，練達政事而不急功名，若起寒素而不道閥閱，久淹州縣而不求論薦，數以是叩之，笑而不我告也。一日暴疾卒，予赴位哭，其孤請銘以壽不朽，予因得其世次之詳。君之先，滄州人，曾祖諱華，任尚書駕部員外郎，爲青州牧，終而家焉，後贈工部侍郎。祖諱永，任尚書屯田員外郎。父諱諒，任國子監丞。累世皆列于朝。王文安公，君姑之子也。文安公由進士第一參預大政，爲宋名臣，封其妣爲徐國太夫人，而報其外族者甚渥。嘉祐三年，文安薨于位，遺奏補君爲太廟齋郎。君少往來文安家，又因其任宜得貴而從窟四十許年乃止於是，然後知君爲能安於命，不以顛躓蹭蹬爲慊也。君歷官德州德平縣主簿、秀州海鹽縣尉、廣州司理端潮筠三州軍事推官，遷天平軍節度推官，監楚州鹽稅，以課增羨循爲定州觀察判官。在廣與潮皆能出力，治其同事之喪，厚賙其幼稚，使脫於瘴癘，廣帥賢而薦之，潮人德而思之。其在楚也，使者欲薦君，推以與同僚，適得改官。其在定也，汆便司嘗使按所入粟治其官吏之不職者，將加罪焉，君覆護保全，竟賴以免。此皆常人之所難而君優爲之。終以不得志而無所大施設，故隨地以自見，所至號稱長者。君以紹聖三年四月初四日卒于官，享年六十有一。其葬以是年十月□□日，其墓在青州□固鄉雲門里。君娶王氏，先卒，子男一人，念女二人。長適進士劉愈季居室，予以僚友之義，不可以不銘。銘曰：昔在漢覽，赫奕循吏。徙家于青，豈其苗裔。州牧郎星，佑我聖世。問我諸姑，□□教子。胡不相君，我禄我仕。用嗇於材，譽騰於里。惟壽與官，匪天執柅。岸谷有遷，斯銘以識。蘇從禮刊。

　　誌在青州府學鄉賢祠壁。

韓宗厚　宋故承議郎充慶成軍使兼知河中府榮河縣及管內勸農事驍騎尉賜緋魚袋韓府君墓誌銘

　　朝散郎前通判永興軍府兼管內勸農事兼陝西制置解鹽司句當公事上輕車都尉賜緋魚袋朱光裔撰

　　朝請郎充集賢殿修撰知鄧州軍州兼管內勸農事兼京西南路安撫司公事上柱國賜紫金魚袋杜紘書

　　朝請大夫管勾西京嵩山崇福宮上柱國賜紫金魚袋吳安常篆蓋

　　紹聖元年六月廿九日，承議郎慶成軍使韓君卒於官所，享年五十三。越四年九月廿二日，葬於潁昌府長社縣嘉禾鄉靈井里先塋之次。嗣子狀君世緒德美，拤予曰：“先君之葬有日矣，敢請銘，尚顯揚於不朽。”予惟親友之契，不宜以固陋辭。君諱宗厚，字敦夫，潁昌府長社人也。曾祖諱保樞，贈太師開府儀同三司陳國公。祖諱億，皇任太子少傅，致仕贈太師開府儀同三司冀國公，謚忠憲。考諱緯，皇任尚書比部郎中，知解州，贈右光祿大夫。曾祖妣郭氏、周氏並封陳國太夫人，祖妣蒲氏、王氏並封冀國太夫人。母仁壽縣太君李氏，故太子少傅致仕謚康靖李公之女。君以康靖公蔭補太廟齋郎。初任徐州沛縣主簿，秩滿授江寧府上元縣主簿。大興水利，漑污萊為良田者至二千七百餘頃，創為堰閘，視時水旱而均節之，民獲其利，歌詠載涂。丞相王文公為守，上其狀於朝，以勞應格，特轉光祿寺丞。文公知其才，事多委於君，以辦治稱，知溫州永嘉縣，簽書天平軍節度判官廳公事。河決曹村口，水暴至城下，危在漏刻。君建議溰古黃河故道，以殺其勢。太守而下畏避不決，君請獨任其

事，水一夕而涸。郡民欒在，父爲人毆傷，在往報之，更廿五日而卒。獄具當
抵死。君曰：“父被困辱而爲此，情有可矜。”太守嘉其議，爲讞於朝，得減
死論。孫宗者以忿殺人，吏鬻其獄，罪止於杖。君摘發奸狀，卒致於法。歲
饑，詔貸常平種錢，有司并給仕宦之家，君以爲非朝廷惠養困窮之意，不當濫
及，遂止。簽書鎮安軍節度判官廳公事，時有劇賊未獲捕者，利重賞，執小盜
以告，因交通獄吏，鍛鍊成罪。君臨訊，立辨其誣，爲正其獄。後竟獲真盜，
一郡稱爲神明。京畿積水爲害，議者欲隨勢疏決，自陳達於蔡河，君曰：“陳
地卑下，歲苦流潦，今又並受衆水，是使鄰境爲壑，民必受弊事。”亦不行。
君自光禄寺丞四遷至承議郎，賜六品服。娶張氏，封仙源縣君；再娶朱氏，封
長壽縣君。男八人：理，太廟齋郎，卒。琉，郊社齋郎。瑛、璣未仕，餘皆早
亡。女四人，長適前登州防禦判官劉復，次未嫁而卒，二在室。孫二人。君天
性樂易通敏，篤好學問，屬文敏速而壯麗可喜，有文集百卷藏於家。光禄公捐
館，養母夫人，左右順適，得其歡欣，歲時甘珍之奉，雖遠必致。君之亡也，
母夫人悲思曰：“天奪我孝子矣。”韓氏大家，君處尊卑間，曲盡敬愛，遇人
推誠相與，久而益親。長於吏治，雖案牘叢委，一視察其隱伏，吏人畏惕，不
敢欺屢。佐顯人事，有不可者，守正不移。雖在卑宦，以氣節自任，練達當世
之務。嘗上書言元祐間，更按問法，天下斷獄，死者滋衆，請復舊條，乞比照
州縣獄死之囚數，多者行罰，皆根於仁厚之意。王文公爲世儒宗，樂教育後
進。君嘗執經請益，得其精微之旨。既輔政，同時預丈席者多被薦擢，屢欲用
君，而輒齟齬不諧。通塞之分，豈人力也哉！銘曰：夙稟軼才，自負奇志。諏
經儒宗，究極精義。篤於内行，竭孝奉親。恩均宗黨，愛譽欣欣。當官而行，
弗倚弗比。平反庶獄，建設長利。竑游之俊，方駕騰驤。君獨不偶，命也何
傷。屈於遠用，尚有修名。刻石垂休，後裔其承。

　　潁川古翔刊字。

　　韓億八子，宗厚爲第七子緯之子，《宋史》本傳億謚“忠獻”，此云“忠憲”，
與《東都事略》同，蓋史誤也。宗厚以外祖李康靖蔭入仕，嘗執經王文公安石門下，
卒以齟齬不諧，未受薦擢，其人品尤可嘉尚。撰文之杜紘，字君章，《宋史》有傳。

游師雄　宋故朝奉郎直龍圖閣權知陝州軍府兼管內勸農事兼提舉商虢等州兵馬巡檢公事飛騎尉賜緋魚袋借紫游公墓誌銘

朝請郎直秘閣知潭州軍州兼管內勸農事兼荊湖南路安撫充本路兵馬鈐轄驍騎尉賜紫金魚袋張舜民撰

朝散大夫直龍圖閣權知秦州軍州兼管內勸農事兼權發遣秦鳳路經略安撫使兼馬步軍都總管公事騎都尉賜紫金魚袋邵䶵書

端明殿學士中散大夫充涇原路經略安撫使馬步軍都總管兼知渭州軍州事管內勸農使上柱國賜紫金魚袋章楶篆蓋

公諱師雄，字景叔，姓游氏，世居京兆之武功。曾祖永清，祖裕，皆潛德不仕。考光濟，始爲大理寺丞，贈朝請郎。公爲兒時，不妄戲咲，聞弦誦聲，則悅而慕之。授以書，如夙習，握筆爲詩，語已清拔。年十五入京兆學，益自刻勵，蚤暮不少休，全舍生始多少之，已而考行試藝，屢居上列，人畏敬，無敢抗其鋒。橫渠張載以學名家，公日從之游，益得其奧，由是名振一時。豪俊皆慕，與之交，宿望舊德，爭相引重。治平元年，鄉舉進士第一，遂中其科，授儀州司戶參軍，郡委公以學校，公徙而新之，士皆就業，其後登科者繼踵。丞相范公爲轉運使，聞而薦之，於是使者識與不識，爭薦其能。忠獻魏公在長安，遣公督芻糧，築熙寧寨，及使相視棄戀，會胡盧河定西三川之地，復中利病。魏公愛其才，蔡挺帥涇原，以公權管勾機宜文字。熙寧四年，遷德順軍判官。時初議役法，常平司以公相度秦鳳路，公條畫甚多。其後朝廷下陝西役法，悉用其說。韓康公爲宣撫，委公同提舉常平劉瑄往鄜延與主師措議戰守之策。初瑄欲自延州入安定黑水堡，過綏平寨，地逼賊境，公疑其有伏，請由它道。已而諜者至，言西夏嘗伏精騎數千於黑水傍，伺其過，掩之，將詰以機事，瑄驚曰：向非公墮於虜矣。趙卨師延安，以公權管句機宜文字。夏人將擾邊，時鄜延之兵與戰，具悉爲保安囉兀二將所分據，自延州、龍安以北諸寨無屯備，卨患之。公爲謀發義勇以守，且聚石於城上，以待寇。夏人聞其有備，迺引兵入麟州，襲荒堆三泉而歸。韓康公嘗遣公按視囉兀城，撫寧和市，公言囉兀無井泉，撫寧在平川，皆不可守，康公然之。未幾，撫寧果陷賊中，囉兀終棄而不用。丁母艱服除，充鄜延路經略司勾當公事，復從趙卨之辟也。熙寧七年，河溢，壞永寧關寧和橋，商賈道絕，河東之粟不入於鄜延。有詔治橋甚急，議者謂石岸險，用力多，非期以歲年，不可就。公往經度，兩月而成，人皆服其神速。時旱甚，卨委公以行諸壘振貸，公使弓箭手漢蕃戶磨鎧運石，浚溝完壁，計口而授糧，人無殍亡，邊備因之以固。八年，王師征安南，趙卨爲宣撫招討副使，首辟公，舍于同文館。卨方迫奏稟，不暇省文檄，皆倚公以辦。王詔爲樞密副使，謂卨曰："幕中得士，良可賀也。"軍將行，聞父憂有旨，給告百日，復赴軍。公丐以終喪，凡三被詔，懇辭乃免。卨之行，與主帥郭逵議不協，公憂其無功，悉以書勉之，其後皆如所料。服除，陞潁州團練推官。秦師呂大防辟充管勾機宜文字，朝廷命徐禧計議邊事，禧持議不同，大防遣公往條白，禧悦其言，留之數日，邊議始合。禧歎曰："諸幕府如游君，復何慮？"元豐四年，王師問罪夏人，轉運副使李察辟公句當公事，軍駐靈武，餽餉之計，公力爲多。陞忠武軍節郎度推官，充涇原路經制司勾當公事，未幾，以疾辭歸。趙卨帥慶陽，再辟公管勾機宜文字，環慶當用兵之後，扶傷補弊，師壯民安，皆公之贊畫。卨移延安，范丞相代之，留辟，事無巨細，一以付之。元祐元年，改宣德郎，除宗正寺主簿。朝廷以夏人久爲邊患，思有以懷來，欲以四寨歸之，未決。執政以公習知西邊事，召問之，公曰："四寨先帝所克，所以形勢夏人者也。上當守而勿失，奈何輕以畀人？且割地以紓邊患，不唯示中國之弱，將啓蠻夷無厭之求。四寨既予，盧南荆粵如有請者，亦將予之乎？非特此也，若燕人遣一介之使，奉只赤之書，求關南十縣之地者，又將予之乎？六諸侯割地以餌秦，當時猶以爲恥，安有以天下之疆盛而棄地以悦夷狄者哉？"因進《分疆語錄》二卷。而主議大臣不聽，卒棄四寨，夏人夷其地而不有，侮侵加。前二年春，遷軍器監丞。夏四月，吐蕃寇邊，其酋長鬼章青宜結素號桀黠，熙寧中陷河州踏白城、殺主將景思立者也。元祐以來，例行姑息，因乘間脅屬，羌結夏賊爲亂，謀分據熙河，朝廷患之。擇可使者與邊臣措置，僉以公行。公奏以謂奉使絕塞，兵謀軍勢，間不容髮，俟中覆則失於機會，欲如古者大夫出疆之事。上允其請，許以便宜從事。公既至，諜知西夏聚兵于天都山前鋒，已屯通遠境上，吐蕃之兵欲攻河州鬼章，又欲以別部出熙州。公將先發以制之，告於熙師劉舜卿，舜卿曰："彼衆我寡，奈何？"公

曰："在謀不在衆，鬭智不鬭力，此機一失，後將噬臍。儻不濟焉，願爲首
戮。"議三夕而後從之。迺分兵爲兩道，姚兕將而左破六逋宗城，斬首
一千五百級，攻講朱城，斷黃河飛橋，青唐十万之衆不得渡。种誼將而右破洮
州，擒鬼章及大首領九人，斬首一千七百級，餘衆奔潰溺死者數千人，洮水爲
之不流，遺鎧仗芻糧數万。於是奏捷曰："臣聞憺天威震，皇武所以討不庭
也。今西夏授策而弗謝，輒陰援吐蕃，鬼章結釁構奸，欲爲邊患，臣與宋師合
謀，將義兵，行天誅，賴陛下聖神，陷陳克敵，斬獲以万計，生擒元惡，係送
北闕。下願戮尸藁街蠻夷邸間，以示萬里。"書奏，百僚班賀，遣使告裕陵。
朝廷欲厚賞公，而言者謂邀功生事，必開邊隙，甚則欲坐以擅興。遂薄其賞，
止遷奉議郎，賜緋。先是青唐酋長來告主師曰："董氈死，阿里骨秘不發喪，
詐以爲嗣當立，請封於朝廷。已而復殺董氈妻心牟氏，囚溫溪心部族首領，國
人怨之。若中國以兵問罪於境，上當煞阿里骨以獻，願立董氈之後，以安國
人。"主師未納，公方使而聞之，喜曰："此天贊我也。"以利害上於朝，且
曰："若遣趙醇忠於青唐，城依府州，折氏世受封爵，則西方可保百年無變
矣。"會鬼章就禽，其事遂寢。出爲陝西轉運判官，行郡邑則首興庠序，過田
里則親勸農桑，新驛傳四十餘區，輪奐之美，甲於天下。自周秦以來古迹之堙
没者，皆表之，以示往來。鑿故關山道爲坦途，便熙秦之飛輓。長安之北，涇
陽、櫟陽沃壤千里，而水不浸灌。公教民濬溝洫，引涇渭之流，於是溉田數千
頃，自陝以西，水利之興者復万餘頃，民賴其惠。熙河地不種粟，粟由它道往
者，常高其直而後售，而馬亦病於無草。公以粟與農具給漢蕃諸民，而教以耕
種之法，不數年，所收富於内地。又課邊人種木，所在森蔚，其後公私材用，
皆取足焉。五年，移秦鳳等路提點刑獄公事，遷承議郎，加武騎尉。完郡縣之
獄，且授以唐張說獄箴，使置之坐右，朝夕省觀。盡心於聰訊，買書以給學
者，開大散關路，利巴蜀之行人，自朝廷棄四寨之後，熙河與夏人分疆至是未
決，命公往視之，具利害以聞，由是形勢之地，皆爲我有。六年夏，賊寇涇
原，復入熙河，殺掠甚衆。公上疏曰："元豐以托土爲先，故進築之議略。元
祐以和戎爲務，故進築之議廢。今蘭州距賊境一里，而通遠軍不及百里，又非
有重山複嶺爲之限障，犬羊之勢得以潛窺而輕突，邊民不安其居者屢矣。宜自

蘭州定遠城東抵通遠軍定西城與通，渭寨之間建汝遮、納迷、結珠龍三寨及置護耕七堡，所以固藩籬，使寇至而不可犯，此邊防無窮之利也。"疏入不報。公又論士民之親死而不葬，寓骨於佛舍，歲久暴露，於風教有傷，宜立法以禁之。其貧而死於道路者，願委郡縣，給閑田以聚葬，如周官墓大夫之法。又言州郡奏疑獄，下其案於刑部大理寺，往往歷歲時而不降，淹獄緩刑，宜有以督之。又上役法廿條，朝廷多行其說。七年召拜祠部員外郎。言天下祠廟多頹弊，春秋薦享，牲瘠酒漓，非所以敬鬼神，嚴祭祀也，願申戒州縣。改工部員外郎，鄜延闕師。上欲用公，御延和殿，諭宰執，上三問不答。既而對以資淺，姑再使以待之，迺除公集賢校理，權陝西轉運副使。同列欲變民租爲錢，意在收羨餘以獻。公面折之曰："五路宿兵以待餉，反令輸錢，錢可食乎？借若帑藏盈積而倉廩空虛，邊陲有警，師徒霧集，君能任其責耶？"同列無以應。內州兩稅支移於邊者，民常以爲病。公爲奏曰："在昔邊土不耕，仰粟於內，故設支移之法。今沿邊之粟既多，糴之軍食自足，宜令內州稅戶隨斗升計地里輸脚乘錢，以免支移之勞，既可以休民力，又可以佐邊用，公私便之。"九年，遷朝奉郎，加雲騎尉。以疾丐郡，有旨免，按行以自養，猶上章堅請，乃召赴闕。上謂輔臣曰："有自西方來者，言游師雄已安，旦夕當至矣。"輔臣初皆不知，及將陛見，班當第四，御筆陛班第一。既賜對，上顧謂曰："知卿所苦已安，殊可喜也。"公方謝上，又曰："洮州之後，可謂奇功，恨賞太薄耳。"公對曰："平點羌，執醜虜，皆上稟睿筭，臣何力之有焉？叨被寵光，實已過其分矣。但當時將士，奮命力鬭而其勞未錄，此爲可惜。"因陳其本末，又奏元祐中嘗議築汝遮等寨，上皆然之。復面諭公，將付以邊閫。公辭以疾，乃除衛尉少卿。上數問公邊防利害，公即具慶歷以來邊臣措置之臧否，廟堂謀議之失得，及今扞禦之切務，凡一十六事上進，曰《紹聖安邊策》。紹聖二年，懇求外補，以公知邠州，未幾，改守河中府。時河中久旱，公入境，天即大雨，民皆歡謠。又自中條山下立渠堰，引蒼陵谷水注之城中，人賴其利。三年春，遷直龍圖閣權知秦州兼權發遣秦鳳路經略安撫使，兼馬步軍都總管加飛騎尉。方及境，被旨攝師熙河。時夏賊寇延州塞門寨，諸路皆屯將兵於境上，以坊不虞，久而衰罷。公至，則命解嚴撤備，以休士卒。已而虜亦不犯，人皆服其持重。西鄙自破洮州之後，如于闐、大食、拂林、邈黎等國，貢奉般次，道常不絕。朝廷憚於供賚，抑留於熙河，限二歲一進。公奏曰："夷狄慕義，万里而至此，太平之盛事，漢唐欲之而不得者。今抑之，使不即朝於闕下，恐非所以來遠人也。"朝廷從之，於是異國之使，接踵於中都焉。夏五月，朝廷遣使與熙河涇原秦鳳之師合謀，以制夏國，使者銳於成功，意在討擊。公以謂宜且進築城壘，以爲藩衛，席卷之師未可輕舉。因上疏論列，不報，而使者日持攻取之説以迫。公度不可共事，迺三上章求引避。六月，被命還秦，再求內郡，移公知陝州。其後使者悟攻取之難，卒用修築之議，如建汝遮寨、金城關，皆公已陳之策也。四年，自陝及雍大旱，公日夕齋戒禱雨，已而霶霈，境內獨豐，民無流徙，而旁郡飢殍相枕於溝瀆。陝當西道之衝，兵民繁夥，使傳旁午，爲守者憚之。公撫治有經，應接多暇，不見其勞擾，居無事，時常親至學舍，執經講問，以勸諸生。七月六日以疾卒於治，享年六十。公初寢疾，有星殞于州宅思邵堂下，光焰炯赫，不數日而終，人咸異之。公娶張氏，承務朗程之女，封仁壽縣君，賢淑有婦道，先公六年卒。子八人。靖，前河南府左軍巡判官管勾書寫秦鳳路機宜文字。竑、譏、竚，竦皆舉進士。端、翊，邰、奴早夭。女一人，適前蔡州遂平縣尉李圭。孫男四人，孫女一人，尚幼。以其年十月丁酉，葬于京兆府武功縣西原鳳凰岡之先塋，以仁壽夫人祔焉。公有文集十卷、奏議二十卷藏於家。公幼喪母東陽縣太君習氏，惸然悲啼，人不忍視。及事繼母江陵縣太君楊氏，尤以孝行著於里中，嘗侍疾，衣不解帶者累月。既執喪，毀瘠過制。朝請君殁于延安，公被髮徒跣，躬負其櫬而歸，行路爲之傷惻。友愛其弟師韓甚篤，嘗遇明堂推恩，不奏其子而以師韓爲請，朝廷雖不從，而人皆義之。不喜聚貨財、廣田宅爲子孫計，獨以賙給親舊爲心，族人生無以贍、死無以葬者，皆公是賴。故卒之日，家無餘貲。從官二十餘年，率常在邊塞，其蕃漢情偽，將佐才否，以至熟羌生界住坐，山川險易，種落族姓，靡不周知。拊循勞問，下逮孩幼，故遠蕃之人，莫不懷附。及攝鎮洮州，羌人歡呼，爭迎於境上。比其去，漢蕃士卒泣訴于走馬承受曰："爲我聞朝廷，使公且留此。"所至民尤愛戴，其殁也，陝民號慟，如喪其所親；而蒲人之哭奠者，相屬於路；羌酋邊卒，舊將故吏，多繪公之像而事之者。其後于闐之使入貢，必過公之墓而祭之，其得人心如此。公恢廓敦大，不事邊幅，淵然莫窺其涯，遇人接物，未嘗忤其意。至於論當世事，則毅然正色，辭勁而不撓，雖人主前亦不阿合，左右方恐懼，而公言益亹亹，臨危難不顧其身。嗚呼！才猷器識，度量風槩，瑰奇卓絕如是而不得盡所蘊焉，可不爲惜哉！銘曰：游本姬姓，吉興于鄭。元魏靖侯，儒風聿修。悠悠千禩，典刑孰繼。嶷生陝州，文武之器。文則華矣，其武伊何。矢謀于軍，書勞實多。在昔熙寧，鬼章方命。先帝不誅，以待嗣聖。嗣聖繼明，公初請纓。指蹤將士，機發雷霆。既破洮州，仍執醜虜。告慶廟陵，百寮蹈舞。窮髮鬼區，讋我皇武。桓桓奇功，焜燿海寓。乘輶關隴，剖竹蒲幽。省曹卿寺，出入拖紳。忠以利國，仁以愛民。其所施設，同風古人。憪彼夏羌，屢蠚西境。公提將符，嶽立山挺。忽從一邦，志不獲騁。乃令犬羊，尚保要頸。大勳末遂，非公獨然。廉頗去趙，樂毅離燕。惟有令名，炯如星懸。刻銘幽宮，萬世哀焉。

京兆安民、安敏、姚文安延年模刻。

撰者張舜民，篆者章粲，《宋史》皆有傳。舜民字芸叟，邠州人；粲字質夫，浦城人。書者邵鱅，字仲恭，丹陽人，嘗學書於蔡京，見《書史會要》及《鐵圍山叢談》。游師雄《東都事略》及《宋史》皆有傳，全採此誌。《宋史》稍詳，《事略》最簡，皆有省無增。誌字景叔，傳作景升，《事略》之僞也。誌云"鬼章又欲以別部出熙州"，史作"出熙河"，熙與河是二州，是時吐番欲攻河州，故鬼章又欲出熙州，不得合熙、河爲一地。志云"今蘭州距賊境一里"，傳作一舍，一舍則三十里矣。"建汝遮納、迷結、龍珠三寨"，傳作安遮。"權陝西轉運副使"，傳無副字。"凡一十六事"，傳作六十事。"被旨攝帥熙河"，傳作熙州。時熙河等州置經略安撫使總轄之，不得單舉熙州，此則《宋史》之僞也。誌中所稱丞相范公、忠獻魏公，謂范忠宣、韓魏公也，韓康公謂韓絳也。皆倚公以辨、奉只赤之書，借辨爲辦，借赤爲尺，皆古字通用。尺之作赤，《石墨鐫華》引禽經"雉上有丈鷄，上有赤"，又華山石闕云"高二丈二赤"，平等寺碑云"高二丈八赤"，楊用修以尺牘爲赤牘，皆尺、赤通用也。當煞阿里骨以獻，元豐以托地爲先，借煞爲殺，借托爲拓，則俗字也。又"犬羊之勢"句，"勢"當作"性"。

趙揚妻蘇氏　宋仁壽縣君蘇氏墓誌銘并序

承議郎勾當亳州明道宮劉次莊撰并書

次莊少時，先人遇客名儒，必奉巵酒，接愍懃。講儒學事列，次莊昆弟侍，冀得萬一教訓，其中故湖北轉運使秘閣挍理趙大夫公揚，於次莊董寂獎飭誨勵。後公迎婦廣西，往來道長沙，益爲曲折。熙寧中公通判潭州，次莊爲屬縣尉，公喻次莊，士當自奮拔，即教上書天子，因召見，留中都。紹聖四年，次莊來居，陳公之夫人仁壽君適卒於陳之項城，其子將護夫人之喪，祔青龍山挍理之墓。論譔次莊職也，謹誌而銘之。廣西轉運使贈禮部侍郎蘇公安世，慶歷以三司戶部判官治歐陽脩冤獄，白脩無罪，以此名聞天下。丞相王文公嘗誌其墓曰："蘇君一勳，其功於天下，豈小也哉？"夫人其季女也，少喜誦詩書黃老之言。趙氏名族，及歸，以敬肅範儀其家，見女子稍長，挍理與夫人共訓導使學，不得怠弛。趙踈戚有女，失怙恃，夫人取之義育，迨笄，爲具資嫁。表姪梁傳，無所倚仗，與之娶，致賚緣得祿。交趾陷，邕州禆將死，其妻脫身丐食，北走至邵陵，夫人厚撫遺，翼送千里還其家。太原郡君王氏，其子敗官客商，水乏食藏，時爲賑活，平生囊無餘資，槩以此。存守、吐納、鍊氣、服餌之術，夫人悉曉通之，晚復究明性相寂滅之理。紹聖四年十月十四日將奄棄，疊足屈指，若釋氏結印狀，神色凝定，後七日家乃敢殮。子三人，峋，德順軍司法參軍；嶸，朝城令；岍，項城尉。女三人，適長社毛球，宣德郎；知長安縣陳祐，通直郎；知邵州張諤。云銘曰：蘇世武功，裔於鹽叢。蜀亡其東，有顯秩宗。迺生淑女，峻厥軌度。橐解不儲，職施之故。宅彼高崗，雲木蒼蒼。以永其藏，莫窒其光。

趙揚爲趙抃之弟，抃有二弟，一曰抗，一即揚也。王荊公誌蘇安世墓云女子五人，其適單州魚臺縣尉江山趙揚者，即仁壽君也。歐陽公以孤甥事爲言官所許，安世直其冤，誌謂丞相王文公誌其墓，即荊公誌也。《南嶽總勝集》載大觀二年移建本命碑，爲通直郎權潭州通判兼軍州事趙岍文并書，即夫人第三子也。劉次莊，元祐中御史嘗模刻閣帖於臨江軍，又爲釋文十卷。此誌在江寧城外祈澤寺壁間，作婦人誌，前叙已與趙交誼甚詳，體例一別，惟不書享年若干及葬於何日，則其踈也。

中郎将元飀妻主夫人草

周王異之引氏秩之興

訓陰軒然明作配飀宗之妻

陽不王弟六弟元飀之妻

孫陽不王妃之若開睢閒式閒

識沖圍四德連瑱后妃的

好仇葳以加焉言告師氏的

典以延昌二年歲次癸己葬於東

探終始若一馬稱家人美夫婦夫人

河粲粲墳壟依依丘墓曾悲尋挂多傷其

日十二月辛己朔四日甲申塋於渥涓之東

惟兹夫人開睢挺莁翘翘蔂楚灼灼雲介

宋三

韓宗道　宋故通議大夫充寶文閣待制上柱國南陽郡開國侯食邑一千三百戶致仕韓公墓誌銘并序

朝奉大夫充集賢殿修撰知泰州軍州兼管内勸農事上輕車都尉曾肇撰

朝請郎試中書舍人兼侍講上輕車都尉賜紫金魚袋趙挺之書

左朝議大夫寶文閣待制知潁昌軍府事兼管内勸農使京西北路安撫使吳安持篆蓋

太中大夫寶文閣待制知杭州兩浙西路兵馬鈐轄上柱國南陽郡開國侯食邑一千三百戶，韓公諱宗道，字持正。年七十有一，上書謝事，優詔許之，遷通議大夫，命未至，公卒於位。三子，曰璩，曰瓘，河南府軍巡判官；曰珙，承務郎，皆前死。一孫昺，郊社齋郎。其弟朝散郎宗直請於朝，往護公喪，既而枉道過予，爲公請銘。予與公同時爲郎尚書，已而偕爲從官，既故且戚，銘其可辭。韓氏世家常山，自累贈太師開府儀同三司，冀國忠憲公，諱億，以文學起家，致位政府。始葬其父，累贈太師開府儀同三司，陳國公諱保，樞于潁昌府之長社縣，遂爲潁昌人。忠憲公八子，二爲宰相，一爲門下侍郎，一知制誥。知制誥者諱綜，累贈太尉，公考也。世德淵源，其來有自，至公三世而盛大光顯實幾百年，其間魁壘傑出，爲一時之望者，相繼有人。至於孝謹恂恂，行稱於家，材見於事者，亦多可紀，公其一也，公孝友慈祥，自少無子弟之過，事諸父盡子職，不獨於親然也。其遇人豁然，不立畦畛，其爲吏廉平，無私所至。勤勞公家，不簡細故，雖貴且老，未嘗怠以止也。其爲近侍，中立不倚，不事夸奪，雖有佼心者，莫之忌，亦莫得而侮也。故在家爲賢子，在官爲能吏，而在朝廷爲良士。孔子稱詩之夙夜匪懈，又曰無忝爾所生，以爲大夫士之孝，若公可以當之矣。初公以忠憲公恩，補將作監主簿，三遷大理評事，監潁州商稅務。會汝陰闕縣令，號多職田，前攝事者得所入而州俾公代，公辭不得，則過職田期而後往代。時公年尚少，衆伏其廉。嘉祐四年，鏁其廳，中進士第，知越州餘姚縣。公仕潁已有能聲，至是摘奸字良，治行益白。歷監在京皮角庫，簽書彰德軍節度判官事。歲饑，請發官粟貸貧民，民賴以濟。熙寧初，知巴州。時天子進用二三大臣，鼎新政事，公以名家子有聞於時，近侍多薦公宜在臺閣，大臣亦雅知公。會公叔康國公去相位，即擢公城都府路轉運判官兼管勾常平農田水利差役事，講議法制，必究利病，因革損益，視理如何，不務紛更，不膠舊貫，繇是一時同事者初雖異意，卒皆紬已從公，復其平正。而凡有改爲，蜀人不知其擾。入爲開封府判官，復出提點河北西路刑獄，徙淮南路轉運副使兼提舉，常平市易事，八遷尚書工部郎中。時市易法初行，任事者希功，旁緣漁奪，公數裁之不聽，則致之于理。朝廷聞之，遣官行視，任事者得罪去，公亦徙知隸州，蓋公當官不撓其守，類如此。歷知鳳翔府潞州官制行，召爲尚書戶部郎中、太府卿。元祐三年擢權戶部侍郎，均節食貨，號爲稱職，真拜刑部侍郎，未幾，復爲戶部。以寶文閣待制權知開封府，聽決平恕，不事苛察，守中循理，不苟虛譽。歲餘復還戶部，五遷太中大夫。紹聖初，除寶文閣直學士，知成都府，以喪子辭求便郡，迺以待制知陳州徙青州兼京東東路安撫使，又徙瀛州，兼高陽路安撫使，又徙杭州。卒時紹聖四年七月甲子也，元符二年七月十四日葬長社縣嘉禾鄉，祔忠憲公兆。公在朝數言事，嘗請擇守令，明黜陟以覈能，不立嫁娶喪祭之制，使貧富各安其分。詔有司節浮費、興遺利，量入爲出，以制國用。它所建白類如此。有文集二十卷，藏於家。母劉氏追封韓國太夫人，妻聶氏追封許昌郡君，一女適祠部員外郎宋景年。孫女三人，長適西京伊陽縣主簿宋晟，餘尚處。銘曰：有倬韓宗，肇自冀公。子孫馮厚，益熾而崇。有公有孤，曰仲叔季。亦有持橐，從容諷議。猗與南陽，克紹厥世。豈惟勢榮，德亦是似。崛起於少，吟哦六經。出偕寒儁，擢第王庭。迺使四方，明國若否。迺將八州，宜民父母。地官之亞，天府之長。

在人無非，在己無枉。既果於退，亦全其歸。命書在道，殁有光輝。潁川之郊，其原膴膴。啙以無怍，往從父祖。

　　宗道爲韓億次子綜之子，附見《宋史》及《東都事略》綜傳，不及此誌之詳。此誌及前宗厚誌皆在許州東北三十里，前誌云嘉禾鄉靈井里先塋之次，此云嘉禾鄉祔忠憲公兆，蓋皆祔億而葬也。譔者曾肇，書者趙挺之，篆者吳安持，《宋史》皆有傳。肇字子開，南豐人，鞏弟。挺之字正夫，諸城人。安持附見吳充傳，充之次子也。誌云"嘉祐四年，鑠其廳中進士第"，宋制凡見任官應進士舉，謂之鑠廳，所屬官司先以名聞，得旨而後解。宗道以大理評事及第，故曰鑠其廳也。

楚通叔妾朱氏　宋故夫人朱氏墓誌銘并序

承議郎致仕雲騎尉賜緋魚袋李燾撰　奉議郎武騎尉賜緋魚袋趙欽明書并篆蓋

　　夫人姓朱氏，河南緱氏人。自幼歸故達州司户參軍楚公，諱□中，字通叔。通叔娶孫氏，夫人事之勤而盡禮。孫夫人卧疾彌年，夫人夙夜供侍藥餌，略無倦色。逮孫夫人卒，夫人□□□事司户公尤謹恪，閨門雍肅，内外歡心。司户公恬不求仕，仁以愛物，好施與賙，急難賓客，親舊至者不問識與不識，待之均禮。故食客無虛日，夫人周旋應辦，無乏事。生二男三女，長曰照，任河陽節度推官，謹厚詳審。季父正議待制公諱建中，奏請于朝，以爲其後，宜解官持服，以襄大事。次曰庶，任信陽軍録事參軍，先夫人一月而亡。長女適陝州陝縣令王綝，早世。次適瀛州監押東頭供奉官張恂。次適汝州魯山縣令文□。孫男三人，長曰興義，郊社齋郎；次曰興民，次與女孫六人並幼。夫人賦性寬厚，處己儉約，喜怒不形於色，語笑不妄爲發。司户公捐館，是時庶尚幼，賴其兄教育成人，後至入官，與兄皆在仕路。夫人因迎侍之官，日屏家事，惟誦佛書究其理而已。庶任信陽録參，到官半載，因疾而卒。訃至，照即遣男假承務郎興國迎，夫人洎孤幼，旅櫬北歸，次潁陽故里。夫人遽感河魚之疾，照亟謁告□歸侍疾，未幾，卒于居第，寔崇寧二年八月二十八日也。享年八十有一，卜以當年十月二十七日，葬于河南府河南縣尹樊田萬安山之陽司户公塋之右，丐銘于予。予素荷司户公之□舊義，爲其銘曰：勤勞其初，享福攸厚。優游榮養，八十其壽。安之幽堂，慶流不朽。

玉册官□□刊。

誌在洛陽縣，行書。

孫覿　宋故贈朝散郎孫公墓誌銘

朝奉郎行秘書省校書郎兼國史編修官編修六典撿閲文字賜緋魚袋許翰撰并書

承議郎祕書省箸作郎編修六典撿閲文字李敦義篆蓋

政和三年，余入校中秘書，所與並游，往往鮮明辯麗，英發可喜，而魯國孫君聖求獨，靖固淵塞，渾然難知。余心異之曰："此豈非曲阜闕里之風也哉？吾今乃知天以夫子之教興於魯者，因其質厚如此而文生之也。"後二年，謁其丈人大夫公於東郭私第，聽其議論，重德人也。又一年，其家卜葬其先大父，則狀其行與事而請銘於余，余既得交於聖求，父子閒又得於此，考觀其世德之經緯本末，喟然歎其積之遠矣，因益見魯多君子，足以發吾昔日之言爲不妄也。遂書其躅而銘以亂之。君諱覲，字明之，兗之泗水人。曾祖諱程，祖諱榮，考諱達世，世以農服田。至君之考，乃盡割膏腴以與兄弟，而自取磽薄，力耕其中。君少而孤，食荼攻苦，事繼母，撫諸弟，以立家，母爲敕戒所生，無得恃吾故亂，兄治官府，有政興勤，其弟吾寧以身往役，發於誠心，以故上下依懷，閨門大和。歲惡，人爭貸粟於官，君獨不往，曰："今自刻厲，尚可以生，貸而不能歸，是欺國也。"其居鄉能以義槩動人，沉毅慨慷，時有俠氣。有惡少自以負君，妄意君心，結客數十，撫刃從君。君正衣冠而叱之，惡少心震氣褫，失刃墮地，數以云云，不覺膝屈。請得改事，君因與講，不復蒂芥。巨寇將至，鄉人大擾，謀徙避之。君心之曰："少竢我。"即持牛酒，造寇壁顧見，因留，與之醉飽，歌呼相樂，輸以其情，寇壯而義之，爲引去。有故家子嗜酒不羈，君見戒以無頹家聲，發怒辱君，君謝，遇之益厚，其人愧之，終身避君。縣吏與君不相能，薦數中以吏事，後敗困窮，君反賙之，吏愧亡匿，曰無面目見孫君矣。蓋其能詘服人心如此。大夫罷官興元，聞魯大荒，或欲擇居它鄉，君不可曰："無年如此，族姻日夜望吾至，以薦其饑，吾何忍擇利自營，而不此顧邮乎？」既歸弛擔，即內外千指仰食君，君市米官廩，雜糠籹黎藋，相與食之，無難色。有餘，則以餉鄰里之窮無告者，振施甚衆。大夫官蜀，計司取錢引之當毀官者復出之，郡縣大夫月受以爲俸，君曰：「以此與民爲市，是罔民也。」禁家人無得出積爲錢，五六十萬盡廢。其後有司建治操空文以市於民者，官吏皆汙，而大夫獨皭無有，蜀人賢之。大夫之爲循吏，君蓋多有力焉。其自蜀歸，則盡舉族人之無後與貧不克葬者凡三十五，喪葬之。未疾數月，忽戒其子儉葬，與凡家事，豫爲條理。大觀四年八月辛卯卒於舒州官舍，年八十一。以其子恩爲通直郎，累贈至朝散郎。其治命曰：「必於先塋乎吾葬！」今以十月甲申葬蕘裘東節義鄉里仁之原，與考同城。娶曹氏，贈太宜人。男女二人，男琪，朝散大夫提點南康軍逍遙觀，女適邑人潘潛。孫凡四人，傳、儉、億、儔。傳，奉議郎，以辭學兼茂，高選爲秘書省正字，即余之所異同舍郎也。億，將仕郎，鄆州刑曹掾。餘未官。初君未嘗伏術爲學，而行事每與書合，又能縛紲自下，以延致士，教其子孫詩書，以故子孫彬彬，多以文行著。云銘曰：

暴興非祥墮神姦，慶積離久乃見端，根蟠源泜天所艱，擢爲脩林舒長瀾。孫氏世隱耕寬閒，逮君負能不施官。人文不琢天守完，俟天我昌匪力千，裔胄袞袞方彈冠，謂君未顯非今患，昭詩佳城唯後觀。

裴通苗成魏通模刻

誌在泰安縣葼德鎮萬壽宮東壁。

范莊　宋故范君子嚴墓誌銘

奉議郎致仕武騎尉張今譔
朝散郎權知巴州軍州管勾學事雲騎尉借紫權維書
奉議郎簽書興州軍事判官廳公事勾學事王沃篆蓋

子嚴先塋在邑之澤州鄉遲社，塋間之木往往合抱，詢其族人之高年者，皆云葬逾百年矣，雖無誌可考，知其久爲陳倉人也。曾祖照，祖懿，皆務農不仕。考元吉，有度量，善謀畫，由甽畝積貲至鉅萬，遂徙居邑中而富籍爲第一，卒葬於大像原。有子三人，而君居季孟之間。考極喜儒，意將擇子之良者教之，然其孟既以門縣隸府役，季且幼，獨屬意於君。不幸考早世，遂嘿嘿不得志，一旦潛索友人朱景者如京師，南抵滁濠間，求師友而學焉。逮歸，季、孟已有析煙之議，君獨得畸零之業，鬻去七八，復買地於西平原。凡五六年，始稍有序，然心中常以未副先君之志爲恨。因置其生事，又率其友張今者復如太學，凡數年，四方賢俊，多願交焉。然數干舉不利，有勸以習明經比進士爲可必者，君深然之。乃出居尉遲之故廬，絕人事，閉門誦戴禮苔義凡二年，注疏首尾，爛然在臆，人皆謂君舉是科，取青紫，猶掇之也。會朝廷改科場，罷明經，君嘆曰：“是亦有命焉！”乃不復爲干舉之學，而專閱史傳，歷考古人行事。時與鄉中有道者爲詩酒之樂，益多藏書，招賢士，以教諸子爲急。然性介潔，上不願接勢位，下不喜白丁，唯吾儒叩門，一言道合，則傾蓋如故，以至推財拯乏，靡所不逮。其所交遊，多魁磊宏博之士，未嘗俛首以投俗人之耳目。元祐元年閏二月十七日以疾卒，享年四十八。元娶馬氏，即邑人進士馬收之女。次朱氏，鄉貢進士景之妹。五男四女，皆朱氏所出，曰汝翼，成忠郎前任興州管界巡檢馬遞鋪。次汝弼，秉義郎前任巴州管界巡檢。次汝聽，將仕郎。次汝楫、汝礪，皆讀書，後君而亡。女長適邑人馬筠，次適進士薛弁，次幼而亡，次適進士張抃。孫男十人，倪、价、何、伾、倫、脩、伸、倬、儔、倚。孫女六人，長適吳山進士楊大年，餘並幼。君之亡，汝翼年十八，幹蠱事親，教諸弟，爽爽有立，乃遵遺訓，於政和三年六月十二日，卜兆於鳳翔府寶雞縣寶雞鄉大象里先塋之西，朱氏祔焉。前期求誌於予，予素與君善，又予之次子娶君之幼女，作誌與銘，固所願也。子嚴字也，諱莊，姓範氏，銘曰：今學不效兮古學是循，古學有得兮所親者仁。宜壽不壽兮天所屯福，慶流衍兮鍾後人。

　　陳倉即寶雞，隋以前爲陳倉，唐以後爲寶雞，西平原在寶雞東北十五里。朝廷改科場罷明經，從王荆公之議也，見《宋史·選舉志》。子嚴先世務農，其兄以門縣隸府役，誌不稍爲文飾，猶見古人質直處。謂析居爲析煙，稱初娶爲元娶，在今以爲常語，於古則爲初見。

　　孟邦雄　大齊故贈通侍大夫徐州觀察使知河南軍府事兼西京留守河南府路
安撫使馬步軍總管兼管內勸農使孟公墓誌銘

　　朝奉大夫前秘書少監編修國史賜紫金魚袋李杲卿撰

　　尚書禮部太史局中官正賜緋魚袋李肅書并篆蓋

　　公諱邦雄，字彥國，西京永安人也。曾祖諱順，妣安氏。祖諱晏，妣趙氏。累葉不仕。考諱恩，贈武節大夫；母□氏，封恭人。公爲兒時，已剛介不群，既壯强，鷥善騎射，以氣聞里中。賢豪有能談兵者，必屈折禮事，以冀有得，□而後已，用是諸家兵法，略知大義。前宋靖康建炎間，中原喪亂，盜賊蜂起，嗣王走江浙，海內洶洶，遞相殘噬。公乃招集亡命，旬月間得萬人，號曰義師，保全一方，力拒群盜。京城留守使司嘉其忠義，便宜借補進義校尉兼差權永安縣尉，既而借補承信郎權知永安軍事，累遷修武郎、京西河北河東路招捉使。以公有心力，能撫軍衆，便宜補敦武郎兼閤門祗候，仍差河南府西六縣都巡檢。建炎三年三月，本路安撫使司改差知汝州寶豐縣，四年正月，累獲大功京城留守使司，便宜遷武功大夫，榮州刺史，仍差權知河陽南城兼管內安撫使。四月差充京城留守司同簽書判官廳公事，兼主管侍衛步軍司，仍遷左武大夫、榮州團練使，許從便宜。五月遷翊衛大夫，六月遷中亮大夫改忠州防禦使。大齊開基，阜昌改元，公適時知變，乃以忠亮大夫忠州防禦使權知河南府兼西京留守管內、安撫馬步軍總管司公事兼管內勸農使，歸附聖朝，朝廷優加顯秩，遷中侍大夫，依舊忠州防禦使，餘並如故。公迺謂人曰：“大丈夫事主，當一心建功立名，期不朽，豈可乍服乍叛，以速夷滅哉？”方思建立，以固恩寵，適西京北路安撫揔管翟興阻兵負險，隔絕道路，跳樑不軌，殘忍尤甚。公迺屬志竭忠，乘機奮發，勸督將士，協力赴功，竟致渠魁，破蕩巢冗，厥績顯著。天子嘉之，乃遷徐州觀察使。自是西至關中，南至漢上，凡兵火隔絕，曠日人迹不通之地，一旦水陸舟車，田野來往，貢游於市，商通於路。皇帝遣使賜金帶，以光寵之。三年六月，宣詔赴闕上殿，皇帝問以邊事，辯對稱旨，無所疑滯。天子愛之，賜廣撫封俾臨一路，仍正使號，增重帥權，特授依前中侍大夫徐州觀察使，知河南軍府事兼西京留守、河南府路安撫使馬步軍總管兼管內勸農使。明年正月，西賊叛逆，順商虢三州相繼變亂，虜掠百姓，攻圍城邑，大兵未集，遽入西洛，公不幸被執，留之軍中，意欲活而用之。公乃毅然不屈，即請死之，遂力被害，享年四十六。先是厥父恩被傷致殞，男安世同日被禍，三世忠孝，萃於一門，舍生取義，不失全節，方之古人，殆無愧也。朝廷哀憫其忠義，贈通侍大夫，賜錢千緡及賻贈羊酒米麥等，差諸縣夫役百人以助葬事，許其弟武經大夫、閤門祗候、河南府路副總管邦傑，不妨本職，以領葬事。七月二十日癸酉，葬於永安軍之田鄉蘇村之原。公娶劉氏，封恭人。男一人，安世，贈朝奉郎。女二人，並未嫁，俟嫁日各賜夫承節郎。公天性純厚，明敏辯博，事父母尤孝。能以智帥人，與士卒同勞苦，資糧與均，故人樂任使，多立奇功。其在西洛不雄，威聲四馳，見於將略。至於撫衆治民，政平訟理，皆出愁歉，有古良吏風。古之爲將者，或以智略，或以壯勇，或以死節，苟得其一，不害爲名將。後世將弱兵驕，其能智略壯勇與夫死事奇節，顯顯名世者幾希。故其伺敵之來往，內懷怯心，外霽威色，畏避矢石，不敢前臨，時去就以挾二三，幸勝則要功力，屈則降敵，若人者，安能死節玉事，願死馬革中，以報國家哉？公獨能兼是數者。卒死忠義，並驅古人，非天賦英烈，未易如是也！僕不識公之面，友人將仕郎黃億實客於公之門，一日狀公行事之實，見祝爲文，辭不獲已，因爲之銘曰：帝造區夏，志清多壘。凶醜跳梁，速誅干紀。公識時變，赤心歡附。氣吞群盜，亂庶遄沮。帝用嘉之，以廣撫封。正彼使號，以旌有功。留鎮西洛，克服商虢。舟車隴蜀，咸底偉績。董賊亂常，兇焰熾張。死節被執，斷頭不降，以忠捐軀，禍及三世。死馬革中，是謂得志。帝用憫之，厚葬斯舉。錫以千緡，贈以□□。使安窀穸，永茲幽宅。巍巍嵩高，與功無極。

沛京楊青刊

孟邦雄事附見《宋史·劉豫傳》後，云孟邦雄發永安陵，即其人也。邦雄即永安人，建炎四年官至忠州防禦，時劉豫僭號，遂降，授僞職。誌云"兼西京留守"，武授堂誤"西"作"四"，且以東平汴京大名河南府四地實之，蓋未審石文原作西京。而四京留守，亦非一人所能兼攝也。《宋史·翟興傳》劉豫將遷汴，以興屯伊陽，憚之，遣蔣頤誘興以王爵，興斬頤，拒之。誌謂興跳梁不軌，當指此事。傳又云豫計不行，陰遣人啗禪將楊偉以利，偉殺興，攜其首，降豫。小註云："或謂賂偉爲内應，以兵徑犯中軍，興奮擊，墜馬死。"則誌所謂"乘機奮發，勸督將士，竟致渠魁"，或兵犯中軍時，由邦雄所督領也。其事在宋紹興二年，亦即劉豫阜昌二年也。《劉豫傳》云："紹興二年二月知商州，董先以商虢二州叛附豫，十二月襄陽鎮撫使李橫敗豫兵於揚石，乘勝趣汝州，僞守彭玘以城降。三年正月，李橫破潁順軍，僞守蘭和降，又敗豫兵于長葛，引兵至潁昌府。豫求援於金，亦遣將逆戰，橫軍敗績。"誌所稱"西賊叛逆"，似指李橫。其銘詞有云："董先亂常，兇焰熾張。死節被執，斷頭不降。"是邦雄死於董手，其事不見於史，不知董爲何人，豈即董先耶？然先既叛宋附豫，何以又殺邦雄，其事不能明也。誌末云"見祝爲文"，猶言見囑也。余近輯明人尺牘《祝枝山莫雲卿墨蹟》，"用至囑爲"囑字皆作祝，其根據則始見於此。邦雄卒於阜昌四年，僞齊劉豫以宋建炎四年爲金人所立，改元阜昌，其四年則建炎八年也。[1]

王景道妻賈氏　王夫人賈氏墓誌銘

夫人賈氏，上世居開封，徙華州渭南。曾祖素，康州刺史；祖翊，贈建寧軍節度使；父昌言，内殿承制。母范氏。夫人明悟柔惠，知書謹禮，年十七，歸王君景道。王氏渭南大姓，多田疇，第宅甲城中，園亭壓渭水上，群從子弟皆好學，登文武科不絶，而景道尤淳厚孝謹。夫人相之，益蕃其家。金人亂關中，王氏百口皆散，夫人同其夫三子永之、立之、壽之，一女。女之夫蘇承祚隱終南山得脱。復入階文，女死道路間。由劍門入西蜀，抵犍爲清水溪。時河南邵公溥碩人，係夫人之妹也。夫人曰："吾於此歸老矣。"邵公起爲宣撫使，夫人遣其壻執事帳中，獨與夫子依碩人，不離溪居。邵公召爲禮部侍郎，過家視碩人，碩人要夫人同出三峽。而夫人卒紹興六年九月壬辰也，享年五十六。其壻盡力後事，以十月辛酉葬夫人清水溪羅門灘南岸之山。邵公與碩人視窆封畢，哭弔焉。夫若子於墓下，三祝其明靈而妥之，以其辭爲銘，銘曰：家秦川，葬南犍，其萬年安弗遷。

誌出犍爲縣南二十里清水溪南岸山，采入《四川通志》。誌曰"復入階文"，

今階州文縣，皆在甘肅。

李集妻楊氏

維皇宋紹興二十一年二月十五日，貴妃姪女楊氏以疾終于鄂州咸寧，享年三十六歲。紹興三年八月，内娉于邯鄲氏李集。有子三人，長曰煇，次曰烜、曰煒，尚幼在室。女二人，長曰興娘，次曰安娘。卒之五日，葬于縣郭之西金山寺之南。宅兆既吉，時日云良，略序其實，刊之琬炎。嗚呼哀哉，永示無窮。

是誌出湖北咸寧縣。道光十年墓圮，湘潭劉芑亭詒孫知縣事，令土人納石封墓，拓文見寄，誌云貴妃姪女楊氏卒於紹興二十一年，《宋史·后妃傳》高宗貴妃有張劉二氏而楊氏無傳，其夫爲邯鄲氏李集，李姓集名。邯鄲氏，蓋用盧生遇回道人事以自號也。

趙之才妻牟氏　趙孺人牟氏墓誌銘

南平范器撰

肜史廢職，淑德懿行，泯而不傳，有能碣石墓側者，亦庶幾矣。鄉人趙允兄弟奉其母之喪，以狀丏銘詞，甚哀，予其何以辭。孺人姓牟氏，隱君諱昌仁之女，進士趙之才之配。其先蜀之資陽人，累葉以富顯。隱君熙寧初挈資游南平，顧膏腴可取，遂家榮懿，自是貲産盛甲一鄉。孺人及笄，隱君謂家人曰："四子一女，吾何憂？女聰慧，當選所宜歸。"先是允大父諱言亦至自武信，與隱君産業相頡頏，人目爲趙牟。久之，兩翁相謂曰："資與武乃枌榆，今在異縣，盍講好焉。"隱君以之才有文行，納爲贅壻。既而更治第，俾得自如，其實連牆若一家。逮析産，兄弟一無厚薄，父母之愛篤矣。孺人處榮懿，舅姑處新市，相距一舍，旦暮未嘗廢起居禮。其可奉甘旨者，檻致籃携，婢僕馳送，殆無虛日。舅死畢喪，念姑髮已鶴，迎養於家，奉事不怠，姑死送終，禮益厚。孺人之夫，天資灑落，無鄙吝態。客至未稅駕，杯盤森列，實孺人内助，故不勞咄嗟。孺人年逾三十，夫死，男女幼稚。族黨有爲勢位者所撼，議以再適，孺人守義甚堅，議者沮縮。妾袁氏初亦欲求去，孺人令終制，乃嫁之，此人情所難者。嫠居四十年，冠昏喪葬，供輸餽賻，各得其宜。逮今阡陌聯翩，不失尺寸，是雖肯堂者能立，實自孺人遺訓耳。至若延士以訓子孫，種德以厚基本，孤貧知邮，内外加敬，此里閈知之甚詳，因不復録。孺人享年六十有八，卒於正寝，實紹興三十年四月十八日也。生二子，曰允、曰充，業進士，舉功名，遲速未可量。二女，長適進士牟賁，先孺人十年卒；次適進士牟蕃，後孺人三年卒。孫男三人，康國、康朝、康世，嶷嶷可喜。孫女五人。允充弟兄卜以乾道元年十月甲寅，遷孺人於輕難壩艮山下，實祔葬也，謹爲之銘曰：爲婦以孝，爲男以賢。有一於此，名胡不傳。兼而有之，奚以銘爲。德全名著，固無足疑。銘之謂何，久而不磨。傳者益遠，知者益多。

　　重慶府綦江縣在宋爲南平軍地。縣東金蘭壩，嘉慶初年，久雨冢崩，一穴深黑，好事者持火入觀，石洞乾潔，誌石完固。邑令羅星抄出誌文，命封其穴，載入縣志，并入《四川通志》。宋世凡應春官舉者，謂之鄉貢進士。誌中趙之才、牟賁、牟蕃，皆曾應是舉，即鄉貢進士之謂。非南平一軍登第者，如是之多也。誌曰"盍講好焉"，講即昏媾之媾。《國策》樓昌曰"不如重發，使爲秦講"，《史記》樗里子與魏講，皆讀講爲媾。今人稱後蕃曰世講，亦取世爲昏媾之義。讀爲講習之講，則誤矣。

惟茲夫人開晴挺萃岸岨嵬嵬楚灼灼雲介

日

河涑涑墳塋依徙丘墓曾悲尋桂多傷其東

廿二月辛己朔四日甲申蟄於漼淵之東京

泫滋典以延昌二年歲次癸己喪於

之握終始若一易稱家人美夫婦夫

好仇崴以加焉言告斯氏氏

誌沖圓四德連瑛后妃的式開睎開

之孫陽承王第六弟九颺之若

氷訓陰軒尒明作配魏宗之妻

之周王王眞之引氏祑之興

左中郎將元颺妻王夫人墓

宋四

楊從儀　宋故和州防禦使提舉台州崇道觀安康郡開國侯食邑一千七百户食實封一百户楊公墓誌銘

左朝散大夫新通判成州軍州事主管學事兼管内勸農事袁勃撰

右朝奉郎權知洋州軍州事主管學事兼管内勸農事借紫李昌諤書

右朝散郎通判洋州軍州事主管學事兼管内勸農事賜緋王椿篆

忠義立身之大節，知勇爲將之要道，此古今不易之論也。使忠義立於内，而或料敵不明，臨機不果，則亦無益於事功。知勇發於外，而或偷生以求安，避害以圖利，則亦無取於名節。有一于此，則不足以安國家，衞社稷。乃若忠出天資，知稱人傑，禦大敵於擾攘，濟中興於艱棘，卓然在義，勇萬人中而獨成義勇之功者，其惟楊公乎？公諱從儀，字子和，鳳翔天興人。曾祖懷信，曾祖妣王氏。祖武晟，祖妣李氏。皆潛德不仕。父仲方以公貴，累贈武功大夫，母高氏累贈碩人。公幼慷慨，嘗以功名自許。靖康丙午，金人犯順，連破諸國，狃於常勝，侵軼中原，所過輒下，無敢攖其鋒者。時太平久，兵備濅弛，乃詔陝西五路募義勇萬人。勤王詔詞有“每聞邊報痛徹朕心”之言，公聞而歎曰：“國家艱難，正忠臣義士效死之秋，豈可久安田里，爲一身計哉！”即奮然而起，應原州之募。太守杜平見而奇之，曰：“汝志不群，首赴義勇，所謂以義伐不義，異日唾手，富貴居吾右矣。”建炎初三月，虜寇涇原，忠烈吳公玠破虜大將婁室于青溪嶺，分遣公以奇兵邀擊，斬首一百七十餘級，補進武校尉，權天興縣尉。三年八月，忠烈遣公覘虜動息，公被圍於同州聖山廟，公仰天誓曰："若出重圍，當捐軀報國。"叱左右矢石交下，殺數百人。虜治雲梯，公急取竹爲籠，實之以土，號曰土牛。有頃雲梯大集，遂以土牛摧折之，敵亂，乘勢大戰而出。轉承信郎，遷隊將。四年九月，我師不利於富平，五路垂陷。忠烈會諸將於隴州，八渡議戰，公獨進曰："虜人侵軼，無敢與爭，惟公能挫其鋒於青溪嶺者，蓋得形勢之助也。今虜已陷涇原，將入熙河，計非半載未還。爲今之計，莫若先據地利，扼其要害以制之。當爲公先取鳳翔，復爲基本。"忠烈曰善，即檄公領兵進復鳳翔，既入，悉降其衆，不戮一人，得粟三十萬斛。時忠烈公方營寶雞西南曰和尚原，因貯公所得之粟，以資饋餉，軍不乏食，士卒感悦，遂移府事以治之。檄公知天興縣，事本府駐劄轉保義郎陞部將。紹興改元三月，虜自熙河復圍鳳翔，勢益熾。公告二親曰："爲人之子，非敢蹈於不孝，今城中兵寡，守死無益，不若潰圍求援。"即泣別而行。公與子大勳，率戲下百餘人，力戰至夜半，突圍得出。忠烈見而勞之曰："尔忠有餘矣，奈二親何？"公泣曰："昨在圍中，勢必俱死，萬一天監其衷，戮力一戰，取之易尔。"忠烈壯之，權選鋒統領。守神岔四月，忠烈遣公與敵戰于渭南，以奇功轉秉義郎，遷副將。五月，鳳翔虜酋没立會階州虜酋折合，統五萬衆夾攻和尚原，忠烈遣公逆擊没立一軍於神岔，大破之，獲敵酋潑察胡郎君，俘斬二百五十有一。轉武略郎兼閣門宣贊舍人，陞正將。十月，虜元帥四太子會諸道兵十餘萬，必欲取和尚原，先犯神岔，以警我師。忠烈遣公擊之，公賈勇先登，接戰三日，虜又分兵寇龍門，開統制吳公璘掩擊敗走，追及神岔。虜援兵大至，再合戰。公潛以精兵橫貫其腹，斷其首尾，吳公引兵追及，虜大斬千餘人，奪鎧甲牛馬萬計。轉武德大夫開州刺史，遷統領軍馬兼秦鳳路兵馬都監。先是虜恥屢敗，遂囚公二親於青谿寨。公內不自安，二年正月，公乞兵以往，忠烈許公帶本部出北山，斷虜糧道。行數日至麻家嶺，遇敵接戰。翌日至青谿，虜會諸寨兵爲援，自辰合戰至莫，大破虜衆，奉親以歸。忠烈喜曰："公深入重地，能破强敵，迎還二親，可謂忠孝兩全。"轉武功大夫。三年正月，虜寇石板谷，忠烈遣公禦之。公先設伏以待敵至，以奇兵刦之，虜衆敗走，追襲十餘里，斬首數百。轉右武大夫，陞鈐轄。二月，僞先帥四太子擁大軍，由商於侵饒風，開犯梁洋，經褒斜道出鳳州，再攻和尚原。忠烈復遣公引本部由間道應援和尚原，以功轉拱衛大夫。公嘗憤虜人侵暴不已，得其使，命即黥劓而歸之。公至和尚原，都統郭浩屬聲曰："比虜使至，公辱而使歸，是激敵怒。今擁衆二十萬來攻，請公當之。"公對曰："虜據梁洋，遣人以書見檄，言很而色傲，欲恃勢脅我。儻不辱之，誠爲自弱。今日之事，決戰而已。敵衆百倍，何足慮也。"統制吳公親率公等，於是鼓行而前，徑與虜戰于柏村。一擊破其三陣，敵衆大敗，追襲至渭，蹂踐溺死者不可勝計，水爲之咽流。吳公因謂衆曰："此捷楊鈐之力也。"轉親衛大夫。四年二月，虜入寇殺金平，自元帥以下盡室而來，示無返意，全蜀震恐。既戰，我師初不利，公急據第二堡外，預設鹿角之地，率强弩併力迭射，一日三戰，傷殺甚衆，虜引兵稍却。翌日來攻，萬人敵堡，統領姚仲重傷。公代之，率諸將戮力鏖戰五日，所向皆靡，大破敵衆，餘黨悉遁。自是虜不敢輕舉，全蜀之民各安其生者，雖吳氏之功，然於攻戰之際，公有力焉。以奇功轉中亮大夫，郢州防禦使。五年辟知洋州兼管內安撫司公事。公嘗從忠烈登殺金平，過第二堡門，忠烈顧瞻形勢，指虜敗處，以策擊轡謂公曰："此衿喉地，往歲一戰，安危所系，非公出力，幾敗大事。"嘆賞久之。九年正月，虜歸我河南侵疆。十年五月，虜復背盟，僞元帥撒離喝領大軍侵犯，陝右宣撫胡公世將，擢公同統制，與諸軍會於涇州。回山原大戰三日，虜氣未衰，議者欲潛師而還，留裨將以扞。公曰："我輩蒙國厚恩，今日當以死戰，奈何移禍它人？願留本部兵以拒之。"公張蓋示以間暇，虜人競進，公叱咤力戰，縱我軍數萬衆得出，遂下回山，轉戰十餘里，全師而還。轉協忠大夫。七月虜據鳳翔，胡公擢公知鳳翔府兼管內安撫使，就守和尚原。八月與虜戰于蒲坡河及汧陽，連敗敵衆，俘斬數百人，奪馬千餘匹。轉履正大夫，陞都鈐，轄節制鳳翔府忠義軍馬。九月，遷馬步軍副總管。十一年七月，都統楊政出鳳翔，公隸焉，與敵人戰于陳倉魚龍川石鼻寨，屢戰屢捷，生獲虜酋珍珠孛菫，諸軍凱還。後三日，僞元帥撒離喝整衆再犯和尚原。公才千人，進據金川坡，敵衆益盛，士有懼色。公厲聲曰："當各奮壯心，以氣吞之，聞鼓畢入，敢後者斬。"公率衆先登，鼓譟競進，自卯至酉，殊死力戰，虜衆大敗。轉宣政大夫，遷統制軍馬。和尚原素號形勝，蓋秦蜀必爭之地，虜屢欲以奇取之。公扞守二年，竟無可乘之隙，反因糧於敵，餽運減減省。胡公嘉之，敷奏於朝。敵既不得意，遂伸咮好，是時將迎奉徽廟梓官，請還太后鸞輅，遂許割和尚原。十二年春，詔宣諭使鄭綱中分畫其地而移公知鳳州。既割和尚原，而殺金平復爲要地，其旁則仙人原也。四川兵費邊儲，萃于魚關，三者相距皆十許里，有司謂當得人以守。遴選諸帥，無出公右者，十七年命公以本部兵屯仙人原。公鎮守其地，垂二十年，保固無虞，轉宣州觀察使。會朝廷詔大臣舉智謀武略可充將帥者，參政楊公椿首以公應詔，授正侍大夫。三十一年九月，虜主元顏亮遽絶和好，南自江淮，西連秦隴，舟車器甲之盛，亘古未有。乃分遣僞帥合喜統兵數十萬，自鳳翔至寶雞，沿渭水連營列柵，占據大散關，宣撫招討。吳公謂公曰："賊據散關，扼吾衿喉，當急圖之。"遂擢公節制軍馬，知鳳州。公引兵與敵對壘，且相視形勢，難以力取，於是晝易旌旗，夜增火鼓，示不可測。虜亦增備轉糧草爲持久計。吳公親提大兵，出涇秦，攻德順軍，以分其勢，仍命公牽制散關。僞帥合喜果分兵赴援。三十二年閏二月，公乘勢遣兵出御愛山，抵天池原，驚撓敵寨。及斷其餉道，又密遣兵焚其東西兩山，樓櫓鼓譟從之，聲震山谷，虜人驚駭，棄關而走。公乘勝進據和尚原，則虜亦宵遁矣。翌日有騎數千復來入谷，公領兵逆擊之。時天大雨雹，風霧晝晦，公選神臂弓射之，虜酋中流矢，引衆敗去，若神助焉。寶雞賊敗，恐我師乘勝擊之，盡焚大寨，退保鳳翔。由是渭水以南，復歸版籍，以功真拜和州防禦使，賜爵安康郡開國侯，食邑一千七百戶，食實封一百戶。公自壯歲從事軍旅，未嘗一日在告，盡瘁王事，嘗若不及。每自嘆曰："吾奮身畎畝，荷國恩寵，誓欲捐軀，以效尺寸。今年踰七十，力所不逮，勉強而不可得矣。"會王師解嚴，遂丐歸田里，其請甚確。吳公以公精力未衰，止聽解兵職，遂辟知龍州，寔龍興元年之七月也。明年改知文州。又明年，吳公移鎮漢中，梁洋接境，實爲重地，乃辟公復知洋州，兼管內安撫使節制軍馬。洋人聞公之來，舉酒相賀曰："復得吾邦舊使君矣。"老稚歡迎，不絶于路。公暇日嘗讀漢留侯傳，至願棄人間事，欲從赤松子游之言，公慨然慕之，銳意求退，上章力請歸休。乾道二年九月，敕授提舉台州崇道觀，介梁洋間居焉。五年二月十八日，以疾終于所居之正寢，享年七十有八。娶韋氏，卒；再娶苗氏，卒，皆贈令人。又娶張氏，累封令人。子男八人，曰大勳，右武大夫果州團練使御前右軍統領，權統制彈壓軍馬安康郡侯，食邑一千七百户。曰大亨，武經大夫，御前中軍同統制本管軍馬。曰大節，從義郎，御前前軍第三將副將。曰大昌，秉義郎，御前右軍第一將隊將。曰大年，忠訓郎，亡。曰大林，忠翊郎，御前前軍第一將隊將。曰大森，曰大有，皆承忠郎。女十人，長適武功大夫左部正將丁立，亡。次適左武大夫御前中軍同統制本管軍馬胡清。次適承信郎張祐，亡。次適承信郎郭良臣。次適承節郎彭寀。次適保義郎傅汝弼。次適右從事郎城固縣丞張湑。餘在室。孫男十一人，曰祖慶，秉義郎，成都府路第二將隊將。曰祖廉，承信郎，御前前軍第三將隊將。曰祖榮，成忠郎。曰祖顯、曰祖仁、曰祖安、曰祖椿、曰祖輝、曰祖賢，皆保義郎。曰祖詵、曰祖訓，皆承節郎。孫女十七人，長適承信郎李雍。次適承信郎張師古。次適承節郎劉之義。次適保義郎侯銑。次適承信郎張寔。餘在室。曾孫男三人，曰世忠，保義郎。曰世輔，曰世傑，皆承節郎。曾孫女三人在室。元孫男二人，曰紹先，曰紹光，皆承信郎。諸子以其年三月甲申舉公之喪，葬於城固縣安樂鄉水北村生祠之側。維楊氏系緒遠矣，自東漢太尉震起于開西，以清白遺子孫，奕世載德，代不乏人。公奮乎千載之後，自致功名，有光于祖，可謂天下偉男子矣。朝廷雅聞公名，故所賜訓詞有曰：「知義之貴，以勇得名，益奮壯心，遂成偉績。」搢紳誦之，以爲美談。公善射，發無不中。嘗偕王人劉參贊子羽，行驍風嶺，有虎突出叢薄間，人皆辟易，公躍馬而出，以一矢斃之，故射虎之名喧達部下。方二親之在虜也，而青谿之民日贍其費，賴以保全。及公破青谿，既得二親，併載其民以歸，給田盧，家之於梁洋，至今賙給不絕。朝廷聞之，以孝義特賜旌表公之行，不特此也。爲郡尤以愛民爲本，初洋州有楊塡等八堰，久廢不治，公皆再茸之，溉田五千餘頃，復租稅五千餘石，又增營田十四屯，公私以濟，民爲立祠。宣撫處置張公浚聞于上，賜詔獎諭。初公至鳳翔也，有流民數萬在境內，或疑其反側，悉拘於山谷間。公矜其無辜，皆縱之。後岐雍大歉，流民檄入閩就食，公復納之，所活甚衆。西邊饋運自昔頗艱，公至鳳州，首創營田四十屯，民力減省，軍食充足。又預築鳳之黃牛堡以塞散開之衝，創文之高平原以控西羌之路，尔後皆獲成效。其先見之明，古之名將所不能及。公性寬厚喜士，不以其貴驕人；接物逮下，喜愠不形於色。雖部曲偏裨，率皆待以恩禮。軍旅之暇，採摭諸史兵家實效，分門成秩，釐而爲三十卷，目之曰《兵要事類》。漢守張行成、太學博士李石皆蜀名士，爲之序引其書，遂行于世。初公預爲送終之具，嘗託門下士朱澔昆季迹其行事，編爲陞除錄。勃偶備員魚梁總幕，得親炙公言論，一日公出示所錄，委勃爲誌。勃竊駭愕，因問其故。公曰："僕以義自奮，以勇立節，每遇戰事，許國以死，萬一得酬素志，則區區之心，誰能表襮之？故欲先爲之計，儻得名卿鉅儒特書其事，他日瞑目無憾矣。"勃嘆曰："自中原俶擾，豈無忠臣謀士力佐中興？然於出處用捨之際，或有愧焉。公始以數百孤軍出重圍不測之親，從吳氏伯仲，挫乘勝方張之虜，堰楊填以惠梁洋之民，復散開以壯川蜀之勢，起匹夫之微而爵通侯之貴，勤勞百戰之餘而優遊乎二千石之良。明哲保身，以功名始終，蓋未有如公之全者也。使人人皆如公徇國而不徇私，懷義而不懷利，則何患乎勳業之不立耶？異時載在盟府，繪像作頌，血食一方，祀必百世，其誰曰不宜？"乃爲之銘，銘曰：炎光晦曚，赫然而中。天佑生賢，龍飛雲從。其賢伊何，翼翼楊公。公來自西，名達九重。惟天子明，喜得牙距。料敵制勝，允兼文武。膚公上聞，天子曰嘻。利勢安强，皆汝之爲。忠以提身，義而報國。智可周物，勇摧大敵。備德有四，孰與之京。風廓霧舒，偉績用成。導利之功，惠澤無窮。粒食用乂，是敬是崇。氣老愈壯，金湯是託。或云不弔，暇遹驚愕。公名與俱，德音不忘。

西周王傑刊

從儀在紹興間，武功甚偉，《宋史》不爲立傳，其事散見於《高宗紀》及吳玠、吳璘、楊政等傳。《關中金石記》以誌證史，逐一分疏，其論甚覈。從儀與岳忠武同時，以武功顯，一在南方，一在西塞，皆爲張紫巖所知。從儀在邊遠地，故不爲秦相所忌，得以老壽令終，子孫蕃熾，備極武人之福矣。然其俎豆千秋，名垂宇宙，則不及忠武之萬一。噫，箕疇五福，讀史者其可泥論哉？誌中"率戲下百餘人"，戲通作麾，"戲下"用《史記》語也。"郭浩屬聲曰"，屬乃屬字之僞。"公辱而使歸"，而當作之。"遂伸咮好"，咮即和之別寫。"虜主元顏亮"，元當作完，完顏，金主氏也。"出重圍不測之親從吳氏伯仲之下"，親上脫地字。銘詞末二句獨用陽韻，與上不叶，當別有二句，與忘字叶者，爲刻者所漏。

張謙　宋故處士張君墓誌銘

左迪功郎新桂陽軍學教授陸九齡撰

右迪功郎新紹興府上虞縣尉沈煥書

右迪功郎知婺州浦江縣事趙帥立

婺之東陽處士張君諱謙，字叔仲。乾道三年冬，予在會稽，君遣其子至四明，因鄉友沈煥以書來請，使其三子受經焉。予謂曰："九齡學古道，不能爲場屋蚩聲，世所謂逸民者，豈有意於用世耶？"煥曰："彼之有請於先生，正欲使諸子以正心誠意之學，由近及遠，自明至著，必先以《大學》《中庸》爲主，馴至修齊治平之業，當于是乎取焉。以故知君非流俗人也。"九齡伏膺斯誨，遂爲諸子日事進修，默坐拱聽，似有得者，自恨相見之晚。四年秋七月之望，復自會稽還江西，公復以三子付託終業。嗚呼！予與公自幼相得，君之子若得以明經貢入上庠，諸子又皆德業充備，可進於善。予思知愛之深，今諸子有成，豈非君趨庭之訓有自，抑予啓迪之有功也，予不得而知也。越明年春，君遂捐館，訃聞，君之子若德奉幣走數百里，泣血言曰："先君受知大君子，不幸棄世，墓銘尚缺。苟非先生大手筆，曷足以闡潛德，發幽光？"予痛不自勝，遂收涕直述其事。君諱謙，字叔仲，其先由汴梁東平壽昌始祖潮爲□寧令，遂占籍焉。七世祖公澤，力學砥行，累徵不起，賜號冲素處士。曾祖定，祖佑，父炬，俱有隱德，不仕。兄叔恩，爲大理評事。歷世緜延，代有顯人。至君砥礪名節，不自進取，韜光泉石。妻屬氏，修行婦道，甚得内助。子男五，若德、明德、崇德、順德、仁德，俱從九齡與延平李先生學。女三人，長適邑人陳原，次未行。孫男六，尚幼。處士生於政和乙末三月庚申，享年五十有五，卒於乾道己丑九月辛亥。其孤奉柩砭于乘驄鄉槐楓里作塘塢祖塋之傍，銘曰：君子伊何，惟善是趨。哲人伊何，名利是違。惟仁與義，俗之所棄。惟勤與儉，俗之所趨。俗則遂之，公則愚之。俗則棄之，而公志之。莫不訓子，公訓則殊。訓子受經，乃病瀾迂。人臻于戚，公則撫之。尚其嗣之，克紹君志。

《宋史·陸九齡傳》云，登乾道五年進士第，調桂陽軍教授，以親老，改興國軍。是文即撰於乾道五年，故題銜曰“新桂陽軍”也。《沈煥傳》云字叔晦，定海人，與九齡同舉進士，授餘姚尉。此詩題銜作“上虞尉”，蓋史誤也。誌中所稱延平李先生，謂李侗也。侗字愿中，南平人，有語錄行世，學者稱延平先生。金谿三陸，惟象山有集傳於今代。此誌爲子靜撰文，世所罕覯，其中間有冗字，今爲刪去。九字加方，畫以別之，銘詞內“惟勤與儉，俗之所趨。俗則遂之，君則愚之。”勤儉美德也，不應加貶詞，當以“名利”二字易之。又誌末云“生於政和乙未三月庚申”，作行狀墓誌而叙及生年月日，古無此法，余嘗於《癖學》中辨之。今則遵而效之者，遍天下矣，其端自宋人開也，而余於是誌始見及之。古人書卒葬之年月日而不書時。（卒日書時，僅見於唐浄藏禪師身塔記，云天寶五載某月日午時卒。葬日書時僅見於唐潘智昭墓誌，云天寶七載某月日景時，景即丙字，避國諱也。）今則書生卒之年月日時而不書葬日，此法又宋人所無也。誌云“奉柩砭于乘驄鄉”，窆誤作砭。

鹿何

上缺直學士通議大夫提舉江州太平興國宮奉化縣開國子食邑五百户樓鑰撰并書

上缺閣學士通議大夫提舉江州太平興國宮河南縣開國伯食邑七百户邱寀篆額

上缺上章求致其事時缺禄奔走臣子然聖意頗厭躁競之習顧大臣問所以，丞相趙公雄奏曰：“鹿某之請出於至誠，朝諭多惜其去，寮友有以詩挽留之者，廟堂亦嘗却其請，而求之不缺遷官二等，以朝奉郎直秘閣賜緋衣銀魚，授一子昌連以官，用華其歸。君生於建炎之元，至是年才五十有三，況以循良之課入爲名曹，日嚮於用，翩然乞身而去，缺節萬衆欽，歎其行也。朝士餞別，爭賦詩以爲贈。先是有客嘗取靈徹詩，所謂“林下何曾見一人”者，欲以“見一”名君所居之堂。君曰：“此吾志也。”既十年矣，人皆以君不待年缺去台城四十餘里，地名鹿陬，山水佳處也。既歸，不復入城府，汎埽庭宇，徑爲終焉之計。鑰時自救局贅倅于台。訪君之廬，崇岡碧簉，老木擁門，主人欣然出迎，望之使人缺之賦詩而還。郡太守爲裒中外之詩，爲《見一堂集》行於世。官滿，再過之，問君樂乎，曰："不見其樂，但覺日長耳。"慕仰不足，又爲之詩曰："再上先生見一堂，澹然賓主兩相忘。不知世外有何樂，但覽山居白晝長。"君亦爲一笑，領此意，尋即別去。意君之壽考未艾也，別四年而訃聞，蓋十年十月七曰，哀哉！嘉泰三年，昌運改通直郎，將宰龍泉，過四明敞盧中，感念疇昔，恍更二紀，方相缺椿年知處州日所作君行狀，泣而曰："先君之葬，未有墓隧之碑，今日知先君之出處者幾無人矣，敢以銘爲請。"雖老矣，學益落義，不得而辭也。君字伯可，世爲臨海人。曾大父戬，不缺郎。父汝爲累贈宣教郎。惟鹿氏積有隱德，諫議忠肅陳公瓘謫居，時承事伯仲，實從之游，始爲儒家。伯父汝弼、汝明，紹興十二年同以進士起家，鄉閭榮之。二兄皆與省員而蚤逝。君資缺属文，由太學登三十年丙科，授右迪功郎、秀州華亭縣尉。有戚寇者□海道□□朝以名捕。君聞其馮險肆虐，先以方略禽其爪牙數輩，一旦出不意，親至其家，縛取以歸，凶徒屏息。潦水缺千頃，王公炎時爲漕使，被旨疏導之，水軍奉命，促迫諸縣，吏民洶洶。及君往視，持畚耜待于阡陌者數百千人。詢之耆老，具言權豪築長堤，侵淤水道，今不於彼疏治，反壞民業，害愈缺堤。或曰："此鼎貴人之所築也。"君曰："正當自顯者，始有咎，尉自當之。"堤既盡去，水勢頓泄，向之没者，土且作乂矣。漕來按臨，力陳利害之原與其已施行者，漕喜甚，属君草奏缺郡寮賀曰，決堤之舉，旁觀爲之股慄，乃以談笑而□□□□□用盜賞，改左承奉郎知泉州南安縣郡。於中冬督秋賤甚急，就逮者縣率二百人。君力言省限未及，法未應追而逮愈急趨缺擲其牘於地，連日上謁，不得見納，誥身以歸。民相率至縣庭，遮道留者日數百人，且言毋捨我去，賦易足也。皆夜春晝輪，未挾日而登足，守驚且悔，設燕延款問何以致此，遜謝而已。邑庠缺築淫祠於講舍，徹其材新之，增員選師，親加課督，士益知勸。有黃龍見于□前，紀之以詩，属和者甚衆。是歲邑士名薦書者倍於舊，吏部石公起宗廷試，爲亞魁，人皆以爲作成之缺治相戒，不忍犯法。至親有訟，一言諭之。或感泣而退□空累□□邑人肖像立祠，奉之至今。詹事王公十朋爲守，以治最薦，有旨審察。詹事陳公良翰爲給事中，舉君自代，云處事剛缺諒直而不欺，人以爲得其實。二公皆有當世重名，不輕許可，□□監登聞檢殿。時□中都官侍者率從員外置，遂添差通判吉州，佐郡有聲，鄰有滯訟，部使者多以委君，一問而得其情。缺右大飢參政龔公茂良帥隆興，任以荒政，□朝廷設賞，募人納粟。君諭富室，得米七萬斛，賴以全活者不勝計。龔公力薦之，復有堂察之命，淳熙二年二月除知衢州，尋改饒州缺。群臣氣節不立，風俗委靡，不能仰副聖意，又諭諸獄官不□注癃老之人，乞嚴差注之法，又言奏對者多徇私迎合，詆議成法，間有施行，又以不便而罷，誠有朝令夕改之弊。上皆嘉缺，諭君治郡不可不留意財賦。君奏曰："今生財之道極矣，惟能裕化原，懲吏姦，則財不可勝用。無政事，則財用不足。若能使田里無愁恨歎息之心，則郡計不足慮也。"上然之。四年九月，到郡未缺召爲諸王宫大小學教授。五年五月，除尚書屯田員外郎。值召對，因奏立宫庠以教宗子，而法制苟簡，反不及州縣。乞修廟學，定生員，置瞻養之資，嚴教導之法。又以屯田有名無實，國用十以缺惟此可以少紓民力，酌古驗今，周詢博采，有上屯田疏，指兩淮可以留屯者數十所。君稽考計正，灼知利便，願以身任其事。十一月遷金部，君佽助長貳經畫調度，給内惟謹，綱運當輸左帑者，因缺多露積岸次，躬爲督察，力革其弊。明堂大饗，陰雨不時，蒇事之日，天宇開霽，禮成，上甚悅。君進詩頌，思有以開廣上意，又奏聖人不以得天爲足而以敬天爲務。天之所以眷顧缺如此其至，陛下宜存不息之誠，勿懷自滿之意，則天之眷佑，有加無已。上稱善者再三。且極言民之疾苦，因寬恤之詔每下，而奏行不虔，其擾益甚。如差役攤科，折帛場務，俱乞更張。缺議而行之，郡縣有奏陳利害灼然可行者，必力主之。勢不得專，多有扞格，自以強顏班列爲媿，而歸心啓矣。君寡兄弟，少又多病，於世味官情泊如也。陪祠小疾，決意納祿，或勸止之，則曰："吾才薄命奇，缺致身員郎，所得已厚，不自知止，及其曠敗，侮之何及？"識者謂二疏官至師傅，祿二千石，又皆篤老，君過之遠矣。歸創小閣，聚書其上，朝夕省閱，客至則觴詠以爲樂。給事龍學吳公芾推冠已久，宅於缺石井，自號湖山居士，聞君此舉，喜甚，篇章相屬，爲忘年交。君歲一過之，劇歡而歸。吳公病中邀一見，亟往訪之，未幾，遂相尋於九京，尤可歎也。君天資孝友，在上庠聞父病，不暇俟潮，有願負以涉者缺而潮至，負者棄走。自分必死，俄有小艇至前，賴之以濟，人以爲誠孝所感。二兄寢疾，藥餌悉出其手，未嘗去側。爲伯氏立嗣，撫之如己出。伯父通直性嚴重，事之盡禮，得其歡心。分舊宅則辭多而就寡，缺自奉甚薄而好周人之急。少讀張乘崖公所録黃兼濟事，慕其爲人，凶歲則損直捐橐以濟鄰里，外和內剛，初有朝蹟吏白當先謁權近，叱去之。居官一毫不妄取，禁家人市土宜作器用，南安月□有缺例當增竟不之問。鄱陽郡例及諸司以千緡餞行，會建貢闈，悉以助費。在州縣時，雨暘有禱，輒應謝事。五年而四旱，鄉人禱或不獲，君一出，即甘澍隨之。人皆歸功，則曰偶然耳。棄置人事之後，聞國家一政令之得失，一賢才之用舍，憂喜形於言色，若身任其責者。爲文明白簡易，詩務平淡，能寫人所難言，文集十卷，藏於家。娶應氏，知楚州寶應縣權之女，先君十五年卒，有賢行。君自爲之誌，其文甚缺贈安人，葬於鍾暐鄉白竹隩。一子昌運也，一女適從政郎江州德安縣丞□栝。孫男□，業儒。女二人，適同里進士吳熺應虞。曾孫男女四人，尚幼。十一年仲冬丙申，舉君之喪，合于應安人之墓。嗚呼缺公六十三而致仕，君又先之，鑰投閑九年，猶以爲養而久戀祠禄，視君有媿焉，銘曰：七十致仕，禮經甚白。年逾知命，胡去之亟。才方登用，身又康彊。慨然賦歸，二疏有光。煌煌孝宗，求賢如渴。崇獎静退，以厲臣節。天胡不仁，不假之年。□□令名，惟君純全。我升其堂，又銘君墓。後之君子，庶幾知慕。

　　《兩浙金石志》云，石右角題額俱缺，今斷爲三，在臨海東鄉白竹隩即鹿君葬地也。丁守璘以伯可與石子重、商肇仲、郭子奇、陳壽老、杜成之祀，爲六賢，吳荊溪記其事，稱伯可投簪於未暮之年，脫蹤於必爭之地。朱文公亦雅重之，輓以詩，又岳珂《桯史》云孝宗朝尚書郎鹿何年四十餘，上章乞致其事，上驚，諭宰相，使問其繇何。對曰："臣無他顧，德不稱位，欲稍矯世之不知分者耳。遂以其語奏，上曰，姑遂其欲。時何秩未員郎，詔特官一子。凡在朝者皆詩而祖之。何歸築堂，扁曰"見一"，蓋取"人人盡道休官好，林下何嘗見一人"句而反之也。何去國時居二年，以疾卒。合此誌讀之，伯可誠賢矣哉！惜誌字多泐不得。《攻媿集》一校其文，攻媿此文記載頗詳，何以獨書伯可之字而佚其名，及撿其子昌運墓誌參證之，始知伯可何名。文內父汝爲上缺祖某贈右承事郎。其孫男名缺處則愿字也。撰文樓鑰、篆額邱密，皆見《宋史·列傳》。孫男某，業儒，近人作誌狀叙子孫之幼者曰業儒，始見於此。

左中郎將九飀妻王夫人葬

周王異之興引氏禩之妻

陰軌點明作配魏宗

孫陽禾王第六弟九飀之若開睢閑

德連瓊后妃内式閑夫

好仇藏以加焉言告師氏内

諷沖圓四

以延昌二

終始若一易稱家人美夫婦夫

二年歲次癸巳卒於渥淵之東京

十二月辛巳朔四日甲申墓於其

河森垒墾依依丘墓增悲尋挂多傷其

日

惟兹夫人開睢挺莀翹翹褰褰楚灼灼雲介

宋五

李端修妻周氏　宋故夫人周氏墓誌銘篆蓋

宣奉大夫知樞密院事參知政事兼同提舉編修敕令權監修國史日歷權提舉編
類聖政臨海郡開國公食邑四千六百户食實封壹阡陸百户謝深甫撰

朝奉大夫行國□□丞王及書

朝奉大夫新權知無爲軍兼管内勸農營田屯務事商飛卿篆額

夫人周氏，台之臨海望族也，曾祖文寵，祖允平。父永瞻，迪功郎，母韓
氏。夫人幼敏悟，女紅之事，不俟訓而能，父母愛之。繇爲擇佳配，年十九，
歸于同里文林郎李君端修。相敬如賓，事舅姑以禮，主祭祀以時，而仁其族，
成其家焉。李君任楚州山陽縣主簿，當邊事□□□人争奔避。夫人閔勞勸慰，
屬李君以功名，而介然自守，亦免於難。後李君沿□旁郡火，及官居，夫人
從容取文書，携其屬處園池中，了無所喪。翌日，同寮來問訊，莫不歎服。
遭姑之喪，齋素，閱佛書，寒暑弗間。李君再任通州，買納鹽塲，益勉以職
事，曰：家事吾□□□爲之□□□毋以私憂。故其能以寂稱于一時。任滿，
從李君游衍江湖間，極登臨選勝之樂。歸，築室治園，往往□要。李君樂于命
客，詩酒自娛，夫人主饋不懈，至衣食孤窮，津梁道路之費，又不少吝。李君
□□□行都，得疾不起，夫人聞訃極哀，遂至喪明。後雖眊眊於□□□獨佛書
□誦□□□□教詔，子孫聞其讀書聲則喜，且告之曰："汝世其業，唯此而
已。"□□預【闕六字】屬。諸子以夫人之年，幾可及大慶恩，將請于朝。夫
人曰："吾年實未至，而父平生以忠直自許，爾曹可以吾故岡上累之耶？"訖

不許。夫人嘗有疾，即治斂具，會□□□多所取，獨舍是，夫人曰：“所存如此，他不足問也。”慶元二年冬，會親黨，至夜分盡歡後，□□忽□疾病□□楷曰：“吾行矣，汝曹毋哭泣，以溷我。”再呼楷前，欲言而止，已即奄然。時十一月二十三日也，享年八十有四。李君前夫人二十三年卒，子男四人。楷其長，格、杞、栯皆舉進士，其幼早世。女四人，壻進士徐江、林下愚。二爲尼。孫男炳然、焕然、爀然、□然、烜然、熺然、□然、爚然。孫女八人，曾孫男三人，女二人。五年十二月二十六日，以夫人歸葬縣之金僊□□山之陽，祔李君之塋也。楷先期求□□□□□其家□□□□在所宜書銘，其可辭銘曰：敏其室兮宜其家，繁其實兮收其華。勇施捨兮忘儉奢，成夫君兮詔孫子。觴江岷兮□海瀣，源則長兮流未止。

台州王之才摹刊

《兩浙金石志》云，在臨海東鄉金仙寺側，石斷爲二。撰文之謝深甫，字子肅。篆額之商飛卿，字翬仲，仕履皆見《宋史·本傳》。深甫全銜實封壹阡陸百户，書用大數，亦金石變例也。

黄裳　宋故黄氏壙志

公諱裳，字齊賢，黄氏家世儒科，爲浦城望族。曾祖慶，祖希哲，父端虚，皆不仕。自父游學，始居雲間。公兩預鄉書，以特科授初品官，調邵武尉天台丞。嘉定庚午十一月丙戌寢疾卒於家，享年七十有三。娶費氏，二男纮、綬，早世。三女皆嫁爲士人妻。孫中美。公少孤自立，篤志於學，操履醇正，不渝生死。德豐報嗇，尚奚忍言？卜以是年十二月庚申，葬横山之先塋，二子祔焉。中美謹泣血誌諸壙。壻進士吴容填諱。

鹿昌運　宋故朝散郎知連州鹿公墓誌銘篆蓋

朝散郎右正言兼侍講黄序撰

朝請郎尚書吏部郎中黄宜書丹

朝散郎尚書兵部員外郎何剡題蓋

公諱昌運，字會之，世爲臨海人。曾祖□贈右承事郎。祖汝，爲贈宣教郎。父何，任朝奉郎，直秘閣致仕，累贈中奉大夫承事以上，有隱德，弗仕。自□齋中蕭陳公權謫居是邦，承事伯仲，實從以游，始爲儒家。子孫相繼舉進士、秘閣，歷任有聲。入爲屯田員外郎，遷金部駸駸嚮用，甫踰月服，初衣請老，孝宗嘉歎，遷官二等，爲朝奉郎直秘閣賜緋衣銀魚，官其一子，以華其歸。時文忠周益公而下，皆賦詩祖餞，亡慮百首。歸以見一名堂，徜徉其間，人比疏傅，謂過之遠矣。公自幼□□□□善屬文□□□□□行起敬會秘閣，挂冠授將仕郎，便養□□蓋公少而喪母，事秘閣□□□□不忍頃刻去親側□□□□迪功郎□□司□□軍丁秘閣憂，不赴。服闋，以【闕六字】慶□□修職郎王處之□邑素□□□藉散亡公【闕六字】排之力，民賴以無擾□闕攝事聞惡少十數輩□□□□禽以抵法，不顧【闕十字】郎監□倉中界至則□□□□□除□□□路米舟，率願就中界交卸，上官賢之，交章論薦，改宣教郎□□之龍泉縣龍泉□□□□公務行安静□□□□催科，不以鞭朴聽訟，不以鉤距邑中，不聞胥吏疾呼而治盛，訟理整□□□□□上官嘉其政績，薦之於朝。而公灑然有歸田之意，命其子營數椽於家，顔之曰□□□時同舍多在朝列，兢□□□公獨恬然不以爲意，遂□□□□之闕，天□天下財賦所萃，出納之間，敝倖迭出【闕八字】布公正身奉法，無所撓屈，一載□□例遷□□公□□留□連□解組以【闕八字】陛辭之日□□□楮□□敝則□□析帛□供權時□□□□又論□□□□之敝，則欲分責江上，諸軍【闕八字】達于【闕十六字】上下□議而施得【闕七字】日課諸孫，以自娛樂，明年七月十二日，以疾卒于正寢，實嘉定癸酉歲也。積官至朝散郎【闕十一字】待人以恕，居官不受私謁，一介不以取諸人，去之日如始至。居偶出，未嘗干撓州縣。秘閣有姪，登賢書【闕八字】無子，公再爲命娶，析屋惟均。或謂秘閣私財，不應抵分。公笑曰，何待我之薄也，疎財□□旦譽高之嗜，讀詩書濱老不倦，既受延賞，猶不廢舉子業，預丙午壬子漕薦。尤工於詩，善狀物態，有《益齋文藁》藏于家。公娶吳氏，封安人。先公□十三年卒。子愿，女二人，長適國子進士吳學易，次適進士應虞。孫男二人，祖烈、祖德。女六人，長適進士□衍，次許嫁進士吳□，餘尚幼。粵以乙亥年二月壬寅葬於白竹陳之原，蓋秘閣阡塋之側也。先期愿遣書叙公之行，實來請曰："向者先君獲托寅恭辱知不薄，願得銘文以垂不朽。"序惟公質朴廉介，士大夫中不可多得，頃幸同僚，相與之意甚深，其敢以固陋辭？迺爲之銘曰：以見一之高尚兮足以振頽俗，而瞻忻之□□兮足以播其餘馥。皆施豊而報嗇兮天不可問，並藏於白竹之原兮清風滿谷。

《兩浙金石志》云，在白竹隩鹿伯可墓左，剝落過半，幾不可讀。可見者授將仕郎改宣教郎，官龍泉縣，積官至朝散郎，嘉定癸酉卒，有《益齋文藁》藏於家。標題處有知連州字，蓋其終官。誌泐其文，所謂正身奉法，無所撓屈，即知連州時事也。昌運爲伯可之子，其文可與伯可誌互證。惟長女之壻伯可誌曰吳熺，此作吳學易，學易即熺名改也。書丹之黃宜，字達之，天台人。淳熙二年進士，官至敷文閣待制。

王淦　宋永州通判王公朝奉墓誌銘篆蓋

文林郎新平江府學教授江朝宗撰

昔孟子論故國，不謂其有喬木而美其有世臣，豈非以世臣之賢，國所倚仗，其遺風餘烈，動人悟物，足以維持數百年之遠，況於其身與其子孫歟！福祿蕃衍，與國咸休，誠無忝於世臣矣。其源流豈無所自來哉？攷其世祚，可知也。公諱淦，字困道，姓王氏。五世祖諱遷，贈太子太保，居襄陽之穀城。自其種德克邁，積善有餘，鄉人稱之爲無怨。公故流慶之遠，實胚胎於此。曾祖諱綱，登元符進士第，官至朝散郎、通判徽州，贈少傅。皇祖諱之望，初以少傅遺澤，補官辟監台州鹽倉，因家焉。秩滿銓試第一，調處州錄參，未赴，登紹興八年進士第。考官將置魁選知舉，爭之不合，遂以爲黃甲第五人。德行文章爲學者師，被遇阜陵，參預大政，終於資政殿大學士，左大中大夫，贈太師秦國公，謚敏肅，勳庸燁燁，載在國史。皇考諱鈂，敏肅公第五子也，孝友篤至，綽有父風。繇監牧遷總餉，皆踐世職，歷官朝議大夫，直秘閣太府卿。公佩服家訓，篤志問學，性職明了。自幼穎悟，年甫六歲，伯朝奉大夫鋪見而異之。以紹熙五年郊霈恩奏補。嘉定三年，銓中前列，授迪功郎、衢州戶曹，未赴。隨侍總卿入蜀，奏辟總領，所內機積粟安邊，屯營足餉，多所稗益。鶴山魏公見其丰神清邁，喜敏肅之有後。及出所，爲詩記，稱其言近意到，氣焰可仰，手書序文勉之。任滿利路監司見知，辟監利州昭化縣，轉般茶庫部押絹綱，旌賞增秩。監行在中界省倉，出納唯謹，和糴充裕，以職事修舉，該賞轉官。雖屢游窘路，而黽勉服勞，無從事獨賢之歎。蓋公廉勤公正，視國猶家，當路鉅公，僉知其賢且才，交口稱薦，惟恐或後。如憲使陳公元勳、侍郎曹公彥約、尚書魏公了翁、尚書鄒公孟卿、尚書楊公燁、侍郎趙公宗稣、尚書袁公君儒，並剡薦于朝，以舉主及格，改知衡州衡陽縣。衡陽視湖南為壯邑，財賦浩瀚，訟牒繁夥，上官委送無虛日。公經畫有方，酬應得宜，催科則逐鄉置籍，條列姓名，躬自點勘，標引必信，期限不迫，人户翕然，樂趨上供，不勞而辦。聽讞則推究情狀，行之以公，曲直是非，吏姦靡容，民無枉濫之螫。有冤獄數件，如全州指使徐從義之子徐可大貨衡州趙秉義財物營生，後徐可大不義逃閃，其弟徐可久誣訴趙秉義夫婦謀殺其兄，連年不決，事關人命。公竟得情，遂雪其冤。有朱大夫者，其家貲富饒，因被盜，聞於有司，□手馬文捕獲邵大二等十餘人，鞫勘解縣，案款將圓，罪該重憲。公察其辭情有差，躬自審勘，乃知馬文受賄，逼抑供招，復略縣吏符合前款，冤不可伸，幾陷誣枉，賴公詳明，皆得清脱。有如疑似之獄，紛不勝數。惟公心平見定，片言折服，剖決明允，前後書判，積成《平心集》十卷，可考。高垓峒寇李保一者，率衆驛騷，焚蕩民居，虜掠財物，兇勢狷蹶，闔郡為之驚駭。憲臺命公激勵義兵，前進殺賊。公被檄，即單騎就道，奮不顧身，號召義兵，戮力前邁。去賊僅一舍，聞風奔遁，潛回峒穴，一境獲安。丁酉歲歉，細民乏食，公推誠勸諭，上户委之賑糶，闔境士民，感德慕義，平價給濟，民保無飢。凡可以郵下者，靡不盡心。樞相李公鳴，復深所推重舉以陞陟，期以遠器。衡陽乃外臺耳目，所萃風波嶮巇，公政聲既著，輿誦攸歸。適永州闕倅諸臺，遂以公奏辟。驥足方展，遽得疾而卒，實嘉熙丁酉六月十日也，享年四十有八。死之日，弔者罷市，送者塞路，然後知公之愛民，民之德公，其誠意格物，非勉强能致也。公天資寬厚，輕利重義，親故婚葬，無不樂助，其有力不贍者，周以月給。衡陽官所去鄉幾三千里，子姪有孤弱無依者，不憚裹糧般契之費，與之同行。人以急告則捐金周之，不使徒手而去；人以病告則問證惠藥，不倦療治。其或財物久假不償者，亦未嘗過而問。有以非理相干，不遂忤意者，其人或遭患難，不惟不念舊惡，抑且以德報怨，惻然拔援，尤有夫人所難及者。智次坦蕩，自號卻塵，暇日飲酒舒暢，吟咏聯篇，有《卻塵集》數卷存焉。方敏肅公當紹興間總餉西師軍旅精練，邊陲乂安，民物殷阜，蜀人德之，創堂扁曰"二政"，彰其成績，以垂不朽。越六十年而總卿，繼踵前躅，父作子述，泉流貨衍，倉積用饒，西南生齒，復賴其澤，前後相續，典刑具存。公目擊盛事，嘗慨然有意於斯，不幸齎志而往，悲夫！歷官至朝奉郎，母胡氏，繼吳氏，俱封令人。娶毗陵秦氏，先公十九年卒，封孺人。子男一人梗，文林郎新福州侯官縣丞。初孺人之喪，公奉而葬於臨海縣義城鄉白巖山之原，嘗預穿壙于其旁，距總卿宅兆百步。其孤不敢違先志，謹卜以己亥十一月十九日甲申合葬焉。襄事有日，其孤來請銘其行。余竊謂公之慶源演迤，雖由於無怨公之所積，而接踵騰仕者，類皆藻明玉潔，尊主庇民，使家法懿範，綿綿延延，激而不墜，則所以能世其家者，何如哉？朝宗昨守官邵陽，去衡陽密邇，嘗以書問往來。聞公之喪歸，以病未及一慟，素知其孤之純孝，克負荷先訓，其敢以不文辭？銘曰：上世積德，如山如阜。怨是用希，傳誦萬口。源深流遠，培植益厚。載生賢嗣，富哉抱負。克播其芬，克長其猷。未究厥施，天嗇其壽。令名不泯，福需于後。□□□□，嗣延□□。

《兩浙金石志》云在臨海南鄉白巖寺。撰文之江朝宗，《宋詩紀事》載爲括蒼人，蓋由邵陽教諭新除平江教授者。王之望，字瞻叔，孝宗即位，以戶部侍郎疏請移攻戰之具以自守，自守既固，然後隨機制變，擇利以應之，與湯思退意合，遂參知政事。言者論罷以端明殿學士，居天台。《嘉定赤城志》云之望子鏞，知房州；銖，知荊門軍；鉉，歷大府卿、四川總領。孫淥，歷金部郎官，終知婺州，而不及淦。淦字囸道，囸，古淵字，其知衡陽縣，有惠政。前修《湖南通志》未見是誌，今爲據撰《名宦傳》，俟續修衡志者採焉。王淦，轂城人，嘉定間知衡陽縣，縣賦繁而訟夥，淦逐鄉置籍，躬自點勘，勒限不促，民樂供輸。故催科不勞而辦，聽讞務究情狀，行之以公，吏不能售其姦，而獄無冤濫。有徐可大者，假趙秉義貲以營生，可大負義遠逃，其弟可久誣訴秉義謀殺其兄，連歲不決。淦得其情，立爲昭雪。富室朱大夫以被盜白於有司，捕者馬文獲邵大二等十餘人，詣縣獄具，將寘重憲。淦察其情辭有異，密鞠之。知馬文受賄，偪抑成招，復略縣吏，符合前款，幾陷誣罔。淦爲脫大二等，而抵文於法。凡獄有疑者，惟心平見定，以片言折之，積前後書判爲一帙，題曰《平心集》。高垓峒寇李保一者，焚掠民居，勢甚猖獗，臺官檄淦往勦。淦單騎就道，義兵翕然應之，去賊一舍許，即聞風潛遁，縣境獲安。嘉熙元年歲歉，推誠勸諭富戶，委以賑糶，價平而民不餒。以治最擢永州通判，未上，卒。

張塤

宋帶御器械張公壙刻

先君諱塤，字伯和，世居會稽之蕭山。大父由舍選登科，仕廬陵蘄春，兩教官諱■■。先君立朝，贈承議郎，先君即次子也。其上諱宗，顏則。先君之祖諱世，明則。先君之曾祖以叔祖師旦，累贈奉直大夫。先君生於淳熙甲辰十二月二十二日，先姒長興縣主，爲崇文恭王之妹。聖天子録用南陽親族，授先君承信郎，紹定六年從銓曹注寧國府監稅。端平二年五月，召除閤門看班祗候住□，轉承節郎。嘉熙三年二月，丏外特添差揚州兵馬鈐轄，仍釐務帶行閤門祗候。淳祐元年九月，差兩浙東路兵馬鈐轄、衢州駐劄，帶閤職如故。二年轉保義郎。六年四月，差兩浙西路馬步軍副總管，臨安府駐劄待次。十一月詔入爲帶御器械兼幹辦皇城司。七年十二月轉成忠。八年三月轉忠翊。十二月御帶因任。十年十月轉忠訓。十一年十二月以皇城親從陞諸班，直沁賞超轉。修武十二年八月，屬疾，乞掛衣冠，上不允，轉訓武主管佑神觀。疏再上，轉武翼郎。致仕，甲戌終于寢，得年六十有九。子男三人。來孫，忠翊新添差淮南東路兵馬鈐轄、揚州駐劄，仍釐務兼制置大使司計議官。稱孫，武經郎，特帶行右衛將軍新差知澧州軍州事節制屯戍軍馬。寄孫，早世。女二人，長適進士毛焕。次適進士余振孫。孫男三人，聖保、寧老、祺老。孫女四人。先姒先二十年卒，葬於邑之夏孝鄉越王山之原□以癸丑歲十一月甲申舉先君柩合窆焉。先君性恬退，雖游科塲，不以得失介意，既登仕途，宦情亦薄。自三衢得替，還即所居之北里許，闢圃鑿池，依林麓築堂，題扁曰「靜山」，徜徉其間，因以自號，若將老焉。及簪班聯朝謁之暇，多放懷西湖，觴詠自適。生平接物以和，賙人急義，鄉黨宗族咸得其心。嘗曰：「吾叨恩逾厚，唯早歸休爲幸耳。」至若周旋朱華，屬囊宸陛，雍容不失尺度，三衢恪共乃職，奔走徧諸郡，按閱營壘戎器，靡憚其勞，則官業固不苟也。來孫等罪逆不孝，早失所恃，先君相依爲命。一旦永訣終天，肝膽摧裂，雖得册府名流，表于墓道，蓼莪罔極，情不能已。銜哀又紀大略，以納諸壙。孤哀子來孫、稱孫識從事郎資善堂檢閱劉仰祖填諱。

誌曰甲戌終於寢，又曰葬於癸丑歲。《兩浙金石志》以甲戌日爲甲戌歲，疑所載甲子與年壽不合。又以癸丑爲皇慶二年，謂葬時已入元代，故止書甲子，皆誤也。張塈生於淳熙元年甲辰，至淳祐十二年壬子得年六十九，其年八月引疾致仕，即於是月甲戌日終於寢，葬以明年癸丑，實寶祐改元之歲也。文中所叙紹定、端平、嘉祐、淳祐等歷仕年號可證。其子稱孫，官終寶章閣待制，有墓在縣湘湖之龜山，見《蕭山志》。其父有武翼等勳階，標題處止書帶御器械，殆別有意指歟？塈之妻父榮文恭王，理宗父希瓐也。《兩浙金石志》謂子書父誌，使他人填諱，始見於此。不知前録黄裳誌亦云填諱，又唐徐峴書其父浩碑以表姪張平叔題諱，題諱即填諱也。其例不始于宋矣。

韓悦道　宋昌黎韓悦道墓誌銘篆蓋

誌佚蓋存，在安陽縣。篆字三行，字長徑五寸。

金

鄭居澄　太清宮前提點大師鄭公預誌楷書橫題誌上

師姓鄭，諱居澄，字太清，其先燕人也。祖通，嘗事遼居顯職，值遼宋悔盟，遂徙居霸之大城。世以農爲業，師生純質，不雜兒戲，父母異之。嘗許以出家，甫九歲，辭親，禮青州天慶觀道士劉純素爲師。教之經文，誦課日益，雖寒暑卷未嘗釋於前。十九中試，經選度爲道士。廿一，闔郡道流推爲本州道官。師宏演經典，維持科戒，道俗咸仰之。崇慶初，召赴闕下，住太極宮，主講符禁科，仍賜紫衣，號真静大師。會車駕幸河南，師亦游方至亳之太清宮，以手加額曰：“此吾太上祖庭也，復區區何之？”遂潛迹焉。貞祐四年丙子，衆議舉提點太清宮，師不獲，已而住持焉。惟以寬御衆，温言撫下，故

能盡得人心。至於使客經過，公私用度，悉有條目。以久而請退。越五年，又
闕主者，衆復請提點宮事。又五年，師年益高，頗倦人事應接，固請得退。凡
兩主官事，尋居西堂，一日會第子希昇、希淵。且人之生死猶往來也，固所不
免，古人有預作誌文，及營殯所。吾行年六十有四，事不可必，今欲先期冗一
歸室，庶免他日爲若等所累，何如？希昇輩以師意堅古，初不敢拒，皆伏地愀
然而對曰：“敬聞命矣。”於是遂鳩工涅甓，不日而成之。復謂友人濟南劉冠
曰：“君與余相從非一日，實知心者，故爲我記之。”冠義不得辭，遂書此以
爲誌，時正大六年三月望日。門第子道士劉希净、冲妙大師太清宮知宮賜紫王
希淵、前太清宮上座賜紫榮希昇一十七人同立石。

　　誌在鹿邑縣。

元

郭瑞　故郭公墓誌銘

河内張元述并書

　　至元二十六年三月既望，邑人西郭生偕邑老蘇庭秀、王仲容過弊蘆，具酒
奉觴，致敬禮畢。郭生鞠躬進而言曰：“我先人值宋紹定五年凶荒之後，流離
于太行之北，寓居天黨。端平三年三月十三日以疾終，壽止於二十八歲。其時
倉卒，淺瘞之。賴母氏李提携孤幼，出於萬死之地，得達鄉里，于今五十有四
禩矣。每一念至，肝腸爲之斷裂，欲報之德，昊天罔極。謹卜於本年八月八日
遷葬于太行平原之上。思父之心，葬祭以禮，猶爲未足。欲託片言以傳不朽，
遂采石他山，磨之礱之，願先生哀其愚衷而誌之，幽明受賜，弗敢忘德。”余
聞之愕然，曰：“陋巷書生，素不涉學，是誠不能。”辭益堅而請益固。然而
郭生年逾五十，尚有嬰慕之心，又舜之徒與！又欲勒之貞珉以昭先德，可謂始
終能盡其孝者矣。始爲次其世系子孫及公之生平行止而書於石。公諱瑞，字仲
祥，其先太原人，後徙於河内。祖諱信，父諱誠，俱業精於醫。其設心以活人
濟衆爲務，清名美譽，播於當世，宜乎積善之慶，流及後裔也。公生而奇偉，
長而明敏，常有濟人之志，而無榮利之心。不遇其時，不得其壽，身殁他鄉，

何其不幸也！有子男一人曰珫，字君璋，即西郭生也。克修其身，家道日益昌盛，鄉里視以爲則。孫男二人，曰通，曰達。曾孫男一，孫女二，尚幼。噫，天之報施，奪彼與此，何薄於其身而後昌其子孫乎？爲之銘曰：郭本姬出，祖居太原。屬世離亂，挈家南遷。達於覃懷，寓止河內。業精於醫，傳之三世。猗嗟郭公，生不逢辰。歷諸險阻，獨行惇惇。天黨僑居，凶灾薦至。百療不差，奄然而逝。淺上權瘗，誰護其喪。孤墳三尺，寥寥夜長。是有令子，克盡孝道。爲之棺槨，卜其宅兆。太行之陽，龍蟠鳳翔。魂兮歸來，閟此元堂。爰摭其實，揭諸貞石。子子孫孫，敬奉無斁。

郭君固碌碌無可稱，又客死於此，徒以其子孝思之誠，求文勒石，竟歷數百載而名尚存。夫人生行業，倘獲名士大夫爲之稱述，即可冀不朽之名。是則孝子慈孫所以事親之道，或在是乎？大興方履籛識。

《金石著録例》以元代爲止，余集古墓誌凡二百餘紙，而元誌獨無，以時代漸近，非金石家所重。且近代慎終之典，徒飾外觀，不知勒石埋幽爲可貴，間有存者，亦無足采也。是誌在河內紫陵鎮，近日方君彥聞已采入《河內縣誌》矣。入手文境頗別，惟字句多冗贅，最可哂者，叙西郭生之名曰"有子男一人諱珫"。爲友生誌父墓，固不得諱其名；且郭生健在，何謂諱乎？是編類皆照録原文，惟此誌稍加删潤，存之以見碌碌如郭君者，尚可託誌以傳，使世之爲人子孫者知埋幽之作爲可貴也。

附録一

勸勿徙關中古誌石文　黃本驥

道光壬午秋，客關中，搜訪古碑，見友人購得唐人墓誌數石，欲携歸故里，心弗善也，作文風之。今輯《古誌石華》既成編，附卷末用勸來者。

金石文字，自歐陽公始有專好，其後踵而好之者，不下數十家。然亦搜集搨本，著爲成書，以物聚必散，惟目錄可以久傳。金石之壽不及紙本，故不憚竭心力耗時日而爲之，未有多聚石刻以爲篤好者也。關中爲秦漢隋唐故都，殘碑斷碣，日出不窮，既非一人之力所能盡得豐碑巨刻，雖強有力者無如何。惟誌石出土，其製差小，遇好古而客其地者，往往以重金購之，携歸故里，且慮馱負之難勝也，大者斷之使小，厚者礱之使薄，自以爲好古成癖，亦何不達之甚也！夫古物流傳，端賴通人護惜。惟有公諸同好，以永其傳。若周宣石鼓，鑿以爲臼；北海雲麾，琢以爲礎，既爲不好古者所阨，而好古者又復移去其鄉，使後人無地可訪，遂至湮没不傳，是一阨於俗人而再阨於雅人也。昔人之爲人子孫者，既有碑碣以表先人之墓，復求名人手筆撰書此誌，堅築而深埋之，非好煩也，蓋謂其祖若父有豐功偉業，恐碑碣爲兵燹所壞。得一佳文刻入名人之集，可爲異代修史之據；即無功業可稱者，亦得於數千百年後，古墓爲田而誌石出土，好事君子愛其文字之工而傳搨之，其姓名猶可藉以不朽，此仁人孝子無窮之思也。世有以仁孝之心爲心者，如親見古墓發掘，但當手錄其文，付著作家使傳於世，仍令瘞石故處。或石出已久，即當嵌置通都，以遂其表揚先德之志。如欲私爲己有，藏於一家，試思先人所遺田產書籍及宗器流傳應爲家寶者，尚不能世守勿失，況他人墟墓間不祥之物何必獨藏？亦何能久藏？遇有友朋乞取，徒費搨送之資，然亦斷不能預搨數千百本以供四方無厭之求，以此自累，又何愚甚！畢秋帆尚書沅巡撫關中時，搜羅古刻輯《關中金石記》，闡幽之心可謂盛矣！稽古之力可謂勤矣！以記中所載高福、張昕、孫志廉等墓誌數石運歸吳中，藏於靈巖山館，自謂古物得所，可免敲火礪角之虞。未及數年，所謂靈巖山館者何在？而運歸諸石，更不知鋪階甃壁棄於何所矣！是得謂好古而護惜之耶？抑將嫉其姓名之傳而欲其速朽耶？然尚書著作家也，既登其目入《金石記》中，又傳其文於錢竹汀、翁覃溪、武授堂、王述菴諸著作家，故高福等誌，其文尚傳於世。石之存亡原可不論，若名位不及尚書，著作不及尚書者，欲使片石長存，其可得乎？此後有古誌新出者，奉勸大雅君子移置碑林鑲嵌牢固，使後人易訪古物，可傳忠厚存心，功德無量。

道光庚寅十月十四日，莆田郭尚先蘭石借吳悔梁觀察藏本，讀竟於鹽亭行館。[1]

---

[1] 初刻本無此段。

附録二

初刻本多載篇目（1篇）

孫某妻林氏　唐故林夫人墓誌　篆額

有唐故下邳郡林氏夫人墓誌　并序

河南褚符撰

夫人林氏，其先下邳郡人也，曾祖□皇任廣州參軍，祖景□，皇任潮州長史，父【闕十七字】鄉里咸謂□高【闕六字】夫人則府君之仲女也，未笄而柔和冰潔，既髻，惟□□蘭馥，由親族□□黨□□以□□也□□□，而閩中□族富春孫氏子以□□□□作□□婦□□媒【闕八字】夫人□得以□□□得□配缺而缺慈□仁□繩缺冀缺三人長曰□□娘。以下缺

□墳峨峨，□山之旁，懿德美行，不隨□□，高山有□，雕琢無妨【闕五字】之【闕六字】陵谷改張，此石若出，斯文□昌。

是誌殘泐過甚，以唐石而出於閩中者少，存之。

黄本驥的生平、交遊及著述

　　對一部作品進行深入探究，離不開對作者和其所生活時代的瞭解，即所謂"知人論世"。目前尚未發現有關黄本驥的行狀、墓誌、碑傳等第一手傳記資料，廣泛搜集資料後，有清國史館臣編撰王鍾翰點校的《清史列傳》、嚴文郁所編《清儒傳略》、徐世昌所編《清儒學案》、光緒《湖南通志》、民國《寧鄉縣志》等書中能够查閱到有關黄本驥的簡傳。此外，黄本驥所編《三長物齋叢書》中，一些書籍的序跋和他與親友交遊的詩文中也有對其生平事迹的相關記載，是瞭解其人其事的重要材料，將這些材料進行彙總，不難梳理出黄本驥的生平、交遊及著述等相關信息。

一、黄本驥的生平

　　黄本驥，字仲良，號亞卿，因其母夢虎而生，又號虎癡。湖南寧鄉縣道林田心人（今道林鎮善山嶺），嘉慶十三年副貢（1808），道光元年（1821）舉人，道光十七年（1837）官黔陽教諭，建教澤堂課士，後卒於任上。黄本驥學識淵博，著述繁多，尤其在金石收藏和研究方面頗有聲名，晚清學者張之洞在《書目答問》卷末附"國朝著述諸家姓名略"，所列湘南學者八人，黄本驥以金石家冠名，位列其一。黄本驥有一書齋名爲三長物齋，後來他以書齋命名編纂的《三長物齋叢書》基本收錄其一生著作。

　　關於黄本驥的生卒年，《清史列傳》《清儒學案》皆有其小傳，但未談及其生卒年，《清儒傳略》亦空其生卒年不錄。此外，很多資料記載不一，光緒《寧鄉縣志·故事編·先民傳》記載黄本驥"咸豐六年卒於任，年

七十六"。長沙市地方志辦公室所編《長沙市志》，記黃本驥生於乾隆四十五
年（1780），卒於咸豐六年（1856），與《寧鄉縣志》相同。湖湘文庫所編、
劉範弟點校的《黃本驥集》一書中，記載"咸豐六年，黃本驥在黔陽教諭任
上去世，終年七十五歲"。尋霖和龔篤清所編《湘人著述表》，記其生卒年
爲1781年至1856年，與《黃本驥集》同。學者田吉撰有《黃本驥家世生平考
述》①一文，他曾兩赴寧鄉縣道林鎮進行文獻調查，對黃本驥生卒年進行了詳
細考證，據黃本驥五世族孫媳所提供《寧鄉田心黃氏四修支譜》的記載"乾隆
四十六年辛丑三月十七日午時生，咸豐四年甲寅十一月十四日戌時卒於任，年
七十四"，又引黃本驥所寫詩文内容進行推證，認爲其生卒年確爲族譜所記。
鑒於黃氏家譜的可信度與田吉的詳細推證，筆者認同田吉所考證的結果，黃本
驥應生於1781年4月10日，卒於1855年1月2日。

　　寧鄉黃氏家族在當地是有名的書香世家，鄧顯鶴稱"寧鄉黃氏代有聞人，
幾乎人人有集"，②光緒《寧鄉縣志》言其家"黃氏自康熙中葉以還，世有科
第，尚躬行，至湘南父子益才雋，論者比之眉山三蘇"。據同治《寧鄉縣志》
卷三十一《仕宦》記載，黃本驥曾祖父爲黃道恩，字朝望，号藏皋，爲乾隆丁
丑科進士。歷任江南潁上、潛山、舒城、鳳臺、虹縣等知縣，後拂袖歸田，主
講於石鼓、東山、玉潭等書院。居家以禮法教子弟，"雖盛暑接見，必肅衣
冠。居喪不用浮屠"③，促進了黃氏家族家風的形成。著有《古文分體彙編》
《塾課唐詩説法約》《明文説法》《發蒙録》等書；堂伯祖黃遇隆，爲乾隆壬
戌會試中式第二名，殿試三甲第一名進士，授翰林院庶吉士，著有《介三子詩
草》《近思録》等；堂伯祖黃紱隆，乾隆戊子科舉人，著有《周易研餘》《大
學義節鈔》《中庸義節鈔》等。祖黃立隆，字定之，号静齋，乾隆癸酉科拔
貢，因知鉅鹿縣，調河間，遷河間同知，後調知天津府④。可見黃氏家族科考風
氣與著書傳統深厚，這些家族長輩的成績對於黃本驥的成長與發展有着一定的
影響，很大程度上促進了黃本驥和兄黃本騏發奮讀書，走上科舉取士之路的選

①　田吉：《黃本驥家世生平考述》，《圖書館》2011年第2期，第136頁至第143頁。
②　[清] 鄧顯鶴：《湖湘文庫·資江耆舊集》卷五十八《黃本騏小傳》，嶽麓書社，2010年。
③　[清] 郭慶颺修，童秀春纂：《寧鄉縣志》卷三十一《仕宦》，同治六年（1867）。
④　[清] 李瀚章編：《光緒湖南通志》卷一百八十《國朝人物六·寧鄉》，嶽麓書社，2009年，第
3423頁。

擇。但是家族成員中，對黄本驥影響最直接的，當爲其父母兄長。

黄本驥之父黄湘南，字一吾，號石橢。生於乾隆二十一年（1756），一歲傷左足，後行路偃蹇，常被人譏笑。黄湘南自幼跟隨父親黄立隆客居任所，乾隆四十二年（1777）其父去世。父親喪後，黄湘南無以爲家，便寄居翰林劉元熙家，劉元熙因黄湘南學識淵博，將其視爲經史庫，對其文才多有欣賞。故而，後來黄湘南入贅劉氏，娶劉元熙姪女即通道教諭湘潭劉元煒次女劉光綺爲妻。婚後爲謀生計，黄湘南奔走他鄉，乾隆五十年（1785）不幸卒於浙江旅次，時方29歲①。留下《大偶山房遺稿》9卷、《紅雪詞鈔》4卷，此二書皆由黄本驥整理，收入《三長物齋叢書》中。

黄本驥之母劉氏生於湘潭大族，長於名門，知書懂禮，性格沉毅慈惠。父親黄湘南亡故後，黄本驥與其兄黄本騏的成長全賴其母劉氏，鄧顯鶴在《南村草堂文鈔》卷十六《旌表節孝劉孺人墓誌銘並序》中稱："至是文學客死，黄氏無田宅可家，無期功之親可依倚。文學旅櫬在數千里外，孺人毀瘁瀕死，卒以其喪歸。依劉氏二十年，恃紡績自給。劉氏內外，無尊卑疏近賢否，咸敬憚。課子嚴，親授經，小有過失，必加呵撻。稍長，擇宿德名才爲師友，二子遂赫然有文譽。"在丈夫亡故後，家境困難的情況下，劉氏能够親自以書禮教育二幼子，其言傳身教潛移默化，對於本騏本驥兄弟二人的發展具有啓蒙之功。

家族中，對黄本驥影響較爲深遠的當爲其兄黄本騏，在諸多記載中可見兄弟二人並稱②。黄本騏，字伯良，號雲卿，別號花耘。嘉慶十三年戊辰恩科舉人，補城步訓導，以詩名，有《三十六灣草廬稿》。乾隆四十二年（1777）

---

① 王金策：《大偶山房遺稿叙》："早年病足，困於天形。德充之符，不能無累。撫躬悲吒，情見乎辭。屢薦應闈，屯服未遇。衣食奔走，客死外方。妻弱子幼，糧無宿舂，其能返遺骨而正鄭首者，幸耳。"（[清]黄湘南著：《三長物叢書》光緒四年刻本《大偶山房遺稿》，第1頁。）
② 《光緒湖南通志》卷一百八十《國朝人物六·寧鄉》："黄本騏，號花耘。少孤，母劉氏教督甚嚴。母怒輒跪受呵撻，竟事恬然游幕四方，格遵母訓，作詩佩之。與弟本驥刻意抵行，同以所學著名湖湘間。尤工詩。嘉慶戊辰舉人，授城步訓導，尋卒。"（[清]李瀚章、裕祿等編纂：《光緒湖南通志》卷一百八十《國朝人物六·寧鄉》，嶽麓書社，2009年，第3427頁。）
《嵊山甜雪》卷七《青門話別》楊延亮和詩"二陸（指本騏本驥兩兄弟）文章鳳所宗君"，並注云："与乃兄花耘均以文詞著名。"
王金策《大偶山房遺稿叙》："哲嗣花耘、虎癡兩孝廉並以文學名湘楚，時論翕然雙丁二陸。"（[清]黄湘南著：《三長物叢書》光緒四年刻本《大偶山房遺稿》，第1頁。）

生於通道教諭署，道光三年（1823）殂於長沙，年四十七。嘉慶二十三年（1818）《湖南通志》續修，黃本驥與本騏一同參加，負責編纂地理、山川、古迹、陵墓、藝文、物産數門。陶澍稱"湘中三管，君家兄弟秉其二"①。兩兄弟幼年喪父，相携長大，感情頗厚，外出歸家後，常圍爐辯論，相互切磋。兩人亦兄亦友，黃本騏曾用蘇東坡"豈獨爲吾弟，要是賢友生"來形容自己與黃本驥的關係。因與其兄感情深厚，黃本驥的書齋名原爲"式相好齋"，其兄亡故後，黃本驥不忍才改名爲三長物齋。兄弟兩人的人生履迹相仿，都經歷了求學科考、擔任幕僚、出任教諭等階段。從兩人著作也可以看出他們志趣相投，著述領域也頗相似，兄有《歷代統係録》《歷代紀元表》，弟有《歷代職官表》；兄有《年號分韻録》，弟有《郡縣分韻考》。此外，兩人皆有文集、詩集留存於世。

　　對黃本驥影響較深的還有一位女性，其第三任妻子陳梅仙。陳梅仙，字香雪，湖南龍陽（今漢壽）人。田吉《黃本驥年譜》記梅仙在閨中即"性嗜書史，略通大義，能作丹青花鳥，尤好集古篆籀"②。在黃本驥所寫《東溪以盆梅見惠次前韻志謝》"釵痕觸我惜香情"一句下有注云：前室陳梅仙善篆書，余題其遺迹曰"梅影釵痕"③。《三長物齋文略》卷三的《琴磚記》爲黃本驥所記，陳梅仙所書，桐城朱彪嘯在《文略》的題跋中寫道："虎癡、香雪，文字之友。素琴在御，貞者無咎。"黃本驥與陳梅仙志趣相投，夫妻感情深厚，黃氏收藏的金石文字頗多，妻子梅仙常與其研討，又藉此多加臨摹，以精書藝。在妻子卒後，黃本驥搜其遺迹成《香雪閣遺篆》，並親自作序紀之。陳梅仙詩文亦有名，著有《梅影集》。從《古誌石華》及黃本驥所撰其他文章中可以看到有很多贊揚女性的内容④，這種對女性的觀照與其母親和其妻子的影響分不開。

　　縱觀黃本驥的一生，可大概分爲求學時期、遊幕時期、黔陽任官時期三個階段。

---

① 長沙市地方志辦公室編：《長沙市志》第十六卷，湖南人民出版社，2002年，第2頁。

② 王金策：《陳梅仙小傳》，《寧鄉田心黃氏四修支譜》（黃本驥五世族孫媳周仁清老人存）。

③ [清] 黃本驥著，劉范弟點校：《黃本驥集》，嶽麓書社，2009年，第76頁。

④ 《三長物齋文略》卷四《書某氏婦事》稱該婦"其往事有烈烈丈夫所難爲者""吾爲書其事，所以壯天下之婦行"。（黃本驥著，劉范弟點校：《黃本驥集》，嶽麓書社，2009年，第176—177頁。）

（一）求學時期

乾隆四十六年（1781），黃本驥出生。乾隆五十年，父親亡故，其母劉氏獨自撫養管教子女。十歲之前，兄弟兩人尚能外出就學，十歲後因家境貧難，便以母爲師，學於家中①。黃本驥自幼嗜好文字，黃本騏在《三長物齋詩略》舊序中稱其"文字之外無他嗜好，其性然也。兒時偕余就外傳，母氏督之嚴，非數浹日，不許歸。歸至薄暮，一燈熒熒，遽幾弄筆札，母氏訶止之，因匿鄰嫗家土銼篝火之旁，置硯伸紙，書所欲言，夜恒盡十餘幅"。足見黃本驥勤學善思愛好著述，這也是其日後所著頗豐的原因。

嘉慶初，黃本驥赴嶽麓書院求學。在嶽麓書院求學的過程中，黃本驥一方面增長了自己的學識，一方面結識了密友鄧顯鶴，鄧顯鶴曾以整理湖湘文獻之功，被梁啓超譽爲"湘學復興導師"。黃本驥在整理古籍文獻上所取得的成就，與其好友鄧顯鶴的影響不無關係。大約嘉慶六年（1801）②，黃本驥離開嶽麓書院後，爲謀求生計而奔走於四方，曾在湖南的瀏陽、衡陽等地開館授徒，後經長沙太守沈藥堂介紹，擔任郴州州同汪洰的幕僚，這也是黃本驥長時間幕僚生活的開始。

（二）遊幕時期

嘉慶十三年恩科鄉試，兄弟二人赴試，黃本騏中舉，黃本驥名列副榜。此後，黃本驥先後爲湖南按察使曾燠及衡永郴桂道彭應燕所聘，擔任幕僚，間又主講於邵州濂溪、辰州虎溪等書院。在此期間，黃本驥博覽群籍，時有撰述，並編訂了自己第一部的詩文集《式相好齋詩文稿》，序文爲其兄黃本騏所撰，後彙編入《三長物齋詩略》。

嘉慶二十三年（1818），湖南布政使翁元沂重修《湖南通志》，邀請本騏本驥兄弟參與修撰。其中全志體例，多出黃本騏之筆，而黃本驥負責地理、山川、古迹、陵墓、藝文、物産等門類的纂輯。當時同修通志的還有錢大昕之

---

① 《三長物齋文略》卷五《祭唐氏妹文》："余兄弟十歲以後，貧難就塾，以母爲師。"（黃本驥著，劉范弟點校：《黃本驥集》，嶽麓書社，2009年，第193頁。）

② 《三長物齋詩略》卷二《次韻朱晴溪遊嶽麓寺二首》："十五年前客，秋燈此閉關。故人亭外樹，舊夢榻邊山。"此詩作於嘉慶二十年左右，則其離開嶽麓書院，當在嘉慶六年前後。（黃本驥著，劉范弟點校：《黃本驥集》，嶽麓書社，2009年，第22頁。）

婿、金石學家瞿中溶，這次共修通志的際遇，對黃本驥日後的金石研究有所助益。

道光元年辛巳恩科鄉試，黃本驥中舉，房師爲諸城王金策。第二年，黃本驥與兄黃本騏進京參加壬午科會試，均"春官報罷"，未能考中。黃本驥便投奔父親老友陝西布政使唐仲冕。在陝西遊歷期間，黃本驥替唐氏編輯了《陶山文録》，並與唐氏幕僚車持謙等人依據畢沅《關中金石記》遍訪關中金石，搜集碑刻，將畢氏書中失收的石刻輯爲《隋唐石刻拾遺》二卷，書成後，由唐仲冕代爲刊行，此書記載了關中的石刻情況，對當世金石研究有補遺之功。這是黃本驥在金石學領域的第一部學術著作，對於之後編成其他幾部金石著作，尤其是《古誌石華》具有先導作用。

道光三年（1823）春，黃本驥赴京參加會試，又未能中。自此後十餘年間，除了曾在道光十五年（1835）一出應試以外，他基本上延續着以前的幕僚生活。先後爲永綏同知蔣春岩、湖南布政使裕泰、巡撫吳榮光等人擔任幕僚，在此期間，黃本驥的任務主要是爲幕主做文字工作，兼做一些家教工作。他曾替蔣春岩校勘《書經節文》，代吳榮光編輯《吾學録初編》《金石萃編補遺》等書，在爲他人編校書籍的同時，黃本驥的學術素養也慢慢培養起來。尤其在擔任吳榮光幕僚時，黃本驥接觸到了大量吳榮光所藏金石文獻，爲撰寫金石著作提供了材料基礎。《集古録目》《古誌石華》兩部金石著作便是在這段時間內完成的。在擔任幕僚期間，黃本驥還寫成了《癡學》《明尺牘墨華》《顏書編年録》等書，並整理了父兄的遺著。

（三）黔陽任官時期

道光十七年（1837），五十七歲的黃本驥被選授爲黔陽縣教諭，正八品官，自此安居一方爲官。在黔陽的近二十年中，他一方面主持修葺黔陽學宮，出資建立教澤堂，悉心培育前來求學的同郡各縣生員，一方面組織重修了芙蓉樓、米壽圖墓等多處古迹。在黃本驥《三長物齋詩略》卷五所寫的詩歌中，有對自己爲官期間生活的記載，既有"欲成才士千秋業，更助邦人百尺豪"的熱誠，又有"官冷幸留詩卷在，興酣不覺墨痕多"的感慨，都是他在黔陽爲官時期的真實寫照。黔陽爲官期間，他完成了《郡縣分韻考》《歷代職官表》《湖南方物志》《避諱録》等大部分著作，並在湘陰蔣環的幫助下，彙集舊作與父兄之作刻成二百餘卷的《三長物齋叢書》。

咸豐四年（1854）十一月十四日，黄本驥在黔陽教諭任上去世，終年 74 歲。

二、黄本驥的交遊

黄本驥一生足跡未遠，嘉慶初赴嶽麓書院學習前基本未出湖南，据學者田吉所作黄本驥年譜，黄本驥除幾次外出參加考試，一生的大部分時間都居住在湖南。尤其乾隆十七年在黔陽擔任教諭之後的近二十年，他的活動便以教書課士與著述立説爲主，未曾遠離。加之黄本驥性格寡淡，不善交遊①，故其一生所結識之人並不多。

就目前所存資料看來，黄本驥一生有過幾段重要的經歷，這些經歷中所結識的人對他有着較爲深遠的影響。黄本驥在考取舉人後結識了房師王金策，兩人多有唱和之詩，黄本驥的著述多請其爲序。第一次參加會試失利後，黄本驥以故人子身份入陝拜會唐仲冕，在此期間搜訪關中金石，並藉唐氏之力刊刻了所撰第一部金石著作。於道光六年結識密友鄧顯鶴，兩人學術興趣相近，皆有較多著述傳世，因此徐世昌在《清儒學案》中將二人稱爲學侣。在擔任湖南巡撫吳榮光的幕僚時，賓主皆好金石，志趣相投，黄本驥一方面能夠接觸到吳氏所收藏金石材料，一方面又能够與吳氏進行金石學上的切磋，爲其在金石學上有進一步發展奠定了基礎。出任教諭後，由於家族姻親關係，與蔣環有所來往，黄本驥諸多著述都交由蔣環進行校對和刊刻，這對於黄本驥學術著作的流傳具有重要意義。下面將以小傳形式來對這些人物進行介紹。

王金策　字中之，號香杜。山東諸城縣（今山東諸城市）人。性英敏，六歲能詩。爲文才思迅發，下筆千言立就。嘉慶二十一年（1816）舉人，翌年聯捷二甲第六十四名進士，選庶吉士，嘉庆二十四年由翰林院庶吉士散館改湖南黔陽縣知縣。在任期間，重教化，興農桑，成績卓然。丁父憂歸家，服除，補甘肅隴西縣知縣，後以疾卒於任上。王金策工於詩文，有《芷鳳星遊》二卷、《湘帆紀程》四卷、《讀十六國春秋隨筆》《史拾遺遊山詩册》《岷州筆記》

---

① ［清］王金策《大偶山房遺稿跋》中稱"本驥性寡交遊，而友益衆好"。

《香杜軒雜著》等。

王金策於嘉慶二十四年（1819）入湘，道光元年黃本驥中舉時，房師即爲王金策，師生之誼當始於此。黃本驥的許多著述都請其爲之作序，如《癡學》《三長物齋文略》等，黃本驥父之《大偈山房遺稿》、兄之《三十六灣草廬稿》也皆請其作序。黃本驥妻子陳梅仙去世後，還請王金策撰寫小傳，收在《黃氏支譜》中。而黃本驥亦爲王金策所作《讀十六國春秋隨筆》一書寫跋，收於《三長物齋文録》中。兩人交遊唱和之詩亦多，有《王香杜夫子集同人爲三閭大夫作生日即次元韻》《王香杜夫子以詩見寄，聞有校士之行，和韻奉答》《道光元年，本驥領鄉薦出香杜夫子門下，以〈湖南通志〉爲贄夫子携至舟，爲水所敗。五年，從弟本齡亦出門下，仍以〈通志〉爲贄，因系以詩，即此闈中見憶之韻》等，收於《三長物齋詩略》中。

唐仲冕　字六積，號陶山，湖南善化人。爲乾隆五十八年（1793）進士，歷任吳縣知縣、蘇州知府、福寧知府等。道光元年（1821），授福建按察使，調陝西護理巡撫。光緒《湖南通志》卷一百七十六記其"幼承家學，明體達用，有古名臣風"；《清人文集別録》記其"與乾嘉學者交遊殆遍，宜其聞見博洽，卓然有成……仲冕之治經，蓋欲自附於賢者識大之科，而不囿於訓詁名物之末"，著有《周禮六官表》《儀禮蒙求》《陶山文録》《陶山詩録》等書。

唐仲冕為本驥父黃湘南之密友，相與唱和詩有《壬子郡城晤一吾兩郎，感步前韻》（《大偈山房遺稿》卷九）、《題黃一吾詩稿》（《陶山詩録》卷五）等，後應黃本驥所請，曾爲黃湘南撰寫墓表，收於《陶山文録》卷八。道光元年（1821）唐仲冕調任陝西，道光二年（1822）黃本驥會試失利後，入陝拜訪①，在此期間，黃本驥一方面幫助唐氏編成《陶山文録》一書，並撰寫跋語，一方面對照畢沅《關中金石記》，與唐氏幕僚共訪關中金石，發現了畢《記》所未録的石刻若干種，於是將石刻全録原文，並附考證，寫成《隋唐石刻拾遺》二卷，這是黃本驥的第一部金石學著作，寫成後，唐氏爲其做序並助其刊刻。黃本驥在該書自識中稱："吾鄉唐陶山先生開藩②於此，爲制序付梓，

① 《嶰山甜雪》卷七《青門話別》："道光壬午孟夏，自晉至秦，謁父執唐陶山先生仲冕於關中藩署，留住數月。"

② 開藩：指到外省擔任高級官職。

置諸碑林，以俾後之訪古者籍爲底册。先生驥父執也，耆年篤學，著述等身，既以所撰上海、吴淞、江徑、陽龍、洞渠及唐瑩公唐儉等碑刊置長安，永爲藝林珍賞，而獎進後學之心，孜孜靡矣。"

鄧顯鶴　字子立，別署湘皋，晚號南村老人，湖南新化人。嘉慶甲子科舉人，屢赴禮部試不第。後參加大挑，選授寧鄉訓導。畢生致力於鄉邦文獻的徵集、整理與研究，有《資江耆舊》《沅湘耆舊》兩書。梁啓超稱其爲"湘學復興之導師"。鄧顯鶴亦著有《南村草堂詩鈔》《文鈔》《楚寶增輯考異》《武岡州志》《寶慶府志》《安徽藝文志》《自訂年譜》等書①。《三長物齋文略》卷五有黄本驥所寫《鄧湘皋學博六十壽序》稱："驥與先生未見而傾慕者十年，既交而款洽者又十年矣……因事而叙晤者，歲且數至，至嘗住餘家，或數月未見，則緘素往來無虛日也。"此後兩人多有唱和詩，如《題鄧湘皋學博詩集用寄餘南陽韻》《題湘皋聽雨山房圖》《古杉歌次鄧湘皋學博韻》等。黄本驥妻子陳梅仙亡後，請鄧湘皋爲之撰寫墓誌銘，鄧湘皋《南村草堂文鈔》卷第十六收有《黄虎癡繼室陳氏墓誌銘》。黄本驥與鄧顯鶴的生平經歷和治學特點有相仿之處，兩人中舉後，再試均不利，後擔任一方教諭、訓導，在治學上皆善於文獻整理與研究，張舜徽先生在《清儒學記》中稱二者"交最密，有切磋之益。"②

吴榮光　字伯榮，又字殷垣，號荷屋，晚號石雲山人，別署拜經老人，廣東南海人。嘉慶四年（1799）進士，歷任編修、監察御史、工科給事中、刑部郎中、軍機處章京、陝西按察使，道光中任湖南巡撫兼湖廣總督，後因事降爲福建布政使。吴榮光嗜金石，富收藏，工書善畫，精於詩詞。著有《筠清館金石録》《辛丑銷夏記》《帖鏡》《石雲山人集》等。《三長物齋詩略》卷五《送吴荷屋榮光中垂内遷，用留別詩韻，奉祖四首》下有注稱："驥以辛卯秋自裕餘山中丞幕下移榻公廨，今中丞適代公撫楚，驥仍客其幕下。"在吴榮光任湖南巡撫期間，黄本驥皆在其幕中。其間，黄本驥得以接觸較多金石材料，曾以筠清館所藏加之三長物齋所藏爲吴氏編輯《金石萃編補遺》，耗時六年而

---

① [清]關培鈞等修，劉洪澤等纂：《新化縣志》卷二十二《儒宿》，同治十一年（1872）刊本。
② 張舜徽：《張舜徽集·清儒學記》，華中師範大學出版社，2005年，第225頁。

成，後因吳氏調離，携走書稿，終未刊刻流通。後黃本驥在整理書稿時發現此書原目，編成《金石萃編補目》。在吳氏幕下，賓主同好金石，既可以接觸到更多吳氏所藏拓本，又可與吳氏相互切磋治學之法，這段幕僚經歷對黃本驥來說是十分寶貴的。

蔣環　字維揚，湘陰禀貢生，曾官郴州儒學訓導。據田吉所見《黃氏支譜·世系録》，黃本驥嗣孫均政，字冬生，配蔣氏，即蔣環之女，則蔣環爲本驥姻侄行。蔣環道光三十年（1850）生人，光緒十年（1884）殁，年三十五。黃本驥的諸多著作彙編成《三長物齋叢書》，全賴蔣環校對並刊刻流通，方得見於今。黃本驥的著作，先有其父友唐仲冕助其刊刻《隋唐石刻拾遺》，後道光九年（1829）、道光二十六年（1846）皆有自刻出版的著作，如《明尺牘墨華》《三禮從今》等，生前黃本驥將《金石萃編補目》托予友人劉子重代爲刊刻，也能及時將父兄親人的文集作品進行整理刊刻，從這些經歷可以看出，黃本驥具有將書稿及時付梓的意識，這也是其著作能夠流傳下來的重要原因。蔣環所刻及黃本驥自刻的諸書版片在刊印後皆收藏於其寧鄉舊居，清光緒四年（1878），黃氏後人用所藏版片冠以古香書閣之名重印，仍稱爲《三長物齋叢書》。

三、黃本驥生平著述一覽表

黃本驥一生著述頗豐，其涉獵範圍較廣，除金石學成就突出外，在職官、方志、禮制等方面亦有研究，並有詩文彙編成集。就筆者搜尋所及，黃本驥平生著述共23種，除本書與2種僅見存目之書外，其他已有7部收入《湖湘文庫·黃本驥集》出版，1部由黑龍江人民出版社出版，剩餘12部計66卷有待整理出版。如下將黃本驥平生著述及相關情況列表展示，供讀者參考。

序號	書名卷數	寫作時間	內容述略	收錄情況
1	《隋唐石刻拾遺》二卷	道光二年	補輯畢沅《關中金石記》失收之隋唐陝西石刻七十四種，每種皆注明書體、年月、所在地或拓本藏處。並考釋原文，略加考證。有唐仲冕、嚴如熤、車持謙三序。目錄後有黃本驥識語。	劉世珩《聚學軒叢書》第四集（廣陵書社 2009 年出版影印本）；《清史稿·藝文志》史部金石類著錄。
2	《癡學》八卷	道光六年	學術筆記，前三卷爲《讀經筆得》，卷四爲《讀史筆得》，卷五爲《讀文筆得》，卷六爲《讀詩筆得》及《韻學危言》，卷七爲《信古錄》，駁劉知幾《史通·疑古篇》而作，卷八爲《疑疑孟》，駁司馬光《疑孟》而作。	《三長物齋叢書》（國家圖書館藏古籍光緒四年 1878 年本 80 册）；《清史稿藝文志》子部雜家類著錄；《湖湘文庫·黃本驥集》收錄。
3	《顏書編年錄》四卷	道光八年	錄顏真卿書碑三十餘種，詳注書體、題款、年月、職銜，並援引前人評論，斷以己意，考證文中內容、書寫年代及避諱字樣。凡碑文非顏真卿自撰者均不錄文，僅記其前後題款。	馮兆年《翠琅玕館叢書》（國家圖書館藏古籍光緒刻本 40 册）；《清史稿·藝文志》子部藝術類著錄；民國五年保粹堂刊《藝術叢書》。
4	《古誌石華》三十卷	道光九年	輯錄古代墓誌碑文並加以考證之專著，自漢至元，共收 282 篇。	《三長物齋叢書》；《清史稿·藝文志》史部金石類著錄。
5	《明尺牘墨華》三卷	道光九年	專輯有明一代尺牘原墨。	《三長物齋從書》；《清史稿·藝文志》集部總集類著錄。
6	《集古錄目》五卷	道光十五年	輯佚之作。歐陽修撰成《集古錄》後，命其子歐陽棐別輯《集古錄目》一書，著錄歐陽修所藏金石拓本無跋者一千餘種。後《集古錄目》佚失，所幸宋人陳思《寶刻叢編》中仍載有此書大量內容，黃本驥即以陳氏之書爲基礎，詳加鉤稽，按立碑時代年月重輯爲《集古錄目》五卷。	《三長物齋叢書》；《清史稿·藝文志》史部金石類著錄。

續表

序號	書名卷數	寫作時間	內容述略	收錄情況
7	《顏魯公集》三十一卷	道光十九年	對顏真卿著述集的重編本。黃本驥長於整理文獻，在明人安國所編十五卷本外，另集十八卷補遺一卷，成三十一卷。卷首有黃本驥新編《顏魯公年譜》《世係表》各一卷，顏真卿之家世、仕宦遊歷、平生大節、著述年月，皆可一覽而知。	《三長物齋叢書》；《四部備要》；黑龍江人民出版社1993年12月出版。
8	《聖域述聞》二十八卷	道光二十一年	爲黃本驥任黔陽教諭之時，遵縣令龍光甸之囑，編輯廟學典禮、聖賢事迹而成的專門典制著作。	《三長物齋叢書》；濟南山東友誼出版社1990年出版；《湖湘文庫·黃本驥集》收錄。
9	《三禮從今》三卷	道光二十四年	主要從吳榮光《吾學錄初編》中抽出昏禮、喪禮、祭禮三項而成，爲民間日用而作，簡而得要，切於實用。	《四庫未收書輯刊》經部第三輯第八册（北京出版社，2000年）；《清史稿·藝文志》經部禮類著錄。
10	《皇朝經籍志》六卷	道光二十四年	以《四庫總目》所收當朝經籍爲基礎，彙編目錄，《四庫全書》修成後的著作，未有收錄。	《三長物齋叢書》。
11	《歷代職官表》六卷	道光二十五年	黃本驥認爲乾隆四十五年官修本《歷代職官表》六十三卷"書藏内府，民間不能盡見"，因取原表六十七篇，分錄爲六卷簡編本，以便約觀。	《三長物齋叢書》；上海古籍出版社1980年出版；《湖湘文庫·黃本驥集》收錄。
12	《姓氏解紛》十卷	道光二十五年	以明陳養吾《姓觿》一書爲藍本加以增删而成。單姓複姓凡三千七百九十有五，按韻編排，每姓詳考其由來及歷代名人。	《三長物齋從書》；《清史稿·藝文志》子部類書類著錄。
13	《湖南方物志》八卷	道光二十五年	湖南物産彙編。每卷之内，大體以礦產、手工製品、植物、動物爲序，依次記載。據統計，全書共記載礦產129種、動物140種、植物721種、手工製品145種。	《三長物齋叢書》；《清史稿·藝文志》史部地理類著錄；《湖湘文庫·黃本驥集》。

續表

序號	書名卷數	寫作時間	内容述略	收録情況
14	《避諱録》五卷	道光二十六年	黄本驥以平日讀書所及者彙録成編，分爲五卷，首爲清代避諱字樣，二、三、四卷爲歷朝國諱，末爲歷代家諱。名之曰《避諱録》，蓋以搜采未備，僅録其大略也。	《三長物齋叢書》；《清史稿·藝文志》子部類書類著録；《湖湘文庫·黄本驥集》收録。
15	《三長物齋文略》六卷	道光二十七年	文稿彙編，共收 86 篇。	《三長物齋叢書》；《清史稿·藝文志》集部別集類著録；《湖湘文庫·黄本驥集》收録。
16	《三長物齋詩略》五卷	道光二十七年	詩作彙編，共收古近體詩 302 首。	《三長物齋叢書》；《清史稿·藝文志》集部別集類著録；《湖湘文庫·黄本驥集》收録。
17	《嶷山甜雪》十二卷	道光二十七年	詩文筆記集，黄本驥晚年以舊存雜稿彙録成帙。	《三長物齋叢書》。
18	《三志合編》七卷	道光二十七年	彙刻韓邦靖《朝邑志》、康海《武功志》、陸隴其《靈壽志》，意其可爲天下郡縣志之法。	《三長物齋叢書》。
19	《郡縣分韻考》十卷	道光二十八年	黄本驥以道光二十年現有之府、廳、州、縣爲斷，對其析并增裁之情狀詳加考核，使讀者開卷可知古今地理變革之源流。各地名依韻分編，檢韻即得。	《三長物齋叢書》；《清史稿·藝文志》史部地理類著録。
20	《金石萃編補目》三卷	咸豐元年	續補王昶《金石萃編》之作，原名《金石萃編補遺》，以吳榮光筠清館與三長物齋所藏金石，自三代以下按年編次，備録原文，加以考按。吳氏去世後，書隨之湮没。後咸豐元年，黄本驥於篋中撿得《補遺》目，遂改題《金石萃編補目》。	劉世珩《聚學軒叢書》第三集；《清史稿·藝文志》史部金石類著録。

續表

序號	書名卷數	寫作時間	内容述略	收録情况
21	《元碑存目》一卷	咸豐元年	元代碑刻存目，附於《金石萃編補目》之後。	劉世珩《聚學軒叢書》第三集；《清史稿·藝文志》史部金石類著録。
22	《書畫譜》	不詳	僅見其目。	同治《寧鄉縣志》卷四十四《藝文著述目録》著録。
23	《訪碑後録》三卷	不詳	僅見其目，蓋爲續補孫星衍《寰宇訪碑録》而作。	《清史稿·藝文志》史部金石類著録。

參考文獻

[1]〔宋〕歐陽修 宋祁. 新唐書[M]. 北京：中華書局，1997.

[2]〔宋〕歐陽修. 集古録跋尾[M]. 景印文淵閣四庫全書. 臺北：臺灣商務印書館，1983.

[3]〔宋〕趙明誠. 金石録[M]. 濟南：齊魯書社，2009.

[4]〔宋〕洪适. 隸釋[M]. 景印文淵閣四庫全書. 臺北：臺灣商務印書館，1983.

[5]〔明〕陶宗儀. 古刻叢抄[M]. 叢書集成初編本. 上海：商務印書館，1936.

[6]〔清〕顧炎武. 金石文字記[M]. 景印文淵閣四庫全書. 臺北：臺灣商務印書館，1983.

[7]〔清〕朱彝尊. 曝書亭金石文字跋尾[M]. 石刻史料新編. 臺北：新文豐出版公司，1982.

[8]〔清〕翁方綱. 兩漢金石記[M]. 石刻史料新編. 臺北：新文豐出版社，1982.

[9]〔清〕王昶. 金石萃編[M]. 北京：北京市中國書店，1985.

[10]〔清〕桂馥. 歷代石經略[M]. 續修四庫全書. 上海：上海古籍出版社，2001.

[11]〔清〕李遇孫. 金石學録[M]. 續修四庫全書. 上海：上海古籍出版社，2002.

[12]〔清〕紀昀. 欽定四庫全書總目（整理本）[M]. 北京：中華書局，1997.

[13]〔清〕潘耒.金石學録[M].續修四庫全書.上海：上海古籍出版社，2002.

[14]〔清〕錢大昕.潛研堂金石文跋尾[M].石刻史料新編第1輯（25册），臺北：新文豐出版公司，1986.

[15]趙爾巽.清史稿[M].北京：中華書局，1973.

[16]趙超.古代墓誌通論[M].北京：紫禁城出版社，2003.

[17]趙超.中國古代石刻概論[M].北京：文物出版社，1997.

[18]趙超.漢魏南北朝墓誌彙編[M].天津：天津古籍出版社，1991.

[19]楊向奎.中國古代墓誌義例研究[M].北京：中國社會科學出版社，2018.

[20]羅維明.中古墓誌詞語研究[M].廣州：暨南大學出版社，2003.

[21]馬衡.中國金石學概論[M].吉林：時代文藝出版社，2009.

[22]毛遠明.碑刻文獻學通論[M].北京：中華書局，2010.

[23]毛遠明.漢魏六朝碑刻校注[M].北京：綫裝書局，2008.

[24]陸和九.中國金石學講義[M].北京：北京圖書館出版社，2003.

[25]梁啓超.清代學術概論·飲冰室合集[M].北京：中華書局，1989.

[26]梁啓超.中國近三百年學術史·飲冰室合集[M].北京：中華書局，1989.

[27]葉昌熾撰 柯昌泗評.語石 語石異同評[M].北京：中華書局，1994.

[28]高文.漢碑集釋[M].開封：河南大學出版社，1997.

[29]劉兆祐.文獻學[M].臺北：三民書局，2007.

[30]黄永年.古文獻學四講[M].廈门：鷺江出版社，2003.

[31]張舜徽.中國文獻學九講[M].北京：中華書局，2011.

[32]何如月.漢碑文學研究[M].北京：商務印書館，2010.

[33]黄金明.漢魏晋南北朝诔碑文研究[M].北京：人民文學出版社，2005.

[34]金其楨.中國碑文化[M].重慶：重慶出版社，2002.

[35]謝國楨.史料學概論[M].北京：北京出版社，2014.

[36]周紹良.唐代墓誌彙編[M].上海：上海古籍出版社，1992.

[37]朱劍心.金石學[M].北京：文物出版社，1981.

[38]朱劍心.金石學研究法[M].杭州：浙江人民美術出版社，2015.

[39]施蟄存.金石叢話[M].北京：中華書局，2003.

[40]岑仲勉. 金石論叢[M]. 上海：上海古籍出版社，1981.

[41]盧蓉. 中國墓碑研究[M]. 北京：社會科學文獻出版社，2015.

[42]余嘉錫. 四庫提要辨證[M]. 北京：中華書局，1983.

[43]王俊義. 清代學術探研録[M]. 北京：中國社會科學出版社，2002.

[44]魏宏利. 北朝碑誌文研究[M]. 北京：中國社會科學出版社，2016.

[45]曾曉梅. 碑刻文獻論著叙録[M]. 北京：綫裝書局，2010.

[46]張舜徽. 清人筆記條辨[M]. 上海：華中師範大學出版社，2004.

[47]尋霖 劉志盛. 湖南刻書史略[M]. 長沙：嶽麓書社，2013.

[48]長沙市地方志辦公室編. 長沙市志（第十六卷）[M]. 長沙：湖南人民出版社，2002.

[49]湖南省地方志編纂委員會編. 湖南省志（第三十卷人物志上）[M]. 長沙：湖南出版社，1992.

[50]國圖書館善本金石組編. 歷代石刻彙編11[M]. 北京：北京圖書館出版社，2000.